二十一世纪高等院校保险系列规划教材
ERSHIYI SHIJI GAODENG YUANXIAO BAOXIAN XILIE GUIHUA JIAOCAI

寿险精算综合实验教程

SHOUXIAN JINGSUAN
ZONGHE SHIYAN JIAOCHENG

主编 ◎ 江正发

西南财经大学出版社
Southwestern University of Finance & Economics Press

图书在版编目(CIP)数据

寿险精算综合实验教程 / 江正发主编 . —成都:西南财经大学出版社,2019. 9

ISBN 978-7-5504-4077-7

Ⅰ. ①寿… Ⅱ. ①江… Ⅲ. ①人寿保险—保险精算—高等学校—教材 Ⅳ. ①F840. 622

中国版本图书馆 CIP 数据核字(2019)第 173202 号

寿险精算综合实验教程

主编:江正发

责任编辑:高玲　李晓嵩

封面设计:何东琳设计工作室

责任印制:朱曼丽

出版发行	西南财经大学出版社(四川省成都市光华村街 55 号)
网　　址	http://www. bookcj. com
电子邮件	bookcj@ foxmail. com
邮政编码	610074
电　　话	028-87353785
照　　排	四川胜翔数码印务设计有限公司
印　　刷	郫县犀浦印刷厂
成品尺寸	185mm×260mm
印　　张	22. 25
字　　数	490 千字
版　　次	2019 年 9 月第 1 版
印　　次	2019 年 9 月第 1 次印刷
印　　数	1— 2000 册
书　　号	ISBN 978-7-5504-4077-7
定　　价	49. 80 元

前言

保险精算由于其复杂的方法和大量的计算，向来给人以莫测高深的感觉，其实其原理却是简单而朴素的，如果能帮助人们解决复杂的计算问题，就可以排除很多人学习保险精算的心理障碍。保险精算教学涉及大量的实用模型和复杂的计算方法，因此，学生在掌握基本原理和方法的基础上，需要有能力借助计算机完成海量的计算和验证。保险精算实验教学可以为学生提供广泛的、自主的、参与的、探索的、综合的学习锻炼机会，打造以知识与能力培养为核心，多样化、探究式、自主性的保险精算人才培养模式。

为满足保险精算人才培养对实验教学的需求，我们于2010年开设了寿险精算综合实验独立实验课程。开设本课程的目的主要有四个：一是便于学生熟练掌握寿险精算的基本技术和方法；二是通过实验使学生理解寿险精算中基本的数量关系及其变动的规律性；三是培养学生借助计算机实现寿险精算计算和分析的思维能力；四是提高学生综合运用专业知识解决实际问题的能力。

在实验教学过程中，我们发现如果将现代计算技术、模拟仿真技术与保险精算技术相结合，开发出智能化的保险精算实验教学平台，可以获得事半功倍的效果。由于市场上没有现成能用的寿险精算实验教学软件，为满足实验课程教学需要，我们从2010年开始，与深圳智盛信息技术股份有限公司合作开发寿险精算实验教学平台实验教学系统软件，并于2012年投入使用。该系统的内容包括七个模块、500多个模型，覆盖了寿险精算理论教学的主要内容；主要功能包括模型算法解释、模型实际计算、实验结果评估、实验报告生成等，基本上能满足课程实验教学的需要。

本教材是在寿险精算综合实验课程教学基础上，结合寿险精算实验教学平台实验内容与功能，通过精选实验项目，优化实验设计，总结实验教学规律编写的。本教材共七章，第一章至第四章是寿险精算数学部分，阐述人寿保险和年金保险的精算现值、均衡纯保费、理论准备金的计算原理和实验原理，遵循寿险精算的技术逻辑；第五章至第七章是寿险精算实务部分，阐述保单现金价值与保单选择权、寿险定价方法、法定责任准备金的计算原理和实验原理，遵循寿险精算的技术逻辑和监管逻辑。

在本课程实验教学软件设计开发和本教材编写过程中，深圳智盛信息技术股份有限公司的彭家源、乐雪飞给予了大力支持；广东金融学院保险学院毕业生蓝雁、颜琳、陈俊霖、何伟锋、黄林娜、郭敏婷、李雨希、陈瑞文、郑玉洁、黄春华等参与了部分模型算法设计和计算验证方面的工作。

随着现代计算模拟技术和互联网技术的发展，寿险精算实验教学的教学内容和技术方法日益丰富和多样化。本教材仅涉及其中一部分基础知识，还有较大的拓展空间，留待今后继续完善。

由于笔者水平有限，书中错漏在所难免，恳请读者不吝指正。

江正发

2019 年 4 月 8 日

目 录

1 人寿保险趸缴纯保费 ……………………………………………………………… (1)
1.1 离散型寿险模型 ……………………………………………………………… (1)
1.2 连续型寿险模型 ……………………………………………………………… (11)
1.3 半连续型寿险模型 …………………………………………………………… (22)

2 生存年金精算现值 …………………………………………………………… (33)
2.1 离散型生存年金 ……………………………………………………………… (33)
2.2 连续型生存年金 ……………………………………………………………… (49)
2.3 变额生存年金 ………………………………………………………………… (58)
2.4 完全期末年金与比例期初年金 ……………………………………………… (68)

3 均衡纯保费 …………………………………………………………………… (80)
3.1 全离散寿险模型 ……………………………………………………………… (80)
3.2 全连续寿险模型 ……………………………………………………………… (93)
3.3 半连续寿险模型 ……………………………………………………………… (109)
3.4 每年 m 次缴费的均衡纯保费 ……………………………………………… (114)

4 均衡纯保费责任准备金 ……………………………………………………… (129)
4.1 全离散寿险模型 ……………………………………………………………… (129)
4.2 全连续寿险模型 ……………………………………………………………… (152)
4.3 半连续寿险模型 ……………………………………………………………… (171)
4.4 每年 m 次缴费的均衡纯保费责任准备金 ………………………………… (181)
4.5 期初和期中责任准备金 ……………………………………………………… (205)

5 保单现金价值与保单选择权 …………………………………………………… (221)
5.1 终身寿险 ………………………………………………………………… (221)
5.2 定期寿险 ………………………………………………………………… (228)
5.3 两全保险 ………………………………………………………………… (237)
5.4 年金保险 ………………………………………………………………… (246)

6 寿险定价方法 ………………………………………………………………… (254)
6.1 终身寿险 ………………………………………………………………… (254)
6.2 定期寿险 ………………………………………………………………… (269)
6.3 两全保险 ………………………………………………………………… (281)
6.4 年金保险 ………………………………………………………………… (295)

7 法定责任准备金 ……………………………………………………………… (313)
7.1 终身寿险 ………………………………………………………………… (313)
7.2 定期寿险 ………………………………………………………………… (326)
7.3 两全保险 ………………………………………………………………… (333)
7.4 年金保险 ………………………………………………………………… (341)

1 人寿保险趸缴纯保费

［**教学目的与要求**］人寿保险趸缴纯保费是人寿保单的基本保险责任，是人寿保单定价的基础。学生应掌握各种人寿保险趸缴纯保费的计算方法。

［**内容摘要**］以生命表和预定年利率为基础，运用概率论和精算技术方法，计算各种寿险保单趸缴纯保费。本部分所说的人寿保险，包括死亡保险、生存保险和两全保险。对保单的分类主要包括离散模型与连续模型、即期寿险与延期寿险、终身寿险与定期寿险、等额寿险与变额寿险等。

1.1 离散型寿险模型

离散型人寿保险模型是指以离散型未来寿险为基础，保险金在被保险人死亡或生存的保单年度末支付为假设条件而建立的人寿保险数学模型，可分为死亡保险、生存保险、两全保险和变额受益寿险等。

1.1.1 死亡保险

死亡保险按保险责任生效的时间可分为即期死亡保险和延期死亡保险；按保险责任期限可分为终身死亡保险和定期死亡保险。

1.1.1.1 即期死亡保险

［**基本算法示例**］即期终身死亡保险趸缴纯保费。

需要求解的问题类型：

①保单趸缴纯保费 P；

② 赔付现值随机变量的方差 $Var(bZ)$。

解：

(1)问题①求解

$$v = \frac{1}{1+i}$$

$$A_x = \sum_{k=0}^{\omega-x} v^{k+1} \cdot \frac{d_{x+k}}{l_x}$$

$$= v \cdot \frac{d_x}{l_x} + v^2 \cdot \frac{d_{x+1}}{l_x} + v^3 \cdot \frac{d_{x+2}}{l_x} + \cdots + v^{\omega-x} \cdot \frac{d_{\omega-1}}{l_x} + v^{\omega-x+1} \cdot \frac{d_\omega}{l_x}$$

$P = b \cdot A_x$

(2)问题②求解

$$Var(Z) = \sum_{k=0}^{\omega-x}\left[v^{2(k+1)} \cdot \frac{d_{x+k}}{l_x}\right] - \left[\sum_{k=0}^{\omega-x} v^{k+1} \cdot \frac{d_{x+k}}{l_x}\right]^2$$

$$= \left[v^2 \cdot \frac{d_x}{l_x} + v^4 \cdot \frac{d_{x+1}}{l_x} + v^6 \cdot \frac{d_{x+2}}{l_x} + \cdots + v^{2(\omega-x)} \cdot \frac{d_{\omega-1}}{l_x} + v^{2(\omega-x+1)} \cdot \frac{d_\omega}{l_x}\right]$$

$$- \left[v \cdot \frac{d_x}{l_x} + v^2 \cdot \frac{d_{x+1}}{l_x} + v^3 \cdot \frac{d_{x+2}}{l_x} + \cdots + v^{\omega-x} \cdot \frac{d_{\omega-1}}{l_x} + v^{\omega-x+1} \cdot \frac{d_\omega}{l_x}\right]^2$$

$Var(bZ) = b^2 \cdot Var(Z)$

[**实验 1.1.1**] 即期终身死亡保险趸缴纯保费计算。

35 岁的林先生投保了一份保险金额为 10 000 元的即期终身寿险,保险金在被保险人死亡所处的保单年度末支付,预定年利率为 6%,并采用经验生命表(2000—2003)①。求保单趸缴纯保费和保单赔付现值随机变量的方差。

解:

1.数据录入

(1)已知数据录入

投保年龄(x)= 35;

预定年利率(i)= 0.06;

保险金额(b)= 10 000;

极限年龄(ω)= 105;

生命表类型(L_{ijk})= L_{211}。

(2)需要求解的问题类型

①保单趸缴纯保费 P;

②保单赔付现值随机变量的方差 $Var(bZ)$。

2.问题解答

(1)问题①求解

$$v = \frac{1}{1+i} = 0.943\ 396$$

$$A_{35} = \sum_{k=0}^{70} v^{k+1} \cdot \frac{d_{35+k}}{l_{35}} = 0.106\ 590$$

$P = b \cdot A_{35} = 1\ 065.9$

(2)问题②求解

$$Var(Z) = \sum_{k=0}^{70}\left[v^{2(k+1)} \cdot \frac{d_{35+k}}{l_{35}}\right] - \left[\sum_{k=0}^{70} v^{k+1} \cdot \frac{d_{35+k}}{l_{35}}\right]^2 = 0.012\ 491$$

$Var(bZ) = b^2 \cdot Var(Z) = 1\ 249\ 100$

① 中国人寿保险业经验生命表(2000—2003),简称经验生命表(2000—2003),下同。

1.1.1.2 延期死亡保险

[**基本算法示例**] 延期定期死亡保险趸缴纯保费。

需要求解的问题类型:

①保单趸缴纯保费 P;

②赔付现值随机变量的方差 $Var(bZ)$。

解:

(1)问题①求解

$$v = \frac{1}{1+i}$$

$$_{h|n}A_x^1 = \sum_{k=h}^{n+h-1} v^{k+1} \cdot \frac{d_{x+k}}{l_x}$$

$$= v^{h+1} \cdot \frac{d_{x+h}}{l_x} + v^{h+2} \cdot \frac{d_{x+h+1}}{l_x} + v^{h+3} \cdot \frac{d_{x+h+2}}{l_x} + \cdots + v^{n+h-1} \cdot \frac{d_{x+n+h-2}}{l_x} + v^{n+h} \cdot \frac{d_{x+n+h-1}}{l_x}$$

$$P = b \cdot {_{h|n}A_x^1}$$

(2)问题②求解

$$Var(Z) = \sum_{k=h}^{n+h-1} \left[v^{2(k+1)} \cdot \frac{d_{x+k}}{l_x} \right] - \left[\sum_{k=h}^{n+h-1} v^{k+1} \cdot \frac{d_{x+k}}{l_x} \right]^2$$

$$= \left[v^{2(h+1)} \cdot \frac{d_{x+h}}{l_x} + v^{2(h+2)} \cdot \frac{d_{x+h+1}}{l_x} + v^{2(h+3)} \cdot \frac{d_{x+h+2}}{l_x} + \cdots + v^{2(n+h-1)} \cdot \frac{d_{x+n+h-2}}{l_x} + v^{2(n+h)} \cdot \frac{d_{x+n+h-1}}{l_x} \right]$$

$$- \left[v^{h+1} \cdot \frac{d_{x+h}}{l_x} + v^{h+2} \cdot \frac{d_{x+h+1}}{l_x} + v^{h+3} \cdot \frac{d_{x+h+2}}{l_x} + \cdots + v^{n+h-1} \cdot \frac{d_{x+n+h-2}}{l_x} + v^{n+h} \cdot \frac{d_{x+n+h-1}}{l_x} \right]^2$$

$$Var(bZ) = b^2 \cdot Var(Z)$$

[**实验 1.1.2**] 延期定期死亡保险趸缴纯保费计算。

35 岁的林先生投保了一份保险金额为 10 000 元的 30 年延期定期寿险,延期 5 年,保险金在被保险人死亡所处的保单年度末支付,预定年利率为 6%,并采用经验生命表(2000—2003),需要求保单趸缴纯保费和保单赔付现值随机变量的方差。

解:

1.数据录入

(1)已知数据录入

投保年龄(x)= 35;

预定年利率(i)= 0.06;

保险金额(b)= 10 000;

保险期限(n)= 30;

延期期限(h)= 5;

生命表类型(L_{ijk})= L_{211}。

(2)需要求解的问题

①保单趸缴纯保费 P;

②保单赔付现值随机变量的方差 $Var(bZ)$。

2.问题解答

(1)问题①求解

$$v=\frac{1}{1+i}=0.943\ 396$$

$$_{5|30}A_{35}^{1}=\sum_{k=5}^{34}v^{k+1}\cdot\frac{d_{35+k}}{l_{35}}=0.049\ 979$$

$$P=b\cdot{}_{5|}A_{35:\overline{30}|}^{1}=499.79$$

(2)问题②求解

$$Var(Z)=\sum_{k=5}^{34}\left[v^{2(k+1)}\cdot\frac{d_{35+k}}{l_{35}}\right]-\left[\sum_{k=5}^{34}v^{k+1}\cdot\frac{d_{35+k}}{l_{35}}\right]^{2}=0.012\ 702$$

$$Var(bZ)=b^{2}\cdot Var(Z)=1\ 270\ 200$$

1.1.2 生存保险

生存保险只能是定期保险,按保单生效时间可分为即期生存保险和延期生存保险。

[**基本算法示例**] 延期定期生存保险趸缴纯保费。

需要求解的问题类型:

①保单趸缴纯保费 P;

②赔付现值随机变量的方差 $Var(bZ)$。

解:

(1)问题①求解

$$v=\frac{1}{1+i}$$

$$_{h|}A_{x:\overline{n}|}^{\ \ 1}=v^{n+h}\cdot{}_{n+h}p_{x}=v^{n+h}\cdot\frac{l_{x+n+h}}{l_{x}}$$

$$P=b\cdot{}_{h|}A_{x:\overline{n}|}^{\ \ 1}$$

(2)问题②求解

$$Var(Z)=v^{2(n+h)}\cdot\frac{l_{x+n+h}}{l_{x}}-\left(v^{n+h}\cdot\frac{l_{x+n+h}}{l_{x}}\right)^{2}$$

$$Var(bZ)=b^{2}\cdot Var(Z)$$

[**实验 1.1.3**] 延期定期生存保险趸缴纯保费计算。

现年 28 岁的宋小姐,投保了一份 30 年的离散型延期生存保险,延期 5 年,保险金额为 8 500 元,预定年利率为 6%,并采用经验生命表(2000—2003),需要求保单趸缴纯保费和保单赔付现值随机变量的方差。

解:

1.数据录入

(1)已知数据录入

投保年龄(x)= 28;

预定年利率(i)= 0.06;

保险金额(b)= 8 500;

保险期限(n)= 30;

延期年数(h)= 5;

生命表类型(L_{ijk})= L_{212}。

(2)需要求解的问题

①保单趸缴纯保费 P;

②保单赔付现值随机变量的方差 $Var(bZ)$。

2.问题解答

(1)问题①求解

$$v = \frac{1}{1+i} = 0.943\,396$$

$$_{5|}A_{28:\overline{30|}}^{\ 1} = v^{35} \cdot \frac{l_{63}}{l_{28}} = 0.121\,316$$

$$P = b \cdot {_{5|}A_{28:\overline{30|}}^{\ 1}} = 1\,031.186$$

(2)问题②求解

$$Var(Z) = v^{70} \cdot \frac{l_{63}}{l_{28}} - \left(v^{35} \cdot \frac{l_{63}}{l_{28}}\right)^2 = 0.001\,066$$

$$Var(bZ) = b^2 \cdot Var(Z) = 77\,018.5$$

1.1.3 两全保险

两全保险只能是定期保险,按保单生效时间可分为即期两全保险和延期两全保险。

[**基本算法示例**] 即期定期两全保险趸缴纯保费。

需要求解的问题类型:

①保单趸缴纯保费 P;

②保单赔付现值随机变量的方差 $Var(bZ)$。

解:

(1)问题①求解

$$v = \frac{1}{1+i}$$

$$A_{x:\overline{n|}} = A_{x:\overline{n|}}^{1} + A_{x:\overline{n|}}^{\ \ 1}$$

$$= \sum_{k=0}^{n-1} v^{k+1} \cdot \frac{d_{x+k}}{l_x} + v^n \cdot \frac{l_{x+n}}{l_x}$$

$$= v \cdot \frac{d_x}{l_x} + v^2 \cdot \frac{d_{x+1}}{l_x} + v^3 \cdot \frac{d_{x+2}}{l_x} + \cdots + v^{n-1} \cdot \frac{d_{x+n-2}}{l_x} + v^n \cdot \frac{d_{x+n-1}}{l_x} + v^n \cdot \frac{l_{x+n}}{l_x}$$

$$P = b \cdot A_{x:\overline{n|}}$$

(2)问题②求解

$$Var(Z)={}^2A_{x:\overline{n}|}-(A_{x:\overline{n}|})^2$$

$$={}^2A^1_{x:\overline{n}|}+v^{2n}\cdot\frac{l_{x+n}}{l_x}-(A^1_{x:\overline{n}|}+A_{x:\overline{n}|}^{\ \ 1})^2$$

$$=\sum_{k=0}^{n-1}v^{2(k+1)}\cdot\frac{d_{x+k}}{l_x}+v^{2n}\cdot\frac{l_{x+n}}{l_x}-\left(\sum_{k=0}^{n-1}v^{k+1}\cdot\frac{d_{x+k}}{l_x}+v^n\cdot\frac{l_{x+n}}{l_x}\right)^2$$

$$=v^2\cdot\frac{d_x}{l_x}+v^4\cdot\frac{d_{x+1}}{l_x}+v^6\cdot\frac{d_{x+2}}{l_x}+\cdots+v^{2(n-1)}\cdot\frac{d_{x+n-2}}{l_x}+v^{2n}\cdot\frac{d_{x+n-1}}{l_x}+v^{2n}\cdot\frac{l_{x+n}}{l_x}$$

$$-\left(v\cdot\frac{d_x}{l_x}+v^2\cdot\frac{d_{x+1}}{l_x}+v^3\cdot\frac{d_{x+2}}{l_x}+\cdots+v^{n-1}\cdot\frac{d_{x+n-2}}{l_x}+v^n\cdot\frac{d_{x+n-1}}{l_x}+v^n\cdot\frac{l_{x+n}}{l_x}\right)^2$$

$$Var(bZ)=b^2\cdot Var(Z)$$

[**实验 1.1.4**] 即期定期两全保险趸缴纯保费计算。

现龄 40 岁的陈女士,购买一份保险金额为 8 000 元的 20 年即期两全保险,保险额于被保险人死亡所处的保单年度末支付,采用经验生命表(2000—2003),预定年利率 $i=6\%$。求保单的趸缴纯保费和赔付现值随机变量的方差。

解:

1.数据录入

(1)已知数据录入

投保年龄(x)= 40;

预定年利率(i)= 0.06;

保险金额(b)= 8 000;

保险期限(n)= 20;

生命表类型(L_{ijk})= L_{212}。

(2)需要求解的问题

①保单趸缴纯保费 P;

②保单赔付现值随机变量的方差 $Var(bZ)$。

2.问题解答

(1)问题①求解

$$v=\frac{1}{1+i}=\frac{1}{1+0.06}=0.943\ 396$$

$$A_{40:\overline{20}|}=A^1_{40:\overline{20}|}+A_{40:\overline{20}|}^{\ \ 1}$$

$$=\sum_{k=0}^{19}v^{k+1}\cdot\frac{d_{40+k}}{l_{40}}+v^{20}\cdot\frac{l_{60}}{l_{40}}$$

$$=v\cdot\frac{d_{40}}{l_{40}}+v^2\cdot\frac{d_{41}}{l_{40}}+v^3\cdot\frac{d_{42}}{l_{40}}+\cdots+v^{19}\cdot\frac{d_{58}}{l_{40}}+v^{20}\cdot\frac{d_{59}}{l_{40}}+v^{20}\cdot\frac{l_{60}}{l_{40}}$$

$$=0.318\ 955$$

$$P=b\cdot A_{40:\overline{20}|}=2\ 551.64$$

(2)问题②求解

$$Var(Z) = {}^2A_{40:\overline{20}|} - (A_{40:\overline{20}|})^2$$

$$= {}^2A^1_{40:\overline{20}|} + v^{40} \cdot \frac{l_{60}}{l_{40}} - (A^1_{40:\overline{20}|} + A_{40:\overset{1}{\overline{20}|}})^2$$

$$= \sum_{k=0}^{19} v^{2(k+1)} \cdot \frac{d_{40+k}}{l_{40}} + v^{40} \cdot \frac{l_{60}}{l_{40}} - \left(\sum_{k=0}^{19} v^{k+1} \cdot \frac{d_{40+k}}{l_{40}} + v^{20} \cdot \frac{l_{60}}{l_{40}}\right)^2$$

$$= v^2 \cdot \frac{d_{40}}{l_{40}} + v^4 \cdot \frac{d_{41}}{l_{40}} + v^6 \cdot \frac{d_{42}}{l_{40}} + \cdots + v^{38} \cdot \frac{d_{58}}{l_{40}} + v^{40} \cdot \frac{d_{59}}{l_{40}} + v^{40} \cdot \frac{l_{60}}{l_{40}}$$

$$- \left(v \cdot \frac{d_{40}}{l_{40}} + v^2 \cdot \frac{d_{41}}{l_{40}} + v^3 \cdot \frac{d_{42}}{l_{40}} + \cdots + v^{19} \cdot \frac{d_{58}}{l_{40}} + v^{20} \cdot \frac{d_{59}}{l_{40}} + v^{20} \cdot \frac{l_{60}}{l_{40}}\right)^2$$

$$= 0.002\,316$$

$$Var(bZ) = b^2 \cdot Var(Z) = 148\,224$$

1.1.4 变额受益寿险

变额受益寿险是指保险金额的给付随着被保险人未来寿命的变化而变化的人寿保险。变额受益寿险按保险金额变动方式可分为保额递增和保额递减寿险;按保险责任生效时间可分为即期变额受益寿险和延期变额受益寿险。这里主要讨论保额递增和保额递减的变额寿险。

1.1.4.1 保额递增的变额寿险

[**基本算法示例**] 即期终身保额递增寿险趸缴纯保费。

需要求解的问题类型:

①保单趸缴纯保费 P;

②赔付现值随机变量的方差 Var。

解:

(1)问题①求解

$$v = \frac{1}{1+i}$$

$$A_x = \sum_{k=0}^{\omega-x} v^{k+1} \cdot \frac{d_{x+k}}{l_x}$$

$$= v \cdot \frac{d_x}{l_x} + v^2 \cdot \frac{d_{x+1}}{l_x} + v^3 \cdot \frac{d_{x+2}}{l_x} + \cdots + v^{\omega-x} \cdot \frac{d_{\omega-1}}{l_x} + v^{\omega-x+1} \cdot \frac{d_\omega}{l_x}$$

$$(IA)_x = \sum_{k=0}^{\omega-x} (k+1) \cdot v^{k+1} \cdot \frac{d_{x+k}}{l_x}$$

$$= v \cdot \frac{d_x}{l_x} + 2v^2 \cdot \frac{d_{x+1}}{l_x} + 3v^3 \cdot \frac{d_{x+2}}{l_x} + \cdots + (\omega-x)v^{\omega-x} \cdot \frac{d_{\omega-1}}{l_x} + (\omega-x+1)\, v^{\omega-x+1} \cdot \frac{d_\omega}{l_x}$$

$$P = (b-Q) \cdot A_x + Q \cdot (IA)_x$$

(2)问题②求解

$$Var = \sum_{k=0}^{\omega-x}\left[(b+kQ)^2 \cdot v^{2(k+1)} \cdot \frac{d_{x+k}}{l_x}\right] - \left[\sum_{k=h}^{\omega-x}(b+kQ) \cdot v^{k+1} \cdot \frac{d_{x+k}}{l_x}\right]^2$$

$$= \left[\begin{array}{l}(bv)^2 \cdot \frac{d_x}{l_x} + (b+Q)^2 \cdot v^4 \cdot \frac{d_{x+1}}{l_x} + (b+2Q)^2 \cdot v^6 \cdot \frac{d_{x+2}}{l_x} + \cdots + \\ [b+(\omega-x-1)\cdot Q]^2 \cdot v^{2(\omega-x)} \cdot \frac{d_{\omega-1}}{l_x} + [b+(\omega-x)\cdot Q]^2 \cdot v^{2(\omega-x+1)} \cdot \frac{d_\omega}{l_x}\end{array}\right]$$

$$- \left[\begin{array}{l}bv \cdot \frac{d_x}{l_x} + (b+Q) \cdot v^2 \cdot \frac{d_{x+1}}{l_x} + (b+2Q)\, v^3 \cdot \frac{d_{x+2}}{l_x} + \cdots + \\ [b+(\omega-x-1)\cdot Q] \cdot v^{\omega-x} \cdot \frac{d_{\omega-1}}{l_x} + [b+(\omega-x)\cdot Q] \cdot v^{\omega-x+1} \cdot \frac{d_\omega}{l_x}\end{array}\right]^2$$

[**实验 1.1.5**] 即期终身保额递增寿险趸缴纯保费计算。

35 岁的林先生,购买离散型的递增的即期终身寿险,保险利益是:被保险人在第一个保单年度内死亡,则给付 5 000 元;在第二个保单年度内死亡,则给付 5 100 元;在第三个保单年度内死亡,则给付 5 200 元,以此类推。预定年利率为 6%,并采用经验生命表(2000—2003),求保单趸缴纯保费和保单赔付现值随机变量的方差。

解:

1.数据录入

(1)已知数据录入

投保年龄(x)= 35;

预定年利率(i)= 0.06;

首个保单年度的保险金额(b)= 5 000;

保单年度保险金额公差额(Q)= 100;

极限年龄(ω)= 105;

生命表类型(L_{ijk})= L_{211}。

(2)需要求解的问题类型

①保单趸缴纯保费 P;

②保单赔付现值随机变量的方差 Var。

2.问题解答

(1)问题①求解

$$v = \frac{1}{1+i} = \frac{1}{1+0.06} = 0.943\ 396$$

$$A_{35} = \sum_{k=0}^{70} v^{k+1} \cdot \frac{d_{35+k}}{l_{35}}$$

$$= v \cdot \frac{d_{35}}{l_{35}} + v^2 \cdot \frac{d_{36}}{l_{35}} + v^3 \cdot \frac{d_{37}}{l_{35}} + \cdots + v^{70} \cdot \frac{d_{104}}{l_{35}} + v^{71} \cdot \frac{d_{105}}{l_{35}}$$

$$= 0.106\ 590$$

$$(IA)_{35} = \sum_{k=0}^{70} (k+1) \cdot v^{k+1} \cdot \frac{d_{35+k}}{l_{35}}$$

$$= v \cdot \frac{d_{35}}{l_{35}} + 2v^2 \cdot \frac{d_{36}}{l_{35}} + 3v^3 \cdot \frac{d_{37}}{l_{35}} + \cdots + 70v^{70} \cdot \frac{d_{104}}{l_{35}} + 71v^{71} \cdot \frac{d_{105}}{l_{35}}$$

$$= 3.470\,645$$

$$P = 4\,900A_{35} + 100(IA)_{35} = 869.355\,5$$

(2)问题②求解

$$Var = \sum_{k=0}^{70} \left[(5\,000 + 100k)^2 \cdot v^{2(k+1)} \cdot \frac{d_{35+k}}{l_{35}} \right] - \left[\sum_{k=0}^{70} (5\,000 + 100k) \cdot v^{k+1} \cdot \frac{d_{35+k}}{l_{35}} \right]^2$$

$$= 398\,774.381\,6$$

1.1.4.2 保额递减的变额寿险

[**基本算法示例**] 即期定期保额递减寿险趸缴纯保费。

需要求解的问题类型：

①保单趸缴纯保费 P；

②赔付现值随机变量的方差 Var。

解：

(1)问题①求解

$$v = \frac{1}{1+i}$$

$$A^1_{x:\overline{n}|} = \sum_{k=0}^{n-1} v^{k+1} \cdot \frac{d_{x+k}}{l_x}$$

$$= v \cdot \frac{d_x}{l_x} + v^2 \cdot \frac{d_{x+1}}{l_x} + v^3 \cdot \frac{d_{x+2}}{l_x} + \cdots + v^{n-1} \cdot \frac{d_{x+n-2}}{l_x} + v^n \cdot \frac{d_{x+n-1}}{l_x}$$

$$(DA)^1_{x:\overline{n}|} = \sum_{k=0}^{n-1} (n-k) \cdot v^{k+1} \cdot \frac{d_{x+k}}{l_x}$$

$$= nv \cdot \frac{d_x}{l_x} + (n-1)v^2 \cdot \frac{d_{x+1}}{l_x} + (n-2)v^3 \cdot \frac{d_{x+2}}{l_x} + \cdots + 2v^{n-1} \cdot \frac{d_{x+n-2}}{l_x} + v^n \cdot \frac{d_{x+n-1}}{l_x}$$

$$P = (b - nQ) \cdot A^1_{x:\overline{n}|} + Q \cdot (DA)^1_{x:\overline{n}|}$$

(2)问题②求解

$$Var = \sum_{k=0}^{n-1} \left[(b-kQ)^2 \cdot v^{2(k+1)} \cdot \frac{d_{x+k}}{l_x} \right] - \left[\sum_{k=0}^{n-1} (b-kQ) \cdot v^{k+1} \cdot \frac{d_{x+k}}{l_x} \right]^2$$

$$= \left[\begin{array}{l} (bv)^2 \cdot \frac{d_x}{l_x} + (b-Q)^2 \cdot v^4 \cdot \frac{d_{x+1}}{l_x} + (b-2Q)^2 \cdot v^6 \cdot \frac{d_{x+2}}{l_x} + \cdots + \\ [b-(n-2)Q]^2 \cdot v^{2(n-1)} \cdot \frac{d_{x+n-2}}{l_x} + [b-(n-1)Q]^2 \cdot v^{2n} \cdot \frac{d_{x+n-1}}{l_x} \end{array} \right]$$

$$-\left[\begin{array}{l} bv\cdot\frac{d_x}{l_x}+(b-Q)v^2\cdot\frac{d_{x+1}}{l_x}+(b-2Q)v^3\cdot\frac{d_{x+2}}{l_x}+\cdots+ \\ [b-(n-2)Q]\cdot v^{n-1}\cdot\frac{d_{x+n-2}}{l_x}+[b-(n-1)Q]\cdot v^n\cdot\frac{d_{x+n-1}}{l_x}\end{array}\right]^2$$

[**实验 1.1.6**] 即期定期保额递减寿险趸缴纯保费计算。

35 岁的林先生,购买离散型递减的 30 年期的即期定期寿险,保险利益是:被保险人在第一个保单年度内死亡,则给付 10 000 元;在第二个保单年度内死亡,则给付 9 900 元;在第三个保单年度内死亡,则给付 9 800 元,依此类推,直到在第 30 个年度内死亡,给付 7 100 元。预定年利率为 6%,并采用经验生命表(2000—2003),求保单趸缴纯保费和保单赔付现值随机变量的方差。

解:

1.数据录入

(1)已知数据录入

投保年龄(x)= 35;

预定年利率(i)= 0.06;

保险期限(n)= 30;

首个保单年度的保险金额(b)= 10 000;

保单年度保险金额公差额(Q)= 100;

生命表类型(L_{ijk})= L_{211}。

(2)需要求解的问题类型

①保单趸缴纯保费 P;

②保单赔付现值随机变量的方差 Var。

2.问题解答

(1)问题①求解

$$v=\frac{1}{1+i}=\frac{1}{1+0.06}=0.943\,396$$

$$A^1_{35:\overline{30|}}=\sum_{k=0}^{29}v^{k+1}\cdot\frac{d_{35+k}}{l_{35}}$$

$$=v\cdot\frac{d_{35}}{l_{35}}+v^2\cdot\frac{d_{36}}{l_{35}}+v^3\cdot\frac{d_{37}}{l_{35}}+\cdots+v^{29}\cdot\frac{d_{63}}{l_{35}}+v^{30}\cdot\frac{d_{64}}{l_{35}}$$

$$=0.043\,577$$

$$(DA)^1_{35:\overline{30|}}=\sum_{k=0}^{29}(30-k)\cdot v^{k+1}\cdot\frac{d_{35+k}}{l_{35}}$$

$$=30v\cdot\frac{d_{35}}{l_{35}}+29v^2\cdot\frac{d_{36}}{l_{35}}+28v^3\cdot\frac{d_{37}}{l_{35}}+\cdots+2v^{29}\cdot\frac{d_{63}}{l_{35}}+v^{30}\cdot\frac{d_{64}}{l_{35}}$$

$$=0.600\,924$$

$$P=7\,000A^1_{35:\overline{30|}}+100(DA)^1_{35:\overline{30|}}=365.131\,4$$

(2)问题②求解

$$Var = \sum_{k=0}^{29}\left[(10\ 000 - 100k)^2 \cdot v^{2(k+1)} \cdot \frac{d_{35+k}}{l_{35}}\right] - \left[\sum_{k=0}^{29}(10\ 000 - 100k) \cdot v^{k+1} \cdot \frac{d_{35+k}}{l_{35}}\right]^2$$

$$= \left[\begin{array}{l}(10\ 000v)^2 \cdot \frac{d_{35}}{l_{35}} + 9\ 900^2 \cdot v^4 \cdot \frac{d_{36}}{l_{35}} + 9\ 800^2 \cdot v^6 \cdot \frac{d_{37}}{l_{35}} + \cdots + \\ 7\ 200^2 \cdot v^{58} \cdot \frac{d_{63}}{l_{35}} + 7\ 100^2 \cdot v^{60} \cdot \frac{d_{64}}{l_{35}}\end{array}\right]$$

$$- \left[\begin{array}{l}10\ 000v \cdot \frac{d_{35}}{l_{35}} + 9900 \cdot v^2 \cdot \frac{d_{36}}{l_{35}} + 9\ 800v^3 \cdot \frac{d_{37}}{l_{35}} + \cdots + \\ 7\ 200v^{29} \cdot \frac{d_{63}}{l_{35}} + 7\ 100v^{30} \cdot \frac{d_{64}}{l_{35}}\end{array}\right]^2$$

$$= 1\ 304\ 178..\ 371$$

1.2 连续型寿险模型

连续型人寿保险模型是指以连续型未来寿险为基础,保险金在被保险人死亡时立即支付为假设条件而建立的人寿保险数学模型。可分为死亡保险、两全保险和变额受益寿险等;根据对死亡分布的假设可分为死亡均匀分布假设和常数死力假设等。

1.2.1 死亡保险

连续型人寿保险模型中的死亡保险按保险责任生效的时间可分为即期死亡保险和延期死亡保险;按保险责任期限可分为终身死亡保险和定期死亡保险;按死亡分布假设可分为死亡均匀分布假设和常数死力假设等。

1.2.1.1 死亡均匀分布假设

[**基本算法示例**] 死亡均匀分布假设的即期终身死亡保险趸缴纯保费。

需要求解的问题类型:

①保单趸缴纯保费 P;

②保单赔付现值随机变量的方差 $Var(bZ_T)$。

解:

(1)问题①求解

$$\mu_x = \frac{1}{\omega - x} \quad (0 \leqslant x < \omega)$$

$$f(t) = \frac{1}{\omega - x} \quad (t>0)$$

$$v = \frac{1}{1 + i}$$

$$\bar{A}_x = \int_0^{\omega-x} v^t \cdot f(t)\,dt = \frac{1}{\omega - x} \cdot \left(\frac{v^{\omega-x} - 1}{\ln v}\right)$$

$$P = b \cdot \bar{A}_x$$

(2)问题②求解

$$^2\bar{A}_x = \int_0^{\omega-x} v^{2t} \cdot f(t)\,dt = \frac{1}{\omega - x} \cdot \left[\frac{v^{2(\omega-x)} - 1}{2\ln v}\right]$$

$$Var(Z_T) = {}^2\bar{A}_x - (\bar{A}_x)^2 = \frac{1}{\omega - x} \cdot \left[\frac{v^{2(\omega-x)} - 1}{2\ln v}\right] - \left(\frac{1}{\omega - x} \cdot \frac{v^{\omega-x} - 1}{\ln v}\right)^2$$

$$Var(bZ_T) = b^2 \cdot Var(Z_T)$$

[**实验 1.2.1**] 死亡均匀分布假设的即期终身死亡保险趸缴纯保费计算。

李先生今年 20 岁，投保了一份保险金额为 10 000 元的即期终身寿险，保险金在被保险人死亡时立刻支付，预定年利率为 6%，在均匀分布假设下并且假设极限年龄为 100 岁，求保单趸缴纯保费和赔付现值随机变量的方差。

解：

1.数据录入

(1)已知数据录入

投保年龄(x)= 20；

预定年利率(i)= 0.06；

保险金额(b)= 10 000；

极限年龄(ω)= 100。

(2)需要求解的问题类型

①保单趸缴纯保费 P；

②保单赔付现值随机变量的方差 $Var(bZ_T)$。

2.问题解答

(1)问题①求解

$$\mu_{20} = \frac{1}{\omega - x} = \frac{1}{100 - 20} = 0.012\ 5 \quad (0 \leqslant x < 100)$$

$$f(t) = \frac{1}{\omega - x} = \frac{1}{100 - 20} = 0.012\ 5 \quad (t>0)$$

$$v = \frac{1}{1 + i} = 0.943\ 396$$

$$\bar{A}_{20} = \int_0^{80} v^t \cdot f(t)\,dt = \frac{1}{100 - 20} \cdot \left(\frac{v^{80} - 1}{\ln v}\right) = 0.212\ 495$$

$$P = b \cdot \bar{A}_{20} = 2\ 124.95$$

(2)问题②求解

$$^2\bar{A}_{20} = \int_0^{80} v^{2t} \cdot f(t)\,dt = \frac{1}{100 - 20} \cdot \left(\frac{v^{160} - 1}{2\ln v}\right) = 0.107\ 252$$

$$Var(Z_T)={}^2\bar{A}_{20}-(\bar{A}_{20})^2=\frac{1}{100-20}\cdot(\frac{v^{160}-1}{2\ln v})-[\frac{1}{100-20}\cdot(\frac{v^{80}-1}{\ln v})]^2$$

$$=0.062\ 098$$

$$Var(bZ_T)=b^2\cdot Var(Z_T)=6\ 209\ 800$$

1.2.1.2 常数死力假设

[**基本算法示例**] 常数死力假设的即期终身死亡保险趸缴纯保费。

需要求解的问题类型：

①保单趸缴纯保费 P；

②保单赔付现值随机变量的方差 $Var(bZ_T)$。

解：

(1)问题①求解

$$\mu=\lambda \quad (\lambda>0)$$

$$f(t)=\lambda e^{-\lambda t} \quad (t>0)$$

$$\delta=\ln(1+i)$$

$$\bar{A}_x=\int_0^{+\infty}v^t\cdot f(t)dt=\frac{\lambda}{\lambda+\delta}$$

$$P=b\cdot\bar{A}_x$$

(2)问题②求解

$${}^2\bar{A}_x=\int_0^{+\infty}v^{2t}\cdot f(t)dt=\frac{\lambda}{\lambda+2\delta}$$

$$Var(Z_T)={}^2\bar{A}_x-(\bar{A}_x)^2=\frac{\lambda}{\lambda+2\delta}-(\frac{\lambda}{\lambda+\delta})^2$$

$$Var(bZ_T)=b^2\cdot Var(Z_T)$$

[**实验 1.2.2**] 常数死力假设的即期终身死亡保险趸缴纯保费计算。

宋女士今年 30 岁，投保了一份保险金额为 20 000 元的即期终身寿险，保险金在被保险人死亡时立刻支付，预定年利率为 6%，在常数死力分布假设下并假设常数死力 $\mu=0.04$，求保单趸缴纯保费和赔付现值随机变量的方差。

解：

1.数据录入

(1)已知数据录入

投保年龄(x)= 30；

预定年利率(i)= 0.06；

保险金额(b)= 20 000；

常数死力(μ)= 0.04。

(2)需要求解的问题类型

①保单趸缴纯保费 P；

②保单赔付现值随机变量的方差 $Var(bZ_T)$。

2.问题解答

(1)问题①求解

$\mu = \lambda = 0.04$

$f(t) = \lambda e^{-\lambda t} \quad (t > 0)$

$\delta = \ln(1 + i) = \ln(1 + 0.06) = 0.058\ 269$

$\bar{A}_{30} = \int_0^{+\infty} v^t \cdot f(t) dt = \frac{\lambda}{\lambda + \delta} = 0.407\ 046$

$P = b \cdot \bar{A}_{30} = 8\ 140.92$

(2)问题②求解

${}^2\bar{A}_{30} = \int_0^{+\infty} v^{2t} \cdot f(t) dt = \frac{\lambda}{\lambda + 2\delta} = 0.255\ 529$

$Var(Z_T) = {}^2\bar{A}_{30} - (\bar{A}_{30})^2 = \frac{\lambda}{\lambda + 2\delta} - (\frac{\lambda}{\lambda + \delta})^2 = 0.089\ 843$

$Var(bZ_T) = b^2 \cdot Var(Z_T) = 8\ 984\ 300$

1.2.2 两全保险

连续型人寿保险模型中的两全保险是指死亡保险金在被保险人死亡时立即给付和生存保险金在被保险人生存至有效期满时给付的人寿保险。两全保险只能是定期的,按保险责任生效的时间可分为即期两全保险和延期两全保险;按死亡分布假设可分为死亡均匀分布假设和常数死力假设等。

1.2.2.1 死亡均匀分布假设

[**基本算法示例**]死亡均匀分布假设的即期定期两全保险趸缴纯保费。

需要求解的问题类型:

①保单趸缴纯保费 P;

②保单赔付现值随机变量的方差 $Var(bZ_T)$。

解:

(1)问题①求解

$\mu_x = \frac{1}{\omega - x} \quad (0 \leqslant x < \omega)$

$f(t) = \frac{1}{\omega - x} \quad (t>0)$

$v = \frac{1}{1 + i}$

$$\begin{aligned}\bar{A}_{x:\overline{n}|} &= \bar{A}^{1}_{x:\overline{n}|} + \bar{A}_{x:\overset{\ \ 1}{\overline{n}|}} \\ &= \int_0^n v^t \cdot f(t) dt + v^n \cdot \frac{\omega - x - n}{\omega - x} \\ &= \frac{1}{\omega - x} \cdot \frac{v^n - 1}{\ln v} + v^n \cdot \frac{\omega - x - n}{\omega - x}\end{aligned}$$

$P = b \cdot \bar{A}_{x:\overline{n}|}$

(2)问题②求解

$${}^2\bar{A}_{x:\overline{n}|} = \int_0^n v^{2t} \cdot f(t)\,dt + v^{2n} \cdot \int_n^{+\infty} f(t)\,dt$$

$$= \frac{1}{\omega - x} \cdot \frac{v^{2n} - 1}{2\ln v} + v^{2n} \cdot \frac{\omega - x - n}{\omega - x}$$

$$Var(Z_T) = {}^2\bar{A}_{x:\overline{n}|} - (\bar{A}_{x:\overline{n}|})^2$$

$$= \frac{1}{\omega - x} \cdot \left(\frac{v^{2n} - 1}{2\ln v}\right) + v^{2n} \cdot \frac{\omega - x - n}{\omega - x} - \left(\frac{1}{\omega - x} \cdot \frac{v^n - 1}{\ln v} + v^n \cdot \frac{\omega - x - n}{\omega - x}\right)^2$$

$$Var(bZ_T) = b^2 \cdot Var(Z_T)$$

[**实验 1.2.3**] 死亡均匀分布假设的即期定期两全保险趸缴纯保费计算。

现年 35 岁的李先生,投保了一份 30 年的连续型即期两全保险,保险金额为 10 000 元,预定年利率为 6%,在均匀分布假设下并且假设极限年龄为 105 岁,求保单趸缴纯保费和保单赔付现值随机变量的方差。

解:

1.数据录入

(1)已知数据录入

投保年龄(x)= 35;

预定年利率(i)= 0.06;

保险金额(b)= 10 000;

保险期限(n)= 30;

极限年龄(ω)= 105。

(2)需要求解的问题类型

①保单趸缴纯保费 P;

②保单赔付现值随机变量的方差 $Var(bZ_T)$。

2.问题解答

(1)问题①求解

$$\mu_{35} = \frac{1}{\omega - x} = \frac{1}{70} = 0.014\,286 \quad (0 \leqslant x < 105)$$

$$f(t) = \frac{1}{\omega - x} = \frac{1}{70} = 0.014\,286 \quad (t>0)$$

$$v = \frac{1}{1 + i} = \frac{1}{1 + 0.06} = 0.943\,396$$

$$\bar{A}_{35:\overline{30}|} = \bar{A}^1_{35:\overline{30}|} + \bar{A}_{35:\overset{1}{\overline{30}|}}$$

$$= \int_0^{30} v^t \cdot f(t)\,dt + v^{30} \cdot \frac{40}{70}$$

$$= \frac{1}{70} \cdot \frac{v^{30} - 1}{\ln v} + v^{30} \cdot \frac{40}{70} = 0.301\,974$$

$P = b \cdot \bar{A}_{35:\overline{30|}} = 3\ 019.74$

(2)问题②求解

$${}^2\bar{A}_{35:\overline{30|}} = \int_0^{30} v^{2t} \cdot f(t)\,dt + v^{60} \cdot \int_{30}^{+\infty} f(t)\,dt$$

$$= \frac{1}{70} \cdot \frac{v^{60} - 1}{2\ln v} + v^{60} \cdot \frac{40}{70} = 0.136\ 191$$

$$Var(Z_T) = {}^2\bar{A}_{35:\overline{30|}} - (\bar{A}_{35:\overline{30|}})^2$$

$$= \frac{1}{70} \cdot \frac{v^{60} - 1}{2\ln v} + v^{60} \cdot \frac{40}{70} - \left(\frac{1}{70} \cdot \frac{v^{30} - 1}{\ln v} + v^{30} \cdot \frac{40}{70}\right)^2 = 0.045\ 003$$

$$Var(bZ_T) = b^2 \cdot Var(Z_T) = 4\ 500\ 300$$

1.2.2.2 常数死力假设

[**基本算法示例**] 常数死力假设的即期定期两全保险趸缴纯保费。

需要求解的问题类型:

①保单趸缴纯保费 P;

②保单赔付现值随机变量的方差 $Var(bZ_T)$。

解:

(1)问题①求解

$\mu = \lambda \quad (\lambda > 0)$

$f(t) = \lambda e^{-\lambda t} \quad (t > 0)$

$\delta = \ln(1 + i)$

$$\bar{A}_{x:\overline{n|}} = \bar{A}^{1}_{x:\overline{n|}} + \bar{A}_{x:\overset{\ \ 1}{\overline{n|}}}$$

$$= \int_0^n v^t \cdot f(t)\,dt + v^n \cdot \int_n^{+\infty} f(t)\,dt$$

$$= \lambda \cdot \frac{1 - e^{-(\lambda+\delta)n}}{\delta + \lambda} + e^{-(\lambda+\delta)n}$$

$P = b \cdot \bar{A}_{x:\overline{n|}}$

(2)问题②求解

$${}^2\bar{A}_{x:\overline{n|}} = \int_0^n v^{2t} \cdot f(t)\,dt + v^{2n} \cdot \int_n^{+\infty} f(t)\,dt$$

$$= \lambda \cdot \frac{1 - e^{-(\lambda+2\delta)n}}{2\delta + \lambda} + e^{-(\lambda+2\delta)n}$$

$$Var(Z_T) = {}^2\bar{A}_{x:\overline{n|}} - (\bar{A}_{x:\overline{n|}})^2$$

$$= \lambda \cdot \frac{1 - e^{-(\lambda+2\delta)n}}{2\delta + \lambda} + e^{-(\lambda+2\delta)n} - \left[\lambda \cdot \frac{1 - e^{-(\lambda+\delta)n}}{\delta + \lambda} + e^{-(\lambda+\delta)n}\right]^2$$

$Var(bZ_T) = b^2 \cdot Var(Z_T)$

[**实验 1.2.4**] 常数死力假设的即期定期两全保险趸缴纯保费计算。

现年 35 岁的李先生,投保了一份 35 年的连续型即期两全保险,保险金额为 10 000 元,预定年利率为 6%,在常数死力分布假设下并假设常数死力 $\mu = 0.04$,求保单趸缴纯保费和保单赔付现值随机变量的方差。

解：

1.数据录入

(1)已知数据录入

投保年龄(x)= 35；

预定年利率(i)= 0.06；

保险金额(b)= 10 000；

保险期限(n)= 35；

常数死力(μ)= 0.04。

(2)需要求解的问题类型

①保单趸缴纯保费 P；

②保单赔付现值随机变量的方差 $Var(bZ_T)$。

2.问题解答

(1)问题①求解

$$\lambda = \mu = 0.04$$

$$f(t) = \lambda e^{-\lambda t} \quad (t > 0)$$

$$\delta = \ln(1+i) = \ln(1+0.06) = 0.058\,269$$

$$\begin{aligned}\bar{A}_{35:\overline{35}|} &= \bar{A}^{1}_{35:\overline{35}|} + \bar{A}_{35:\overset{1}{\overline{35}|}} \\ &= \int_0^{35} v^t \cdot f(t)\,dt + v^{35} \cdot \int_{35}^{+\infty} f(t)\,dt \\ &= \lambda \cdot \frac{1 - e^{-35\cdot(\lambda+\delta)}}{\delta + \lambda} + e^{-35\cdot(\lambda+\delta)} = 0.426\,070\end{aligned}$$

$$P = b \cdot \bar{A}_{35:\overline{35}|} = 4\,260.7$$

(2)问题②求解

$$\begin{aligned}{}^2\bar{A}_{35:\overline{35}|} &= \int_0^{35} v^{2t} \cdot f(t)\,dt + v^{70} \cdot \int_{35}^{+\infty} f(t)\,dt \\ &= \lambda \cdot \frac{1 - e^{-35\cdot(\lambda+2\delta)}}{\lambda + 2\delta} + e^{-35\cdot(\lambda+2\delta)} = 0.261\,938\end{aligned}$$

$$\begin{aligned}Var(Z_T) &= {}^2\bar{A}_{35:\overline{35}|} - (\bar{A}_{35:\overline{35}|})^2 \\ &= \lambda \cdot \frac{1 - e^{-35\cdot(\lambda+2\delta)}}{2\delta + \lambda} + e^{-35\cdot(\lambda+2\delta)} - \left[\lambda \cdot \frac{1 - e^{-35\cdot(\lambda+\delta)}}{\delta + \lambda} + e^{-35\cdot(\lambda+\delta)}\right]^2 \\ &= 0.080\,402\end{aligned}$$

$$Var(bZ_T) = b^2 \cdot Var(Z_T) = 8\,040\,200$$

1.2.3 变额受益寿险

连续型寿险模型中的变额受益寿险是指在死亡均匀分布假设条件下，保险金额的给付随着被保险人未来寿命的变化而变化的人寿保险。变额受益寿险按保险金额变动方式可分为保额递增和保额递减寿险；按保险责任生效时间可分为即期变额受益寿险和延期变额受益寿险。这里主要讨论保额递增和保额递减的变额寿险。

1.2.3.1 保额递增的变额寿险

1. 死亡均匀分布假设

[**基本算法示例**] 死亡均匀分布假设的即期终身保额递增寿险趸缴纯保费。

需要求解的问题类型:保单趸缴纯保费 P。

解:

$$\mu_x = \frac{1}{\omega - x} \quad (0 \leqslant x < \omega)$$

$$f(t) = \frac{1}{\omega - x} \quad (t > 0)$$

$$v = \frac{1}{1 + i}$$

$$\bar{A}_x = \int_0^{\omega - x} v^t \cdot f(t)\,dt = \frac{1}{\omega - x} \cdot \left(\frac{v^{\omega - x} - 1}{\ln v}\right)$$

$$(\bar{I}\bar{A})_x = \int_0^{\omega - x} t v^t \cdot f(t)\,dt = \frac{v^{\omega - x}}{\ln v} - \frac{1}{\omega - x} \cdot \frac{v^{\omega - x} - 1}{(\ln v)^2}$$

$$P = (b - Q) \cdot \bar{A}_x + Q \cdot (\bar{I}\bar{A})_x$$

[**实验 1.2.5**] 死亡均匀分布假设的即期终身保额递增寿险趸缴纯保费计算。

李先生今年 40 岁,投保按年连续递增的即期终身寿险,其保险利益是:若被保险人在第一个保单年度内死亡,则立即给付保险金 8 000 元;若在第二个保单年度内死亡,则立即给付保险金 8 100 元;若在第三个保单年度内死亡,则立即给付保险金 8 200 元,依次递增。预定年利率为 6%,在死亡均匀分布假设下并且假设极限年龄为 105 岁,求保单趸缴纯保费。

解:

1.数据录入

(1)已知数据录入

投保年龄(x)= 40;

预定年利率(i)= 0.06;

极限年龄(ω)= 105;

首个保单年度的保险金额(b)= 8 000;

保单年度保险金额公差额(Q)= 100。

(2)需要求解的问题类型:保单趸缴纯保费 P

2.问题解答

$$\mu_{40} = \frac{1}{\omega - x} = \frac{1}{65} = 0.015\,385 \quad (0 \leqslant x < 105)$$

$$f(t) = \frac{1}{\omega - x} = \frac{1}{65} = 0.015\,385 \quad (t > 0)$$

$$v = \frac{1}{1+i} = 0.943\ 396$$

$$\bar{A}_{40} = \int_0^{65} v^t \cdot f(t)\,dt = \frac{1}{65} \cdot \left(\frac{v^{65}-1}{\ln v}\right) = 0.258\ 047$$

$$(\bar{I}\bar{A})_{40} = \int_0^{65} tv^t \cdot f(t)\,dt = \frac{v^{65}}{\ln v} - \frac{1}{65} \cdot \frac{v^{65}-1}{(\ln v)^2} = 4.039\ 793$$

$$P = 7\ 900 \cdot \bar{A}_{40} + 100 \cdot (\bar{I}\bar{A})_{40} = 2\ 442.550\ 6$$

2. 常数死力假设

[**基本算法示例**] 常数死力假设的即期终身保额递增寿险趸缴纯保费。

需要求解的问题类型:保单趸缴纯保费 P。

解:

$\lambda = \mu \quad (\lambda > 0)$

$f(t) = \lambda e^{-\lambda t} \quad (t > 0)$

$\delta = \ln(1+i)$

$$\bar{A}_x = \int_0^{+\infty} v^t \cdot f(t)\,dt = \frac{\lambda}{\lambda + \delta}$$

$$(\bar{I}\bar{A})_x = \int_0^{+\infty} tv^t \cdot f(t)\,dt = \frac{\lambda}{(\lambda+\delta)^2}$$

$$P = (b - Q) \cdot \bar{A}_x + Q \cdot (\bar{I}\bar{A})_x$$

[**实验 1.2.6**] 常数死力假设的即期终身保额递增寿险趸缴纯保费计算。

李先生今年 40 岁,投保按年连续递增的即期终身寿险,其保险利益是:若被保险人在第一个保单年度内死亡,则立即给付保险金 8 000 元;若在第二个保单年度内死亡,则立即给付保险金 8 100 元;若在第三个保单年度内死亡,则立即给付保险金 8 200 元,依次递增。预定年利率为 6%,在常数死力分布假设下并假设常数死力 $\mu = 0.04$,求保单趸缴纯保费。

解:

1.数据录入

(1)已知数据录入

投保年龄(x)= 40;

预定年利率(i)= 0.06;

常数死力(μ)= 0.04;

首个保单年度的保险金额(b)= 8 000;

保单年度保险金额公差额(Q)= 100。

(2)需要求解的问题类型:保单趸缴纯保费 P

2.问题解答

$\lambda = \mu = 0.04$

$f(t) = \lambda e^{-\lambda t} \quad (t > 0)$

$\delta = \ln(1+i) = \ln(1+0.06) = 0.058\ 269$

$$\bar{A}_{40}=\int_0^{+\infty} v^t \cdot f(t)\,dt=\frac{\lambda}{\lambda+\delta}=0.407\ 046$$

$$(\bar{I}\bar{A})_{40}=\int_0^{+\infty} tv^t \cdot f(t)\,dt=\frac{\lambda}{(\lambda+\delta)^2}=4.142\ 160$$

$$P=7\ 900\cdot\bar{A}_{40}+100\cdot(\bar{I}\bar{A})_{40}=3\ 629.879\ 4$$

1.2.3.2　保额递减的变额寿险

1. 死亡均匀分布假设

[**基本算法示例**] 死亡均匀分布假设的即期定期保额递减寿险趸缴纯保费。

需要求解的问题类型：保单趸缴纯保费 P。

解：

$$\mu_x=\frac{1}{\omega-x}\quad(0\leqslant x<\omega)$$

$$f(t)=\frac{1}{\omega-x}\quad(t>0)$$

$$v=\frac{1}{1+i}$$

$$\bar{A}^1_{x:\overline{n|}}=\int_0^n v^t\cdot f(t)\,dt=\frac{1}{\omega-x}\cdot\left(\frac{v^n-1}{\ln v}\right)$$

$$(D\bar{A})^1_{x:\overline{n|}}=\sum_{k=0}^{n-1}(n-k)\int_k^{k+1}v^t\cdot f(t)\,dt=\sum_{k=0}^{n-1}\frac{n-k}{\omega-x}\cdot\frac{v^{k+1}-v^k}{\ln v}$$

$$P=(b-nQ)\cdot\bar{A}^1_{x:\overline{n|}}+Q\cdot(D\bar{A})^1_{x:\overline{n|}}$$

[**实验 1.2.7**] 死亡均匀分布假设的即期定期保额递减寿险趸缴纯保费计算。

李先生今年 40 岁，投保连续型递减的 30 年即期定期寿险，其保险利益是：若被保险人在第一个保单年度内死亡，则立即给付保险金 10 000 元；若在第二个保单年度内死亡，则立即给付保险金 9 900 元；若在第三个保单年度内死亡，则立即给付保险金 9 800 元，依次递减。预定年利率为 6%，在死亡均匀分布假设下并且假设极限年龄为 105 岁，求保单趸缴纯保费。

解：

1.数据录入

(1)已知数据录入

投保年龄(x)= 40；

预定年利率(i)= 0.06；

保险期限(n)= 30；

极限年龄(ω)= 105；

首个保单年度的保险金额(b)= 10 000；

保单年度保险金额公差额(Q)= 100。

(2)需要求解的问题类型：保单趸缴纯保费 P

2.问题解答

$$\mu_{40} = \frac{1}{\omega - x} = \frac{1}{65} = 0.015\ 385 \quad (0 \leqslant x < 105)$$

$$f(t) = \frac{1}{\omega - x} = \frac{1}{65} = 0.015\ 385 \quad (t > 0)$$

$$v = \frac{1}{1+i} = 0.943\ 396$$

$$\bar{A}^1_{40:\overline{30}|} = \int_0^{30} v^t \cdot f(t)\,dt = \frac{1}{65} \cdot \left(\frac{v^{30} - 1}{\ln v}\right) = 0.218\ 058$$

$$(D\bar{A})^1_{40:\overline{30}|} = \sum_{k=0}^{29} (30 - k) \int_k^{k+1} v^t \cdot f(t)\,dt = \sum_{k=0}^{29} \frac{30 - k}{65} \cdot \frac{v^{k+1} - v^k}{\ln v} = 4.286\ 537$$

$$P = 7\ 000 \cdot \bar{A}^1_{40:\overline{30}|} + 100 \cdot (D\bar{A})^1_{40:\overline{30}|} = 1\ 955.059\ 7$$

2. 常数死力假设

[**基本算法示例**] 常数死力假设的即期定期保额递减寿险趸缴纯保费。

需要求解的问题类型:保单趸缴纯保费 P。

解:

$$\lambda = \mu \quad (\lambda > 0)$$

$$f(t) = \lambda e^{-\lambda t} \quad (t > 0)$$

$$\delta = \ln(1 + i)$$

$$\bar{A}^1_{x:\overline{n}|} = \int_0^n v^t \cdot f(t)\,dt = \frac{\lambda[1 - e^{-n(\delta+\lambda)}]}{\lambda + \delta}$$

$$(D\bar{A})^1_{x:\overline{n}|} = \sum_{k=0}^{n-1} (n - k) \int_k^{k+1} v^t \cdot f(t)\,dt = \sum_{k=0}^{n-1} \lambda(n - k) \cdot \frac{e^{-k(\lambda+\delta)} - e^{-(k+1)\cdot(\lambda+\delta)}}{\lambda + \delta}$$

$$P = (b - nQ) \cdot \bar{A}^1_{x:\overline{n}|} + Q \cdot (D\bar{A})^1_{x:\overline{n}|}$$

[**实验 1.2.8**] 常数死力假设的即期定期保额递减寿险趸缴纯保费计算。

李先生今年 40 岁,投保连续型递减的 30 年即期定期寿险,其保险利益是:若被保险人在第一个保单年度内死亡,则立即给付保险金 10 000 元;若在第二个保单年度内死亡,则立即给付保险金 9 900 元;若在第三个保单年度内死亡,则立即给付保险金 9 800 元,依次递减。预定年利率为 6%,在常数死力分布假设下并假设常数死力 $\mu = 0.04$,求保单趸缴纯保费。

解:

1.数据录入

(1)已知数据录入

投保年龄(x)= 40;

预定年利率(i)= 0.06;

保险期限(n)= 30;

常数死力(μ)= 0.04;

首个保单年度的保险金额(b)= 10 000;

保单年度保险金额公差额(Q)= 100。

(2)需要求解的问题类型:保单趸缴纯保费 P

2.问题解答

$\lambda = \mu = 0.04$

$f(t) = \lambda e^{-\lambda t} \quad (t > 0)$

$\delta = \ln(1 + i) = \ln(1 + 0.06) = 0.058\ 269$

$$\bar{A}^{1}_{40:\overline{30|}} = \int_0^{30} v^t \cdot f(t)dt = \frac{\lambda[1 - e^{-30(\delta+\lambda)}]}{\lambda + \delta} = 0.385\ 700$$

$$(D\bar{A})^{1}_{40:\overline{30|}} = \sum_{k=0}^{29}(30 - k)\int_k^{k+1} v^t \cdot f(t)dt$$
$$= \sum_{k=0}^{29}(30 - k)\lambda \cdot \frac{e^{-k\cdot(\lambda+\delta)} - e^{-(k+1)(\lambda+\delta)}}{\lambda + \delta} = 8.476\ 129$$

$$P = 7\ 000 \cdot \bar{A}^{1}_{40:\overline{30|}} + 100 \cdot (D\bar{A})^{1}_{40:\overline{30|}} = 3\ 547.512\ 9$$

1.3 半连续型寿险模型

半连续型人寿保险模型是指以被保险人死亡在保单年度内服从均匀分布,保险金在被保险人死亡时立即支付为假设条件(UDD 假设)而建立的人寿保险数学模型。可分为死亡保险、两全保险和变额受益寿险等。

1.3.1 死亡保险

半连续型人寿保险模型中的死亡保险按保险责任生效的时间可分为即期死亡保险和延期死亡保险;按保险责任期限可分为终身死亡保险和定期死亡保险等。

1.3.1.1 *即期死亡保险*

[**基本算法示例**] UDD 假设的即期终身死亡保险趸缴纯保费。

需要求解的问题类型:

①保单趸缴纯保费 P;

②保单赔付现值随机变量的方差 $Var(bZ_T)$。

解:

(1)问题①求解

$$v = \frac{1}{1 + i}$$

$\delta = \ln(1 + i)$

$$\bar{A}_x = \frac{i}{\delta} \cdot A_x = \frac{i}{\delta} \cdot \left(\sum_{k=0}^{\omega-x} v^{k+1} \cdot \frac{d_{x+k}}{l_x}\right)$$
$$= \frac{i}{\delta} \cdot \left(v \cdot \frac{d_x}{l_x} + v^2 \cdot \frac{d_{x+1}}{l_x} + v^3 \cdot \frac{d_{x+2}}{l_x} + \cdots + v^{\omega-x} \cdot \frac{d_{\omega-1}}{l_x} + v^{\omega-x+1} \cdot \frac{d_\omega}{l_x}\right)$$

$P = b \cdot \bar{A}_x$

(2)问题②求解

$${}^2\bar{A}_x = \frac{(1+i)^2 - 1}{2\delta} \cdot \sum_{k=0}^{\omega-x} \left[v^{2(k+1)} \cdot \frac{d_{x+k}}{l_x} \right]$$

$$= \frac{(1+i)^2 - 1}{2\delta} \cdot \left(v^2 \cdot \frac{d_x}{l_x} + v^4 \cdot \frac{d_{x+1}}{l_x} + v^6 \cdot \frac{d_{x+2}}{l_x} + \cdots + v^{2(\omega-x)} \cdot \frac{d_{\omega-1}}{l_x} + v^{2(\omega-x+1)} \cdot \frac{d_\omega}{l_x} \right)$$

$Var(Z_T) = {}^2\bar{A}_x - (\bar{A}_x)^2$

$Var(bZ_T) = b^2 \cdot Var(Z_T)$

[**实验 1.3.1**] UDD 假设的即期终身死亡保险趸缴纯保费计算。

现龄 25 岁的陈小姐,购买一份保险金额为 10 000 元的半连续型终身寿险。采用经验生命表(2000—2003),预定年利率 $i=6\%$,在死亡均匀分布假设条件下,求保单的趸缴纯保费和赔付现值随机变量的方差。

解:

1.数据录入

(1)已知数据录入

投保年龄$(x)=25$;

预定年利率$(i)=0.06$;

保险金额$(b)=10\ 000$;

极限年龄$(\omega)=105$;

生命表类型$(L_{ijk})= L_{212}$。

(2)需要求解的问题类型

①保单趸缴纯保费 P;

②保单赔付现值随机变量的方差 $Var(bZ_T)$。

2.问题解答

(1)问题①求解

$$v = \frac{1}{1+i} = \frac{1}{1+0.06} = 0.943\ 396$$

$\delta = \ln(1+i) = \ln(1+0.06) = 0.058\ 269$

$$\bar{A}_{25} = \frac{i}{\delta} \cdot A_{25} = \frac{i}{\delta} \cdot \left(\sum_{k=0}^{80} v^{k+1} \cdot \frac{d_{25+k}}{l_{25}} \right)$$

$$= \frac{i}{\delta} \cdot \left(v \cdot \frac{d_{25}}{l_{25}} + v^2 \cdot \frac{d_{26}}{l_{25}} + v^3 \cdot \frac{d_{27}}{l_{25}} + \cdots + v^{80} \cdot \frac{d_{104}}{l_{25}} + v^{81} \cdot \frac{d_{105}}{l_{25}} \right)$$

$$= 0.050\ 746$$

$P = b \cdot \bar{A}_{25} = 507.46$

(2)问题②求解

$$^2\bar{A}_{25} = \frac{(1+i)^2-1}{2\delta} \cdot \sum_{k=0}^{80}\left[v^{2(k+1)} \cdot \frac{d_{25+k}}{l_{25}}\right]$$

$$= \frac{(1+i)^2-1}{2\delta} \cdot (v^2 \cdot \frac{d_{25}}{l_{25}} + v^4 \cdot \frac{d_{26}}{l_{25}} + v^6 \cdot \frac{d_{27}}{l_{25}} + \cdots + v^{160} \cdot \frac{d_{104}}{l_{25}} + v^{162} \cdot \frac{d_{105}}{l_{25}})$$

$$= 0.007\ 083$$

$$Var(Z_T) = {}^2\bar{A}_{25} - (\bar{A}_{25})^2 = 0.004\ 508$$

$$Var(bZ_T) = b^2 \cdot Var(Z_T) = 450\ 800$$

1.3.1.2 延期死亡保险

[**基本算法示例**] UDD 假设的延期终身死亡保险趸缴纯保费。

需要求解的问题类型:

①保单趸缴纯保费 P;

②保单赔付现值随机变量的方差 $Var(bZ_T)$。

解:

(1)问题①求解

$$v = \frac{1}{1+i}$$

$$\delta = \ln(1+i)$$

$$_{h|}\bar{A}_x = \frac{i}{\delta} \cdot {}_{h|}A_x$$

$$= \frac{i}{\delta} \cdot \left(\sum_{k=h}^{\omega-x} v^{k+1} \cdot \frac{d_{x+k}}{l_x}\right)$$

$$= \frac{i}{\delta} \cdot \left(v^{h+1} \cdot \frac{d_{x+h}}{l_x} + v^{h+2} \cdot \frac{d_{x+h+1}}{l_x} + v^{h+3} \cdot \frac{d_{x+h+2}}{l_x} + \cdots + v^{\omega-x} \cdot \frac{d_{\omega-1}}{l_x} + v^{\omega-x+1} \cdot \frac{d_{\omega}}{l_x}\right)$$

$$P = b \cdot {}_{h|}\bar{A}_x$$

(2)问题②求解

$$_{h|}{}^2\bar{A}_x = \frac{(1+i)^2-1}{2\delta} \cdot {}_{h|}{}^2A_x$$

$$= \frac{(1+i)^2-1}{2\delta} \cdot \sum_{k=h}^{\omega-x}\left[v^{2(k+1)} \cdot \frac{d_{x+k}}{l_x}\right]$$

$$= \frac{(1+i)^2-1}{2\delta} \cdot \left[v^{2(h+1)} \cdot \frac{d_{x+h}}{l_x} + v^{2(h+2)} \cdot \frac{d_{x+h+1}}{l_x} + v^{2(h+3)} \cdot \frac{d_{x+h+2}}{l_x} + \cdots + v^{2(\omega-x)} \cdot \frac{d_{\omega-1}}{l_x} + v^{2(\omega-x+1)} \cdot \frac{d_{\omega}}{l_x}\right]$$

$$Var(Z_T) = {}_{h|}{}^2\bar{A}_x - ({}_{h|}\bar{A}_x)^2$$

$$Var(bZ_T) = b^2 \cdot Var(Z_T)$$

[**实验 1.3.2**] UDD 假设的延期终身死亡保险趸缴纯保费计算。

现龄 25 岁的陈小姐,购买一张保险金额为 10 000 元的半连续型延期终身寿险保单,延期 5 年。采用经验生命表(2000—2003),预定年利率 $i=6\%$,在死亡均匀分布假设条件下,求保单的趸缴纯保费和赔付现值随机变量的方差。

解:

1.数据录入

(1)已知数据录入

投保年龄(x)= 25;

预定年利率(i)= 0.06;

保险金额(b)= 10 000;

延期年数(h)= 5;

极限年龄(ω)= 105;

生命表类型(L_{ijk})= L_{212}。

(2)需要求解的问题类型

①保单趸缴纯保费 P;

②保单赔付现值随机变量的方差 $Var(bZ_T)$。

2.问题解答

(1)问题①求解

$$v = \frac{1}{1+i} = \frac{1}{1+0.06} = 0.943\ 396$$

$$\delta = \ln(1+i) = 0.058\ 269$$

$$_{5|}\bar{A}_{25} = \frac{i}{\delta} \cdot {_{5|}A_{25}} = \frac{i}{\delta} \cdot \left(\sum_{k=5}^{80} v^{k+1} \cdot \frac{d_{25+k}}{l_{25}} \right)$$

$$= \frac{i}{\delta} \cdot \left(v^6 \cdot \frac{d_{30}}{l_{25}} + v^7 \cdot \frac{d_{31}}{l_{25}} + v^8 \cdot \frac{d_{32}}{l_{25}} + \cdots + v^{80} \cdot \frac{d_{104}}{l_{25}} + v^{81} \cdot \frac{d_{105}}{l_{25}} \right)$$

$$= 0.049\ 171$$

$$P = b \cdot {_{5|}\bar{A}_{25}} = 491.71$$

(2)问题②求解

$$_{5|}{}^2\bar{A}_{25} = \frac{(1+i)^2 - 1}{2\delta} \cdot {_{5|}{}^2A_{25}} = \frac{(1+i)^2 - 1}{2\delta} \cdot \sum_{k=5}^{80} \left[v^{2(k+1)} \cdot \frac{d_{25+k}}{l_{25}} \right] = 0.005\ 712$$

$$Var(Z_T) = {_{5|}{}^2\bar{A}_{25}} - ({_{5|}\bar{A}_{25}})^2 = 0.003\ 294$$

$$Var(bZ_T) = b^2 \cdot Var(Z_T) = 329\ 400$$

1.3.2 两全保险

半连续型人寿保险模型中的两全保险是指死亡保险金在被保险人死亡时立即给付(UDD 假设)和生存保险金在被保险人生存至有效期满时给付的人寿保险。两全保险只能是定期的,按保险责任生效的时间可分为即期两全保险和延期两全保险等。

1.3.2.1 即期两全保险

[基本算法示例] UDD 假设的即期定期两全保险趸缴纯保费。

需要求解的问题类型:

①保单趸缴纯保费 P；

②保单赔付现值随机变量的方差 $Var(bZ_T)$。

解：

(1)问题①求解

$$v=\frac{1}{1+i}$$

$$\delta=\ln(1+i)$$

$$\bar{A}_{x:\overline{n}|}=\frac{i}{\delta}\cdot A^{1}_{x:\overline{n}|}+A_{x:\overset{1}{\overline{n}|}}$$

$$=\frac{i}{\delta}\cdot\left(\sum_{k=0}^{n-1}v^{k+1}\cdot\frac{d_{x+k}}{l_x}\right)+v^n\cdot\frac{l_{x+n}}{l_x}$$

$$=\frac{i}{\delta}\cdot\left(v\cdot\frac{d_x}{l_x}+v^2\cdot\frac{d_{x+1}}{l_x}+v^3\cdot\frac{d_{x+2}}{l_x}+\cdots+v^{n-1}\cdot\frac{d_{x+n-2}}{l_x}+v^n\cdot\frac{d_{x+n-1}}{l_x}\right)+v^n\cdot\frac{l_{x+n}}{l_x}$$

$$P=b\cdot\bar{A}_{x:\overline{n}|}$$

(2)问题②求解

$$^2\bar{A}_{x:\overline{n}|}=\frac{(1+i)^2-1}{2\delta}\cdot{}^2A^{1}_{x:\overline{n}|}+v^{2n}\cdot\frac{l_{x+n}}{l_x}$$

$$=\frac{(1+i)^2-1}{2\delta}\cdot\left[\sum_{k=0}^{n-1}v^{2(k+1)}\cdot\frac{d_{x+k}}{l_x}\right]+v^{2n}\cdot\frac{l_{x+n}}{l_x}$$

$$=\frac{(1+i)^2-1}{2\delta}\cdot\left[v^2\cdot\frac{d_x}{l_x}+v^4\cdot\frac{d_{x+1}}{l_x}+v^6\cdot\frac{d_{x+2}}{l_x}+\cdots+v^{2(n-1)}\cdot\frac{d_{x+n-2}}{l_x}+v^{2n}\cdot\frac{d_{x+n-1}}{l_x}\right]$$

$$+v^{2n}\cdot\frac{l_{x+n}}{l_x}$$

$$Var(Z_T)={}^2\bar{A}_{x:\overline{n}|}-(\bar{A}_{x:\overline{n}|})^2$$

$$Var(bZ_T)=b^2\cdot Var(Z_T)$$

[**实验 1.3.3**] UDD 假设的即期定期两全保险趸缴纯保费计算。

现龄 25 岁的陈小姐，购买一张保险金额为 5 500 元的 30 年两全保险保单。采用经验生命表（2000—2003），预定年利率 $i=6\%$，在 UDD 假设条件下，求保单的趸缴纯保费和赔付现值随机变量的方差。

解：

1.数据录入

(1)已知数据录入

投保年龄$(x)=25$；

预定年利率$(i)=0.06$；

保险金额$(b)=5\ 500$；

保险期限$(n)=30$；

生命表类型$(L_{ijk})=L_{212}$。

(2)需要求解的问题类型

①保单趸缴纯保费 P;

②保单赔付现值随机变量的方差 $Var(bZ_T)$。

2.问题解答

(1)问题①求解

$$v = \frac{1}{1+i} = \frac{1}{1+0.06} = 0.943\,396$$

$$\delta = \ln(1+i) = \ln(1+0.06) = 0.058\,269$$

$$\bar{A}_{25:\overline{30}|} = \frac{i}{\delta} \cdot A^{1}_{25:\overline{30}|} + A_{25:\overset{1}{\overline{30}|}}$$

$$= \frac{i}{\delta} \cdot \left(\sum_{k=0}^{29} v^{k+1} \cdot \frac{d_{25+k}}{l_{25}}\right) + v^{30} \cdot \frac{l_{55}}{l_{25}}$$

$$= \frac{i}{\delta} \cdot \left(v \cdot \frac{d_{25}}{l_{25}} + v^2 \cdot \frac{d_{26}}{l_{25}} + v^3 \cdot \frac{d_{27}}{l_{25}} + \cdots + v^{29} \cdot \frac{d_{53}}{l_{25}} + v^{30} \cdot \frac{d_{54}}{l_{25}}\right) + v^{30} \cdot \frac{l_{55}}{l_{25}}$$

$$= 0.179\,276$$

$$P = b \cdot \bar{A}_{25:\overline{30}|} = 986.018$$

(2)问题②求解

$$^2\bar{A}_{25:\overline{30}|} = \frac{(1+i)^2 - 1}{2\delta} \cdot {}^2A^{1}_{25:\overline{30}|} + v^{60} \cdot \frac{l_{55}}{l_{25}}$$

$$= \frac{(1+i)^2 - 1}{2\delta} \cdot \left[\sum_{k=0}^{29} v^{2(k+1)} \cdot \frac{d_{25+k}}{l_{25}}\right] + v^{60} \cdot \frac{l_{55}}{l_{25}}$$

$$= \frac{(1+i)^2 - 1}{2\delta} \cdot \left(v^2 \cdot \frac{d_{25}}{l_{25}} + v^4 \cdot \frac{d_{26}}{l_{25}} + v^6 \cdot \frac{d_{27}}{l_{25}} + \cdots + v^{58} \cdot \frac{d_{53}}{l_{25}} + v^{60} \cdot \frac{d_{54}}{l_{25}}\right) + v^{60} \cdot \frac{l_{55}}{l_{25}}$$

$$= 0.035\,054$$

$$Var(Z_T) = {}^2\bar{A}_{25:\overline{30}|} - (\bar{A}_{25:\overline{30}|})^2 = 0.002\,914$$

$$Var(bZ_T) = b^2 \cdot Var(Z_T) = 88\,148.6$$

1.3.2.2 延期两全保险

[**基本算法示例**] UDD 假设的延期定期两全保险趸缴纯保费。

需要求解的问题类型:

①保单趸缴纯保费 P;

②保单赔付现值随机变量的方差 $Var(bZ_T)$。

解:

(1)问题①求解

$$v = \frac{1}{1+i}$$

$$\delta = \ln(1+i)$$

$$
\begin{aligned}
{}_{h|n}\bar{A}_x &= \frac{i}{\delta}\cdot{}_{h|n}A_x^1 + {}_{h|}\bar{A}_{x:\overset{\ 1}{\overline{n}|}} \\
&= \frac{i}{\delta}\cdot\left(\sum_{k=h}^{n+h-1} v^{k+1}\cdot\frac{d_{x+k}}{l_x}\right) + v^{n+h}\cdot\frac{l_{x+n+h}}{l_x} \\
&= \frac{i}{\delta}\cdot\left(v^{h+1}\cdot\frac{d_{x+h}}{l_x} + v^{h+2}\cdot\frac{d_{x+h+1}}{l_x} + \cdots + v^{n+h-1}\cdot\frac{d_{x+n+h-2}}{l_x} + v^{n+h}\cdot\frac{d_{x+n+h-1}}{l_x}\right) \\
&\quad + v^{n+h}\cdot\frac{l_{x+n+h}}{l_x}
\end{aligned}
$$

$$P = b\cdot{}_{h|}\bar{A}_{x:\overline{n}|}$$

(2)问题②求解

$$
\begin{aligned}
{}_{h|n}^{2}\bar{A}_x &= \frac{(1+i)^2-1}{2\delta}\cdot{}_{h|n}{}^2A_x^1 + {}_{h|}{}^2\bar{A}_{x:\overset{\ 1}{\overline{n}|}} \\
&= \frac{(1+i)^2-1}{2\delta}\cdot\sum_{k=h}^{n+h-1}\left[v^{2(k+1)}\cdot\frac{d_{x+k}}{l_x}\right] + v^{2(n+h)}\cdot\frac{l_{x+n+h}}{l_x} \\
&= \frac{(1+i)^2-1}{2\delta}\cdot\left[v^{2(h+1)}\cdot\frac{d_{x+h}}{l_x} + v^{2(h+2)}\cdot\frac{d_{x+h+1}}{l_x} + \cdots + v^{2(n+h-1)}\cdot\frac{d_{x+n+h-2}}{l_x} + v^{2(n+h)}\cdot\frac{d_{x+n+h-1}}{l_x}\right] \\
&\quad + v^{2(n+h)}\cdot\frac{l_{x+n+h}}{l_x}
\end{aligned}
$$

$$Var(Z_T) = {}_{h|n}^{2}\bar{A}_x - ({}_{h|n}\bar{A}_x)^2$$

$$Var(bZ_T) = b^2\cdot Var(Z_T)$$

[**实验 1.3.4**] UDD 假设的延期定期两全保险趸缴纯保费计算。

现龄 25 岁的陈小姐,购买一张保险金额为 10 000 元的半连续型 30 年期延期两全保险保单,延期 5 年。采用经验生命表(2000—2003),预定年利率 $i=6\%$,在死亡均匀分布假设条件下,求保单的趸缴纯保费和赔付现值随机变量的方差。

解:

1.数据录入

(1)已知数据录入

投保年龄(x)= 25;

预定年利率(i)= 0.06;

保险金额(b)= 10 000;

保险期限(n)= 30;

延期年数(h)= 5;

生命表类型(L_{ijk})= L_{212}。

(2)需要求解的问题类型

①保单趸缴纯保费 P;

②保单赔付现值随机变量的方差 $Var(bZ_T)$。

2.问题解答

(1)问题①求解

$$v = \frac{1}{1+i} = \frac{1}{1+0.06} = 0.943\ 396$$

$$\delta = \ln(1+i) = \ln(1+0.06) = 0.058\ 269$$

$$_{5|30}\bar{A}_{25} = \frac{i}{\delta} \cdot {}_{5|30}A^{1}_{25} + {}_{5|}\bar{A}_{25:\overset{1}{\overline{30|}}}$$

$$= \frac{i}{\delta} \cdot \left(\sum_{k=5}^{34} v^{k+1} \cdot \frac{d_{25+k}}{l_{25}}\right) + v^{35} \cdot \frac{l_{60}}{l_{25}}$$

$$= \frac{i}{\delta} \cdot \left(v^{6} \cdot \frac{d_{30}}{l_{25}} + v^{7} \cdot \frac{d_{31}}{l_{25}} + v^{8} \cdot \frac{d_{32}}{l_{25}} + \cdots + v^{34} \cdot \frac{d_{58}}{l_{25}} + v^{35} \cdot \frac{d_{59}}{l_{25}}\right) + v^{35} \cdot \frac{l_{60}}{l_{25}}$$

$$= 0.135\ 413$$

$$P = b \cdot {}_{5|30}\bar{A}_{25} = 1\ 354.13$$

(2)问题②求解

$$_{5|30}{}^{2}\bar{A}_{25} = \frac{(1+i)^{2}-1}{2\delta} \cdot {}_{5|30}{}^{2}A^{1}_{25} + {}_{5|}{}^{2}\bar{A}_{25:\overset{1}{\overline{30|}}}$$

$$= \frac{(1+i)^{2}-1}{2\delta} \cdot \sum_{k=5}^{34}\left[v^{2(k+1)} \cdot \frac{d_{25+k}}{l_{25}}\right] + v^{70} \cdot \frac{l_{60}}{l_{25}}$$

$$= \frac{(1+i)^{2}-1}{2\delta} \cdot \left(v^{12} \cdot \frac{d_{30}}{l_{25}} + v^{14} \cdot \frac{d_{31}}{l_{25}} + v^{16} \cdot \frac{d_{32}}{l_{25}} + \cdots + v^{68} \cdot \frac{d_{58}}{l_{25}} + v^{70} \cdot \frac{d_{59}}{l_{25}}\right) + v^{70} \cdot \frac{l_{60}}{l_{25}}$$

$$= 0.019\ 820$$

$$Var(Z_T) = {}_{5|30}{}^{2}\bar{A}_{25} - ({}_{5|30}\bar{A}_{25})^{2} = 0.001\ 483$$

$$Var(bZ_T) = b^{2} \cdot Var(Z_T) = 148\ 300$$

1.3.3 变额寿险

半连续型寿险模型中的变额寿险是指在UDD假设条件下,保险金额的给付随着被保险人未来寿命的变化而变化的人寿保险。变额寿险按保险金额变动方式可分为保额递增和保额递减寿险;按保险责任生效时间可分为即期变额受益寿险和延期变额受益寿险。这里主要讨论保额递增和保额递减的变额寿险。

1.3.3.1 保额递增的变额寿险

[**基本算法示例**] UDD假设的即期终身保额递增保险趸缴纯保费。

需要求解的问题类型:保单趸缴纯保费 P。

解:

$$v = \frac{1}{1+i}$$

$$\delta = \ln(1+i)$$

$$\bar{A}_x = \frac{i}{\delta} \cdot A_x$$

$$= \frac{i}{\delta} \cdot \left(\sum_{k=0}^{\omega - x} v^{k+1} \cdot \frac{d_{x+k}}{l_x} \right)$$

$$= \frac{i}{\delta} \cdot \left(v \cdot \frac{d_x}{l_x} + v^2 \cdot \frac{d_{x+1}}{l_x} + v^3 \cdot \frac{d_{x+2}}{l_x} + \cdots + v^{\omega - x} \cdot \frac{d_{\omega - 1}}{l_x} + v^{\omega - x + 1} \cdot \frac{d_\omega}{l_x} \right)$$

$$(I\bar{A})_x = \frac{i}{\delta} \cdot (IA)_x$$

$$= \frac{i}{\delta} \cdot \left[\sum_{k=0}^{\omega - x} (k+1) \cdot v^{k+1} \cdot \frac{d_{x+k}}{l_x} \right]$$

$$= \frac{i}{\delta} \cdot \left[v \cdot \frac{d_x}{l_x} + 2v^2 \cdot \frac{d_{x+1}}{l_x} + 3v^3 \cdot \frac{d_{x+2}}{l_x} + \cdots + (\omega - x) v^{\omega - x} \cdot \frac{d_{\omega-1}}{l_x} + (\omega - x + 1) v^{\omega - x + 1} \cdot \frac{d_\omega}{l_x} \right]$$

$$P = (b - Q) \cdot \bar{A}_x + Q \cdot (I\bar{A})_x$$

［**实验 1.3.5**］UDD 假设的即期终身保额递增保险趸缴纯保费计算。

李先生今年 35 岁，投保保额递增的即期终身寿险，其保险利益是：若被保险人在第一个保单年度内死亡，则立即给付保险金 8 000 元；若在第二个保单年度内死亡，则立即给付保险金 8 100 元；若在第三个保单年度内死亡，则立即给付保险金 8 200 元，依次递增。预定年利率为 6%，采用经验生命表（2000—2003），在 UDD 假设条件下，求保单趸缴纯保费。

解：

1.数据录入

（1）已知数据录入

投保年龄（x）= 35；

预定年利率（i）= 0.06；

首个保单年度的保险金额（b）= 8 000；

保单年度保险金额公差额（Q）= 100；

极限年龄（ω）= 105；

生命表类型（L_{ijk}）= L_{211}。

（2）需要求解的问题类型：保单趸缴纯保费 P

2.问题解答

$$v = \frac{1}{1+i} = \frac{1}{1+0.06} = 0.943\ 396$$

$$\delta = \ln(1+i) = \ln(1+0.06) = 0.058\ 269$$

$$\bar{A}_{35} = \frac{i}{\delta} \cdot A_{35} = \frac{i}{\delta} \cdot \left(\sum_{k=0}^{70} v^{k+1} \cdot \frac{d_{35+k}}{l_{35}} \right)$$

$$= \frac{i}{\delta} \cdot \left(v \cdot \frac{d_{35}}{l_{35}} + v^2 \cdot \frac{d_{36}}{l_{35}} + v^3 \cdot \frac{d_{37}}{l_{35}} + \cdots + v^{70} \cdot \frac{d_{104}}{l_{35}} + v^{71} \cdot \frac{d_{105}}{l_{35}} \right)$$

$$= 0.109\ 756$$

$$(I\bar{A})_{35} = \frac{i}{\delta} \cdot (IA)_{35}$$

$$= \frac{i}{\delta} \cdot \left[\sum_{k=0}^{70} (k+1) \cdot v^{k+1} \cdot \frac{d_{35+k}}{l_{35}} \right]$$

$$= \frac{i}{\delta} \cdot \left[v \cdot \frac{d_{35}}{l_{35}} + 2v^2 \cdot \frac{d_{36}}{l_{35}} + 3v^3 \cdot \frac{d_{37}}{l_{35}} + \cdots + 70v^{70} \cdot \frac{d_{104}}{l_{35}} + 71v^{71} \cdot \frac{d_{105}}{l_{35}} \right]$$

$$= 3.573\ 748$$

$$P = 7\ 900 \cdot \bar{A}_{35} + 100 \cdot (I\bar{A})_{35} = 1\ 224.447\ 2$$

1.3.3.2 保额递减的变额寿险

［**基本算法示例**］UDD 假设的即期定期保额递减保险趸缴纯保费。

需要求解的问题类型：保单趸缴纯保费 P。

解：

$$v = \frac{1}{1+i}$$

$$\delta = \ln(1+i)$$

$$\bar{A}^{1}_{x:\overline{n}|} = \frac{i}{\delta} \cdot A^{1}_{x:\overline{n}|} = \frac{i}{\delta} \cdot \left(\sum_{k=0}^{n-1} v^{k+1} \cdot \frac{d_{x+k}}{l_x} \right)$$

$$= \frac{i}{\delta} \cdot \left(v \cdot \frac{d_x}{l_x} + v^2 \cdot \frac{d_{x+1}}{l_x} + v^3 \cdot \frac{d_{x+2}}{l_x} + \cdots + v^{n-1} \cdot \frac{d_{x+n-2}}{l_x} + v^n \cdot \frac{d_{x+n-1}}{l_x} \right)$$

$$(D\bar{A})^{1}_{x:\overline{n}|} = \frac{i}{\delta} \cdot (DA)^{1}_{x:\overline{n}|}$$

$$= \frac{i}{\delta} \cdot \left[\sum_{k=0}^{n-1} (n-k) \cdot v^{k+1} \cdot \frac{d_{x+k}}{l_x} \right]$$

$$= \frac{i}{\delta} \cdot \left[nv \cdot \frac{d_x}{l_x} + (n-1)v^2 \cdot \frac{d_{x+1}}{l_x} + (n-2)v^3 \cdot \frac{d_{x+2}}{l_x} + \cdots + 2v^{n-1} \cdot \frac{d_{x+n-2}}{l_x} + v^n \cdot \frac{d_{x+n-1}}{l_x} \right]$$

$$P = (b - nQ) \cdot \bar{A}^{1}_{x:\overline{n}|} + Q \cdot (D\bar{A})^{1}_{x:\overline{n}|}$$

［**实验 1.3.6**］UDD 假设的即期定期保额递减保险趸缴纯保费计算。

35 岁的林先生，购买保额递减的 30 年期即期定期寿险，保险利益是：被保险人在第一个保单年度内死亡，则给付 10 000 元；在第二个保单年度内死亡，则给付 9 900 元；在第三个保单年度内死亡，则给付 9 800 元，依此类推，直到在第 30 个年度内死亡，给付 7 100 元。预定年利率为 6%，并采用经验生命表（2000—2003），在 UDD 假设条件下求保单趸缴纯保费。

解：

1.数据录入

（1）已知数据录入

投保年龄（x）= 35；

预定年利率（i）= 0.06；

保险期限（n）= 30；

首个保单年度的保险金额(b)= 10 000；

保单年度保险金额公差额(Q)= 100；

生命表类型(L_{ijk})= L_{211}。

(2)需要求解的问题类型:保单趸缴纯保费 P

2.问题解答

$$v = \frac{1}{1+i} = \frac{1}{1+0.06} = 0.943\ 396$$

$$\delta = \ln(1+i) = \ln(1+0.06) = 0.058\ 269$$

$$\bar{A}^{1}_{35:\overline{30}|} = \frac{i}{\delta} \cdot A^{1}_{35:\overline{30}|} = \frac{i}{\delta} \cdot \left(\sum_{k=0}^{29} v^{k+1} \cdot \frac{d_{35+k}}{l_{35}} \right)$$

$$= \frac{i}{\delta} \cdot \left(v \cdot \frac{d_{35}}{l_{35}} + v^2 \cdot \frac{d_{36}}{l_{35}} + v^3 \cdot \frac{d_{37}}{l_{35}} + \cdots + v^{29} \cdot \frac{d_{63}}{l_{35}} + v^{30} \cdot \frac{d_{64}}{l_{35}} \right) = 0.044\ 872$$

$$(D\bar{A})^{1}_{35:\overline{30}|} = \frac{i}{\delta} \cdot (DA)^{1}_{35:\overline{30}|}$$

$$= \frac{i}{\delta} \cdot \left[\sum_{k=0}^{29} (30-k) \cdot v^{k+1} \cdot \frac{d_{35+k}}{l_{35}} \right]$$

$$= \frac{i}{\delta} \cdot \left(30v \cdot \frac{d_{35}}{l_{35}} + 29v^2 \cdot \frac{d_{36}}{l_{35}} + 28v^3 \cdot \frac{d_{37}}{l_{35}} + \cdots + 2v^{29} \cdot \frac{d_{63}}{l_{35}} + v^{30} \cdot \frac{d_{64}}{l_{35}} \right)$$

$$= 0.618\ 776$$

$$P = 7\ 000\bar{A}^{1}_{35:\overline{30}|} + 100(D\bar{A})^{1}_{35:\overline{30}|} = 375.981\ 6$$

2 生存年金精算现值

[**教学目的与要求**] 生存年金精算现值是年金保险保单的基本保险责任,是年金保险保单定价和计算各类保单均衡纯保费的基础。学生应掌握各种生存年金精算现值的计算方法。

[**内容摘要**] 以生命表和预定年利率为基础,运用概率论和精算技术方法,计算各种生存年金精算现值。对险种的分类主要包括离散模型与连续模型、期初付年金与期末付年金、即期年金与延期年金、终身年金与定期年金、等额年金与变额年金、完全期末年金与比例期初年金等。

2.1 离散型生存年金

离散型生存年金是指年金领取人每次领取年金的时间间隔是离散的,保险金以被保险人生存为支付条件而建立的年金保险数学模型。可分为每年支付一次的年金和每年支付 m 次的年金、期初付年金与期末付年金、即期年金与延期年金、终身年金与定期年金等。

2.1.1 每年支付一次的年金

每年支付一次的年金是指以年为时间间隔,每年支付一次,每次支付金额相等的生存年金。可分为期初付年金与期末付年金、即期年金与延期年金、终身年金与定期年金等。

2.1.1.1 期初付年金

1. 即期年金

[**基本算法示例**] 每年支付一次期初付即期终身生存年金精算现值。

需要求解的问题类型:

①保单终身生存年金的精算现值 P;

②终身生存年金现值随机变量的方差 $Var(bY)$;

③用 1 元生存年金现值 $\ddot{a}_x$ 换算成 1 元保额下的终身寿险趸缴纯保费 A_x。

解:

(1)问题①求解

$$v = \frac{1}{1+i}$$

$$\ddot{a}_x = \sum_{k=0}^{\omega-x} v^k \cdot \frac{l_{x+k}}{l_x}$$

$$= v^0 \cdot \frac{l_x}{l_x} + v \cdot \frac{l_{x+1}}{l_x} + v^2 \cdot \frac{l_{x+2}}{l_x} + \cdots + v^{\omega-x-1} \cdot \frac{l_{\omega-1}}{l_x} + v^{\omega-x} \cdot \frac{l_\omega}{l_x}$$

$P = b \cdot \ddot{a}_x$

(2)问题②求解

$$Var(Y) = \frac{{}^2A_x - (A_x)^2}{d^2}$$

$$= \frac{\sum_{k=0}^{\omega-x}\left[v^{2(k+1)} \cdot \frac{d_{x+k}}{l_x}\right] - \left(\sum_{k=0}^{\omega-x} v^{k+1} \cdot \frac{d_{x+k}}{l_x}\right)^2}{(1-v)^2}$$

$$= \frac{\left[v^2 \cdot \frac{d_x}{l_x} + v^4 \cdot \frac{d_{x+1}}{l_x} + \cdots + v^{2(\omega-x)} \cdot \frac{d_{\omega-1}}{l_x} + v^{2(\omega-x+1)} \cdot \frac{d_\omega}{l_x}\right] - \left(v \cdot \frac{d_x}{l_x} + v^2 \cdot \frac{d_{x+1}}{l_x} + \cdots + v^{\omega-x} \cdot \frac{d_{\omega-1}}{l_x} + v^{\omega-x+1} \cdot \frac{d_\omega}{l_x}\right)^2}{(1-v)^2}$$

$Var(bY) = b^2 \cdot Var(Y)$

(3)问题③求解

$d = 1 - v$

$A_x = 1 - d \cdot \ddot{a}_x$

[实验 2.1.1] 每年支付一次期初付即期终身生存年金精算现值计算。

张先生现年 50 岁,在人寿保险公司购买一份终身生存年金,每年年初能得到的金额为 1 000 元,试根据经验生命表(2000—2003)和预定利率 2.5%,求该保单所支付年金的精算现值、方差 $Var(bY)$ 和 1 元保额下的终身寿险趸缴纯保费 A_{50}。

解:

1.数据录入

(1)已知数据录入

$x=50$;

$i=0.025$;

$b=1\ 000$;

$\omega=105$;

$L_{ijk}=L_{221}$。

(2)需要求解的问题

①保单终身生存年金的精算现值 P;

②终身生存年金现值随机变量的方差 $Var(bY)$;

③用 1 元生存年金现值 $\ddot{a}_{50}$ 换算成 1 元保额下的终身寿险趸缴纯保费 A_{50}。

2.问题求解

(1)问题①求解

$$v = \frac{1}{1+i} = \frac{1}{1.025} = 0.975\ 610$$

$$\ddot{a}_{50}=\sum_{k=0}^{55}v^k\cdot\frac{l_{50+k}}{l_{50}}=21.785\,093$$

$P=b\cdot\ddot{a}_{50}=1\,000\times21.785\,093=21\,785.093$

(2)问题②求解

$$Var(Y)=\frac{{}^2A_{50}-(A_{50})^2}{d^2}$$

$$=\frac{\sum_{k=0}^{55}\left[v^{2(k+1)}\cdot\frac{d_{50+k}}{l_{50}}\right]-\left(\sum_{k=0}^{55}v^{k+1}\cdot\frac{d_{50+k}}{l_{50}}\right)^2}{(1-v)^2}=29.887\,609$$

$Var(bY)=b^2\cdot Var(Y)=1\,000^2\times29.887\,609=29\,887\,609$

(3)问题③求解

$$d=1-v=1-\frac{1}{1+0.025}=0.024\,39$$

$A_{50}=1-d\cdot\ddot{a}_{50}=1-0.024\,39\times21.785\,093=0.468\,656$

2. 延期年金

[**基本算法示例**] 每年支付一次期初付延期终身生存年金精算现值。

需要求解的问题类型：

①延期保单的终身生存年金的精算现值 P；

②延期终身生存年金现值随机变量的方差 $Var(bY)$；

③用1元生存年金现值 ${}_{h|}\ddot{a}_x$ 换算成1元保额下延期 h 年的终身寿险趸缴纯保费 ${}_{h|}A_x$。

解：

(1)问题①求解

$$v=\frac{1}{1+i}$$

$${}_{h|}\ddot{a}_x=\sum_{k=h}^{\omega-x}v^k\cdot\frac{l_{x+k}}{l_x}$$

$$=v^h\cdot\frac{l_{x+h}}{l_x}+v^{h+1}\cdot\frac{l_{x+h+1}}{l_x}+v^{h+2}\cdot\frac{l_{x+h+2}}{l_x}+\cdots+v^{\omega-x-1}\cdot\frac{l_{\omega-1}}{l_x}+v^{\omega-x}\cdot\frac{l_\omega}{l_x}$$

$P=b\cdot{}_{h|}\ddot{a}_x$

(2)问题②求解

$$Var(Y)=\frac{{}_{h|}^{2}A_x-({}_{h|}A_x)^2}{d^2}$$

$$=\frac{\sum_{k=h}^{\omega-x}\left[v^{2(k+1)}\cdot\frac{d_{x+k}}{l_x}\right]-\left(\sum_{k=h}^{\omega-x}v^{k+1}\cdot\frac{d_{x+k}}{l_x}\right)^2}{(1-v)^2}$$

$$=\frac{\left[v^{2(h+1)}\cdot\frac{d_{x+h}}{l_x}+v^{2(h+2)}\cdot\frac{d_{x+h+1}}{l_x}+\cdots+v^{2(\omega-x)}\cdot\frac{d_{\omega-1}}{l_x}+v^{2(\omega-x+1)}\cdot\frac{d_\omega}{l_x}\right]-\left(v^{h+1}\cdot\frac{d_{x+h}}{l_x}+v^{h+2}\cdot\frac{d_{x+h+1}}{l_x}+\cdots+v^{\omega-x}\cdot\frac{d_{\omega-1}}{l_x}+v^{\omega-x+1}\cdot\frac{d_\omega}{l_x}\right)^2}{(1-v)^2}$$

$Var(bY) = b^2 \cdot Var(Y)$

(3)问题③求解

$d = 1 - v$

$${}_{h|}A_x = v^h \cdot \frac{l_{x+h}}{l_x} - d \cdot {}_{h|}\ddot{a}_x$$

[**实验 2.1.2**] 每年支付一次期初付延期终身生存年金精算现值计算。

张先生现年 50 岁，在人寿保险公司购买一份延期 10 年的终身生存年金，延期 10 年后每年年初能得到的金额为 1 000 元，试根据经验生命表(2000—2003)和预定利率 $i=2.5\%$，求该保单所支付年金的精算现值、方差 $Var(bY)$ 和 1 元保额下延期 10 年的终身寿险趸缴纯保费 ${}_{10|}A_{50}$。

解：

1.数据录入

(1)已知数据录入

$x=50$；

$i=0.025$；

$b=1\ 000$；

$h=10$；

$\omega=105$；

$L_{ijk}=L_{221}$。

(2)需要求解的问题

①延期保单的终身生存年金的精算现值 P；

②延期终身生存年金现值随机变量的方差 $Var(bY)$；

③用 1 元生存年金现值 ${}_{10|}\ddot{a}_{50}$ 换算成 1 元保额下延期 10 年的终身寿险趸缴纯保费 ${}_{10|}A_{50}$。

2.问题解答

(1)问题①求解

$$v = \frac{1}{1+i} = \frac{1}{1.025} = 0.975\ 610$$

$${}_{10|}\ddot{a}_{50} = \sum_{k=10}^{55} v^k \cdot \frac{l_{50+k}}{l_{50}} = 12.939\ 827$$

$$P = b \cdot {}_{10|}\ddot{a}_{50} = 1\ 000 \times 12.939\ 827 = 12\ 939.827$$

(2)问题②求解

$$Var(Y) = \frac{{}_{10|}^{2}A_{50} - ({}_{10|}A_{50})^2}{d^2}$$

$$= \frac{\sum_{k=10}^{55}\left[v^{2(k+1)} \cdot \frac{d_{50+k}}{l_{50}}\right] - \left(\sum_{k=10}^{55} v^{k+1} \cdot \frac{d_{50+k}}{l_{50}}\right)^2}{(1-v)^2} = 32.101\ 416$$

$$Var(bY) = b^2 \cdot Var(Y) = 1\ 000^2 \times 32.101\ 416 = 32\ 101\ 416$$

(3)问题③求解

$$d = 1 - v = 1 - \frac{1}{1 + 0.025} = 0.024\ 39$$

$$_{10|}A_{50} = v^{10} \cdot \frac{l_{60}}{l_{50}} - d \cdot {}_{10|}\ddot{a}_{50} = 0.435\ 266$$

2.1.1.2 期末付年金

1. 即期年金

[**基本算法示例**] 每年支付一次期末付即期终身生存年金精算现值。

需要求解的问题类型:

①保单终身生存年金的精算现值 P;

②终身生存年金现值随机变量的方差 $Var(bY)$;

③用1元生存年金现值 a_x 换算成1元保额下的终身寿险趸缴纯保费 A_x。

解:

(1)问题①求解

$$v = \frac{1}{1 + i}$$

$$a_x = \sum_{k=1}^{\omega - x} v^k \cdot \frac{l_{x+k}}{l_x}$$

$$= v \cdot \frac{l_{x+1}}{l_x} + v^2 \cdot \frac{l_{x+2}}{l_x} + v^3 \cdot \frac{l_{x+3}}{l_x} + \cdots + v^{\omega - x - 1} \cdot \frac{l_{\omega - 1}}{l_x} + v^{\omega - x} \cdot \frac{l_\omega}{l_x}$$

$$P = b \cdot a_x$$

(2)问题②求解

$$Var(Y) = \frac{{}^2A_x - (A_x)^2}{d^2}$$

$$= \frac{\sum_{k=0}^{\omega - x}\left[v^{2(k+1)} \cdot \frac{d_{x+k}}{l_x}\right] - \left[\sum_{k=0}^{\omega - x} v^{k+1} \cdot \frac{d_{x+k}}{l_x}\right]^2}{(1 - v)^2}$$

$$= \frac{\left[v^2 \cdot \frac{d_x}{l_x} + v^4 \cdot \frac{d_{x+1}}{l_x} + \cdots + v^{2(\omega - x)} \cdot \frac{d_{\omega - 1}}{l_x} + v^{2(\omega - x + 1)} \cdot \frac{d_\omega}{l_x}\right] - \left(v \cdot \frac{d_x}{l_x} + v^2 \cdot \frac{d_{x+1}}{l_x} + \cdots + v^{\omega - x} \cdot \frac{d_{\omega - 1}}{l_x} + v^{\omega - x + 1} \cdot \frac{d_\omega}{l_x}\right)^2}{(1 - v)^2}$$

$$Var(bY) = b^2 \cdot Var(Y)$$

(3)问题③求解

$$d = 1 - v$$

$$A_x = v - d \cdot a_x$$

[**实验2.1.3**] 每年支付一次期末付即期终身生存年金精算现值计算。

张先生现年50岁,在人寿保险公司购买一份终身生存年金,每年年末能得到的金额为1 000元,试根据经验生命表(2000—2003)和预定利率2.5%,求该保单所支付年金的精算现值、方差 $Var(bY)$ 和 1 元保额下的终身寿险趸缴纯保费 A_{50}。

解：

1.数据录入

(1)已知数据录入

$x=50$;

$i=0.025$;

$b=1\ 000$;

$\omega=105$;

$L_{ijk}=L_{221}$。

(2)需要求解的问题类型

①保单终身生存年金的精算现值 P;

②终身生存年金现值随机变量的方差 $Var(bY)$;

③用 1 元生存年金现值 a_{50} 换算成 1 元保额下的终身寿险趸缴纯保费 A_{50}。

2.问题解答

(1)问题①求解

$$v=\frac{1}{1+i}=\frac{1}{1.025}=0.975\ 610$$

$$a_{50}=\sum_{k=1}^{55}v^k\cdot\frac{l_{50+k}}{l_{50}}=20.785\ 093$$

$$P=b\cdot a_{50}=1\ 000\times 20.785\ 093=20\ 785.093$$

(2)问题②求解

$$Var(Y)=\frac{{}^2A_{50}-(A_{50})^2}{d^2}$$

$$=\frac{\sum_{k=0}^{55}\left[v^{2(k+1)}\cdot\frac{d_{50+k}}{l_{50}}\right]-\left(\sum_{k=0}^{55}v^{k+1}\cdot\frac{d_{50+k}}{l_{50}}\right)^2}{(1-v)^2}=29.887\ 609$$

$$Var(bY)=b^2\cdot Var(Y)=1\ 000^2\times 29.887\ 609=29\ 887\ 609$$

(3)问题③求解

$$d=1-v=1-\frac{1}{1+0.025}=0.024\ 39$$

$$A_{50}=v-d\cdot a_{50}=\frac{1}{1+0.025}-0.024\ 39\times 20.785\ 093=0.468\ 656$$

2. 延期年金

[**基本算法示例**] 每年支付一次期末付延期终身生存年金精算现值。

需要求解的问题类型：

①延期保单的终身生存年金的精算现值 P;

②延期终身生存年金现值随机变量的方差 $Var(bY)$;

③用 1 元生存年金现值 ${}_{h|}a_x$ 换算成 1 元保额下延期 h 年的终身寿险趸缴纯保费 ${}_{h|}A_x$。

解：

(1)问题①求解

$$v=\frac{1}{1+i}$$

$$_{h|}a_x=\sum_{k=h+1}^{\omega-x}v^k\cdot\frac{l_{x+k}}{l_x}$$

$$=v^{h+1}\cdot\frac{l_{x+h+1}}{l_x}+v^{h+2}\cdot\frac{l_{x+h+2}}{l_x}+v^{h+3}\cdot\frac{l_{x+h+3}}{l_x}+\cdots+v^{\omega-x-1}\cdot\frac{l_{\omega-1}}{l_x}+v^{\omega-x}\cdot\frac{l_\omega}{l_x}$$

$$P=b\cdot{}_{h|}a_x$$

(2)问题②求解

$$Var(Y)=\frac{{}_{h|}^{2}A_x-({}_{h|}A_x)^2}{d^2}$$

$$=\frac{\sum_{k=h}^{\omega-x}\left[v^{2(k+1)}\cdot\frac{d_{x+k}}{l_x}\right]-\left[\sum_{k=h}^{\omega-x}v^{k+1}\cdot\frac{d_{x+k}}{l_x}\right]^2}{(1-v)^2}$$

$$=\frac{\left[v^{2(h+1)}\cdot\frac{d_{x+h}}{l_x}+v^{2(h+2)}\cdot\frac{d_{x+h+1}}{l_x}+\cdots+v^{2(\omega-x)}\cdot\frac{d_{\omega-1}}{l_x}+v^{2(\omega-x+1)}\cdot\frac{d_\omega}{l_x}\right]-\left(v^{h+1}\cdot\frac{d_{x+h}}{l_x}+v^{h+2}\cdot\frac{d_{x+h+1}}{l_x}+\cdots+v^{\omega-x}\cdot\frac{d_{\omega-1}}{l_x}+v^{\omega-x+1}\cdot\frac{d_\omega}{l_x}\right)^2}{(1-v)^2}$$

$$Var(bY)=b^2\cdot Var(Y)$$

(3)问题③求解

$$d=1-v$$

$$_{h|}A_x=v^{h+1}\cdot\frac{l_{x+h}}{l_x}-d\cdot{}_{h|}a_x$$

[**实验 2.1.4**] 每年支付一次期末付延期终身生存年金精算现值计算。

张先生现年 50 岁，在人寿保险公司购买一份延期 10 年的终身生存年金，延期 10 年后每年年末能得到的金额为 1 000 元，试根据经验生命表（2000—2003）和预定利率 2.5%，求该保单所支付年金的精算现值、方差 $Var(bY)$ 和 1 元保额下延期 10 年的终身寿险趸缴纯保费 $_{10|}A_{50}$。

解：

1.数据录入

(1)已知数据录入

$x=50$；

$i=0.025$；

$b=1\ 000$；

$h=10$；

$\omega=105$；

$L_{ijk}=L_{221}$。

(2)需要求解的问题类型

①延期保单的终身生存年金的精算现值 P；

②延期终身生存年金现值随机变量的方差 $Var(bY)$；

③用1元生存年金现值 ${}_{10|}a_{50}$ 换算成1元保额下延期10年的终身寿险趸缴纯保费 ${}_{10|}A_{50}$。

2.问题解答

(1)问题①求解

$$v = \frac{1}{1+i} = \frac{1}{1.025} = 0.975\ 610$$

$${}_{10|}a_{50} = \sum_{11}^{55} v^k \cdot \frac{l_{50+k}}{l_{50}} = 12.188\ 956$$

$$P = b \cdot {}_{10|}a_{50} = 1\ 000 \times 12.188\ 956 = 12\ 188.956$$

(2)问题②求解

$$Var(Y) = \frac{{}_{10|}^{2}A_{50} - ({}_{10|}A_{50})^2}{d^2}$$

$$= \frac{\sum_{k=10}^{55}\left[v^{2(k+1)} \cdot \frac{d_{50+k}}{l_{50}}\right] - \left(\sum_{k=10}^{55} v^{k+1} \cdot \frac{d_{50+k}}{l_{50}}\right)^2}{(1-v)^2}$$

$$= 32.101\ 416$$

$$Var(bY) = b^2 \cdot Var(Y) = 1\ 000^2 \times 32.101\ 416 = 32\ 101\ 416$$

(3)问题③求解

$$d = 1 - v = 1 - \frac{1}{1+0.025} = 0.024\ 39$$

$${}_{10|}A_{50} = v^{11} \cdot \frac{l_{60}}{l_{50}} - d \cdot {}_{10|}a_{50} = 0.435\ 266$$

2.1.2 每年支付 m 次的年金

每年支付 m 次的年金是指每年支付 m 次，每次支付金额相等的生存年金。可分为期初付年金与期末付年金、即期年金与延期年金、终身年金与定期年金等。

2.1.2.1 期初付年金

1. 即期年金

[**基本算法示例**] 每年支付 m 次期初付即期终身生存年金精算现值。

需要求解的问题类型：

①保单终身生存年金的精算现值 P；

②终身生存年金现值随机变量的方差 $Var[bY^{(m)}]$；

③用1元每年分 m 次支付的生存年金现值 $\ddot{a}_x^{(m)}$ 换算成1元保额分 m 次给付的终身寿险趸缴纯保费 $A_x^{(m)}$。

解：

(1)问题①求解

$$v = \frac{1}{1+i}$$

$$d = 1 - v$$

$$i^{(m)} = m \cdot [(1+i)^{\frac{1}{m}} - 1]$$

$$d^{(m)} = m \cdot [1 - (1+i)^{-\frac{1}{m}}]$$

$$\alpha(m) = \frac{i \cdot d}{i^{(m)} \cdot d^{(m)}}$$

$$\beta(m) = \frac{i^{(m)} - i}{i^{(m)} \cdot d^{(m)}}$$

$$\ddot{a}_x = \sum_{k=0}^{\omega-x} v^k \cdot \frac{l_{x+k}}{l_x}$$

$$= v^0 \cdot \frac{l_x}{l_x} + v \cdot \frac{l_{x+1}}{l_x} + v^2 \cdot \frac{l_{x+2}}{l_x} + \cdots + v^{\omega-x-1} \cdot \frac{l_{\omega-1}}{l_x} + v^{\omega-x} \cdot \frac{l_\omega}{l_x}$$

$$\ddot{a}_x^{(m)} = \alpha(m) \cdot \ddot{a}_x + \beta(m)$$

$$P = b \cdot m \cdot \ddot{a}_x^{(m)}$$

(2)问题②求解

$$Var[Y^{(m)}] = [\alpha(m)]^2 \cdot \frac{[{}^2A_x - (A_x)^2]}{d^2}$$

$$= \left[\frac{i \cdot d}{i^{(m)} \cdot d^{(m)}}\right]^2 \cdot \frac{\sum_{k=0}^{\omega-x}\left[v^{2(k+1)} \cdot \frac{d_{x+k}}{l_x}\right] - \left(\sum_{k=0}^{\omega-x} v^{k+1} \cdot \frac{d_{x+k}}{l_x}\right)^2}{(1-v)^2}$$

$$= \left\{\frac{i \cdot (1-v)}{m^2 \cdot [(1+i)^{\frac{1}{m}}-1] \cdot [1-(1+i)^{-\frac{1}{m}}]}\right\}^2 \cdot$$

$$\frac{\left[v^2 \cdot \frac{d_x}{l_x} + v^4 \cdot \frac{d_{x+1}}{l_x} + \cdots + v^{2(\omega-x)} \cdot \frac{d_{\omega-1}}{l_x} + v^{2(\omega-x+1)} \cdot \frac{d_\omega}{l_x}\right] - \left(v \cdot \frac{d_x}{l_x} + v^2 \cdot \frac{d_{x+1}}{l_x} + \cdots + v^{\omega-x} \cdot \frac{d_{\omega-1}}{l_x} + v^{\omega-x+1} \cdot \frac{d_\omega}{l_x}\right)^2}{(1-v)^2}$$

$$Var[bY^{(m)}] = (m \cdot b)^2 \cdot Var[Y^{(m)}]$$

(3)问题③求解

$$A_x^{(m)} = 1 - d^{(m)} \cdot \ddot{a}_x^{(m)}$$

[实验 2.1.5] 每年支付 m 次期初付即期终身生存年金精算现值计算。

张先生现年 50 岁，在人寿保险公司购买一份终身生存年金，每月月初能领取 1 000 元，试根据经验生命表(2000—2003)和预定利率 2.5%，并在死亡均匀分布的假设条件下，求该保单所支付年金的精算现值、方差 $Var[bY^{(12)}]$ 和 1 元保额分 12 次给付的终身寿险趸缴纯保费 $A_{50}^{(12)}$。

解：

1.数据录入

(1)已知数据录入

$x=50$;

$i=0.025$;

$m=12$;

$b=1\ 000$;

$\omega=105$;

$L_{ijk}=L_{221}$。

(2)需要求解的问题

①保单终身生存年金的精算现值 P;

②终身生存年金现值随机变量的方差 $Var[bY^{(12)}]$;

③用1元每年分12次支付的生存年金现值 $\ddot{a}_{50}^{(12)}$ 换算成1元保额分12次给付的终身寿险趸缴纯保费 $A_{50}^{(12)}$。

2.问题求解

(1)问题①求解

$$v=\frac{1}{1+i}=\frac{1}{1.025}=0.975\ 610$$

$$d=1-v=1-\frac{1}{1+0.025}=0.024\ 39$$

$$i^{(12)}=12\times[(1+i)^{\frac{1}{12}}-1]=0.024\ 718$$

$$d^{(12)}=12\times[1-(1+i)^{-\frac{1}{12}}]=0.024\ 667$$

$$\alpha(12)=\frac{i\cdot d}{i^{(12)}\cdot d^{(12)}}=\frac{0.025\times0.024\ 39}{0.024\ 718\times0.024\ 667}=1.000\ 05$$

$$\beta(12)=\frac{i^{(12)}-i}{i^{(12)}\cdot d^{(12)}}=\frac{0.024\ 718-0.025}{0.024\ 718\times0.024\ 667}=-0.462\ 446$$

$$\ddot{a}_{50}=\sum_{k=0}^{55}v^k\cdot\frac{l_{50+k}}{l_{50}}=21.785\ 093$$

$$\ddot{a}_{50}^{(12)}=\alpha(12)\cdot\ddot{a}_{50}+\beta(12)=1.000\ 05\times21.785\ 093-0.462\ 446=21.323\ 747$$

$$P=b\times12\times\ddot{a}_{50}^{(12)}=1\ 000\times12\times21.323\ 747=255\ 884.96$$

(2)问题②求解

$$Var[Y^{(12)}]=[\alpha(12)]^2\cdot\frac{[{}^2A_{50}-(A_{50})^2]}{d^2}$$

$$=\left[\frac{i\cdot d}{i^{(12)}\cdot d^{(12)}}\right]^2\cdot\frac{\sum_{k=0}^{55}\left[v^{2(k+1)}\cdot\frac{d_{50+k}}{l_{50}}\right]-\left(\sum_{k=0}^{55}v^{k+1}\cdot\frac{d_{50+k}}{l_{50}}\right)^2}{(1-v)^2}$$

$$=29.890\ 625$$

$$Var[bY^{(12)}]=(12\times b)^2\times Var[Y^{(12)}]=(12\times1\ 000)^2\times29.890\ 625=4.304\ 25\times10^9$$

(3)问题③求解

$A_{50}^{(12)} = 1 - d^{(12)} \cdot \ddot{a}_{50}^{(12)} = 1 - 0.024\,667 \times 21.323\,747 = 0.474\,002$

2. 延期年金

[**基本算法示例**] 每年支付 m 次期初付延期终身生存年金精算现值。

需要求解的问题类型:

①延期保单的终身生存年金的精算现值 P;

②延期终身生存年金现值随机变量的方差 $Var[bY^{(m)}]$。

解:

(1)问题①求解

$$v = \frac{1}{1+i}$$

$$d = 1 - v$$

$$i^{(m)} = m \cdot [(1+i)^{\frac{1}{m}} - 1]$$

$$d^{(m)} = m \cdot [1 - (1+i)^{-\frac{1}{m}}]$$

$$\alpha(m) = \frac{i \cdot d}{i^{(m)} \cdot d^{(m)}}$$

$$\beta(m) = \frac{i^{(m)} - i}{i^{(m)} \cdot d^{(m)}}$$

$$_{h|}\ddot{a}_x = \sum_{k=h}^{\omega-x} v^k \cdot \frac{l_{x+k}}{l_x}$$

$$= v^h \cdot \frac{l_{x+h}}{l_x} + v^{h+1} \cdot \frac{l_{x+h+1}}{l_x} + v^{h+2} \cdot \frac{l_{x+h+2}}{l_x} + \cdots + v^{\omega-x-1} \cdot \frac{l_{\omega-1}}{l_x} + v^{\omega-x} \cdot \frac{l_\omega}{l_x}$$

$$_{h|}\ddot{a}_x^{(m)} = \alpha(m) \cdot {}_{h|}\ddot{a}_x + \beta(m) \cdot v^h \cdot \frac{l_{x+h}}{l_x}$$

$$P = b \cdot m \cdot {}_{h|}\ddot{a}_x^{(m)}$$

(2)问题②求解

$$Var[Y^{(m)}] = [\alpha(m)]^2 \cdot \frac{[{}_{h|}^{2}A_x - ({}_{h|}A_x)^2]}{d^2}$$

$$= \left[\frac{i \cdot d}{i^{(m)} \cdot d^{(m)}}\right]^2 \cdot \frac{\sum_{k=h}^{\omega-x}\left[v^{2(k+1)} \cdot \frac{d_{x+k}}{l_x}\right] - \left(\sum_{k=h}^{\omega-x} v^{k+1} \cdot \frac{d_{x+k}}{l_x}\right)^2}{(1-v)^2}$$

$$= \left\{\frac{i \cdot (1-v)}{m^2 \cdot [(1+i)^{\frac{1}{m}}-1] \cdot [1-(1+i)^{-\frac{1}{m}}]}\right\}^2 \cdot$$

$$\frac{\left[v^{2(h+1)} \cdot \frac{d_{x+h}}{l_x} + v^{2(h+2)} \cdot \frac{d_{x+h+1}}{l_x} + \cdots + v^{2(\omega-x)} \cdot \frac{d_{\omega-1}}{l_x} + v^{2(\omega-x+1)} \cdot \frac{d_\omega}{l_x}\right] - \left(v^{h+1} \cdot \frac{d_{x+h}}{l_x} + v^{h+2} \cdot \frac{d_{x+h+1}}{l_x} + \cdots + v^{\omega-x} \cdot \frac{d_{\omega-1}}{l_x} + v^{\omega-x+1} \cdot \frac{d_\omega}{l_x}\right)^2}{(1-v)^2}$$

$$Var[bY^{(m)}] = (m \cdot b)^2 \cdot Var[Y^{(m)}]$$

[**实验 2.1.6**] 每年支付 m 次期初付延期终身生存年金精算现值计算。

张先生现年 50 岁，在人寿保险公司购买一项延期 10 年的终身生存年金，延期 10 年后每月月初能领取 1 000 元，试根据经验生命表(2000—2003)和预定利率 $i=2.5\%$，并在死亡均匀分布的假设条件下，求该保单所支付年金的精算现值和方差 $Var[bY^{(12)}]$。

解：

1. 数据录入

(1)已知数据录入

$x=50$；

$i=0.025$；

$m=12$；

$b=1\ 000$；

$h=10$；

$\omega=105$；

$L_{ijk}=L_{221}$。

(2)需要求解的问题

①延期保单的终身生存年金的精算现值 P；

②延期终身生存年金现值随机变量的方差 $Var[bY^{(12)}]$。

2. 问题解答

(1)问题①求解

$$v=\frac{1}{1+i}=\frac{1}{1.025}=0.975\ 610$$

$$d=1-v=1-\frac{1}{1+0.025}=0.024\ 39$$

$$i^{(12)}=12\times[(1+i)^{\frac{1}{12}}-1]=0.024\ 718$$

$$d^{(12)}=12\times[1-(1+i)^{-\frac{1}{12}}]=0.024\ 667$$

$$\alpha(12)=\frac{i\cdot d}{i^{(12)}\cdot d^{(12)}}=\frac{0.025\times0.024\ 39}{0.024\ 718\times0.024\ 667}=1.000\ 05$$

$$\beta(12)=\frac{i^{(12)}-i}{i^{(12)}\cdot d^{(12)}}=\frac{0.024\ 718-0.025}{0.024\ 718\times0.024\ 667}=-0.462\ 446$$

$$_{10|}\ddot{a}_{50}=\sum_{k=10}^{55}v^k\cdot\frac{l_{50+k}}{l_{50}}=12.939\ 827$$

$$\begin{aligned}_{10|}\ddot{a}_{50}^{(12)}&=\alpha(12)\cdot{}_{10|}\ddot{a}_{50}+\beta(12)\cdot v^{10}\cdot\frac{l_{60}}{l_{50}}\\&=1.000\ 05\times12.939\ 827-0.462\ 446\times\left(\frac{1}{1+0.025}\right)^{10}\times\frac{922\ 903}{960\ 178.2}\\&=12.593\ 243\end{aligned}$$

$$P=b\times12\times{}_{10|}\ddot{a}_{50}^{(12)}=1\ 000\times12\times12.593\ 243=151\ 118.92$$

(2)问题②求解

$$Var[Y^{(12)}]=[\alpha(12)]^2\cdot\frac{[{}_{10|}^{2}A_{50}-({}_{10|}A_{50})^2]}{d^2}$$

$$=\left[\frac{i\cdot d}{i^{(12)}\cdot d^{(12)}}\right]^2\cdot\frac{\sum_{k=10}^{55}\left[v^{2(k+1)}\cdot\frac{d_{50+k}}{l_{50}}\right]-\left(\sum_{k=10}^{55}v^{k+1}\cdot\frac{d_{50+k}}{l_{50}}\right)^2}{(1-v)^2}$$

$$=32.104\,655$$

$$Var[bY^{(12)}]=(12\times b)^2\times Var[Y^{(12)}]=(12\times 1\,000)^2\times 32.104\,655=4\,623\,070\,320$$

2.1.2.2 期末付年金

1. 即期年金

[**基本算法示例**] 每年支付 m 次期末付即期终身生存年金精算现值。

需要求解的问题类型:

①保单终身生存年金的精算现值 P;

②终身生存年金现值随机变量的方差 $Var[bY^{(m)}]$;

③用 1 元每年分 m 次支付的生存年金现值 $a_x^{(m)}$ 换算成 1 元保额分 m 次给付的终身寿险趸缴纯保费 $A_x^{(m)}$。

解:

(1)问题①求解

$$v=\frac{1}{1+i}$$

$$d=1-v$$

$$i^{(m)}=m\cdot[(1+i)^{\frac{1}{m}}-1]$$

$$d^{(m)}=m\cdot[1-(1+i)^{-\frac{1}{m}}]$$

$$\alpha(m)=\frac{i\cdot d}{i^{(m)}\cdot d^{(m)}}$$

$$\beta(m)=\frac{i^{(m)}-i}{i^{(m)}\cdot d^{(m)}}$$

$$\ddot{a}_x=\sum_{k=0}^{\omega-x}v^k\cdot\frac{l_{x+k}}{l_x}$$

$$=v^0\cdot\frac{l_x}{l_x}+v\cdot\frac{l_{x+1}}{l_x}+v^2\cdot\frac{l_{x+2}}{l_x}+\cdots+v^{\omega-x-1}\cdot\frac{l_{\omega-1}}{l_x}+v^{\omega-x}\cdot\frac{l_\omega}{l_x}$$

$$a_x^{(m)}=\alpha(m)\cdot\ddot{a}_x+\beta(m)-\frac{1}{m}$$

$$P=b\cdot m\cdot a_x^{(m)}$$

(2)问题②求解

$$Var[Y^{(m)}]=[\alpha(m)]^2\cdot\frac{[{}^2A_x-(A_x)^2]}{d^2}$$

$$=\left[\frac{i\cdot d}{i^{(m)}\cdot d^{(m)}}\right]^2\cdot\frac{\sum_{k=0}^{\omega-x}\left[v^{2(k+1)}\cdot\frac{d_{x+k}}{l_x}\right]-\left(\sum_{k=0}^{\omega-x}v^{k+1}\cdot\frac{d_{x+k}}{l_x}\right)^2}{(1-v)^2}$$

$$=\left\{\frac{i\cdot(1-v)}{m^2\cdot[(1+i)^{\frac{1}{m}}-1]\cdot[1-(1+i)^{-\frac{1}{m}}]}\right\}^2\cdot$$

$$\frac{\left[v^2\cdot\frac{d_x}{l_x}+v^4\cdot\frac{d_{x+1}}{l_x}+\cdots+v^{2(\omega-x)}\cdot\frac{d_{\omega-1}}{l_x}+v^{2(\omega-x+1)}\cdot\frac{d_\omega}{l_x}\right]-\left(v\cdot\frac{d_x}{l_x}+v^2\cdot\frac{d_{x+1}}{l_x}+\cdots+v^{\omega-x}\cdot\frac{d_{\omega-1}}{l_x}+v^{\omega-x+1}\cdot\frac{d_\omega}{l_x}\right)^2}{(1-v)^2}$$

$$Var[bY^{(m)}]=(m\cdot b)^2\cdot Var[Y^{(m)}]$$

(3)问题③求解

$$A_x^{(m)}=1-d^{(m)}\cdot[a_x^{(m)}+\frac{1}{m}]$$

[实验 2.1.7] 每年支付 m 次期末付即期终身生存年金精算现值计算。

张先生现年 50 岁，在人寿保险公司购买一项终身生存年金，每月月末能领取 1 000 元，试根据经验生命表（2000—2003）和预定利率 2.5%，并在死亡均匀分布的假设条件下，求该保单所支付年金的精算现值、方差 $Var[bY^{(12)}]$ 和 1 元保额分 12 次给付的终身寿险趸缴纯保费 $A_{50}^{(12)}$。

解：

1.数据录入

(1)已知数据录入

$x=50$；

$i=0.025$；

$m=12$；

$b=1\ 000$；

$\omega=105$；

$L_{ijk}=L_{221}$。

(2)需要求解的问题

①保单终身生存年金的精算现值 P；

②终身生存年金现值随机变量的方差 $Var[bY^{(12)}]$；

③用 1 元每年分 12 次支付的生存年金现值 $a_{50}^{(12)}$ 换算成 1 元保额分 12 次给付的终身寿险趸缴纯保费 $A_{50}^{(12)}$。

2.问题求解

(1)问题①求解

$$v=\frac{1}{1+i}=\frac{1}{1.025}=0.975\ 610$$

$$d=1-v=1-\frac{1}{1+0.025}=0.024\ 39$$

$$i^{(12)} = 12 \times [(1+i)^{\frac{1}{12}} - 1] = 0.024\,718$$

$$d^{(12)} = 12 \times [1 - (1+i)^{-\frac{1}{12}}] = 0.024\,667$$

$$\alpha(12) = \frac{i \cdot d}{i^{(12)} \cdot d^{(12)}} = \frac{0.025 \times 0.024\,39}{0.024\,718 \times 0.024\,667} = 1.000\,05$$

$$\beta(12) = \frac{i^{(12)} - i}{i^{(12)} \cdot d^{(12)}} = \frac{0.024\,718 - 0.025}{0.024\,718 \times 0.024\,667} = -0.462\,446$$

$$\ddot{a}_{50} = \sum_{k=0}^{55} v^k \cdot \frac{l_{50+k}}{l_{50}} = 21.785\,093$$

$$a_{50}^{(12)} = \alpha(12) \cdot \ddot{a}_{50} + \beta(12) - \frac{1}{12} = 21.240\,413$$

$$P = b \times 12 \times a_{50}^{(12)} = 1\,000 \times 12 \times 21.240\,413 = 254\,884.96$$

(2)问题②求解

$$Var[Y^{(12)}] = [\alpha(12)]^2 \cdot \frac{[{}^2A_{50} - (A_{50})^2]}{d^2}$$

$$= \left[\frac{i \cdot d}{i^{(12)} \cdot d^{(12)}}\right]^2 \cdot \frac{\sum_{k=0}^{55}\left[v^{2(k+1)} \cdot \frac{d_{50+k}}{l_{50}}\right] - \left[\sum_{k=0}^{55} v^{k+1} \cdot \frac{d_{50+k}}{l_{50}}\right]^2}{(1-v)^2}$$

$$= 29.890\,625$$

$$Var[bY^{(12)}] = (12 \times b)^2 \times Var[Y^{(12)}] = (12 \times 1\,000)^2 \times 29.890\,625 = 4.304\,25 \times 10^9$$

(3)问题③求解

$$A_{50}^{(12)} = 1 - d^{(12)} \cdot \left[a_{50}^{(12)} + \frac{1}{12}\right] = 1 - 0.024\,667 \times \left(21.240\,413 + \frac{1}{12}\right) = 0.474\,007$$

2. 延期年金

[**基本算法示例**] 每年支付 m 次期末付延期终身生存年金精算现值。

需要求解的问题类型：

①延期保单的终身生存年金的精算现值 P；

②延期的终身生存年金现值随机变量的方差 $Var[bY^{(m)}]$。

解：

(1)问题①求解

$$v = \frac{1}{1+i}$$

$$d = 1 - v$$

$$i^{(m)} = m \cdot [(1+i)^{\frac{1}{m}} - 1]$$

$$d^{(m)} = m \cdot [1 - (1+i)^{-\frac{1}{m}}]$$

$$\alpha(m) = \frac{i \cdot d}{i^{(m)} \cdot d^{(m)}}$$

$$\beta(m)=\frac{i^{(m)}-i}{i^{(m)}\cdot d^{(m)}}$$

$$_{h|}\ddot{a}_x=\sum_{k=h}^{\omega-x}v^k\cdot\frac{l_{x+k}}{l_x}$$

$$=v^h\cdot\frac{l_{x+h}}{l_x}+v^{h+1}\cdot\frac{l_{x+h+1}}{l_x}+v^{h+2}\cdot\frac{l_{x+h+2}}{l_x}+\cdots+v^{\omega-x-1}\cdot\frac{l_{\omega-1}}{l_x}+v^{\omega-x}\cdot\frac{l_\omega}{l_x}$$

$$_{h|}a_x^{(m)}=\alpha(m)\cdot{}_{h|}\ddot{a}_x+\left[\beta(m)-\frac{1}{m}\right]\cdot v^h\cdot\frac{l_{x+h}}{l_x}$$

$$P=b\cdot m\cdot{}_{h|}a_x^{(m)}$$

(2)问题②求解

$$Var[Y^{(m)}]=[\alpha(m)]^2\cdot\frac{[{}_{h|}^{2}A_x-({}_{h|}A_x)^2]}{d^2}$$

$$=\left[\frac{i\cdot d}{i^{(m)}\cdot d^{(m)}}\right]^2\cdot\frac{\sum\limits_{k=h}^{\omega-x}\left[v^{2(k+1)}\cdot\frac{d_{x+k}}{l_x}\right]-\left(\sum\limits_{k=h}^{\omega-x}v^{k+1}\cdot\frac{d_{x+k}}{l_x}\right)^2}{(1-v)^2}$$

$$=\left\{\frac{i\cdot(1-v)}{m^2\cdot[(1+i)^{\frac{1}{m}}-1]\cdot[1-(1+i)^{-\frac{1}{m}}]}\right\}^2\cdot$$

$$\frac{\left[v^{2(h+1)}\cdot\frac{d_{x+h}}{l_x}+v^{2(h+2)}\cdot\frac{d_{x+h+1}}{l_x}+\cdots+v^{2(\omega-x)}\cdot\frac{d_{\omega-1}}{l_x}+v^{2(\omega-x+1)}\cdot\frac{d_\omega}{l_x}\right]-\left(v^{h+1}\cdot\frac{d_{x+h}}{l_x}+v^{h+2}\cdot\frac{d_{x+h+1}}{l_x}+\cdots+v^{\omega-x}\cdot\frac{d_{\omega-1}}{l_x}+v^{\omega-x+1}\cdot\frac{d_\omega}{l_x}\right)^2}{(1-v)^2}$$

$$Var[bY^{(m)}]=(m\cdot b)^2\cdot Var[Y^{(m)}]$$

[实验 2.1.8] 每年支付 m 次期末付延期终身生存年金精算现值计算。

张先生现年 50 岁，在人寿保险公司购买一项延期 10 年的终身生存年金，延期 10 年后每月月末能领取 1 000 元，试根据经验生命表（2000—2003）和预定利率 $i=2.5\%$，并在死亡均匀分布的假设条件下，求该保单所支付年金的精算现值和方差 $Var[bY^{(12)}]$。

解：

1.数据录入

(1)已知数据录入

$x=50$；

$i=0.025$；

$m=12$；

$b=1\ 000$；

$h=10$；

$\omega=105$；

$L_{ijk}=L_{221}$。

(2)需要求解的问题

①延期保单的终身生存年金的精算现值 P；

②延期终身生存年金现值随机变量的方差 $Var[bY^{(12)}]$。

2.问题解答

(1)问题①求解

$$v=\frac{1}{1+i}=\frac{1}{1.025}=0.975\ 610$$

$$d=1-v=1-\frac{1}{1+0.025}=0.024\ 39$$

$$i^{(12)}=12\times[(1+i)^{\frac{1}{12}}-1]=0.024\ 718$$

$$d^{(12)}=12\times[1-(1+i)^{-\frac{1}{12}}]=0.024\ 667$$

$$\alpha(12)=\frac{i\cdot d}{i^{(12)}\cdot d^{(12)}}=\frac{0.025\times 0.024\ 39}{0.024\ 718\times 0.024\ 667}=1.000\ 05$$

$$\beta(12)=\frac{i^{(12)}-i}{i^{(12)}\cdot d^{(12)}}=\frac{0.024\ 718-0.025}{0.024\ 718\times 0.024\ 667}=-0.462\ 446$$

$$_{10|}\ddot{a}_{50}=\sum_{k=10}^{55}v^k\cdot\frac{l_{50+k}}{l_{50}}=12.939\ 827$$

$$_{10|}a_{50}^{(12)}=\alpha(12)\cdot {}_{10|}\ddot{a}_{50}+\left[\beta(12)-\frac{1}{12}\right]\cdot v^{10}\cdot\frac{l_{60}}{l_{50}}=12.530\ 670$$

$$P=b\times 12\times {}_{10|}a_{50}^{(12)}=1\ 000\times 12\times 12.530\ 670=150\ 368.04$$

(2)问题②求解

$$Var[Y^{(12)}]=[\alpha(12)]^2\cdot\frac{[{}_{10|}^{2}A_{50}-({}_{10|}A_{50})^2]}{d^2}$$

$$=\left[\frac{i\cdot d}{i^{(12)}\cdot d^{(12)}}\right]^2\cdot\frac{\sum\limits_{k=10}^{55}\left[v^{2(k+1)}\cdot\frac{d_{50+k}}{l_{50}}\right]-\left(\sum\limits_{k=10}^{55}v^{k+1}\cdot\frac{d_{50+k}}{l_{50}}\right)^2}{(1-v)^2}$$

$$=32.104\ 655$$

$$Var[bY^{(12)}]=(12\times b)^2\times Var[Y^{(12)}]=(12\times 1\ 000)^2\times 32.104\ 655=4\ 623\ 070\ 320$$

2.2 连续型生存年金

连续型生存年金是指保险金以被保险人生存为支付条件,每时每刻连续不断地进行支付为假设条件而建立的年金保险数学模型。可分为即期年金与延期年金、终身年金与定期年金等。

2.2.1 即期年金

2.2.1.1 死亡均匀分布假设

[**基本算法示例**] 死亡均匀分布假设的即期终身生存年金精算现值。

需要求解的问题类型：

①生存年金精算现值 P；

②生存年金现值的方差 $Var(b\cdot\bar{a}_{\overline{T}|})$。

解：

（1）问题①求解

$$f(t)=\frac{1}{\omega-x}$$

$$v=e^{-\delta}=\frac{1}{1+i}$$

$$\delta=\ln(1+i)$$

$$\bar{a}_{\overline{T}|}=\int_0^T v^t dt=\frac{1-v^t}{\delta}$$

$$\bar{a}_x=\mathrm{E}[\bar{a}_{\overline{T}|}]=\int_0^{+\infty}\bar{a}_{\overline{T}|}\cdot f(t)dt$$

$$=\int_0^{\omega-x}\frac{1-v^t}{\delta}\cdot\frac{1}{\omega-x}dt$$

$$=\frac{1}{\delta}-\frac{1-v^{\omega-x}}{\delta^2(\omega-x)}$$

$$P=b\cdot\bar{a}_x$$

（2）问题②求解

$$\bar{A}_x=1-\delta\cdot\bar{a}_x$$

$$^2\bar{A}_x=\int_0^{+\infty}v^{2t}\cdot f(t)dt$$

$$=\int_0^{\omega-x}v^{2t}\cdot\frac{1}{\omega-x}dt$$

$$=\frac{1-v^{2(\omega-x)}}{2\delta(\omega-x)}$$

$$Var(\bar{a}_{\overline{T}|})=\frac{^2\bar{A}_x-\bar{A}_x{}^2}{\delta^2}$$

$$Var(b\cdot\bar{a}_{\overline{T}|})=b^2\cdot Var(\bar{a}_{\overline{T}|})$$

［**实验 2.2.1**］死亡均匀分布假设的即期终身生存年金精算现值计算。

陈先生现年 40 岁，在某保险公司购买即期终身生存年金，连续给付的年金额为 300 元，预定年利率为 6%，在均匀分布（de-Moivre 分布）假设条件下，极限年龄为 75 岁。陈先生想了解该年金的精算现值及方差。

解：

1.数据录入

（1）已知数据录入

$x=40$；

$i=0.06$；

$b=300$;

$\omega=75$。

(2)需要求解的问题

①生存年金精算现值 P;

②生存年金现值的方差 $Var(b\cdot\bar{a}_{\overline{T}|})$。

2.问题解答

(1)问题①求解

$$f(t)=\frac{1}{\omega-x}=\frac{1}{75-40}=0.028\,571\,428$$

$$v=\frac{1}{1+i}=\frac{1}{1+0.06}=0.943\,396\,226$$

$$\delta=\ln(1+i)=\ln(1+0.06)=0.058\,268\,908$$

$$\bar{a}_{40}=\frac{1}{\delta}-\frac{1-v^{\omega-x}}{\delta^2(\omega-x)}$$

$$=\frac{1}{0.058\,268\,908}-\frac{1-0.943\,396\,226^{75-40}}{0.058\,268\,908^2\times(75-40)}=9.841\,577\,923$$

$$P=b\cdot\bar{a}_{40}=300\times9.841\,577\,923=2\,952.473\,377$$

(2)问题②求解

$$\bar{A}_{40}=1-\delta\cdot\bar{a}_{40}=0.426\,542$$

$${}^2\bar{A}_{40}=\frac{1-v^{2(\omega-x)}}{2\delta(\omega-x)}$$

$$=\frac{1-0.943\,396\,226^{2\times(75-40)}}{2\times0.058\,268\,908\times(75-40)}=0.241\,018\,67$$

$$Var(\bar{a}_{\overline{T}|})=\frac{{}^2\bar{A}_{40}-\bar{A}_{40}{}^2}{\delta^2}=17.400\,874\,78$$

$$Var(b\cdot\bar{a}_{\overline{T}|})=b^2\cdot Var(\bar{a}_{\overline{T}|})=1\,566\,078.73$$

2.2.1.2 常数死力分布假设

[**基本算法示例**] 常数死力分布假设的即期终身生存年金精算现值。

需要求解的问题类型:

①生存年金精算现值 P;

②生存年金现值的方差。

解:

(1)问题①求解

$$\mu_x=\lambda$$

$$f(t)=\lambda e^{-\lambda t}$$

$$v=e^{-\delta}=\frac{1}{1+i}$$

$$\delta=\ln(1+i)$$

$$\bar{a}_{\overline{T|}} = \int_0^T v^t dt = \frac{1 - v^t}{\delta} = \frac{1 - e^{-\delta t}}{\delta}$$

$$\bar{a}_x = \mathrm{E}[\bar{a}_{\overline{T|}}] = \int_0^{+\infty} \bar{a}_{\overline{T|}} \cdot f(t)\,dt$$

$$= \int_0^{+\infty} \frac{1 - e^{-\delta t}}{\delta} \cdot \lambda e^{-\lambda t} dt$$

$$= \frac{\lambda}{\delta} \int_0^{+\infty} [e^{-\lambda t} - e^{-(\lambda+\delta)t}]dt$$

$$= \frac{1}{\delta + \lambda}$$

$P = b \cdot \bar{a}_x$

(2)问题②求解

$\bar{A}_x = 1 - \delta \bar{a}_x$

$${}^2\bar{A}_x = \int_0^{+\infty} v^{2t} f(t)\,dt$$

$$= \int_0^{+\infty} e^{-2\delta t} \cdot \lambda e^{-\lambda t} dt$$

$$= \frac{\lambda}{2\delta + \lambda}$$

$$Var(\bar{a}_{\overline{T|}}) = \frac{{}^2\bar{A}_x - \bar{A}_x^{\,2}}{\delta^2}$$

$Var(b \cdot \bar{a}_{\overline{T|}}) = b^2 \cdot Var(\bar{a}_{\overline{T|}})$

[**实验 2.2.2**] 常数死力分布假设的即期终身生存年金精算现值计算。

陈先生现年 40 岁,在某保险公司购买了即期终身生存年金,连续给付的年金额为 300 元,预定年利率为 6%,在常数死力(指数分布)假设下,常数死力 μ_x 为 0.015。陈先生想了解该年金的精算现值及方差。

解:

1.数据录入

(1)已知数据录入

$x=40$;

$i=0.06$;

$b=300$;

$\mu_x = \lambda = 0.015$。

(2)需要求解的问题

①生存年金精算现值 P;

②生存年金现值的方差 $Var(b \cdot \bar{a}_{\overline{T|}})$。

2.问题解答

(1)问题①求解

$f(t) = \lambda e^{-\lambda t} = 0.015 e^{-0.015t}$

$$v = \frac{1}{1+i} = \frac{1}{1+0.06} = 0.943\ 396\ 226$$

$$\delta = \ln(1+i) = \ln(1+0.06) = 0.058\ 268\ 908$$

$$\bar{a}_{40} = \frac{1}{\delta + \lambda} = \frac{1}{0.058\ 268\ 908 + 0.015} = 13.648\ 354\ 09$$

$$P = b \cdot \bar{a}_{40} = 300 \times 13.648\ 354\ 09 = 4\ 094.506\ 226$$

(2)问题②求解

$$\bar{A}_{40} = 1 - \delta \bar{a}_{40} = 0.204\ 725\ 311$$

$$^{2}\bar{A}_{40} = \frac{\lambda}{2\delta + \lambda} = \frac{0.015}{2 \times 0.058\ 268\ 9 + 0.015} = 0.114\ 035\ 647$$

$$Var(\bar{a}_{\overline{T|}}) = \frac{^{2}\bar{A}_{40} - \bar{A}_{40}{}^{2}}{\delta^{2}} = 21.242\ 283\ 24$$

$$Var(b \cdot \bar{a}_{\overline{T|}}) = b^{2} \cdot Var(\bar{a}_{\overline{T|}}) = 1\ 911\ 805.492$$

2.2.2 延期年金

2.2.2.1 死亡均匀分布假设

[**基本算法示例**] 死亡均匀分布假设的延期终身生存年金精算现值。

需要求解的问题类型:

①生存年金精算现值 P;

②生存年金现值的方差。

解:

(1)问题①求解

$$f(t) = \frac{1}{\omega - x}$$

$$_{t}p_{x} = \frac{\omega - x - t}{\omega - x}$$

$$v = e^{-\delta} = \frac{1}{1+i}$$

$$\delta = \ln(1+i)$$

$$\bar{a}_{\overline{T-h|}} = \int_{0}^{T} v^{t-h} dt = \frac{1 - v^{t-h}}{\delta} = \frac{1 - e^{-\delta(t-h)}}{\delta}$$

$$_{h|}\bar{a}_{x} = \int_{h}^{\omega - x} v^{h} \cdot \bar{a}_{\overline{T-h|}} \cdot f(t)\, dt$$

$$= \frac{(\omega - x - h - \frac{1}{\delta}) v^{h} + \frac{1}{\delta} v^{\omega - x}}{\delta \cdot (\omega - x)}$$

$$P = b \cdot {}_{h|}\bar{a}_{x}$$

(2)问题②求解

$$\bar{a}_{x+h} = \int_0^{+\infty} \bar{a}_{\overline{T|}} \cdot f(t)\,dt$$

$$= \int_0^{\omega-x-h} \frac{1-v^t}{\delta} \cdot \frac{1}{\omega-x-h}dt$$

$$= \frac{1}{\delta} - \frac{1-v^{\omega-x-h}}{\delta^2(\omega-x-h)}$$

$$^2\bar{a}_{x+h} = \int_0^{+\infty} v_t^{2t} p_{x+h} dt$$

$$= \int_0^{\omega-x-h} e^{-2\delta t} \frac{\omega-x-h-t}{\omega-x-h}dt$$

$$= \frac{1}{2\delta} - \frac{1-v^{2(\omega-x-h)}}{4\delta^2(\omega-x-h)}$$

$$_{h|}^{2}\bar{a}_x = \int_h^{+\infty} (v^h \cdot \bar{a}_{\overline{T-h|}})^2 \cdot f(t)\,dt$$

$$= 2v^h \int_h^{+\infty} \bar{a}_{\overline{t-h|}} \cdot v^t \cdot {}_tp_x dt$$

$$= \frac{2}{\delta} \cdot v^{2h} \cdot {}_hp_x(\bar{a}_{x+h} - {}^2\bar{a}_{x+h})$$

$$= \frac{2}{\delta} \cdot e^{-2\delta h} \cdot \frac{\omega-x-h}{\omega-x}(\bar{a}_{x+h} - {}^2\bar{a}_{x+h})$$

$$Var(Y) = {}_{h|}^{2}\bar{a}_x - ({}_{h|}\bar{a}_x)^2$$

$$Var(b \cdot Y) = b^2 \cdot Var(Y)$$

[**实验 2.2.3**] 死亡均匀分布假设的延期终身生存年金精算现值计算。

陈先生现年 40 岁,在某保险公司购买延期 6 年终身生存年金,连续给付的年金额为 450 元,预定年利率为 6%,在均匀分布(de-Moivre 分布)假设条件下,极限年龄为 100 岁。陈先生想了解该年金的精算现值及方差。

解:

1.数据录入

(1)已知数据录入

$x=40$;

$i=0.06$;

$b=450$;

$h=6$;

$\omega=100$。

(2)需要求解的问题类型

①生存年金精算现值 P;

②生存年金现值的方差 $Var(b \cdot Y)$。

2.问题解答

(1)问题①求解

$$f(t)=\frac{1}{\omega-x}=\frac{1}{100-40}=0.016\,666\,667$$

$$v=\frac{1}{1+i}=\frac{1}{1+0.06}=0.943\,396\,226$$

$$\delta=\ln(1+i)=\ln(1+0.06)=0.058\,268\,908$$

$$_{6|}\bar{a}_{40}=\frac{(\omega-x-h-\frac{1}{\delta})v^h+\frac{1}{\delta}v^{\omega-x}}{\delta\cdot(\omega-x)}$$

$$=\frac{(100-40-6-\frac{1}{0.058\,269})\times 0.943\,396^6+\frac{1}{0.058\,269}\times 0.943\,396^{100-40}}{0.058\,269\times(100-40)}$$

$$=7.576\,859$$

$$P=b\cdot{}_{6|}\bar{a}_{40}=450\times 7.576\,859\,106=3\,409.586\,598$$

(2)问题②求解

$$\bar{a}_{46}=\frac{1}{\delta}-\frac{1-v^{\omega-x-h}}{\delta^2(\omega-x-h)}$$

$$=\frac{1}{0.058\,269}-\frac{1-0.943\,396^{100-40-6}}{0.058\,269^2\times(100-40-6)}=11.942\,13$$

$$^2\bar{a}_{46}=\frac{1}{2\delta}-\frac{1-v^{2(\omega-x-h)}}{4\delta^2(\omega-x-h)}$$

$$=\frac{1}{2\times 0.058\,269}-\frac{1-0.943\,396^{2\times(100-40-6)}}{4\times 0.058\,269^2\times(100-40-6)}=7.219\,872$$

$$_{6|}^{2}\bar{a}_{40}=\frac{2}{\delta}e^{-2\delta h}\frac{\omega-x-h}{\omega-x}(\bar{a}_{x+h}-{}^2\bar{a}_{x+h})$$

$$=\frac{2}{0.058\,269}\times e^{-2\times 0.058\,269\times 6}\times\frac{100-40-6}{100-40}(11.942\,132-7.219\,872)$$

$$=72.496\,185$$

$$Var(Y)={}_{6|}^{2}\bar{a}_{40}-[{}_{6|}\bar{a}_{40}]^2=72.496\,2-7.576\,8^2=15.087\,391$$

$$Var(b\cdot Y)=b^2\cdot Var(Y)=450^2\times 15.087\,391=3\,055\,196.756$$

2.2.2.2 常数死力分布假设

[**基本算法示例**] 常数死力分布假设的延期终身生存年金精算现值。

需要求解的问题类型：

①生存年金精算现值 P；

②生存年金现值的方差 $Var(b\cdot Y)$。

解：

(1)问题①求解

$\lambda = \mu_x$

$f(t) = \lambda e^{-\lambda t}$

$v = e^{-\delta} = \dfrac{1}{1+i}$

$\delta = \ln(1+i)$

$$\bar{a}_{\overline{T-h}|} = \int_0^T v^{t-h} dt = \frac{1-v^{t-h}}{\delta} = \frac{1-e^{-\delta(t-h)}}{\delta}$$

$$\begin{aligned} {}_{h|}\bar{a}_x &= \int_h^{+\infty} v^h \cdot \bar{a}_{\overline{T-h}|} \cdot f(t) dt \\ &= v^h \int_h^{+\infty} \frac{1-e^{-\delta(t-h)}}{\delta} \cdot \lambda e^{-\lambda t} dt \\ &= \frac{e^{-(\delta+\lambda)h}}{\lambda+\delta} \end{aligned}$$

$P = b \cdot {}_{h|}\bar{a}_x$

(2)问题②求解

$$\begin{aligned} \bar{a}_{x+h} &= \int_0^{+\infty} \bar{a}_{\overline{T}|} \cdot f(t) dt \\ &= \int_0^{+\infty} \frac{1-e^{-\delta t}}{\delta} \cdot \lambda e^{-\lambda t} dt \\ &= \frac{1}{\delta+\lambda} \end{aligned}$$

$$\begin{aligned} {}^2\bar{a}_{x+h} &= \int_0^{+\infty} v^{2t}\, {}_tp_{x+h} dt \\ &= \int_0^{+\infty} e^{-2\delta t} e^{-\lambda t} dt \\ &= \frac{1}{\lambda+2\delta} \end{aligned}$$

$$\begin{aligned} {}_{h|}^{2}\bar{a}_x &= \int_h^{+\infty} (v^h \cdot \bar{a}_{\overline{T-h}|})^2 \cdot f(t) dt \\ &= 2\int_h^{+\infty} \frac{1-v^{t-h}}{\delta} \cdot v^{h+t} \cdot e^{-\lambda t} dt \\ &= \frac{2}{\delta} e^{-(2\delta+\lambda)h} (\bar{a}_{x+h} - {}^2\bar{a}_{x+h}) \end{aligned}$$

$Var(Y) = {}_{h|}^{2}\bar{a}_x - ({}_{h|}\bar{a}_x)^2$

$Var(b \cdot Y) = b^2 \cdot Var(Y)$

[实验 2.2.4] 常数死力分布假设的延期终身生存年金精算现值计算。

李先生现年 40 岁，在某保险公司购买延期 6 年的终身生存年金，连续给付的年金额为 450 元，预定年利率为 6%，在常数死力(指数分布)假设下，常数死力 μ_x 为 0.015。李先生想了解该年金的精算现值及方差。

解：

1.数据录入

（1）已知数据录入

$x=40$；

$i=0.06$；

$b=450$；

$h=6$；

$\mu_x=\lambda=0.015$。

（2）需要求解的问题类型

①生存年金精算现值 P；

②生存年金现值的方差 $Var(b\cdot Y)$。

2.问题解答

（1）问题①求解

$$f(t)=\lambda e^{-\lambda t}=0.015e^{-0.015t}$$

$$v=\frac{1}{1+i}=\frac{1}{1+0.06}=0.943\ 396\ 226$$

$$\delta=\ln(1+i)=\ln(1+0.06)=0.058\ 268\ 908$$

$$\bar{a}_{\overline{T-6|}}=\frac{1-e^{-\delta(t-h)}}{\delta}=\frac{1-e^{-0.058\ 268\ 908\times(t-6)}}{0.058\ 268\ 908}$$

$$_{6|}\bar{a}_{40}=\frac{e^{-(\delta+\lambda)h}}{\lambda+\delta}$$

$$=\frac{e^{-(0.058\ 268\ 9+0.015)\times 6}}{0.015+0.058\ 268\ 9}=8.793\ 435$$

$$P=b\cdot{}_{6|}\bar{a}_{40}=450\times 8.793\ 435\ 562=3957.046\ 003$$

（2）问题②求解

$$\bar{a}_{46}=\frac{1}{\delta+\lambda}=\frac{1}{0.058\ 269+0.015}=13.648\ 354$$

$$^{2}\bar{a}_{46}=\frac{1}{\lambda+2\delta}=\frac{1}{0.015+2\times 0.058\ 269}=7.602\ 376\ 476$$

$$_{h|}^{2}\bar{a}_x=\frac{2}{\delta}e^{-(2\delta+\lambda)h}(\bar{a}_{x+h}-{}^{2}\bar{a}_{x+h})$$

$$=\frac{2}{0.058\ 269}e^{-(2\times 0.058\ 269+0.015)\times 6}(13.648\ 354-7.602\ 376)=94.254\ 645$$

$$Var(Y)={}_{h|}^{2}\bar{a}_x-({}_{h|}\bar{a}_x)^2=94.254\ 645-8.793\ 435^2=16.930\ 135$$

$$Var(b\cdot Y)=b^2\cdot Var(Y)=3\ 428\ 352.528$$

2.3 变额生存年金

变额生存年金是指每次支付的金额随着支付时间的变化而变化的年金。可分为递增年金与递减年金、期初付年金与期末付年金、即期年金与延期年金、终身年金与定期年金等。这里讨论离散型变额年金精算现值的计算问题。

2.3.1 递增型变额年金

递增型变额年金是指随着支付次数的增加,年金支付额逐次递增,这里讨论等额递增的情况。

2.3.1.1 期初付年金

1. 即期年金

[**基本算法示例**] 即期终身期初付递增型变额生存年金精算现值。

需要求解的问题类型:

生存年金精算现值 P。

解:

$$v = \frac{1}{1+i}$$

$$\ddot{a}_x = \sum_{k=0}^{\omega-x} v^k \cdot \frac{l_{x+k}}{l_x}$$

$$= v^0 \times 1 + v^1 \times \frac{l_{x+1}}{l_x} + v^2 \times \frac{l_{x+2}}{l_x} + v^3 \times \frac{l_{x+3}}{l_x} + \cdots + v^{\omega-x} \cdot \frac{l_\omega}{l_x}$$

$$(I\ddot{a})_x = \sum_{k=0}^{\omega-x} (k+1) v^k \cdot \frac{l_{x+k}}{l_x}$$

$$= 1 + 2v^1 \cdot \frac{l_{x+1}}{l_x} + 3v^2 \cdot \frac{l_{x+2}}{l_x} + \cdots + (\omega - x + 1) v^{\omega-x} \cdot \frac{l_\omega}{l_x}$$

$$P = (b - Q) \cdot \ddot{a}_x + Q \cdot (I\ddot{a})_x$$

[**实验 2.3.1**] 即期终身期初付递增型变额生存年金精算现值计算。

40 岁的王先生购买了离散型每年支付一次期初付的即期变额终身生存年金,该年金首次给付额为 1 000 元,第二年给付 1 100 元,第三年给付 1 200 元,依次下去,往后按每次 100 元递增,预定年利率为 6%,极限年龄为 105 岁,采用经验生命表(2000—2003)。王先生想了解该变额年金的精算现值。

解:

1.数据录入

(1)已知数据录入

$x=40$;

$i = 0.06$;

$b = 1\ 000$;

$Q = 100$;

$\omega = 105$;

$L_{ijk} = L_{221}$。

(2)需要求解的问题类型:生存年金精算现值 P

2.问题解答

$$v = \frac{1}{1+i} = \frac{1}{1+0.06} = 0.943\ 396\ 226$$

$$\ddot{a}_{40} = \sum_{k=0}^{65} v^k \cdot \frac{l_{x+k}}{l_x} = 15.606\ 434\ 22$$

$$(I\ddot{a})_{40} = \sum_{k=0}^{65} (k+1) v^k \cdot \frac{l_{x+k}}{l_x} = 210.811\ 183\ 2$$

$$\begin{aligned} P &= (b-Q) \cdot \ddot{a}_{40} + Q \cdot (I\ddot{a})_{40} \\ &= (1\ 000 - 100) \times 15.606\ 434 + 100 \times 210.811\ 183 \\ &= 35\ 126.909\ 11 \end{aligned}$$

2. 延期年金

[**基本算法示例**] 延期终身期初付递增型变额生存年金精算现值。

需要求解的问题类型:生存年金精算现值 P。

解:

$$v = \frac{1}{1+i}$$

$$\begin{aligned} {}_{h|}\ddot{a}_x &= \sum_{k=h}^{\omega-x} v^k \cdot \frac{l_{x+k}}{l_x} \\ &= v^h \cdot \frac{l_{x+h}}{l_x} + v^{h+1} \cdot \frac{l_{x+h+1}}{l_x} + v^{h+2} \cdot \frac{l_{x+h+2}}{l_x} + \cdots + v^{\omega-x} \cdot \frac{l_\omega}{l_x} \end{aligned}$$

$$\begin{aligned} {}_hE_x \cdot (I\ddot{a})_x &= \sum_{k=0}^{\omega-h-x} (k+1) v^{h+k} \cdot \frac{l_{x+h+k}}{l_x} \\ &= v^h \cdot \frac{l_{x+h}}{l_x} + 2v^{h+1} \cdot \frac{l_{x+h+1}}{l_x} + 3v^{h+2} \cdot \frac{l_{x+h+2}}{l_x} + \cdots + (\omega - h - x + 1) v^{\omega-x} \cdot \frac{l_\omega}{l_x} \end{aligned}$$

$$P = (b-Q) \cdot {}_{h|}\ddot{a}_x + Q \cdot {}_hE_x \cdot (I\ddot{a})_x$$

[**实验 2.3.2**] 延期终身期初付递增型变额生存年金精算现值计算。

40 岁的王先生购买了离散型每年支付一次期初付延期 10 年的变额终身生存年金,该年金首次给付额为 1 000 元,第二年给付 1 100 元,第三年给付 1 200 元,依次下去,往后按每次 100 元递增,预定年利率为 6%,极限年龄为 105 岁,采用经验生命表(2000—2003)。王先生想了解该变额年金的精算现值。

解:

1.数据录入

(1)已知数据录入

$x=40$;

$i=0.06$;

$h=10$;

$b=1\ 000$;

$Q=100$;

$\omega=105$;

$L_{ijk}=L_{221}$。

(2)需要求解的问题类型:生存年金精算现值 P

2.问题解答

$$v=\frac{1}{1+i}=\frac{1}{1+0.06}=0.943\ 396\ 226$$

$$_{10|}\ddot{a}_{40}=\sum_{k=10}^{65}v^k\cdot\frac{l_{x+k}}{l_x}$$

$$=v^{10}\cdot\frac{l_{50}}{l_{40}}+v^{11}\cdot\frac{l_{51}}{l_{40}}+v^{12}\times\frac{l_{52}}{l_{40}}+\cdots+v^{65}\times\frac{l_{105}}{l_{40}}=7.852\ 534$$

$$_{10}E_{40}\cdot(I\ddot{a})_x=\sum_{k=0}^{55}(k+1)v^{10+k}\cdot\frac{l_{50+k}}{l_{40}}$$

$$=v^{10}\cdot\frac{l_{50}}{l_{40}}+2v^{11}\cdot\frac{l_{51}}{l_{40}}+3v^{12}\cdot\frac{l_{52}}{l_{40}}+\cdots+56v^{65}\cdot\frac{l_{105}}{l_{40}}=93.450\ 740\ 67$$

$$P=(b-Q)\cdot{}_{10|}\ddot{a}_{40}+Q\cdot{}_{10}E_{40}\cdot(I\ddot{a})_x$$

$$=(1\ 000-100)\times7.852\ 534+100\times93.450\ 74=16\ 412.354\ 96$$

2.3.1.2 期末付年金

1. 即期年金

[**基本算法示例**] 即期终身期末付递增型变额生存年金精算现值。

需要求解的问题类型:生存年金精算现值 P。

解:

$$v=\frac{1}{1+i}$$

$$a_x=\sum_{k=1}^{\omega-x}v^k\cdot{}_kp_x=\sum_{k=1}^{\omega-x}v^k\cdot\frac{l_{x+k}}{l_x}$$

$$=v^1\cdot\frac{l_{x+1}}{l_x}+v^2\cdot\frac{l_{x+2}}{l_x}+v^3\cdot\frac{l_{x+3}}{l_x}+\cdots+v^{\omega-x}\cdot\frac{l_\omega}{l_x}$$

$$(Ia)_x=\sum_{k=1}^{\omega-x}k\cdot v^k\cdot{}_kp_x=\sum_{k=1}^{\omega-x}k\cdot v^k\cdot\frac{l_{x+k}}{l_x}$$

$$=v^1\cdot\frac{l_{x+1}}{l_x}+2v^2\cdot\frac{l_{x+2}}{l_x}+3v^3\cdot\frac{l_{x+3}}{l_x}+\cdots+(\omega-x)v^{\omega-x}\cdot\frac{l_\omega}{l_x}$$

$P=(b-Q)\cdot a_x+Q\cdot(Ia)_x$

[**实验 2.3.3**] 即期终身期末付递增型变额生存年金精算现值计算。

40 岁的王先生购买了离散型每年支付一次期末付的即期变额终身生存年金,该年金首次给付额为 1 000 元,第二年给付 1 100 元,第三年给付 1 200 元,依次下去,往后按每次 100 元递增,预定年利率为 6%,极限年龄为 105 岁,采用经验生命表(2000—2003)。王先生想了解该变额年金的精算现值。

解:

1.数据录入

(1)已知数据录入

$x=40$;

$i=0.06$;

$b=1\ 000$;

$Q=100$;

$\omega=105$;

$L_{ijk}=L_{221}$。

(2)需要求解的问题类型:生存年金精算现值 P

2.问题解答

$$v=\frac{1}{1+i}=\frac{1}{1+0.06}=0.943\ 396\ 226$$

$$a_{40}=\sum_{k=1}^{65}v^k\cdot\frac{l_{40+k}}{l_{40}}$$

$$=v^1\cdot\frac{l_{41}}{l_{40}}+v^2\cdot\frac{l_{42}}{l_{40}}+v^3\cdot\frac{l_{43}}{l_{40}}+v^4\cdot\frac{l_{44}}{l_{40}}+\cdots+v^{65}\cdot\frac{l_{105}}{l_{40}}=14.606\ 434\ 22$$

$$(Ia)_{40}=\sum_{k=1}^{65}k\cdot v^k\cdot\frac{l_{40+k}}{l_{40}}$$

$$=v^1\cdot\frac{l_{41}}{l_{40}}+2v^2\cdot\frac{l_{42}}{l_{40}}+3v^3\cdot\frac{l_{43}}{l_{40}}+\cdots+65v^{65}\times\frac{l_{105}}{l_{40}}=195.204\ 748\ 9$$

$$P=(b-Q)\cdot a_{40}+Q\cdot(Ia)_{40}$$

$$=(1\ 000-100)\times 14.606\ 434\ 22+100\times 195.204\ 748\ 9=32\ 666.265\ 69$$

2. 延期年金

[**基本算法示例**] 延期终身期末付递增型变额生存年金精算现值。

需要求解的问题类型:生存年金精算现值 P。

解:

$$v=\frac{1}{1+i}$$

$$_{h|}a_x=\sum_{k=h+1}^{\omega-x}v^k\cdot{}_kp_x=\sum_{k=h+1}^{\omega-x}v^k\cdot\frac{l_{x+k}}{l_x}$$

$$= v^{h+1} \cdot \frac{l_{x+h+1}}{l_x} + v^{h+2} \cdot \frac{l_{x+h+2}}{l_x} + v^{h+3} \cdot \frac{l_{x+h+3}}{l_x} + \cdots + v^{\omega-x} \cdot \frac{l_\omega}{l_x}$$

$${}_hE_x \cdot (Ia)_{x+h} = v^h \cdot {}_hp_x \cdot \sum_{k=1}^{\omega-x-h} k \cdot v^k \cdot {}_kp_{x+h}$$

$$= \sum_{k=1}^{\omega-x-h} k \cdot v^{h+k} \cdot \frac{l_{x+h+k}}{l_x}$$

$$= v^{h+1} \cdot \frac{l_{x+h+1}}{l_x} + 2v^{h+2} \cdot \frac{l_{x+h+2}}{l_x} + 3v^{h+3} \cdot \frac{l_{x+h+3}}{l_x} + \cdots + (\omega - x - h)v^{\omega-x} \times \frac{l_\omega}{l_x}$$

$$P = (b - Q) \cdot {}_{h|}a_x + Q \cdot {}_hE_x \cdot (Ia)_{x+h}$$

[实验 2.3.4] 延期终身期末付递增型变额生存年金精算现值计算。

40 岁的王先生购买了离散型每年支付一次期末付延期 10 年的变额终身生存年金，该年金首次给付额为 1 000 元，第二年给付 1 100 元，第三年给付 1 200 元，依次下去，往后按每次 100 元递增，预定年利率为 6%，极限年龄为 105 岁，采用经验生命表(2000—2003)。王先生想了解该变额年金的精算现值。

解：

1.数据录入

(1)已知数据录入

$x=40$；

$i=0.06$；

$h=10$；

$b=1\ 000$；

$Q=100$；

$\omega=105$；

$L_{ijk}=L_{221}$。

(2)需要求解的问题类型：生存年金精算现值 P

2.问题解答

$$v = \frac{1}{1+i} = \frac{1}{1+0.06} = 0.943\ 396\ 226$$

$${}_{10|}a_{40} = \sum_{k=11}^{65} v^k \cdot \frac{l_{40+k}}{l_{40}}$$

$$= v^{11} \cdot \frac{l_{51}}{l_{40}} + v^{12} \cdot \frac{l_{52}}{l_{40}} + v^{13} \times \frac{l_{53}}{l_{40}} + \cdots + v^{65} \times \frac{l_{105}}{l_{40}} = 7.303\ 982$$

$${}_{10}E_{40} \cdot (Ia)_{50} = \sum_{k=1}^{55} k \cdot v^{10+k} \cdot \frac{l_{50+k}}{l_{40}}$$

$$= v^{11} \cdot \frac{l_{51}}{l_{40}} + 2v^{12} \cdot \frac{l_{52}}{l_{40}} + 3v^{13} \cdot \frac{l_{53}}{l_{40}} + \cdots + 55v^{65} \times \frac{l_{105}}{l_{40}} = 85.598\ 206\ 35$$

$$P = (b - Q) \cdot {}_{10|}a_{40} + Q \cdot {}_{10}E_{40} \cdot (Ia)_{50}$$

$$= (1\ 000 - 100) \times 7.303\ 982 + 100 \times 85.598\ 206 = 15\ 133.404\ 41$$

2.3.2 递减型变额年金

递减型变额年金是指随着支付次数的增加，年金支付额逐次递减，这里讨论等额递减的情况。

2.3.2.1 期初付年金

1. 即期年金

[**基本算法示例**] 即期定期期初付递减型变额生存年金精算现值。

需要求解的问题类型：生存年金精算现值 P。

解：

$$v = \frac{1}{1+i}$$

$$\ddot{a}_{x:\overline{n}|} = \sum_{k=0}^{n-1} v^k \cdot {}_k p_x = \sum_{k=0}^{n-1} v^k \cdot \frac{l_{x+k}}{l_x}$$

$$= 1 + v^1 \cdot \frac{l_{x+1}}{l_x} + v^2 \cdot \frac{l_{x+2}}{l_x} + v^3 \cdot \frac{l_{x+3}}{l_x} + \cdots + v^{n-1} \cdot \frac{l_{x+n-1}}{l_x}$$

$$(I\ddot{a})_{x:\overline{n}|} = \sum_{k=0}^{n-1} (k+1) v^k \cdot {}_k p_x = \sum_{k=0}^{n-1} (k+1) v^k \cdot \frac{l_{x+k}}{l_x}$$

$$= 1 + 2v^1 \cdot \frac{l_{x+1}}{l_x} + 3v^2 \cdot \frac{l_{x+2}}{l_x} + 4v^3 \cdot \frac{l_{x+3}}{l_x} + \cdots + nv^{n-1} \cdot \frac{l_{x+n-1}}{l_x}$$

$$P = (b+Q) \cdot \ddot{a}_{x:\overline{n}|} - Q \cdot (I\ddot{a})_{x:\overline{n}|}$$

[**实验 2.3.5**] 即期定期期初付递减型变额生存年金精算现值计算。

40 岁的王先生购买了离散型每年支付一次期初付的即期变额 20 年定期生存年金，该年金首次给付额为 5 000 元，第二年给付 4 900 元，第三年给付 4 800 元，依次下去，往后按每次 100 元递减，直到在第 20 年期初给付 3 100 元，预定年利率为 6%。王先生想了解该变额年金的精算现值。

解：

1.数据录入

(1)已知数据录入

$x=40$；

$i=0.06$；

$n=20$；

$b=5\ 000$；

$Q=100$；

$L_{ijk}=L_{221}$。

(2)需要求解的问题类型：生存年金精算现值 P

2.问题解答

$$v = \frac{1}{1+i} = \frac{1}{1+0.06} = 0.943\ 396\ 226$$

$$\ddot{a}_{40:\overline{20|}} = \sum_{k=0}^{19} v^k \cdot \frac{l_{40+k}}{l_{40}}$$

$$= 1 + v^1 \cdot \frac{l_{41}}{l_{40}} + v^2 \cdot \frac{l_{42}}{l_{40}} + v^3 \cdot \frac{l_{43}}{l_{40}} + \cdots + v^{19} \cdot \frac{l_{59}}{l_{40}} = 11.977\ 824\ 31$$

$$(I\ddot{a})_{40:\overline{20|}} = \sum_{k=0}^{19} (k+1) v^k \cdot \frac{l_{40+k}}{l_{40}}$$

$$= 1 + 2 \times v^1 \cdot \frac{l_{41}}{l_{40}} + 3v^2 \cdot \frac{l_{42}}{l_{40}} + 4v^3 \cdot \frac{l_{43}}{l_{40}} + \cdots + 20v^{19} \cdot \frac{l_{59}}{l_{40}} = 102.163\ 161\ 4$$

$$P = (b + Q) \cdot \ddot{a}_{40:\overline{20|}} - Q \cdot (I\ddot{a})_{40:\overline{20|}}$$

$$= (5\ 000 + 100) \times 11.977\ 824\ 31 - 100 \times 102.163\ 161\ 4 = 50\ 870.587\ 87$$

2. 延期年金

[**基本算法示例**] 延期定期期初付递减型变额生存年金精算现值。

需要求解的问题类型:生存年金精算现值 P。

解:

$$v = \frac{1}{1+i}$$

$${}_{h|n}\ddot{a}_x = \sum_{k=h}^{n+h-1} v^k \cdot {}_kp_x = \sum_{k=h}^{n+h-1} v^k \cdot \frac{l_{x+k}}{l_x}$$

$$= v^h \cdot \frac{l_{x+h}}{l_x} + v^{h+1} \cdot \frac{l_{x+h+1}}{l_x} + v^{h+2} \cdot \frac{l_{x+h+2}}{l_x} + v^{h+3} \cdot \frac{l_{x+h+3}}{l_x} + \cdots + v^{n+h-1} \cdot \frac{l_{x+n+h-1}}{l_x}$$

$${}_hE_x \cdot (I\ddot{a})_{x+h:\overline{n|}} = v^h \cdot {}_hp_x \cdot \sum_{k=0}^{n-1} (k+1) v^k \cdot {}_kp_{x+h}$$

$$= \sum_{k=0}^{n-1} (k+1) v^{h+k} \cdot \frac{l_{x+h+k}}{l_x}$$

$$= v^h \cdot \frac{l_{x+h}}{l_x} + 2v^{h+1} \cdot \frac{l_{x+h+1}}{l_x} + 3v^{h+2} \cdot \frac{l_{x+h+2}}{l_x} + 4v^{h+3} \cdot \frac{l_{x+h+3}}{l_x} + \cdots + nv^{n+h-1} \cdot \frac{l_{x+h+n-1}}{l_x}$$

$$P = (b + Q) \cdot {}_{h|n}\ddot{a}_x - Q \cdot {}_hE_x \cdot (I\ddot{a})_{x+h:\overline{n|}}$$

[**实验 2.3.6**] 延期定期期初付递减型变额生存年金精算现值计算。

40 岁的王先生购买了离散型每年支付一次期初付延期 10 年的变额 20 年定期生存年金,该年金首次给付额为 5 000 元,第二年给付 4 900 元,第三年给付 4 800 元,依次下去,往后按每次 100 元递减,直到在第 20 年期初给付 3 100 元,预定年利率为 6%。王先生想了解该变额年金的精算现值。

解:

1.数据录入

(1)已知数据录入

$x=40$;

$i=0.06$;

$n=20$；

$h=10$；

$b=5\ 000$；

$Q=100$；

$L_{ijk}=L_{221}$。

(2)需要求解的问题类型:生存年金精算现值 P

2.问题解答

$$v=\frac{1}{1+i}=\frac{1}{1+0.06}=0.943\ 396\ 226$$

$$_{10|20}\ddot{a}_{40}=\sum_{k=10}^{29}v^k\cdot\frac{l_{40+k}}{l_{40}}$$

$$=v^{10}\cdot\frac{l_{50}}{l_{40}}+v^{11}\cdot\frac{l_{51}}{l_{40}}+v^{12}\cdot\frac{l_{52}}{l_{40}}+v^{13}\cdot\frac{l_{53}}{l_{40}}+\cdots+v^{29}\cdot\frac{l_{69}}{l_{40}}=6.435\ 992$$

$$_{10}E_{40}\cdot(I\ddot{a})_{50:\overline{20}|}=\sum_{k=0}^{19}(k+1)v^{10+k}\cdot\frac{l_{50+k}}{l_{40}}$$

$$=v^{10}\cdot\frac{l_{50}}{l_{40}}+2v^{11}\cdot\frac{l_{51}}{l_{40}}+3v^{12}\cdot\frac{l_{52}}{l_{40}}+4v^{13}\cdot\frac{l_{53}}{l_{40}}+\cdots+20v^{29}\cdot\frac{l_{69}}{l_{40}}$$

$$=54.124\ 886\ 87$$

$$P=(b+Q)\cdot{}_{10|20}\ddot{a}_{40}-Q\cdot{}_{10}E_{40}\cdot(I\ddot{a})_{50:\overline{20}|}$$

$$=(5\ 000+100)\times6.435\ 992-100\times54.124\ 886=27\ 411.070\ 6$$

2.3.2.2 期末付年金

1. 即期年金

[**基本算法示例**] 即期定期期末付递减型变额生存年金精算现值。

需要求解的问题类型:生存年金精算现值 P。

解:

$$v=\frac{1}{1+i}$$

$$a_{x:\overline{n}|}=\sum_{k=1}^{n}v^k\cdot{}_kp_x=\sum_{k=1}^{n}v^k\cdot\frac{l_{x+k}}{l_x}$$

$$=v^1\cdot\frac{l_{x+1}}{l_x}+v^2\cdot\frac{l_{x+2}}{l_x}+v^3\cdot\frac{l_{x+3}}{l_x}+v^4\cdot\frac{l_{x+4}}{l_x}+\cdots+v^n\cdot\frac{l_{x+n}}{l_x}$$

$$(Ia)_{x:\overline{n}|}=\sum_{k=1}^{n}k\cdot v^k\cdot{}_kp_x=\sum_{k=1}^{n}k\cdot v^k\cdot\frac{l_{x+k}}{l_x}$$

$$=v^1\cdot\frac{l_{x+1}}{l_x}+2v^2\cdot\frac{l_{x+2}}{l_x}+3v^3\cdot\frac{l_{x+3}}{l_x}+4v^4\cdot\frac{l_{x+4}}{l_x}+\cdots+nv^n\cdot\frac{l_{x+n}}{l_x}$$

$$P=(b+Q)\cdot a_{x:\overline{n}|}-Q\cdot(Ia)_{x:\overline{n}|}$$

[**实验 2.3.7**] 即期定期期末付递减型变额生存年金精算现值计算。

40 岁的王先生购买了离散型每年支付一次期末付的即期变额 20 年定期生存年金，该年金首次给付额为 5 000 元，第二年给付 4 900 元，第三年给付 4 800 元，依次下去，往后按每次 100 元递减，直到在第 20 年末给付 3 100 元，预定年利率为 6%。王先生想了解该变额年金的精算现值。

解：

1. 数据录入

(1) 已知数据录入

$x=40$；

$i=0.06$；

$n=20$；

$b=5\ 000$；

$Q=100$；

$L_{ijk}=L_{221}$。

(2) 需要求解的问题类型：生存年金精现值 P

2. 问题解答

$$v=\frac{1}{1+i}=\frac{1}{1+0.06}=0.943\ 396\ 226$$

$$a_{40:\overline{20}|}=\sum_{k=1}^{20}v^k\cdot\frac{l_{40+k}}{l_{40}}$$

$$=v^1\cdot\frac{l_{41}}{l_{40}}+v^2\cdot\frac{l_{42}}{l_{40}}+v^3\cdot\frac{l_{43}}{l_{40}}+v^4\cdot\frac{l_{44}}{l_{40}}+\cdots+v^{20}\cdot\frac{l_{60}}{l_{40}}=11.548\ 053\ 01$$

$$(Ia)_{40:\overline{20}|}=\sum_{k=1}^{20}k\cdot v^k\cdot\frac{l_{40+k}}{l_{40}}$$

$$=v^1\cdot\frac{l_{41}}{l_{40}}+2v^2\cdot\frac{l_{42}}{l_{40}}+3v^3\cdot\frac{l_{43}}{l_{40}}+4v^4\cdot\frac{l_{44}}{l_{40}}+\cdots+20v^{20}\cdot\frac{l_{60}}{l_{40}}=101.865\ 722$$

$$P=(b+Q)\cdot a_{40:\overline{20}|}-Q\cdot(Ia)_{40:\overline{20}|}$$

$$=(5\ 000+100)\times 11.548\ 053-100\times 101.865\ 722=48\ 708.498\ 13$$

2. 延期年金

[**基本算法示例**] 延期定期期末付递减型变额生存年金精算现值。

需要求解的问题类型：生存年金精算现值 P。

解：

$$v=\frac{1}{1+i}$$

$${}_{h|n}a_x=\sum_{k=h+1}^{n+h}v^k\cdot{}_kp_x=\sum_{k=h+1}^{n+h}v^k\cdot\frac{l_{x+k}}{l_x}$$

$$=v^{h+1}\cdot\frac{l_{x+h+1}}{l_x}+v^{h+2}\cdot\frac{l_{x+h+2}}{l_x}+v^{h+3}\cdot\frac{l_{x+h+3}}{l_x}+v^{h+4}\cdot\frac{l_{x+h+4}}{l_x}+\cdots+v^{n+h}\cdot\frac{l_{x+h+n}}{l_x}$$

$$ {}_{h}E_{x} \cdot (Ia)_{x+h:\overline{n}|} = v^{h} \cdot {}_{h}p_{x} \cdot \sum_{k=1}^{n} k \cdot v^{k} \cdot {}_{k}p_{x+h} $$

$$ = \sum_{k=1}^{n} k \cdot v^{h+k} \cdot \frac{l_{x+h+k}}{l_{x}} $$

$$ = v^{h+1} \cdot \frac{l_{x+h+1}}{l_{x}} + 2v^{h+2} \cdot \frac{l_{x+h+2}}{l_{x}} + 3v^{h+3} \cdot \frac{l_{x+h+3}}{l_{x}} + 4v^{h+4} \cdot \frac{l_{x+h+4}}{l_{x}} + \cdots + nv^{h+n} \cdot \frac{l_{x+h+n}}{l_{x}} $$

$$ P = (b+Q) \cdot {}_{h|n}a_{x} - Q \cdot {}_{h}E_{x} \cdot (Ia)_{x+h:\overline{n}|} $$

[**实验 2.3.8**] 延期定期期末付递减型变额生存年金精算现值计算。

40 岁的王先生购买了离散型每年支付一次期末付延期 10 年的变额 20 年定期生存年金,该年金首次给付额为 5 000 元,第二年给付 4 900 元,第三年给付 4 800 元,依次下去,往后按每次 100 元递减,直到在第 20 年末给付 3 100 元,预定年利率为 6%。王先生想了解该变额年金的精算现值。

解:

1.数据录入

(1)已知数据录入

$x=40$;

$i=0.06$;

$n=20$;

$h=10$;

$b=5\ 000$;

$Q=100$;

$L_{ijk}=L_{221}$。

(2)需要求解的问题类型:生存年金精现值 P

2.问题解答

$$ v = \frac{1}{1+i} = \frac{1}{1+0.06} = 0.943\ 396\ 226 $$

$$ {}_{10|20}a_{40} = \sum_{k=11}^{30} v^{k} \cdot \frac{l_{40+k}}{l_{40}} $$

$$ = v^{11} \cdot \frac{l_{51}}{l_{40}} + v^{12} \cdot \frac{l_{52}}{l_{40}} + v^{13} \cdot \frac{l_{53}}{l_{40}} + v^{14} \cdot \frac{l_{54}}{l_{40}} + \cdots + v^{30} \cdot \frac{l_{70}}{l_{40}} = 6.033\ 382 $$

$$ {}_{10}E_{40} \cdot (Ia)_{50:\overline{20}|} = \sum_{k=1}^{20} k \cdot v^{10+k} \cdot \frac{l_{50+k}}{l_{40}} $$

$$ = v^{11} \cdot \frac{l_{51}}{l_{40}} + 2v^{12} \cdot \frac{l_{52}}{l_{40}} + 3v^{13} \cdot \frac{l_{53}}{l_{40}} + 4v^{14} \cdot \frac{l_{54}}{l_{40}} + \cdots + 20v^{30} \cdot \frac{l_{70}}{l_{40}} $$

$$ = 50.607\ 733 $$

$$ P = (b+Q) \cdot {}_{10|20}a_{40} - Q \cdot {}_{10}E_{40} \cdot (Ia)_{50:\overline{20}|} $$

$$ = (5\ 000 + 100) \times 6.033\ 382 - 100 \times 50.607\ 733 = 25\ 709.474\ 9 $$

2.4 完全期末年金与比例期初年金

对于离散型生存年金,尤其是按年支付的生存年金,存在根据死亡日期按比例调整年金支付额的问题。完全期末年金与比例期初年金精算现值的计算都是在死亡均匀分布(UDD)假设条件下进行的。

2.4.1 完全期末年金

完全期末年金,是指年金领取者在支付日前死亡时,应该从上次领取日算起,对其本期活着的时间支付最后一次非整年的年金。

2.4.1.1 即期年金

[**基本算法示例**] 即期终身完全期末年金精算现值。

需要求解的问题类型:

①保单终身生存年金的精算现值;

②终身生存年金现值随机变量的方差;

③用完全期末年金现值换算成与其等价的比例期初年金现值;

④用完全期末年金现值换算成连续型的1元保额的终身寿险趸缴纯保费。

解:

(1)问题①求解

$$\delta = \ln(1+i)$$

$$i^{(m)} = m \cdot [(1+i)^{\frac{1}{m}} - 1]$$

$$f(t) = \frac{1}{\omega - x}$$

$$\bar{a}_{\overline{T}|} = \int_0^T v^t dt = \frac{1 - v^t}{\delta} = \frac{1 - e^{-\delta t}}{\delta}$$

$$\begin{aligned}\bar{a}_x &= \int_0^{+\infty} \bar{a}_{\overline{T}|} \cdot f(t) dt \\ &= \int_0^{\omega - x} \frac{1 - e^{-\delta t}}{\delta} \cdot \frac{1}{\omega - x} dt \\ &= \frac{1}{\delta \cdot (\omega - x)} \int_0^{\omega - x} (1 - e^{-\delta t}) dt \\ &= \frac{1}{\delta} - \frac{1 - e^{-\delta(\omega - x)}}{\delta^2(\omega - x)}\end{aligned}$$

$$\mathring{a}_x^{(m)} = \frac{\delta}{i^{(m)}} \cdot \bar{a}_x$$

$$P = b \cdot m \cdot \mathring{a}_x^{(m)}$$

(2)问题②求解

$\bar{A}_x = 1 - \delta \cdot \bar{a}_x$

$$
\begin{aligned}
{}^2\bar{A}_x &= \int_0^{+\infty} v^{2t} \cdot f(t)\,dt \\
&= \int_0^{\omega-x} e^{-2\delta t} \cdot \frac{1}{\omega - x} dt \\
&= \frac{1}{\omega - x} \cdot \int_0^{\omega-x} e^{-2\delta t} dt \\
&= \frac{1 - e^{-2\delta(\omega-x)}}{2\delta(\omega - x)}
\end{aligned}
$$

$$
Var[Y^{(m)}] = \frac{[{}^2\bar{A}_x - (\bar{A}_x)^2]}{[i^{(m)}]^2} = \frac{\dfrac{1 - e^{-2\delta(\omega-x)}}{2\delta(\omega - x)} - (1 - \delta \cdot \bar{a}_x)^2}{\{m \cdot [(1+i)^{\frac{1}{m}} - 1]\}^2}
$$

$Var[bY^{(m)}] = (m \cdot b)^2 \cdot Var[Y^{(m)}]$

(3)问题③求解

$\ddot{a}_x^{\{m\}} = (1+i)^{\frac{1}{m}} \cdot \dot{a}_x^{(m)}$

(4)问题④求解

$\bar{A}_x = 1 - i^{(m)} \cdot \dot{a}_x^{(m)}$

[**实验 2.4.1**] 即期终身完全期末年金精算现值计算。

张先生现年 50 岁,在人寿保险公司购买一项终身生存年金,每月月末能领取 1 000 元,并且在死亡发生的该月末还能领取一定的调整额。若预定年利率 $i=6\%$,极限年龄为 100 岁,假定死亡为均匀分布并且每一个月内死亡服从 UDD 假设,试求该保单所支付年金的精算现值、方差 $Var[bY^{(12)}]$、与该保单精算现值等价的比例期初年金现值 $\ddot{a}_{50}^{\{12\}}$ 以及连续型 1 元保额的终身寿险趸缴纯保费 $\bar{A}_{50}$。

解:

1.数据录入

(1)已知数据录入

$x=50$;

$\omega=100$;

$i=0.06$;

$m=12$;

$b=1\ 000$。

(2)需要求解的问题

①保单终身生存年金的精算现值 P;

②终身生存年金现值随机变量的方差 $Var[bY^{(12)}]$;

③用完全期末年金现值 $\dot{a}_{50}^{(12)}$ 换算成与其等价的比例期初年金现值 $\ddot{a}_{50}^{\{12\}}$;

④用完全期末年金现值 $\dot{a}_{50}^{(12)}$ 换算成连续型 1 元保额的终身寿险趸缴纯保费 $\bar{A}_{50}$。

2.问题求解

(1)问题①求解

$\delta = \ln(1+i) = 0.058\,268\,9$

$i^{(12)} = 12 \times [(1+i)^{\frac{1}{12}} - 1] = 0.058\,410\,6$

$$f(t) = \frac{1}{\omega - x} = \frac{1}{100-50} = 0.02$$

$$\bar{a}_{\overline{T}|} = \int_0^T v^t dt = \frac{1-e^{-\delta t}}{\delta} = \frac{1-e^{-0.058\,268\,9t}}{0.058\,268\,9}$$

$$\bar{a}_{50} = \frac{1}{\delta} - \frac{1-e^{-\delta(\omega-x)}}{\delta^2(\omega-x)}$$

$$= \frac{1}{0.058\,268\,9} - \frac{1-e^{-0.058\,268\,9\times(100-50)}}{0.058\,268\,9^2\times(100-50)} = 11.591\,045$$

$$\ddot{a}_{50}^{(12)} = \frac{\delta}{i^{(12)}} \cdot \bar{a}_{50} = \frac{0.058\,268\,9}{0.058\,410\,6} \times 11.591\,045 = 11.562\,926$$

$P = b \cdot m \cdot \ddot{a}_{50}^{(12)} = 1\,000 \times 12 \times 11.562\,926 = 138\,755.11$

(2)问题②求解

$\bar{A}_{50} = 1 - \delta \cdot \bar{a}_{50} = 1 - 0.058\,268\,9 \times 11.591\,045 = 0.324\,602$

$$^2\bar{A}_{50} = \frac{1-e^{-2\delta(\omega-x)}}{2\delta(\omega-x)}$$

$$= \frac{1-e^{-2\times0.058\,268\,9\times(100-50)}}{2\times0.058\,268\,9\times(100-50)} = 0.171\,112$$

$$Var[Y^{(12)}] = \frac{[^2\bar{A}_{50} - (\bar{A}_{50})^2]}{[i^{(12)}]^2} = \frac{(0.171\,112 - 0.324\,602^2)}{0.058\,410\,6^2} = 19.270\,050$$

$Var[bY^{(12)}] = (12\times b)^2 \times Var[Y^{(12)}] = (12\times1\,000)^2 \times 19.270\,050 = 2\,774\,887\,205$

(3)问题③求解

$\ddot{a}_{50}^{\{12\}} = (1+i)^{\frac{1}{12}} \cdot \ddot{a}_{50}^{(12)} = (1+0.06)^{\frac{1}{12}} \times 11.562\,926 = 11.619\,209$

(4)问题④求解

$\bar{A}_{50} = 1 - i^{(12)} \cdot \ddot{a}_{50}^{(12)} = 1 - 0.058\,410\,6 \times 11.562\,926 = 0.324\,602$

2.4.1.2 延期年金

[**基本算法示例**] 延期终身完全期末年金精算现值。

需要求解的问题类型:

①延期保单终身生存年金的精算现值;

②延期终身生存年金现值随机变量的方差;

③用完全期末年金现值换算成与其等价的比例期初年金现值;

④用完全期末年金现值换算成连续型延期 h 年的1元保额的终身寿险趸缴纯保费。

解:

(1)问题①求解

$$\delta = \ln(1+i)$$

$$i^{(m)} = m \cdot [(1+i)^{\frac{1}{m}} - 1]$$

$$f(t_1) = \frac{1}{\omega - x}$$

$$\bar{a}_{\overline{T}|} = \int_0^T v^t dt = \frac{1-v^t}{\delta} = \frac{1-e^{-\delta t}}{\delta}$$

$$_{h|}\bar{a}_x = v^h \cdot \int_h^{+\infty} \bar{a}_{\overline{T-h}|} \cdot f(t_1)dt$$

$$= \frac{e^{-\delta h}}{(\omega - x)} \int_h^{\omega - x} \frac{1-e^{-\delta(t-h)}}{\delta} dt$$

$$= \frac{e^{-\delta h}}{(\omega - x)} \cdot \left[\frac{\omega - x - h}{\delta} - \frac{1-e^{-\delta(\omega - x - h)}}{\delta^2}\right]$$

$$_{h|}\ddot{a}_x^{(m)} = \frac{\delta}{i^{(m)}} \cdot {}_{h|}\bar{a}_x$$

$$P = b \cdot m \cdot {}_{h|}\ddot{a}_x^{(m)}$$

(2)问题②求解

$$f(t_2) = \frac{1}{\omega - x - h}$$

$$\bar{a}_{x+h} = \int_0^{+\infty} \bar{a}_{\overline{T}|} \cdot f(t_2)dt$$

$$= \int_0^{\omega - x - h} \frac{1-e^{-\delta t}}{\delta} \cdot \frac{1}{\omega - x - h} dt$$

$$= \frac{1}{\delta \cdot (\omega - x - h)} \int_0^{\omega - x - h} (1 - e^{-\delta t}) dt$$

$$= \frac{1}{\delta} - \frac{1-e^{-\delta(\omega - x - h)}}{\delta^2(\omega - x - h)}$$

$$^2\bar{a}_{x+h} = \frac{1}{2\delta} - \frac{1-e^{-2\delta(\omega - x - h)}}{(2\delta)^2 \cdot (\omega - x - h)}$$

$$Var[Y^{(m)}] = \frac{\delta^2}{[i^{(m)}]^2} \cdot \left[\frac{2}{\delta} \cdot v^{2h} \cdot {}_h p_x \cdot (\bar{a}_{x+h} - {}^2\bar{a}_{x+h}) - ({}_{h|}\bar{a}_x)^2\right]$$

$$= \frac{2\delta \cdot v^{2h} \cdot {}_h p_x \cdot (\bar{a}_{x+h} - {}^2\bar{a}_{x+h}) - (\delta \cdot {}_{h|}\bar{a}_x)^2}{[i^{(m)}]^2}$$

$$= \frac{2\delta \cdot e^{-2\delta h} \cdot \frac{\omega - x - h}{\omega - x} \cdot (\bar{a}_{x+h} - {}^2\bar{a}_{x+h}) - (\delta \cdot {}_{h|}\bar{a}_x)^2}{\{m \cdot [(1+i)^{\frac{1}{m}} - 1]\}^2}$$

$$Var[bY^{(m)}] = (m \cdot b)^2 \cdot Var[Y^{(m)}]$$

(3)问题③求解

$$_{h|}\ddot{a}_x^{\{m\}} = (1+i)^{\frac{1}{m}} \cdot {}_{h|}\dot{a}_x^{(m)}$$

(4)问题④求解

$$_{h|}\bar{A}_x = v^h \cdot {}_hp_x - i^{(m)} \cdot {}_{h|}\dot{a}_x^{(m)}$$

$$= e^{-\delta h} \cdot \frac{\omega - x - h}{\omega - x} - i^{(m)} \cdot {}_{h|}\dot{a}_x^{(m)}$$

[**实验 2.4.2**] 延期终身完全期末年金精算现值计算。

张先生现年 50 岁,在人寿保险公司购买一项延期 5 年的终身生存年金,自保单订立起 5 年后每月月末能领取 1 000 元,并且在死亡发生的该月末还能领取一定的调整额。若预定年利率 i=6%,极限年龄为 100 岁,假定死亡均匀分布并且每一个月内死亡服从 UDD 假设,试求该保单所支付年金的精算现值、方差 $Var[bY^{(12)}]$、与该保单精算现值等价的比例期初年金现值 $_{5|}\ddot{a}_{50}^{\{12\}}$ 以及连续型延期 5 年的 1 元保额的终身寿险趸缴纯保费 $_{5|}\bar{A}_{50}$。

解:

1.数据录入

(1)已知数据录入

x=50;

ω =100;

i=0.06;

m=12;

b=1 000;

h=5。

(2)需要求解的问题

①延期保单终身生存年金的精算现值 P;

②延期终身生存年金现值随机变量的方差 $Var[bY^{(12)}]$;

③用完全期末年金现值 $_{5|}\dot{a}_{50}^{(12)}$ 换算成与其等价的比例期初年金现值 $_{5|}\ddot{a}_{50}^{\{12\}}$;

④用完全期末年金现值 $_{5|}\dot{a}_{50}^{(12)}$ 换算成连续型延期 5 年的 1 元保额的终身寿险趸缴纯保费 $_{5|}\bar{A}_{50}$。

2.问题求解

(1)问题①求解

$$\delta = \ln(1+i) = 0.058\ 268\ 9$$

$$i^{(12)} = 12 \times [(1+i)^{\frac{1}{12}} - 1] = 0.058\ 410\ 6$$

$$f(t_1) = \frac{1}{\omega - x} = \frac{1}{100-50} = \frac{1}{50}$$

$$\bar{a}_{\overline{T}|} = \int_0^T v^t dt = \frac{1 - e^{-0.058\ 268\ 9t}}{0.058\ 268\ 9}$$

$$_{5|}\bar{a}_{50} = \frac{e^{-\delta h}}{(\omega - x)} \cdot \left[\frac{\omega - x - h}{\delta} - \frac{1 - e^{-\delta(\omega - x - h)}}{\delta^2}\right]$$

$$= \frac{e^{-0.0582689\times5}}{50} \times \left[\frac{100-50-5}{0.0582689} - \frac{1-e^{-0.0582689\times(100-50-5)}}{0.0582689^2}\right] = 7.459896$$

$${}_{5|}\dot{a}_{50}^{(12)} = \frac{\delta}{i^{(12)}} \cdot {}_{5|}\bar{a}_{50} = \frac{0.0582689}{0.0584106} \times 7.459896 = 7.441799$$

$$P = b \cdot m \cdot {}_{5|}\dot{a}_{50}^{(12)} = 1\,000 \times 12 \times 7.441799 = 89\,301.59$$

(2)问题②求解

$$f(t_2) = \frac{1}{\omega - x - h} = \frac{1}{100-50-5} = \frac{1}{45}$$

$$\bar{a}_{55} = \int_0^{+\infty} \bar{a}_{\overline{T|}} \cdot f(t_2)\,dt$$

$$= \frac{1}{\delta} - \frac{1-e^{-\delta(\omega-x-h)}}{\delta^2(\omega-x-h)}$$

$$= \frac{1}{0.0582689} - \frac{1-e^{-0.0582689\times45}}{0.0582689^2\times45} = 11.092249$$

$${}^2\bar{a}_{55} = \frac{1}{2\delta} - \frac{1-e^{-2\delta(\omega-x-h)}}{(2\delta)^2\cdot(\omega-x-h)}$$

$$= \frac{1}{2\times0.0582689} - \frac{1-e^{-2\times0.0582689\times45}}{(2\times0.0582689)^2\times45} = 6.953277$$

$$Var[Y^{(12)}] = \frac{\delta^2}{[i^{(12)}]^2} \cdot \left[\frac{2}{\delta} \cdot v^{2\times5} \cdot {}_5p_{50} \cdot (\bar{a}_{55} - {}^2\bar{a}_{55}) - ({}_{5|}\bar{a}_{50})^2\right]$$

$$= \frac{2\times0.0582689\times e^{-2\times0.0582689\times5}\times\frac{100-50-5}{100-50}\times(11.092249-6.953277)-(0.0582689\times7.459896)^2}{0.0584106^2}$$

$$= 15.668928$$

$$Var[bY^{(12)}] = (12\times b)^2 \times Var[Y^{(12)}] = (12\times1\,000)^2\times15.668928 = 2\,256\,325\,628$$

(3)问题③求解

$${}_{5|}\ddot{a}_{50}^{\{12\}} = (1+i)^{\frac{1}{12}} \cdot {}_{5|}\dot{a}_{50}^{(12)} = (1+0.06)^{\frac{1}{12}} \times 7.441799 = 7.478023$$

(4)问题④求解

$${}_{5|}\bar{A}_{50} = v^5 \cdot {}_5p_{50} - i^{(12)} \cdot {}_{5|}\dot{a}_{50}^{(12)}$$

$$= e^{-0.0582689\times5} \times \frac{100-50-5}{100-50} - 0.0584106 \times 7.441799 = 0.237852$$

2.4.2 比例期初年金

比例期初年金,是指以生存年金的方式按年支付保险费的情况下,当被保险人在周年缴费日以后死亡时,应该退还该年度剩余时间的已缴保费。

2.4.2.1 即期年金

[**基本算法示例**] 即期终身比例期初年金精算现值。

需要求解的问题类型:

①保单按即期生存年金的方式终身缴纳的保险费的精算现值；
②所缴纳保险费现值随机变量的方差；
③用比例期初年金现值换算成与其等价的完全期末年金现值；
④用比例期初年金现值换算成连续型的1元保额的终身寿险趸缴纯保费。

解：

(1)问题①求解

$$\delta = \ln(1+i)$$

$$d^{(m)} = m \cdot [1-(1+i)^{-\frac{1}{m}}]$$

$$f(t) = \frac{1}{\omega - x}$$

$$\bar{a}_{\overline{T}|} = \int_0^T v^t dt = \frac{1-v^t}{\delta} = \frac{1-e^{-\delta t}}{\delta}$$

$$\begin{aligned}\bar{a}_x &= \int_0^{+\infty} \bar{a}_{\overline{T}|} \cdot f(t)dt \\ &= \int_0^{\omega-x} \frac{1-e^{-\delta t}}{\delta} \cdot \frac{1}{\omega-x}dt \\ &= \frac{1}{\delta \cdot (\omega-x)} \int_0^{\omega-x} (1-e^{-\delta t})dt \\ &= \frac{1}{\delta} - \frac{1-e^{-\delta(\omega-x)}}{\delta^2(\omega-x)}\end{aligned}$$

$$\ddot{a}_x^{\{m\}} = \frac{\delta}{d^{(m)}} \cdot \bar{a}_x$$

$$P = b \cdot m \cdot \ddot{a}_x^{\{m\}}$$

(2)问题②求解

$$\bar{A}_x = 1 - \delta \cdot \bar{a}_x$$

$$\begin{aligned}{}^2\bar{A}_x &= \int_0^{+\infty} v^{2t} \cdot f(t)dt \\ &= \int_0^{\omega-x} e^{-2\delta t} \cdot \frac{1}{\omega-x}dt \\ &= \frac{1}{\omega-x} \cdot \int_0^{\omega-x} e^{-2\delta t}dt \\ &= \frac{1-e^{-2\delta(\omega-x)}}{2\delta(\omega-x)}\end{aligned}$$

$$Var[Y^{(m)}] = \frac{[{}^2\bar{A}_x - (\bar{A}_x)^2]}{[d^{(m)}]^2} = \frac{\frac{1-e^{-2\delta(\omega-x)}}{2\delta(\omega-x)} - (1-\delta \cdot \bar{a}_x)^2}{\{m \cdot [1-(1+i)^{-\frac{1}{m}}]\}^2}$$

$$Var[bY^{(m)}] = (m \cdot b)^2 \cdot Var[Y^{(m)}]$$

(3)问题③求解

$$\dot{a}_x^{(m)} = (1+i)^{-\frac{1}{m}} \cdot \ddot{a}_x^{\{m\}}$$

(4)问题④求解

$\bar{A}_x = 1 - d^{(m)} \cdot \ddot{a}_x^{\{m\}}$

[**实验 2.4.3**] 即期终身比例期初年金精算现值计算。

张先生现年 50 岁,在人寿保险公司购买了一份人寿保险,按期初生存年金的方式,每半年缴付一次保费 1 000 元,并且终身缴付,而对于自被保险人死亡之日起到合同中约定的下一个缴费期之间的已缴保费,保险公司也会予以退还。若预定年利率 $i=6\%$,极限年龄为 100 岁,并且每半年内死亡服从 UDD 假设,试求该保单终身缴纳的保险费的精算现值、方差 $Var[bY^{(2)}]$、完全期末年金现值 $\mathring{a}_{50}^{(2)}$ 以及连续型 1 元保额的终身寿险趸缴纯保费 $\bar{A}_{50}$。

解:

1.数据录入

(1)已知数据录入

$x=50$;

$\omega=100$;

$i=0.06$;

$m=2$;

$b=1\ 000$。

(2)需要求解的问题

①保单按即期生存年金的方式终身缴纳的保险费的精算现值 P;

②所缴纳保险费现值随机变量的方差 $Var[bY^{(2)}]$;

③用比例期初年金现值 $\ddot{a}_{50}^{\{2\}}$ 换算成与其等价的完全期末年金现值 $\mathring{a}_{50}^{(2)}$;

④用比例期初年金现值 $\ddot{a}_{50}^{\{2\}}$ 换算成连续型 1 元保额的终身寿险趸缴纯保费 $\bar{A}_{50}$。

2.问题求解

(1)问题①求解

$$\delta = \ln(1+i) = 0.058\ 268\ 9$$

$$d^{(2)} = 2 \times [1 - (1+i)^{-\frac{1}{2}}] = 0.057\ 428\ 3$$

$$f(t) = \frac{1}{\omega - x} = \frac{1}{100-50} = 0.02$$

$$\bar{a}_{\overline{T}|} = \int_0^T v^t dt = \frac{1-e^{-\delta t}}{\delta} = \frac{1-e^{-0.058\ 268\ 9t}}{0.058\ 268\ 9}$$

$$\bar{a}_{50} = \frac{1}{\delta} - \frac{1-e^{-\delta(\omega-x)}}{\delta^2(\omega-x)}$$

$$= \frac{1}{0.058\ 268\ 9} - \frac{1-e^{-0.058\ 268\ 9\times(100-50)}}{0.058\ 268\ 9^2 \times (100-50)} = 11.591\ 045$$

$$\ddot{a}_{50}^{\{2\}} = \frac{\delta}{d^{(2)}} \cdot \bar{a}_{50} = \frac{0.058\ 268\ 9}{0.057\ 428\ 3} \times 11.591\ 045 = 11.760\ 714$$

$$P = b \cdot m \cdot \ddot{a}_{50}^{\{2\}} = 1\ 000 \times 2 \times 11.760\ 714 = 23\ 521.428$$

(2)问题②求解

$\bar{A}_{50} = 1 - \delta \cdot \bar{a}_{50} = 1 - 0.0582689 \times 11.591045 = 0.324602$

$$^{2}\bar{A}_{50} = \frac{1 - e^{-2\delta(\omega - x)}}{2\delta(\omega - x)}$$

$$= \frac{1 - e^{-2 \times 0.0582689 \times (100-50)}}{2 \times 0.0582689 \times (100 - 50)} = 0.171112$$

$$Var[Y^{(2)}] = \frac{[^{2}\bar{A}_{50} - (\bar{A}_{50})^2]}{[d^{(2)}]^2} = \frac{(0.171112 - 0.324602^2)}{0.0574283^2} = 19.934931$$

$Var[bY^{(2)}] = (2 \times b)^2 \times Var[Y^{(2)}] = (2 \times 1000)^2 \times 19.934931 = 79739724$

(3)问题③求解

$\dot{a}_{50}^{(2)} = (1 + i)^{-\frac{1}{2}} \cdot \ddot{a}_{50}^{\{2\}} = (1 + 0.06)^{-\frac{1}{2}} \times 11.760714 = 11.423015$

(4)问题④求解

$\bar{A}_{50} = 1 - d^{(2)} \cdot \ddot{a}_{50}^{\{2\}} = 1 - 0.0574283 \times 11.760714 = 0.324602$

2.4.2.2 延期年金

[**基本算法示例**] 延期终身比例期初年金精算现值。

需要求解的问题类型:

①保单按延期生存年金的方式终身缴纳的保险费的精算现值 P;

②所缴纳保险费现值随机变量的方差 $Var[bY^{(m)}]$;

③用比例期初年金现值 $_{h|}\ddot{a}_x^{\{m\}}$ 换算成与其等价的完全期末年金现值 $_{h|}\dot{a}_x^{(m)}$;

④用比例期初年金现值 $_{h|}\ddot{a}_x^{\{m\}}$ 换算成连续型延期 h 年的 1 元保额的终身寿险趸缴纯保费 $_{h|}\bar{A}_x$。

解:

(1)问题①求解

$\delta = \ln(1 + i)$

$d^{(m)} = m \cdot [1 - (1 + i)^{-\frac{1}{m}}]$

$$f(t_1) = \frac{1}{\omega - x}$$

$$\bar{a}_{\overline{T}|} = \int_0^T v^t dt = \frac{1 - v^t}{\delta} = \frac{1 - e^{-\delta t}}{\delta}$$

$$_{h|}\bar{a}_x = v^h \cdot \int_h^{+\infty} \bar{a}_{\overline{T-h}|} \cdot f(t_1) dt$$

$$= e^{-\delta h} \cdot \int_h^{\omega - x} \frac{1 - e^{-\delta(t-h)}}{\delta} \cdot \frac{1}{\omega - x} dt$$

$$= \frac{e^{-\delta h}}{(\omega - x)} \int_h^{\omega - x} \frac{1 - e^{-\delta(t-h)}}{\delta} dt$$

$$= \frac{e^{-\delta h}}{(\omega - x)} \cdot \left[\frac{\omega - x - h}{\delta} - \frac{1 - e^{-\delta(\omega - x - h)}}{\delta^2}\right]$$

$$ {}_{h|}\ddot{a}_x^{\{m\}} = \frac{\delta}{d^{(m)}} \cdot {}_{h|}\bar{a}_x $$

$$ P = b \cdot m \cdot {}_{h|}\ddot{a}_x^{\{m\}} $$

(2)问题②求解

$$ f(t_2) = \frac{1}{\omega - x - h} $$

$$ \begin{aligned} \bar{a}_{x+h} &= \int_0^{+\infty} \bar{a}_{\overline{T}|} \cdot f(t_2)\,dt \\ &= \int_0^{\omega-x-h} \frac{1 - e^{-\delta t}}{\delta} \cdot \frac{1}{\omega - x - h}dt \\ &= \frac{1}{\delta \cdot (\omega - x - h)} \int_0^{\omega-x-h} (1 - e^{-\delta t})\,dt \\ &= \frac{1}{\delta} - \frac{1 - e^{-\delta(\omega-x-h)}}{\delta^2(\omega - x - h)} \end{aligned} $$

$$ {}^2\bar{a}_{x+h} = \frac{1}{2\delta} - \frac{1 - e^{-2\delta(\omega-x-h)}}{(2\delta)^2 \cdot (\omega - x - h)} $$

$$ \begin{aligned} Var[Y^{(m)}] &= \frac{\delta^2}{[d^{(m)}]^2} \cdot \left[\frac{2}{\delta} \cdot v^{2h} \cdot {}_hp_x \cdot (\bar{a}_{x+h} - {}^2\bar{a}_{x+h}) - ({}_{h|}\bar{a}_x)^2\right] \\ &= \frac{2\delta \cdot v^{2h} \cdot {}_hp_x \cdot (\bar{a}_{x+h} - {}^2\bar{a}_{x+h}) - (\delta \cdot {}_{h|}\bar{a}_x)^2}{[d^{(m)}]^2} \\ &= \frac{2\delta \cdot e^{-2\delta h} \cdot \dfrac{\omega - x - h}{\omega - x} \cdot (\bar{a}_{x+h} - {}^2\bar{a}_{x+h}) - (\delta \cdot {}_{h|}\bar{a}_x)^2}{\{m \cdot [1 - (1 + i)^{-\frac{1}{m}}]\}^2} \end{aligned} $$

$$ Var[bY^{(m)}] = (m \cdot b)^2 \cdot Var[Y^{(m)}] $$

(3)问题③求解

$$ {}_{h|}\mathring{a}_x^{(m)} = (1 + i)^{-\frac{1}{m}} \cdot {}_{h|}\ddot{a}_x^{\{m\}} $$

(4)问题④求解

$$ \begin{aligned} {}_{h|}\bar{A}_x &= v^h \cdot {}_hp_x - d^{(m)} \cdot {}_{h|}\ddot{a}_x^{\{m\}} \\ &= e^{-\delta h} \cdot \frac{\omega - x - h}{\omega - x} - d^{(m)} \cdot {}_{h|}\ddot{a}_x^{\{m\}} \end{aligned} $$

[实验 2.4.4] 延期终身比例期初年金精算现值计算。

张先生现年 50 岁，在人寿保险公司购买了一份人寿保险，按延期的期初生存年金的方式，自保险单订立之日起 5 年后每半年缴付一次保费 1 000 元，并且终身缴付，而对于自被保险人死亡之日起到合同中约定的下一个缴费期之间的已缴保费，保险公司也会予以退还。若预定年利率 $i=6\%$，极限年龄为 100 岁，并且每半年内死亡服从 UDD 假设，试求该保单终身缴纳的保险费的精算现值、方差 $Var[bY^{(2)}]$、完全期末年金现值 ${}_{5|}\mathring{a}_{50}^{(2)}$ 以及连续型延期 5 年的 1 元保额的终身寿险趸缴纯保费 ${}_{5|}\bar{A}_{50}$。

解：

1.数据录入

(1)已知数据录入

$x=50$;

$\omega=100$;

$i=0.06$;

$m=2$;

$b=1\,000$;

$h=5$。

(2)需要求解的问题

①保单按延期生存年金的方式终身缴纳的保险费的精算现值 P;

②所缴纳保险费现值随机变量的方差 $Var[bY^{(2)}]$;

③用比例期初年金现值 ${}_{5|}\ddot{a}_{50}^{\{2\}}$ 换算成与其等价的完全期末年金现值 ${}_{5|}\mathring{a}_{50}^{(2)}$;

④用比例期初年金现值 ${}_{5|}\ddot{a}_{50}^{\{2\}}$ 换算成连续型延期5年的1元保额的终身寿险趸缴纯保费 ${}_{5|}\bar{A}_{50}$。

2.问题求解

(1)问题①求解

$$\delta=\ln(1+i)=0.058\,268\,9$$

$$d^{(2)}=2\times\left[1-(1+i)^{-\frac{1}{2}}\right]=0.057\,428\,3$$

$$f(t_1)=\frac{1}{\omega-x}=\frac{1}{100-50}=\frac{1}{50}$$

$$\bar{a}_{\overline{T|}}=\int_0^T v^t dt=\frac{1-e^{-0.058\,268\,9t}}{0.058\,268\,9}$$

$$\begin{aligned}{}_{5|}\bar{a}_{50}&=v^5\cdot\int_5^{+\infty}\bar{a}_{\overline{T-5|}}\cdot f(t_1)\,dt\\&=\frac{e^{-\delta h}}{(\omega-x)}\cdot\left[\frac{\omega-x-h}{\delta}-\frac{1-e^{-\delta(\omega-x-h)}}{\delta^2}\right]\\&=\frac{e^{-0.058\,268\,9\times5}}{50}\times\left[\frac{100-50-5}{0.058\,268\,9}-\frac{1-e^{-0.058\,268\,9\times(100-50-5)}}{0.058\,268\,9^2}\right]=7.459\,896\end{aligned}$$

$${}_{5|}\ddot{a}_{50}^{\{2\}}=\frac{\delta}{d^{(2)}}\cdot{}_{5|}\bar{a}_{50}=\frac{0.058\,268\,9}{0.057\,428\,3}\times7.459\,896=7.569\,094$$

$$P=b\cdot m\cdot{}_{5|}\ddot{a}_{50}^{\{2\}}=1\,000\times2\times7.569\,094=15\,138.188$$

(2)问题②求解

$$f(t_2)=\frac{1}{\omega-x-h}=\frac{1}{100-50-5}=\frac{1}{45}$$

$$\begin{aligned}\bar{a}_{55}&=\int_0^{+\infty}\bar{a}_{\overline{T|}}\cdot f(t_2)\,dt\\&=\frac{1}{\delta}-\frac{1-e^{-\delta(\omega-x-h)}}{\delta^2(\omega-x-h)}\end{aligned}$$

$$= \frac{1}{0.0582689} - \frac{1 - e^{-0.0582689 \times 45}}{0.0582689^2 \times 45} = 11.092249$$

$$^2\bar{a}_{55} = \frac{1}{2\delta} - \frac{1 - e^{-2\delta(\omega - x - h)}}{(2\delta)^2 \cdot (\omega - x - h)}$$

$$= \frac{1}{2 \times 0.0582689} - \frac{1 - e^{-2\times 0.0582689 \times 45}}{(2 \times 0.0582689)^2 \times 45} = 6.953277$$

$$Var[Y^{(2)}] = \frac{\delta^2}{[d^{(2)}]^2} \cdot \left[\frac{2}{\delta} \cdot v^{2\times 5} \cdot {}_5p_{50} \cdot (\bar{a}_{55} - {}^2\bar{a}_{55}) - ({}_{5|}\bar{a}_{50})^2\right]$$

$$= \frac{2\times 0.0582689 \times e^{-2\times 0.0582689\times 5} \times \frac{100-50-5}{100-50} \times (11.092249 - 6.953277) - (0.0582689 \times 7.459896)^2}{0.0574283^2}$$

$$= 16.209558$$

$$Var[bY^{(2)}] = (2 \times b)^2 \times Var[Y^{(2)}] = (2 \times 1000)^2 \times 16.209558 = 64838232$$

(3)问题③求解

$${}_{5|}\dot{a}_{50}^{(2)} = (1+i)^{-\frac{1}{2}} \cdot {}_{5|}\ddot{a}_{50}^{\{2\}} = (1+0.06)^{-\frac{1}{2}} \times 7.569094 = 7.351754$$

(4)问题④求解

$${}_{5|}\bar{A}_{50} = v^5 \cdot {}_5p_{50} - d^{(2)} \cdot {}_{5|}\ddot{a}_{50}^{\{2\}}$$

$$= e^{-0.0582689\times 5} \times \frac{100-50-5}{100-50} - 0.0574283 \times 7.569094 = 0.237852$$

3 均衡纯保费

[**教学目的与要求**] 均衡纯保费是以人寿保险趸缴纯保费和生存年金精算现值为基础,运用平衡原理计算的每期缴纳的纯保费。学生应掌握各种保险责任、保险金支付条件、缴费方式下均衡纯保费的计算方法。

[**内容摘要**] 以人寿保险趸缴纯保费和生存年金精算现值为基础,运用平衡原理计算每期缴纳的纯保费。对险种的分类主要包括全离散模型、全连续模型与半连续模型;死亡保险、两全保险与年金保险;终身寿险与定期寿险;即期寿险与延期寿险;每年缴费一次与每年缴费 m 次等。

3.1 全离散寿险模型

全离散寿险模型均衡纯保费是在缴费与保险金给付均为离散分布的情况下讨论均衡纯保费计算问题。

3.1.1 终身寿险

全离散模型终身寿险是指在缴费期内每年一次缴费,死亡保险金在被保险人死亡年末给付。

3.1.1.1 终身缴费

[**基本算法示例**] 全离散模型终身缴费即期终身死亡保险均衡纯保费。

需要求解的问题类型:

①保单均衡纯保费;

②保单保险损失随机变量的方差。

解:

(1)问题①求解

$$v = \frac{1}{1 + i}$$

$$A_x = \sum_{k=0}^{\omega-x} v^{k+1} \cdot \frac{d_{x+k}}{l_x}$$

$$= \frac{vd_x + v^2 d_{x+1} + v^3 d_{x+2} + \cdots + v^{\omega-x} d_{\omega-1} + v^{\omega-x+1} d_\omega}{l_x}$$

$$\ddot{a}_x = \sum_{k=0}^{\omega-x} v^k \cdot {}_kp_x$$

$$= \sum_{k=0}^{\omega-x} v^k \cdot \frac{l_{x+k}}{l_x}$$

$$= \frac{l_x + vl_{x+1} + v^2 l_{x+2} + \cdots + v^{\omega-x-1} l_{\omega-1} + v^{\omega-x} l_\omega}{l_x}$$

$$b \cdot p_x = b \cdot \frac{A_x}{\ddot{a}_x}$$

(2)问题②求解

$$^2A_x = \sum_{k=0}^{\omega-x} v^{2(k+1)} \cdot \frac{d_{x+k}}{l_x}$$

$$= \frac{v^2 d_x + v^4 d_{x+1} + v^6 d_{x+2} + \cdots + v^{2(\omega-x)} d_{\omega-1} + v^{2(\omega-x+1)} d_\omega}{l_x}$$

$$Var(L) = \frac{^2A_x - (A_x)^2}{(d\ddot{a}_x)^2} = \frac{^2A_x - (A_x)^2}{(1 - A_x)^2}$$

$$Var(bL) = b^2 \cdot Var(L)$$

[**实验 3.1.1**] 全离散模型终身缴费即期终身死亡保险均衡纯保费计算。

35 岁的张某投保了一份保险金额为 10 000 元的普通终身寿险，假定为全离散模型，预定年利率为 6%，极限年龄为 105 岁，试根据经验生命表（1990—1993）①求年缴纯保费和保险损失的方差 $Var(bZ)$。

解：

1.数据录入

(1)已知数据录入

$x=35$;

$i=0.06$;

$b=10\ 000$;

$\omega=105$;

$(L_{ijk})=L_{113}$。

(2)需要求解的问题参数录入

① $b \cdot p_{35}$;

② $Var(bZ)$。

2.问题解答

(1)问题①求解

$$v = \frac{1}{1+i} = \frac{1}{1+0.06} = 0.943\ 396$$

① 中国人寿保险业经验生命表（1990—1993），简称经验生命表（1990—1993），下同。

$$A_{35}=\sum_{k=0}^{70}v^{k+1}\cdot\frac{d_{35+k}}{l_{35}}=0.111\ 578$$

$$\ddot{a}_{35}=\sum_{k=0}^{70}v^{k}\cdot\frac{l_{35+k}}{l_{35}}=15.695\ 458$$

$$b\cdot p_{35}=b\cdot\frac{A_{35}}{\ddot{a}_{35}}=71.089\ 356$$

(2)问题②求解

$$^{2}A_{35}=\sum_{k=0}^{70}v^{2(k+1)}\cdot\frac{d_{35+k}}{l_{35}}=0.034\ 884\ 3$$

$$Var(L)=\frac{^{2}A_{x}-(A_{x})^{2}}{(1-A_{x})^{2}}=0.028\ 423\ 7$$

$$Var(bL)=b^{2}\cdot Var(L)=2\ 842\ 370$$

3.1.1.2　h 年缴费

[**基本算法示例**] 全离散模型 h 年缴费即期终身死亡保险均衡纯保费。

需要求解的问题类型:保单均衡纯保费。

解:

$$v=\frac{1}{1+i}$$

$$A_{x}=\sum_{k=0}^{\omega-x}v^{k+1}\cdot{}_{k|}q_{x}$$

$$=\sum_{k=0}^{\omega-x}v^{k+1}\cdot\frac{d_{x+k}}{l_{x}}$$

$$=\frac{vd_{x}+v^{2}d_{x+1}+v^{3}d_{x+2}+\cdots+v^{\omega-x}d_{\omega-1}+v^{\omega-x+1}d_{\omega}}{l_{x}}$$

$$\ddot{a}_{x:\overline{h|}}=\sum_{k=0}^{h-1}v^{k}\cdot{}_{k}p_{x}$$

$$=\sum_{k=0}^{h-1}v^{k}\cdot\frac{l_{x+k}}{l_{x}}$$

$$=\frac{l_{x}+vl_{x+1}+v^{2}l_{x+2}+\cdots+v^{h-2}l_{x+h-2}+v^{h-1}l_{x+h-1}}{l_{x}}$$

$$b\cdot{}_{h}p_{x}=b\cdot\frac{A_{x}}{\ddot{a}_{x:\overline{h|}}}$$

[**实验 3.1.2**] 全离散模型 h 年缴费即期终身死亡保险均衡纯保费计算。

30 岁的张某投保了一份保险金额为 20 000 元的终身寿险,保险金在被保险人死亡所处的保单年度末支付,保费按期初生存年金的方式分 20 年的期限缴清,预定年利率为 6%,极限年龄为 105 岁,试根据经验生命表(1990—1993)求年缴纯保费。

解:

1.数据录入

(1)已知数据录入

$x=30$;

$i=0.06$;

$b=20\ 000$;

$\omega=105$;

$h=20$;

$L_{ijk}=L_{113}$。

(2)需要求解的问题参数录入:$b\cdot {}_{20}p_{30}$

2.问题解答

$$v=\frac{1}{1+i}=\frac{1}{1+0.06}=0.943\ 396$$

$$A_{30}=\sum_{k=0}^{75}v^{k+1}\cdot\frac{d_{30+k}}{l_{30}}=0.086\ 629$$

$$\ddot{a}_{30:\overline{20|}}=\sum_{k=0}^{19}v^{k}\cdot\frac{l_{30+k}}{l_{30}}=12.046\ 613$$

$$b\cdot{}_{20}p_{30}=b\cdot\frac{A_{30}}{\ddot{a}_{30:\overline{20|}}}=143.822\ 998$$

3.1.2 定期寿险

全离散模型定期寿险是指在缴费期内每年一次缴费,死亡保险金在被保险人死亡年末给付。

3.1.2.1 即期

[基本算法示例] 全离散模型 h 年缴费即期定期死亡保险均衡纯保费。

需要求解的问题类型:保单均衡纯保费。

解:

$$v=\frac{1}{1+i}$$

$$\begin{aligned}A^{1}_{x:\overline{n|}}&=\sum_{k=0}^{n-1}v^{k+1}\cdot{}_{k|}q_x\\&=\sum_{k=0}^{n-1}v^{k+1}\cdot\frac{d_{x+k}}{l_x}\\&=\frac{vd_x+v^2d_{x+1}+v^3d_{x+2}+\cdots+v^{n-1}d_{x+n-2}+v^nd_{x+n-1}}{l_x}\end{aligned}$$

$$\begin{aligned}\ddot{a}_{x:\overline{h|}}&=\sum_{k=0}^{h-1}v^{k}\cdot{}_{k}p_x\\&=\sum_{k=0}^{h-1}v^{k}\cdot\frac{l_{x+k}}{l_x}\end{aligned}$$

$$= \frac{l_x + vl_{x+1} + v^2 l_{x+2} + \cdots + v^{h-2} l_{x+h-2} + v^{h-1} l_{x+h-1}}{l_x}$$

$$b \cdot {}_hp^1_{x:\overline{n}|} = b \cdot \frac{A^1_{x:\overline{n}|}}{\ddot{a}_{x:\overline{h}|}}$$

[**实验 3.1.3**] 全离散模型 h 年缴费即期定期死亡保险均衡纯保费计算。

设年龄为 25 岁的张某投保了一份保险金额为 1 000 元的 15 年定期寿险,分 10 年缴清,预定年利率为 6%,试根据经验生命表(1990—1993)求年缴纯保费。

解:

1.数据录入

(1)已知数据录入

$x=25$;

$i=0.06$;

$b=1\ 000$;

$n=15$;

$h=10$;

$L_{ijk}=L_{113}$。

(2)需要求解的问题参数录入:$b \cdot {}_{10}p^1_{25:\overline{15}|}$

2.问题解答

$$v = \frac{1}{1+i} = \frac{1}{1+0.06} = 0.943\ 396$$

$$A^1_{25:\overline{15}|} = \sum_{k=0}^{14} v^{k+1} \cdot \frac{d_{25+k}}{l_{25}} = 0.008\ 683$$

$$\ddot{a}_{25:\overline{10}|} = \sum_{k=0}^{9} v^k \cdot \frac{l_{25+k}}{l_{25}} = 7.778\ 239$$

$$b \cdot {}_{10}p^1_{25:\overline{15}|} = b \cdot \frac{A^1_{25:\overline{15}|}}{\ddot{a}_{25:\overline{10}|}} = 1.116\ 320$$

3.1.2.2 延期

[**基本算法示例**] 全离散模型 h 年缴费延期定期死亡保险均衡纯保费。

需要求解的问题类型:保单均衡纯保费。

解:

$$v = \frac{1}{1+i}$$

$$\begin{aligned} {}_{m|}A^1_{x:\overline{n}|} &= \sum_{k=m}^{m+n-1} v^{k+1} \cdot {}_{k|}q_x \\ &= \sum_{k=m}^{m+n-1} v^{k+1} \cdot \frac{d_{x+k}}{l_x} \\ &= \frac{v^{m+1} d_{x+m} + v^{m+2} d_{x+m+1} + v^{m+3} d_{x+m+2} + \cdots + v^{m+n-1} d_{x+m+n-2} + v^{m+n} d_{x+m+n-1}}{l_x} \end{aligned}$$

$$\ddot{a}_{x:\overline{h}|} = \sum_{k=0}^{h-1} v^k \cdot {}_kp_x$$
$$= \sum_{k=0}^{h-1} v^k \cdot \frac{l_{x+k}}{l_x}$$
$$= \frac{l_x + vl_{x+1} + v^2 l_{x+2} + \cdots + v^{h-2} l_{x+h-2} + v^{h-1} l_{x+h-1}}{l_x}$$

$$b \cdot {}_hP({}_{m|}A^1_{x:\overline{n}|}) = b \cdot \frac{{}_{m|}A^1_{x:\overline{n}|}}{\ddot{a}_{x:\overline{h}|}}$$

[**实验 3.1.4**] 全离散模型 h 年缴费延期定期死亡保险均衡纯保费计算。

40 岁的张先生投保了一份保险金额为 10 000 元延期 20 年的 30 年定期寿险,假定为全离散模型,保费 20 年缴清,预定年利率为 6%,根据经验生命表(2000—2003),试求年缴纯保费。

解:

1.数据录入

(1)已知数据录入

$x=40$;

$i=0.06$;

$b=10\ 000$;

$m=20$;

$n=30$;

$h=20$;

$L_{ijk}=L_{221}$。

(2)需要求解的问题: $b \cdot {}_{20}P({}_{20|}A^1_{40:\overline{30}|})$

2.问题解答

$$v = \frac{1}{1+i} = \frac{1}{1+0.06} = 0.943\ 396\ 226$$

$${}_{20|}A^1_{40:\overline{30}|} = \sum_{k=20}^{49} v^{k+1} \cdot \frac{d_{40+k}}{l_{40}} = 0.079\ 581\ 668$$

$$\ddot{a}_{40:\overline{20}|} = \sum_{k=0}^{h-1} v^k \cdot \frac{l_{x+k}}{l_x} = 11.977\ 824\ 31$$

$${}_{20}P({}_{20|}A^1_{40:\overline{30}|}) = \frac{{}_{20|}A^1_{40:\overline{30}|}}{\ddot{a}_{40:\overline{20}|}} = \frac{0.079\ 581\ 668}{11.977\ 824\ 31} = 0.006\ 644$$

$$b \cdot {}_{20}P({}_{20|}A^1_{40:\overline{30}|}) = 10\ 000 \times 0.006\ 644 = 66.44$$

3.1.3 两全保险

全离散模型两全保险是指在缴费期内每年一次缴费,死亡保险金在被保险人死亡年末给付,生存保险金在被保险人生存至期满时给付。

3.1.3.1 即期

[**基本算法示例**] 全离散模型 h 年缴费即期两全保险均衡纯保费。

需要求解的问题类型：保单均衡纯保费。

解：

$$v=\frac{1}{1+i}$$

$$A_{x:\overline{n}|}=A^{1}_{x:\overline{n}|}+A_{x:\overset{1}{\overline{n}|}}$$

$$=\sum_{k=0}^{n-1}v^{k+1}\cdot\frac{d_{x+k}}{l_x}+v^{n}\cdot\frac{l_{x+n}}{l_x}$$

$$=\frac{v\cdot d_x+v^2\cdot d_{x+1}+v^3\cdot d_{x+2}+\cdots v^{n-1}\cdot d_{x+n-2}+v^n\cdot d_{x+n-1}+v^n\cdot l_{x+n}}{l_x}$$

$$\ddot{a}_{x:\overline{h}|}=\sum_{k=0}^{h-1}v^{k}\cdot\frac{l_{x+k}}{l_x}$$

$$=\frac{v^0\cdot l_x+v\cdot l_{x+1}+v^2\cdot l_{x+2}+\cdots+v^{h-2}\cdot l_{x+h-2}+v^{h-1}\cdot l_{x+h-1}}{l_x}$$

$$b\cdot{}_{h}p(A_{x:\overline{n}|})=b\cdot\frac{A_{x:\overline{n}|}}{\ddot{a}_{x:\overline{h}|}}$$

[**实验 3.1.5**] 全离散模型 h 年缴费即期两全保险均衡纯保费计算。

设年龄为 25 岁的张某投保了一份保险金额为 1 000 元的 30 年两全保险，分 20 年缴清，预定年利率为 6%，试根据经验生命表（1990—1993）求年缴均衡纯保费。

解：

1.数据录入

（1）已知数据录入

$x=25$；

$i=0.06$；

$b=1\ 000$；

$n=30$；

$h=20$；

$L_{ijk}=L_{113}$。

（2）需要求解的问题参数录入：$b\cdot{}_{20}p(A_{25:\overline{30}|})$

2.问题解答

$$v=\frac{1}{1+i}=\frac{1}{1+0.06}=0.943\ 396$$

$$A_{25:\overline{30}|}=A^{1}_{25:\overline{30}|}+A_{25:\overset{1}{\overline{30}|}}=\sum_{k=0}^{29}v^{k+1}\cdot\frac{d_{25+k}}{l_{25}}+v^{30}\cdot\frac{l_{55}}{l_{25}}=0.183\ 895$$

$$\ddot{a}_{25:\overline{20}|}=\sum_{k=0}^{19}v^{k}\cdot\frac{l_{25+k}}{l_{25}}=12.076\ 717$$

$$b \cdot {}_{20}p(A_{25:\overline{30}|}) = 1\ 000 \cdot \frac{A_{25:\overline{30}|}}{\ddot{a}_{25:\overline{20}|}} = 15.227\ 231$$

3.1.3.2 延期

［**基本算法示例**］全离散模型 h 年缴费延期两全保险均衡纯保费。

需要求解的问题类型:保单均衡纯保费。

解:

$$v = \frac{1}{1+i}$$

$$_{m|}A_{x:\overline{n}|} = {}_{m|}A^{1}_{x:\overline{n}|} + {}_{m|}A_{x:\overline{n}|}^{\ \ 1}$$

$$= \sum_{k=m}^{n+m-1} v^{k+1} \cdot \frac{d_{x+k}}{l_x} + v^{m+n} \cdot \frac{l_{x+m+n}}{l_x}$$

$$= \frac{v^{m+1} \cdot d_{x+m} + v^{m+2} \cdot d_{x+m+1} + v^{m+3} \cdot d_{x+m+2} + \cdots + v^{n+m-1} \cdot d_{x+m+n-2} + v^{n+m} \cdot d_{x+m+n-1} + v^{n+m} \cdot l_{x+n+m}}{l_x}$$

$$\ddot{a}_{x:\overline{h}|} = \sum_{k=0}^{h-1} v^k \cdot \frac{l_{x+k}}{l_x}$$

$$= \frac{v^0 \cdot l_x + v \cdot l_{x+1} + v^2 \cdot l_{x+2} + \cdots + v^{h-2} \cdot l_{x+h-2} + v^{h-1} \cdot l_{x+h-1}}{l_x}$$

$$b \cdot {}_{h}p({}_{m|}A_{x:\overline{n}|}) = b \cdot \frac{{}_{m|}A_{x:\overline{n}|}}{\ddot{a}_{x:\overline{h}|}}$$

［**实验 3.1.6**］全离散模型 h 年缴费延期两全保险均衡纯保费计算。

40 岁的张先生投保一份保险金额为 10 000 元延期 20 年的 30 年定期两全保险,假定为全离散模型,保费 20 年缴清,预定年利率为 6%,根据经验生命表(2000—2003),试求年缴均衡纯保费。

解:

1.数据录入

(1)已知数据录入

$x=40$;

$i=0.06$;

$b=10\ 000$;

$m=20$;

$n=30$;

$h=20$;

$L_{ijk}=L_{221}$。

(2)需要求解的问题: $b \cdot {}_{20}p({}_{20|}A_{40:\overline{30}|})$

2.问题解答

$$v = \frac{1}{1+i} = \frac{1}{1+0.06} = 0.943\ 396\ 226$$

$$_{20|}A_{40:\overline{30|}} = {}_{20|}A^{1}_{40:\overline{30|}} + {}_{20|}A_{40:\overset{1}{\overline{30|}}}$$

$$= \sum_{k=20}^{49} v^{k+1} \cdot \frac{d_{40+k}}{l_{40}} + v^{50} \cdot \frac{l_{90}}{l_{40}}$$

$$= 0.079\ 581\ 668 + 0.012\ 338\ 972 = 0.091\ 919\ 206\ 4$$

$$\ddot{a}_{40:\overline{20|}} = \sum_{k=0}^{h-1} v^k \cdot \frac{l_{x+k}}{l_x} = 11.977\ 824\ 31$$

$$_{20}P({}_{20|}A_{40:\overline{30|}}) = \frac{_{20|}A_{40:\overline{30|}}}{\ddot{a}_{40:\overline{20|}}} = \frac{0.091\ 919\ 206\ 4}{11.977\ 824\ 31} = 0.007\ 674$$

$$b \cdot {}_{20}P({}_{20|}A_{40:\overline{30|}}) = 10\ 000 \times 0.007\ 674 = 76.74$$

3.1.4 年金保险

全离散模型年金保险是指在缴费期内每年一次缴费,生存保险金在被保险人生存的年初或年末给付。可分为终身年金与定期年金、即期年金与延期年金、期初付年金与期末付年金等。

3.1.4.1 终身年金

终身年金可分为即期年金与延期年金、期初付年金与期末付年金等。

1. 即期年金

[**基本算法示例**] 全离散模型 h 年缴费即期期初付终身年金均衡纯保费。

需要求解的问题类型:保单均衡纯保费。

解:

$$v = \frac{1}{1+i}$$

$$\ddot{a}_x = \sum_{k=0}^{\omega-x} v^k \cdot \frac{l_{x+k}}{l_x}$$

$$= v^0 \cdot \frac{l_x}{l_x} + v \cdot \frac{l_{x+1}}{l_x} + v^2 \cdot \frac{l_{x+2}}{l_x} + \cdots + v^{\omega-1-x} \cdot \frac{l_{\omega-1}}{l_x} + v^{\omega-x} \cdot \frac{l_\omega}{l_x}$$

$$\ddot{a}_{x:\overline{h|}} = \sum_{k=0}^{h-1} v^k \cdot \frac{l_{x+k}}{l_x}$$

$$= \frac{l_x + vl_{x+1} + v^2 l_{x+2} + \cdots + v^{h-2} l_{x+h-2} + v^{h-1} l_{x+h-1}}{l_x}$$

$$b \cdot {}_hP(\ddot{a}_x) = b \cdot \frac{\ddot{a}_x}{\ddot{a}_{x:\overline{h|}}}$$

[**实验 3.1.7**] 全离散模型 h 年缴费即期期初付终身年金均衡纯保费计算。

30 岁的张某投保了一份年金支付额为 10 000 元的终身生存年金保险,假定为全离散模型,保费分 20 年限期缴清,预定年利率为 6%,极限年龄为 105 岁,试根据经验生命表(1990—1993)求年缴纯保费。

解:

1.数据录入

(1)已知数据录入

$x=30$;

$i=0.06$;

$b=10\ 000$;

$\omega=105$;

$h=20$;

$L_{ijk}=L_{113}$。

(2)需要求解的问题参数录入:$b\cdot{}_{20}P(\ddot{a}_{30})$

2.问题解答

$$v=\frac{1}{1+i}=\frac{1}{1+0.06}=0.943\ 396$$

$$\ddot{a}_{30}=\sum_{k=0}^{75}v^k\cdot\frac{l_{30+k}}{l_{30}}=16.136\ 208$$

$$\ddot{a}_{30:\overline{20}|}=\sum_{k=0}^{19}v^k\cdot\frac{l_{30+k}}{l_{30}}=12.046\ 613$$

$$b\cdot{}_{20}P(\ddot{a}_{30})=b\cdot\frac{\ddot{a}_{30}}{\ddot{a}_{30:\overline{20}|}}=10\ 000\times\frac{16.136\ 208}{12.046\ 613}=13\ 394.809$$

2. 延期年金

[**基本算法示例**] 全离散模型 h 年缴费延期期初付终身年金均衡纯保费。

需要求解的问题类型:保单均衡纯保费。

解:

$$v=\frac{1}{1+i}$$

$$\begin{aligned}{}_{m|}\ddot{a}_x&=\sum_{k=m}^{\omega-x}v^k\cdot{}_kp_x=\sum_{k=m}^{\omega-x}v^k\cdot\frac{l_{x+k}}{l_x}\\&=v^m\cdot\frac{l_{x+m}}{l_x}+v^{m+1}\cdot\frac{l_{x+m+1}}{l_x}+v^{m+2}\cdot\frac{l_{x+m+2}}{l_x}+\cdots+v^{\omega-x-1}\cdot\frac{l_{\omega-1}}{l_x}+v^{\omega-x}\cdot\frac{l_\omega}{l_x}\end{aligned}$$

$$\begin{aligned}\ddot{a}_{x:\overline{h}|}&=\sum_{k=0}^{h-1}v^k\cdot{}_kp_x=\sum_{k=0}^{h-1}v^k\cdot\frac{l_{x+k}}{l_x}\\&=v^0\cdot\frac{l_x}{l_x}+v\cdot\frac{l_{x+1}}{l_x}+v^2\cdot\frac{l_{x+2}}{l_x}+\cdots+v^{h-2}\cdot\frac{l_{x+h-2}}{l_x}+v^{h-1}\cdot\frac{l_{x+h-1}}{l_x}\end{aligned}$$

$$b\cdot{}_hP({}_{m|}\ddot{a}_x)=b\cdot\frac{{}_{m|}\ddot{a}_x}{\ddot{a}_{x:\overline{h}|}}$$

[**实验 3.1.8**] 全离散模型 h 年缴费延期期初付终身年金均衡纯保费计算。

张先生现年 30 岁,在人寿保险公司购买一项延期给付的终身生存年金,30 年缴清保费,自保单生效 30 年后每年年初能得到的金额为 10 000 元,极限年龄为 105 岁,试根据经验生命表(2000—2003)和预定利率 $i=6\%$,求该保单所需的年缴均衡纯保费。

解：

1.数据录入

(1)已知数据录入

$x=30$；

$i=0.06$；

$b=10\ 000$；

$\omega=105$；

$m=30$；

$h=30$；

$L_{ijk}=L_{221}$。

(2)需要求解的问题：$b\cdot{}_{30}P({}_{30|}\ddot{a}_{30})$

2.问题解答

$$v=\frac{1}{1+i}=\frac{1}{1+0.06}=0.943\ 396$$

$$_{30|}\ddot{a}_{30}=\sum_{k=30}^{75}v^k\cdot{}_kp_{30}=\sum_{k=30}^{75}v^k\cdot\frac{l_{30+k}}{l_{30}}=2.007\ 273$$

$$\ddot{a}_{30:\overline{30|}}=\sum_{k=0}^{29}v^k\cdot{}_kp_{30}=\sum_{k=0}^{29}v^k\cdot\frac{l_{30+k}}{l_{30}}=14.401\ 068$$

$$_{30}P({}_{30|}\ddot{a}_{30})=\frac{_{30|}\ddot{a}_{30}}{\ddot{a}_{30:\overline{30|}}}=\frac{2.007\ 273}{14.401\ 068}=0.139\ 384$$

$$b\cdot{}_{30}P({}_{30|}\ddot{a}_{30})=10\ 000\times0.139\ 384=1\ 393.84$$

3.1.4.2　定期年金

定期年金可分为即期年金与延期年金、期初付年金与期末付年金等。

1. 即期年金

[**基本算法示例**] 全离散模型 h 年缴费即期期初付定期年金均衡纯保费。

需要求解的问题类型：保单均衡纯保费。

解：

$$v=\frac{1}{1+i}$$

$$\ddot{a}_{x:\overline{n|}}=\sum_{k=0}^{n-1}v^k\cdot\frac{l_{x+k}}{l_x}$$

$$=v^0\cdot\frac{l_x}{l_x}+v\cdot\frac{l_{x+1}}{l_x}+v^2\cdot\frac{l_{x+2}}{l_x}+\cdots+v^{n-2}\cdot\frac{l_{x+n-2}}{l_x}+v^{n-1}\cdot\frac{l_{x+n-1}}{l_x}$$

$$\ddot{a}_{x:\overline{h|}}=\sum_{k=0}^{h-1}v^k\cdot\frac{l_{x+k}}{l_x}$$

$$=\frac{l_x+vl_{x+1}+v^2l_{x+2}+\cdots+v^{h-2}l_{x+h-2}+v^{h-1}l_{x+h-1}}{l_x}$$

$$b \cdot {}_hP(\ddot{a}_{x:\overline{n}|}) = b \cdot \frac{\ddot{a}_{x:\overline{n}|}}{\ddot{a}_{x:\overline{h}|}}$$

[**实验 3.1.9**] 全离散模型 h 年缴费即期期初付定期年金均衡纯保费计算。

30 岁的张某投保了一份年金支付额为 10 000 元 30 年的定期生存年金保险,假定为全离散模型,保费分 20 年限期缴清,预定年利率为 6%,试根据经验生命表(1990—1993)求年缴纯保费。

解:

1.数据录入

(1)已知数据录入

$x=30$;

$i=0.06$;

$b=10\ 000$;

$n=30$;

$h=20$;

$L_{ijk}=L_{113}$。

(2)需要求解的问题: $b \cdot {}_{20}P(\ddot{a}_{30:\overline{30}|})$

2.问题解答

$$v=\frac{1}{1+i}=\frac{1}{1+0.06}=0.943\ 396$$

$$\ddot{a}_{30:\overline{30}|}=\sum_{k=0}^{29} v^k \cdot \frac{l_{30+k}}{l_{30}}=14.338\ 313$$

$$\ddot{a}_{30:\overline{20}|}=\sum_{k=0}^{19} v^k \cdot \frac{l_{30+k}}{l_{30}}=12.046\ 613$$

$$b \cdot {}_{20}P(\ddot{a}_{30:\overline{30}|})=b \cdot \frac{\ddot{a}_{30:\overline{30}|}}{\ddot{a}_{30:\overline{20}|}}=10\ 000 \times \frac{14.338\ 313}{12.046\ 613}=11\ 902.36$$

2. 延期年金

[**基本算法示例**] 全离散模型 h 年缴费延期期初付定期年金均衡纯保费。

需要求解的问题类型:保单均衡纯保费。

解:

$$v=\frac{1}{1+i}$$

$$_{m|n}\ddot{a}_x=\sum_{k=m}^{n+m-1} v^k \cdot {}_kp_x=\sum_{k=m}^{n+m-1} v^k \cdot \frac{l_{x+k}}{l_x}$$

$$=v^m \cdot \frac{l_{x+m}}{l_x}+v^{m+1} \cdot \frac{l_{x+m+1}}{l_x}+v^{m+2} \cdot \frac{l_{x+m+2}}{l_x}+\cdots+v^{n+m-2} \cdot \frac{l_{x+n+m-2}}{l_x}+v^{n+m-1} \cdot \frac{l_{x+n+m-1}}{l_x}$$

$$\ddot{a}_{x:\overline{h}|}=\sum_{k=0}^{h-1}v^k\cdot{}_kp_x=\sum_{k=0}^{h-1}v^k\cdot\frac{l_{x+k}}{l_x}$$

$$=v^0\cdot\frac{l_x}{l_x}+v\cdot\frac{l_{x+1}}{l_x}+v^2\cdot\frac{l_{x+2}}{l_x}+\cdots+v^{h-2}\cdot\frac{l_{x+h-2}}{l_x}+v^{h-1}\cdot\frac{l_{x+h-1}}{l_x}$$

$$b\cdot{}_hP({}_{m|n}\ddot{a}_x)=b\cdot\frac{{}_{m|n}\ddot{a}_x}{\ddot{a}_{x:\overline{h}|}}$$

[**实验 3.1.10**] 全离散模型 h 年缴费延期期初付定期年金均衡纯保费计算。

张先生现年 30 岁，在人寿保险公司购买一项延期给付的定期生存年金，30 年缴清保费，自保单生效起 10 年后每年年初能得到的金额为 5 000 元，年金支付期限为 20 年，试根据经验生命表（2000—2003）和预定利率 $i=6\%$，求该保单所需的年缴均衡纯保费。

解：

1.数据录入

（1）已知数据录入

$x=30$；

$i=0.06$；

$b=5\ 000$；

$n=20$；

$m=10$；

$h=30$；

$L_{ijk}=L_{221}$。

（2）需要求解的问题：$b\cdot{}_{30}P({}_{10|20}\ddot{a}_{30})$

2.问题解答

$$v=\frac{1}{1+i}=\frac{1}{1+0.06}=0.943\ 396$$

$${}_{10|20}\ddot{a}_{30}=\sum_{k=10}^{29}v^k\cdot{}_kp_{30}=\sum_{k=10}^{29}v^k\cdot\frac{l_{30+k}}{l_{30}}=6.788\ 754$$

$$\ddot{a}_{30:\overline{30}|}=\sum_{k=0}^{29}v^k\cdot{}_kp_{30}=\sum_{k=0}^{29}v^k\cdot\frac{l_{30+k}}{l_{30}}=14.401\ 068$$

$${}_{30}P({}_{10|20}\ddot{a}_{30})=\frac{{}_{10|20}\ddot{a}_{30}}{\ddot{a}_{30:\overline{30}|}}=\frac{6.788\ 754}{14.401\ 068}=0.471\ 406$$

$$b\cdot{}_{30}P({}_{10|20}\ddot{a}_{30})=5\ 000\times0.471\ 406=2\ 357.03$$

3.2 全连续寿险模型

全连续寿险模型均衡纯保费是在缴费与保险金给付均为连续分布的情况下讨论均衡纯保费计算问题。

3.2.1 终身寿险

3.2.1.1 即期寿险

[**基本算法示例**] 死亡均匀分布假设的全连续模型 h 年缴费即期终身死亡保险均衡纯保费。

需要求解的问题类型:保单均衡纯保费。

解:

$$\mu_x = \frac{1}{\omega - x} \quad (0 \leqslant x < \omega)$$

$$f(t) = \frac{1}{\omega - x}$$

$$v = e^{-\delta} = \frac{1}{1+i}$$

$$\delta = \ln(1+i)$$

$$\bar{a}_{\overline{h}|} = \int_0^{\omega - x} v^t dt = \frac{1 - v^{(\omega - x)}}{\delta}$$

$$\bar{a}_{x:\overline{h}|} = \int_0^h v^t \cdot f(t)dt + \bar{a}_{\overline{h}|} \cdot {}_hp_x$$

$$= \frac{\left[h - \dfrac{1 - v^h}{\delta} + (1 - v^h)(\omega - x - h)\right]}{\delta \cdot (\omega - x)}$$

$$\bar{A}_x = \int_0^{+\infty} v^t \cdot f(t)dt = \frac{1 - v^{\omega - x}}{\delta(\omega - x)}$$

$$b \cdot {}_h\bar{P}(\bar{A}_x) = b \cdot \frac{\bar{A}_x}{\bar{a}_{x:\overline{h}|}}$$

[**实验 3.2.1**] 死亡均匀分布假设的全连续模型 h 年缴费即期终身死亡保险均衡纯保费计算。

李先生今年 20 岁,投保了一份保险金额为 10 000 元的终身寿险,假定为死亡均匀分布的全连续模型,预定年利率为 6%,假设极限年龄为 100 岁,保费分 30 年缴清,求保单年缴纯保费。

解:

1.数据录入

(1)已知数据录入

$x=20$;

$i=0.06$;

$b=10\,000$;

$h=30$;

$\omega=100$。

(2)需要求解的问题类型：$b\cdot{}_{30}\bar{P}(\bar{A}_{20})$

2.问题解答

$$\mu_{20}=\frac{1}{\omega-x}=0.012\,5$$

$$f(t)=\frac{1}{\omega-x}=0.012\,5$$

$$\delta=\ln(1+i)=0.058\,269$$

$$v=e^{-\delta}=\frac{1}{1+i}=0.943\,396$$

$$\bar{A}_{20}=\int_0^{\omega-x}v^t\cdot f(t)\,dt=\frac{1-v^{\omega-x}}{\delta(\omega-x)}=\frac{1-0.943\,396^{80}}{0.058\,269\times 80}=0.212\,495$$

$$\bar{a}_{20:\overline{30|}}=\frac{\left[h-\frac{1-v^h}{\delta}+(1-v^h)(\omega-x-h)\right]}{\delta\cdot(\omega-x)}=12.253\,683$$

$$b\cdot{}_{30}\bar{P}(\bar{A}_{20})=b\cdot\frac{\bar{A}_{20}}{\bar{a}_{20:\overline{30|}}}=10\,000\cdot\frac{\bar{A}_{20}}{\bar{a}_{20:\overline{30|}}}=173.413\,169$$

3.2.1.2 延期寿险

[**基本算法示例**] 死亡均匀分布假设的全连续模型 h 年缴费延期终身死亡保险均衡纯保费。

需要求解的问题类型:保单均衡纯保费。

解:

$$\mu_x=\frac{1}{\omega-x}\quad(0\leqslant x<\omega)$$

$$f(t)=\frac{1}{\omega-x}$$

$$v=\frac{1}{1+i}$$

$$\delta=\ln(1+i)$$

$$\bar{a}_{\overline{T|}}=\int_0^T v^t\,dt=\frac{1-v^t}{\delta}$$

$$\bar{a}_{x:\overline{h}|} = \int_0^h v^t \cdot f(t)\,dt + \bar{a}_{\overline{h}|} \cdot {}_h p_x = \frac{\left[h - \dfrac{1 - v^h}{\delta} + (1 - v^h)(\omega - x - h)\right]}{\delta \cdot (\omega - x)}$$

$$_{m|}\bar{A}_x = \int_m^{\omega - x} v^t \cdot f(t)\,dt = \frac{1}{\omega - x} \cdot \left(\frac{v^m - v^{\omega - x}}{\delta}\right)$$

$$b \cdot {}_h\bar{P}({}_{m|}\bar{A}_x) = b \cdot \frac{_{m|}\bar{A}_x}{\bar{a}_{x:\overline{h}|}}$$

[**实验 3.2.2**] 死亡均匀分布假设的全连续模型 h 年缴费延期终身死亡保险均衡纯保费计算。

李先生今年 40 岁，投保了一份保险金额为 10 000 元延期 10 年的终身寿险，假定为死亡均匀分布的全连续模型，预定年利率为 6%，假设极限年龄为 100 岁，保费分 25 年缴清，求保单年缴纯保费。

解：

1.数据录入

(1)已知数据录入

$x=40$；

$i=0.06$；

$b=10\ 000$；

$m=10$；

$h=25$；

$\omega=100$。

(2)需要求解的问题类型：$b \cdot {}_{25}\bar{P}({}_{10|}\bar{A}_{40})$

2.问题解答

$$f(t) = \frac{1}{\omega - x} = \frac{1}{100 - 40} = 0.016\ 666\ 667$$

$$v = \frac{1}{1 + i} = \frac{1}{1 + 0.06} = 0.943\ 396\ 226$$

$$\delta = \ln(1 + i) = \ln(1 + 0.06) = 0.058\ 268\ 908$$

$$\bar{a}_{\overline{T}|} = \int_0^T v^t\,dt = \frac{1 - v^t}{\delta} = \frac{1 - 0.943\ 396\ 226^t}{0.058\ 268\ 908}$$

$$\bar{a}_{40:\overline{25}|} = \frac{\left[h - \dfrac{1 - v^h}{\delta} + (1 - v^h)(\omega - x - h)\right]}{\delta \cdot (\omega - x)}$$

$$= \frac{\left[25 - \dfrac{1 - 0.943\ 396\ 226^{25}}{0.058\ 268\ 908} + (1 - 0.943\ 396\ 226^{25})(100 - 40 - 25)\right]}{0.058\ 268\ 908 \times (100 - 40)}$$

$$= 11.064\ 195\ 44$$

$$_{10|}\bar{A}_{40} = \int_{10}^{100-40} v^t \cdot f(t)\,dt = \frac{1}{\omega - x} \cdot (\frac{v^m - v^{\omega-x}}{\delta})$$

$$= \frac{1}{100-40} \cdot (\frac{0.943\ 396\ 226^{10} - 0.943\ 396\ 226^{100-40}}{0.058\ 268\ 908}) = 0.151\ 046\ 946$$

$$_{25}\bar{P}(_{10|}\bar{A}_{40}) = \frac{_{10|}\bar{A}_{40}}{\bar{a}_{40:\overline{25}|}} = \frac{0.151\ 046\ 946}{11.064\ 195\ 44} = 0.013\ 651\ 868$$

$$b \cdot {}_{25}\bar{P}(_{10|}\bar{A}_{40}) = 10\ 000 \times 0.013\ 651\ 868 = 136.52$$

3.2.2 定期寿险

3.2.2.1 即期寿险

［**基本算法示例**］死亡均匀分布假设的全连续模型 h 年缴费即期定期死亡保险均衡纯保费。

需要求解的问题类型:保单均衡纯保费。

解:

$$\mu_x = \frac{1}{\omega - x} \quad (0 \leqslant x < \omega)$$

$$f(t) = \frac{1}{\omega - x}$$

$$v = \frac{1}{1+i}$$

$$\delta = \ln(1+i)$$

$$\bar{A}^1_{x:\overline{n}|} = \int_0^n v^t \cdot f(t)\,dt = \frac{1 - v^n}{\delta(\omega - x)}$$

$$\bar{a}_{x:\overline{h}|} = \int_0^h v^t \cdot f(t)\,dt + \bar{a}_{\overline{h}|} \cdot {}_h p_x = \frac{\left[h - \frac{1 - v^h}{\delta} + (1 - v^h)(\omega - x - h)\right]}{\delta \cdot (\omega - x)}$$

$$b \cdot {}_h\bar{P}(\bar{A}^1_{x:\overline{n}|}) = b \cdot \frac{\bar{A}^1_{x:\overline{n}|}}{\bar{a}_{x:\overline{h}|}}$$

［**实验 3.2.3**］死亡均匀分布假设的全连续模型 h 年缴费即期定期死亡保险均衡纯保费计算。

林女士今年 30 岁,投保了一份保险金额为 10 000 元的 40 年的连续型定期寿险,预定年利率为 6%,保费分 20 年缴清,在死亡均匀分布假设下并且假设极限年龄为 105 岁,求保单均衡纯保费。

解:

1.数据录入

(1)已知数据录入

x=30;

i=0.06;

$b=10\ 000$；

$n=40$；

$h=20$；

$\omega=105$。

(2)需要求解的问题：$b\cdot {}_{20}\bar{P}(\bar{A}^{1}_{30:\overline{40}|})$

2.问题解答

$$\mu_{30}=\frac{1}{\omega-x}=\frac{1}{75}=0.013\ 333$$

$$f(t)=\frac{1}{\omega-x}=\frac{1}{75}=0.013\ 333$$

$$v=\frac{1}{1+i}=\frac{1}{1+0.06}=0.943\ 396$$

$$\delta=\ln(1+i)=0.058\ 269$$

$$\bar{A}^{1}_{30:\overline{40}|}=\frac{1-v^{n}}{\delta\cdot(\omega-x)}=\frac{1-0.943\ 396^{40}}{0.058\ 269\times 75}=0.206\ 577$$

$$\bar{a}_{30:\overline{20}|}=\frac{\left[h-\dfrac{1-v^{h}}{\delta}+(1-v^{h})(\omega-x-h)\right]}{\delta\cdot(\omega-x)}$$

$$=\frac{\left[20-\dfrac{1-0.943\ 396^{20}}{0.058\ 269}+(1-0.943\ 396^{20})\times 55\right]}{0.058\ 269\times 75}=10.535\ 079$$

$$b\cdot {}_{20}\bar{P}(\bar{A}^{1}_{30:\overline{40}|})=b\cdot\frac{\bar{A}^{1}_{30:\overline{40}|}}{\bar{a}_{30:\overline{20}|}}=196.084\ 908$$

3.2.2.2 延期寿险

[**基本算法示例**] 死亡均匀分布假设的全连续模型 h 年缴费延期定期死亡保险均衡纯保费。

需要求解的问题类型：保单均衡纯保费。

解：

$$\mu_{x}=\frac{1}{\omega-x}\quad(0\leqslant x<\omega)$$

$$f(t)=\frac{1}{\omega-x}$$

$${}_{n}p_{x}=\frac{\omega-x-n}{\omega-x}$$

$$v=\frac{1}{1+i}$$

$$\delta=\ln(1+i)$$

$$\bar{a}_{\overline{T}|}=\int_{0}^{T}v^{t}dt=\frac{1-v^{t}}{\delta}$$

$$_{m|}\bar{A}^{1}_{x:\overline{n}|} = \int_{m}^{n+m} v^t \cdot f(t)\,dt = \frac{v^m - v^{m+n}}{(\omega - x)\cdot\delta}$$

$$\bar{a}_{x:\overline{h}|} = \int_0^h v^t \cdot f(t)\,dt + \bar{a}_{\overline{h}|}\cdot {}_hp_x = \frac{\left[h - \dfrac{1-v^h}{\delta} + (1-v^h)(\omega - x - h)\right]}{\delta\cdot(\omega - x)}$$

$$b\cdot {}_h\bar{P}(_{m|}\bar{A}^{1}_{x:\overline{n}|}) = b\cdot\frac{_{m|}\bar{A}^{1}_{x:\overline{n}|}}{\bar{a}_{x:\overline{h}|}}$$

［**实验 3.2.4**］死亡均匀分布假设的全连续模型 h 年缴费延期定期死亡保险均衡纯保费计算。

林女士今年 30 岁，投保了一份保险金额为 10 000 元的延期 5 年连续型 30 年定期寿险，预定年利率为 6%，保费分 20 年缴清，在死亡均匀分布假设下并且假设极限年龄为 105 岁，求保单均衡纯保费。

解：

1.数据录入

(1)已知数据录入

$x=30$;

$i=0.06$;

$b=10\ 000$;

$m=5$;

$n=30$;

$h=20$;

$\omega=105$。

(2)需要求解的问题：$b\cdot{}_{20}\bar{P}(_{5|}\bar{A}^{1}_{30:\overline{30}|})$

2.问题解答

$$\mu_{30} = \frac{1}{\omega - x} = \frac{1}{75} = 0.013\ 333$$

$$f(t) = \frac{1}{\omega - x} = \frac{1}{75} = 0.013\ 333$$

$$v = \frac{1}{1+i} = \frac{1}{1+0.06} = 0.943\ 396$$

$$\delta = \ln(1+i) = 0.058\ 269$$

$$_{5|}\bar{A}^{1}_{30:\overline{30}|} = \frac{v^m - v^{m+n}}{(\omega - x)\cdot\delta} = \frac{v^5 - v^{35}}{75\cdot\delta} = 0.141\ 219$$

$$\bar{a}_{30:\overline{20}|} = \frac{\left[h - \dfrac{1-v^h}{\delta} + (1-v^h)(\omega - x - h)\right]}{\delta\cdot(\omega - x)}$$

$$= \frac{\left[20 - \dfrac{1-0.943\ 396^{20}}{0.058\ 269} + (1-0.943\ 396^{20})\times 55\right]}{0.058\ 269\times 75} = 10.535\ 079$$

$$_{20}\bar{P}(_{5|}\bar{A}^1_{30:\overline{30|}}) = \frac{_{5|}\bar{A}^1_{30:\overline{30|}}}{\bar{a}_{30:\overline{20|}}} = \frac{0.141\,219}{10.535\,079} = 0.013\,404\,645$$

$$b \cdot {}_{20}\bar{P}(_{5|}\bar{A}^1_{30:\overline{30|}}) = 10\,000 \times 0.013\,404\,645 = 134.046$$

3.2.3 两全保险

3.2.3.1 即期两全保险

[**基本算法示例**] 死亡均匀分布假设的全连续模型 h 年缴费即期两全保险均衡纯保费。

需要求解的问题类型:保单均衡纯保费。

解:

$$\mu_x = \frac{1}{\omega - x} \quad (0 \leqslant x < \omega)$$

$$f(t) = \frac{1}{\omega - x}$$

$$v = \frac{1}{1 + i}$$

$$\delta = \ln(1 + i)$$

$$\bar{A}_{x:\overline{n|}} = \bar{A}^1_{x:\overline{n|}} + \bar{A}_{x:\overset{\ 1}{\overline{n|}}} = \int_0^n v^t \cdot f(t)\,dt + v^n \cdot {}_np_x = \frac{1 - v^n}{\delta \cdot (\omega - x)} + v^n \cdot \frac{\omega - x - n}{\omega - x}$$

$$\bar{a}_{x:\overline{h|}} = \int_0^h \bar{a}_{\overline{t|}} \cdot f(t)\,dt + \bar{a}_{\overline{h|}} \cdot {}_hp_x = \frac{\left[h - \dfrac{1 - v^h}{\delta} + (1 - v^h)(\omega - x - h)\right]}{\delta \cdot (\omega - x)}$$

$$b \cdot {}_h\bar{P}(\bar{A}_{x:\overline{n|}}) = b \cdot \frac{\bar{A}_{x:\overline{n|}}}{\bar{a}_{x:\overline{h|}}}$$

[**实验 3.2.5**] 死亡均匀分布假设的全连续模型 h 年缴费即期两全保险均衡纯保费计算。

现年 35 岁的李先生,投保了一份 30 年的连续型即期两全保险,保险金额为 10 000 元,预定年利率为 6%,保费分 20 年缴清,在均匀分布假设下并且假设极限年龄为 105 岁,求保单年缴纯保费。

解:

1.数据录入

(1)已知数据录入

$x=35$;

$i=0.06$;

$b=10\,000$;

$n=30$;

$h=20$;

$\omega=105$。

(2)需要求解的问题类型: $b \cdot {}_{20}\bar{P}(\bar{A}_{35:\overline{30|}})$

2.问题解答

$$\mu_{35}=\frac{1}{\omega-x}=\frac{1}{70}=0.014\ 286\quad(0\leqslant x<105)$$

$$f(t)=\frac{1}{\omega-x}=\frac{1}{70}=0.014\ 286$$

$$v=\frac{1}{1+i}=\frac{1}{1+0.06}=0.943\ 396$$

$$\delta=\ln(1+i)=0.058\ 269$$

$$\bar{A}_{35:\overline{30}|}=\bar{A}^{1}_{35:\overline{30}|}+\bar{A}_{35:\overset{1}{\overline{30}|}}=\frac{1-v^{n}}{\delta\cdot(\omega-x)}+v^{n}\cdot\frac{\omega-x-n}{\omega-x}$$

$$=\frac{1-0.943\ 396^{30}}{0.058\ 269\times70}+0.943\ 396^{30}\times\frac{40}{70}=0.301\ 974$$

$$\bar{a}_{35:\overline{20}|}=\frac{\left[h-\dfrac{1-v^{h}}{\delta}+(1-v^{h})(\omega-x-h)\right]}{\delta\cdot(\omega-x)}$$

$$=\frac{\left[20-\dfrac{1-0.943\ 396^{20}}{0.058\ 269}+(1-0.943\ 396^{20})\times50\right]}{0.058\ 269\times70}=10.443\ 964$$

$$b\cdot{}_{20}\bar{P}(\bar{A}_{35:\overline{30}|})=b\cdot\frac{\bar{A}_{35:\overline{30}|}}{\bar{a}_{35:\overline{20}|}}=289.137\ 34$$

3.2.3.2 延期两全保险

［**基本算法示例**］死亡均匀分布假设的全连续模型 h 年缴费延期两全保险均衡纯保费。

需要求解的问题类型:保单均衡纯保费。

解:

$$\mu_{x}=\frac{1}{\omega-x}\quad(0\leqslant x<\omega)$$

$$f(t)=\frac{1}{\omega-x}$$

$$v=\frac{1}{1+i}$$

$$\delta=\ln(1+i)$$

$$\bar{a}_{\overline{T}|}=\int_{0}^{T}v^{t}dt=\frac{1-v^{t}}{\delta}$$

$${}_{m|}\bar{A}_{x:\overline{n}|}={}_{m|n}\bar{A}_{x}+{}_{m|}\bar{A}_{x:\overset{1}{\overline{n}|}}$$

$$=\int_{m}^{n+m}v^{t}\cdot f(t)dt+v^{n+m}\cdot\int_{n+m}^{\omega-x}f(t)dt$$

$$=\frac{v^{m}-v^{n+m}}{(\omega-x)\cdot\delta}+v^{n+m}\cdot\frac{\omega-x-n-m}{\omega-x}$$

$$\bar{a}_{x:\overline{h}|} = \int_0^h \bar{a}_{\overline{t}|} \cdot f(t)\,dt + \bar{a}_h \cdot {}_h p_x = \frac{\left[h - \dfrac{1-v^h}{\delta} + (1-v^h)(\omega - x - h)\right]}{\delta \cdot (\omega - x)}$$

$$b \cdot {}_h\bar{P}({}_{m|}\bar{A}_{x:\overline{n}|}) = b \cdot \frac{{}_{m|}\bar{A}_{x:\overline{n}|}}{\bar{a}_{x:\overline{h}|}}$$

[**实验 3.2.6**] 死亡均匀分布假设的全连续模型 h 年缴费延期两全保险均衡纯保费计算。

现年 35 岁的李先生,投保了一份 30 年的连续型延期 5 年两全保险,保险金额为 10 000 元,预定年利率为 6%,保费分 20 年缴清,在死亡均匀分布假设下并且假设极限年龄为 105 岁,求保单年缴纯保费。

解:

1.数据录入

(1)已知数据录入

$x=35$;

$i=0.06$;

$b=10\ 000$;

$m=5$;

$n=30$;

$h=20$;

$\omega=105$。

(2)需要求解的问题类型: $b \cdot {}_{20}\bar{P}({}_{5|}\bar{A}_{35:\overline{30}|})$

2.问题解答

$$\mu_{35} = \frac{1}{\omega - x} = \frac{1}{70} = 0.014\ 286 \quad (0 \leqslant x < 105)$$

$$f(t) = \frac{1}{\omega - x} = \frac{1}{70} = 0.014\ 286$$

$$v = \frac{1}{1+i} = \frac{1}{1+0.06} = 0.943\ 396$$

$$\delta = \ln(1+i) = 0.058\ 269$$

$${}_{5|}\bar{A}_{35:\overline{30}|} = {}_{5|30}\bar{A}_{35} + {}_{5|}\bar{A}_{35:\overset{1}{\overline{30}|}} = \frac{1}{70} \cdot \frac{v^5 - v^{35}}{\delta} + v^{35} \cdot \frac{35}{70} = 0.216\ 359$$

$$\bar{a}_{35:\overline{20}|} = \frac{\left[h - \dfrac{1-v^h}{\delta} + (1-v^h)(\omega - x - h)\right]}{\delta \cdot (\omega - x)}$$

$$= \frac{\left[20 - \dfrac{1-0.943\ 396^{20}}{0.058\ 269} + (1 - 0.943\ 396^{20}) \times 50\right]}{0.058\ 269 \times 70} = 10.443\ 964$$

$${}_{20}\bar{P}({}_{5|}\bar{A}_{35:\overline{30}|}) = \frac{{}_{5|}\bar{A}_{35:\overline{30}|}}{\bar{a}_{35:\overline{20}|}} = 0.020\ 716\ 176$$

$$b \cdot {}_{20}\bar{P}({}_{5|}\bar{A}_{35:\overline{30}|}) = 10\,000 \times 0.020\,716\,176 = 207.161\,76$$

3.2.4 年金保险

3.2.4.1 终身年金

1. 即期年金

[基本算法示例] 死亡均匀分布假设的全连续模型 h 年缴费即期终身年金均衡纯保费。

需要求解的问题类型:保单均衡纯保费。

解:

$$\mu_x = \frac{1}{\omega - x} \quad (0 \leqslant x < \omega)$$

$$f(t) = \frac{1}{\omega - x}$$

$$v = e^{-\delta} = \frac{1}{1+i}$$

$$\delta = \ln(1+i)$$

$$\bar{a}_{\overline{T}|} = \int_0^T v^t dt = \frac{1-v^t}{\delta}$$

$$\bar{a}_x = \int_0^{+\infty} \bar{a}_{\overline{T}|} \cdot f(t)\,dt = \frac{1}{\delta} - \frac{1-v^{\omega-x}}{\delta^2(\omega-x)}$$

$$\bar{a}_{x:\overline{h}|} = \int_0^h \bar{a}_{\overline{T}|} \cdot f(t)\,dt + \bar{a}_{\overline{h}|} \cdot {}_hp_x = \frac{\left[h - \dfrac{1-v^h}{\delta} + (1-v^h)(\omega - x - h)\right]}{\delta \cdot (\omega - x)}$$

$$b \cdot {}_h\bar{P}(\bar{a}_x) = b \cdot \frac{\bar{a}_x}{\bar{a}_{x:\overline{h}|}}$$

[实验 3.2.7] 死亡均匀分布假设的全连续模型 h 年缴费即期终身年金均衡纯保费计算。

20 岁的张某投保了一份年金支付额为 10 000 元的终身生存年金保险,假定为死亡均匀分布的全连续模型,保费分 30 年限期缴清,预定年利率为 6%,假设极限年龄为 100 岁,求年缴纯保费。

解:

1.数据录入

(1)已知数据录入

$x=20$;

$i=0.06$;

$b=10\,000$;

$\omega=100$;

$h=30$。

(2)需要求解的问题：$b \cdot {}_{30}\bar{P}(\bar{a}_{20})$

2.问题解答

$$\mu_{20} = \frac{1}{\omega - x} = 0.012\ 5 \quad (0 \leqslant x < 100)$$

$$f(t) = \frac{1}{\omega - x} = 0.012\ 5$$

$$v = \frac{1}{1+i} = 0.943\ 396$$

$$\delta = \ln(1+i) = 0.058\ 269$$

$$\bar{a}_{20} = \int_0^{+\infty} \bar{a}_{\overline{t|}} \cdot f(t)\,dt$$

$$= \frac{1}{\delta} - \frac{1 - v^{\omega - x}}{\delta^2(\omega - x)}$$

$$= \frac{1}{0.058\ 269} - \frac{1 - 0.943\ 396^{80}}{0.058\ 269^2 \times 80} = 13.514\ 996$$

$$\bar{a}_{20:\overline{30|}} = \frac{\left[h - \dfrac{1 - v^h}{\delta} + (1 - v^h)(\omega - x - h)\right]}{\delta \cdot (\omega - x)}$$

$$= \frac{\left[30 - \dfrac{1 - 0.943\ 396^{30}}{0.058\ 269} + (1 - 0.943\ 396^{30}) \times 50\right]}{0.058\ 269 \times 80} = 12.253\ 683$$

$$b \cdot {}_{30}\bar{P}(\bar{a}_{20}) = b \cdot \frac{\bar{a}_{20}}{\bar{a}_{20:\overline{30|}}} = 10\ 000 \times \frac{13.514\ 995}{12.253\ 683} = 11\ 029.33$$

2. 延期年金

[**基本算法示例**] 死亡均匀分布假设的全连续模型 h 年缴费延期终身年金均衡纯保费。

需要求解的问题类型:保单均衡纯保费。

解:

$$\mu_x = \frac{1}{\omega - x} \quad (0 \leqslant x < \omega)$$

$$f(t) = \frac{1}{\omega - x}$$

$${}_hp_x = \frac{\omega - x - h}{\omega - x}$$

$$v = e^{-\delta} = \frac{1}{1+i}$$

$$\delta = \ln(1+i)$$

$$\bar{a}_{\overline{T|}} = \int_0^T v^t dt = \frac{1 - v^t}{\delta}$$

$$\bar{a}_{\overline{T-m}|} = \int_0^T v^{t-m} dt = \frac{1 - v^{t-m}}{\delta}$$

$$_{m|}\bar{a}_x = \int_m^{+\infty} v^m \cdot \bar{a}_{\overline{T-m}|} \cdot f(t)\, dt = \frac{(\omega - x - m - \frac{1}{\delta}) v^m + \frac{1}{\delta} v^{\omega - x}}{\delta \cdot (\omega - x)}$$

$$\bar{a}_{x:\overline{h}|} = \int_0^h \bar{a}_{\overline{T}|} \cdot f(t)\, dt + \bar{a}_h \cdot {}_h p_x = \frac{\left[h - \frac{1 - v^h}{\delta} + (1 - v^h)(\omega - x - h)\right]}{\delta \cdot (\omega - x)}$$

$$b \cdot {}_h\bar{P}({}_{m|}\bar{a}_x) = b \cdot \frac{_{m|}\bar{a}_x}{\bar{a}_{x:\overline{h}|}}$$

[**实验 3.2.8**] 死亡均匀分布假设的全连续模型 h 年缴费延期终身年金均衡纯保费计算。

40 岁的张某投保了一份延期支付的终身生存年金保险，年金自保单生效起 6 年后开始支付，年金支付额为 5 000 元，假定为死亡均匀分布的全连续模型，保费分 25 年限期缴清，预定年利率为 6%，极限年龄为 100 岁，求年缴纯保费。

解：

1. 数据录入

(1) 已知数据录入

$x=40$;

$i=0.06$;

$b=5\ 000$;

$\omega=100$;

$m=6$;

$h=25$。

(2) 需要求解的问题：$b \cdot {}_{25}\bar{P}({}_{6|}\bar{a}_{40})$

2. 问题解答

$$\mu_{40} = \frac{1}{\omega - x} = \frac{1}{100 - 40} = 0.016\ 667$$

$$f(t) = \frac{1}{\omega - x} = \frac{1}{100 - 40} = 0.016\ 667$$

$$_{25}p_{40} = \frac{100 - 40 - 25}{100 - 40} = 0.583\ 333\ 333$$

$$v = \frac{1}{1 + i} = \frac{1}{1 + 0.06} = 0.943\ 396$$

$$\delta = \ln(1 + i) = \ln(1 + 0.06) = 0.058\ 269$$

$$\bar{a}_{\overline{T}|} = \int_0^T v^t dt = \frac{1 - e^{-\delta t}}{\delta} = \frac{1 - e^{-0.058\ 269t}}{0.058\ 269}$$

$$\bar{a}_{\overline{T-6}|} = \frac{1 - e^{-\delta(t-m)}}{\delta} = \frac{1 - e^{-0.058\ 269 \times (t-6)}}{0.058\ 269}$$

$$_{6|}\bar{a}_{40} = \frac{(\omega - x - m - \frac{1}{\delta})v^m + \frac{1}{\delta}v^{\omega - x}}{\delta \cdot (\omega - x)}$$

$$= \frac{(100 - 40 - 6 - \frac{1}{0.058\,269}) \times 0.943\,396^6 + \frac{1}{0.058\,269} \times 0.943\,396^{100-40}}{0.058\,269 \times (100 - 40)}$$

$$= 7.576\,859\,106$$

$$\bar{a}_{40:\overline{25}|} = \frac{\left[h - \frac{1 - v^h}{\delta} + (1 - v^h)(\omega - x - h)\right]}{\delta \cdot (\omega - x)}$$

$$= \frac{\left[25 - \frac{1 - 0.943\,396\,226^{25}}{0.058\,268\,908} + (1 - 0.943\,396\,226^{25})(100 - 40 - 25)\right]}{0.058\,268\,908 \times (100 - 40)}$$

$$= 11.064\,195\,44$$

$$_{25}\bar{P}(_{6|}\bar{a}_{40}) = \frac{_{6|}\bar{a}_{40}}{\bar{a}_{40:\overline{25}|}} = \frac{7.576\,859\,106}{11.064\,195\,44} = 0.684\,808\,863$$

$$b \cdot {}_{25}\bar{P}(_{6|}\bar{a}_{40}) = 5\,000 \times 0.684\,808\,863 = 3\,424.04$$

3.2.4.2 定期年金

1. 即期年金

[**基本算法示例**] 死亡均匀分布假设的全连续模型 h 年缴费即期定期年金均衡纯保费。

需要求解的问题类型:保单均衡纯保费。

解:

$$\mu_x = \frac{1}{\omega - x} \quad (0 \leqslant x < \omega)$$

$$f(t) = \frac{1}{\omega - x}$$

$$v = e^{-\delta} = \frac{1}{1 + i}$$

$$\delta = \ln(1 + i)$$

$$\bar{a}_{x:\overline{n}|} = \int_0^n \bar{a}_{\overline{T}|} \cdot f(t)\,dt + \bar{a}_{\overline{n}|} \cdot {}_np_x = \frac{\left[n - \frac{1 - v^n}{\delta} + (1 - v^n)(\omega - x - n)\right]}{\delta \cdot (\omega - x)}$$

$$\bar{a}_{x:\overline{h}|} = \int_0^h \bar{a}_{\overline{T}|} \cdot f(t)\,dt + \bar{a}_{\overline{h}|} \cdot {}_hp_x = \frac{\left[h - \frac{1 - v^h}{\delta} + (1 - v^h)(\omega - x - h)\right]}{\delta \cdot (\omega - x)}$$

$$b \cdot {}_h\bar{P}(\bar{a}_{x:\overline{n}|}) = b \cdot \frac{\bar{a}_{x:\overline{n}|}}{\bar{a}_{x:\overline{h}|}}$$

[**实验 3.2.9**] 死亡均匀分布假设的全连续模型 h 年缴费即期定期年金均衡纯保费计算。

30 岁的张某投保了一份年金支付额为 10 000 元的 40 年定期生存年金保险,假定为死亡均匀分布的全连续模型,保费分 20 年限期缴清,预定年利率为 6%,假设极限年龄为 105 岁,求年缴纯保费。

解:

1.数据录入

(1)已知数据录入

$x=30$;

$i=0.06$;

$b=10\ 000$;

$\omega=105$;

$n=40$;

$h=20$。

(2)需要求解的问题:$b\cdot{}_{20}\bar{P}(\bar{a}_{30:\overline{40|}})$

2.问题解答

$$\mu_x=\frac{1}{\omega-x}=0.013\ 333\quad(0\leqslant x<\omega)$$

$$f(t)=\frac{1}{\omega-x}=0.013\ 333$$

$$v=\frac{1}{1+i}=0.943\ 396$$

$$\delta=\ln(1+i)=0.058\ 269$$

$$\bar{a}_{30:\overline{40|}}=\frac{\left[n-\dfrac{1-v^n}{\delta}+(1-v^n)(\omega-x-n)\right]}{\delta\cdot(\omega-x)}$$

$$=\frac{\left[40-\dfrac{1-0.943\ 396^{40}}{0.058\ 269}+(1-0.943\ 396^{40})\times 35\right]}{0.058\ 269\times 75}=12.837\ 921$$

$$\bar{a}_{30:\overline{20|}}=\frac{\left[h-\dfrac{1-v^h}{\delta}+(1-v^h)(\omega-x-h)\right]}{\delta\cdot(\omega-x)}$$

$$=\frac{\left[20-\dfrac{1-0.943\ 396^{20}}{0.058\ 269}+(1-0.943\ 396^{20})\times 55\right]}{0.058\ 269\times 75}=10.535\ 078$$

$$b\cdot{}_{20}\bar{P}(\bar{a}_{30:\overline{40|}})=b\cdot\frac{\bar{a}_{30:\overline{40|}}}{\bar{a}_{30:\overline{20|}}}=10\ 000\times\frac{12.837\ 921}{10.535\ 078}=12\ 185.88$$

2. 延期年金

[**基本算法示例**] 死亡均匀分布假设的全连续模型 h 年缴费延期定期年金均衡纯保费。

需要求解的问题类型:保单均衡纯保费。

解:

$$\mu_x = \frac{1}{\omega - x} \quad (0 \leqslant x < \omega)$$

$$f(t) = \frac{1}{\omega - x}$$

$$_hp_x = \frac{\omega - x - h}{\omega - x}$$

$$v = e^{-\delta} = \frac{1}{1 + i}$$

$$\delta = \ln(1 + i)$$

$$\bar{a}_{\overline{T}|} = \int_0^T v^t dt = \frac{1 - v^t}{\delta} = \frac{1 - e^{-\delta t}}{\delta}$$

$$\bar{a}_{\overline{T-m}|} = \int_0^T v^{t-m} dt = \frac{1 - v^{t-m}}{\delta} = \frac{1 - e^{-\delta(t-m)}}{\delta}$$

$$\bar{a}_{x:\overline{h}|} = \int_0^h \bar{a}_{\overline{T}|} \cdot f(t)\,dt + \bar{a}_h \cdot {_hp_x} = \frac{\left[h - \dfrac{1 - v^h}{\delta} + (1 - v^h)(\omega - x - h)\right]}{\delta \cdot (\omega - x)}$$

$$_{m|n}\bar{a}_x = \int_m^{m+n} v^m \cdot \bar{a}_{\overline{T-m}|} \cdot f(t)\,dt + v^m \cdot \bar{a}_n \cdot {_{m+n}p_x}$$

$$= \int_m^{m+n} v^m \cdot \frac{1 - v^{t-m}}{\delta} \cdot \frac{1}{\omega - x} dt + v^m \cdot \frac{1 - v^n}{\delta} \cdot \frac{\omega - x - m - n}{\omega - x}$$

$$= \frac{(\omega - x - \dfrac{1}{\delta} - m)(v^m - v^{m+n}) + n \cdot v^{m+n}}{\delta \cdot (\omega - x)}$$

$$b \cdot {_h\bar{P}}({_{m|n}\bar{a}_x}) = b \cdot \frac{_{m|n}\bar{a}_x}{\bar{a}_{x:\overline{h}|}}$$

[**实验 3.2.10**] 死亡均匀分布假设的全连续模型 h 年缴费延期定期年金均衡纯保费计算。

40 岁的张某投保了一份延期支付的定期生存年金保险,年金自保单生效起 6 年后开始支付,年金支付额为 5 000 元,年金支付期限为 25 年,假定为死亡均匀分布的全连续模型,保费分 10 年限期缴清,预定年利率为 6%,极限年龄为 100 岁,求年缴纯保费。

解:

1.数据录入

(1)已知数据录入

$x=40$;

$i=0.06$;

$b=5\,000$;

$\omega=100$;

$n=25$;

$m=6$;

$h=10$。

(2)需要求解的问题：$b\cdot {}_{10}\bar{P}({}_{6|25}\bar{a}_{40})$

2.问题解答

$$\mu_{40}=\frac{1}{\omega-x}=\frac{1}{100-40}=0.016\,667$$

$$f(t)=\frac{1}{\omega-x}=\frac{1}{100-40}=0.016\,667$$

$${}_{10}p_{40}=\frac{100-40-10}{100-40}=0.833\,333\,333$$

$${}_{31}p_{40}=\frac{100-40-6-25}{100-40}=0.483\,333\,333$$

$$v=\frac{1}{1+i}=\frac{1}{1+0.06}=0.943\,396\,226$$

$$\delta=\ln(1+i)=\ln(1+0.06)=0.058\,268\,908$$

$$\bar{a}_{\overline{T|}}=\int_0^T v^t dt=\frac{1-e^{-\delta t}}{\delta}=\frac{1-e^{-0.058\,268\,908t}}{0.058\,268\,908}$$

$$\bar{a}_{\overline{T-6|}}=\frac{1-e^{-\delta(t-m)}}{\delta}=\frac{1-e^{-0.058\,269\times(t-6)}}{0.058\,269}$$

$$\bar{a}_{40:\overline{10|}}=\frac{\left[h-\dfrac{1-v^h}{\delta}+(1-v^h)(\omega-x-h)\right]}{\delta\cdot(\omega-x)}$$

$$=\frac{\left[10-\dfrac{1-0.943\,396\,226^{10}}{0.058\,268\,908}+(1-0.943\,396\,226^{10})(100-40-10)\right]}{0.058\,268\,908\times(100-40)}$$

$$=7.008\,173\,106$$

$${}_{6|25}\bar{a}_{40}=\frac{(\omega-x-\dfrac{1}{\delta}-m)(v^m-v^{m+n})+n\cdot v^{m+n}}{\delta\cdot(\omega-x)}$$

$$=\frac{(100-40-\dfrac{1}{0.058\,269}-6)(0.943\,396^6-0.943\,396^{6+25})+25\times0.943\,396^{6+25}}{0.058\,269\times(100-40)}$$

$$=6.871\,872$$

$${}_{10}\bar{P}({}_{6|25}\bar{a}_{40})=\frac{{}_{6|25}\bar{a}_{40}}{\bar{a}_{40:\overline{10|}}}=\frac{6.871\,872\,28}{7.008\,173\,106}=0.980\,551\,161$$

$$b\cdot{}_{10}\bar{P}({}_{6|25}\bar{a}_{40})=5\,000\times0.980\,551\,161=4\,902.76$$

3.3 半连续寿险模型

半连续寿险模型均衡纯保费是在缴费为离散分布,保险金给付为连续分布且在 UDD 假设的情况下讨论均衡纯保费计算问题。

3.3.1 终身寿险

半连续模型终身寿险是指在缴费期内每年一次缴费,死亡保险金在被保险人死亡时给付。

3.3.1.1 即期寿险

[**基本算法示例**] 半连续模型 h 年缴费即期终身死亡保险均衡纯保费。

需要求解的问题类型:保单均衡纯保费。

解:

$$v = \frac{1}{1+i}$$

$$\delta = \ln(1+i)$$

$$A_x = \sum_{k=0}^{\omega-x} v^{k+1} \cdot \frac{d_{x+k}}{l_x} = \frac{vd_x + v^2 d_{x+1} + v^3 d_{x+2} + \cdots + v^{\omega-x} d_{\omega-1} + v^{\omega-x+1} d_{\omega}}{l_x}$$

$$\bar{A}_x = \frac{i}{\delta} \cdot A_x$$

$$\ddot{a}_{x:\overline{h}|} = \sum_{k=0}^{h-1} v^k \cdot \frac{l_{x+k}}{l_x} = \frac{v^0 \cdot l_x + v \cdot l_{x+1} + v^2 \cdot l_{x+2} + \cdots + v^{h-2} \cdot l_{x+h-2} + v^{h-1} \cdot l_{x+h-1}}{l_x}$$

$$b \cdot {}_hP(\bar{A}_x) = b \cdot \frac{\bar{A}_x}{\ddot{a}_{x:\overline{h}|}}$$

[**实验 3.3.1**] 半连续模型 h 年缴费即期终身死亡保险均衡纯保费计算。

35 岁的张某投保了一份保险金额为 10 000 元的终身寿险,假定为半连续模型,预定年利率为 6%,保费分 20 年缴清,假设极限年龄为 105 岁,试根据经验生命表(1990—1993)求年缴纯保费。

解:

1.数据录入

(1)已知数据录入

$x=35$;

$i=0.06$;

$b=10\ 000$;

$h=20$;

$\omega=105$;

$(L_{ijk})=L_{113}$。

(2)需要求解的问题：$b\cdot{}_{20}p(\bar{A}_{35})$

2.问题解答

$$v=\frac{1}{1+i}=\frac{1}{1+0.06}=0.943\ 396$$

$$\delta=\ln(1+i)=0.058\ 269$$

$$A_{35}=\sum_{k=0}^{70}v^{k+1}\cdot\frac{d_{35+k}}{l_{35}}=0.111\ 578$$

$$\bar{A}_x=\frac{i}{\delta}\cdot A_x=\frac{0.06}{0.058\ 269}\times 0.111\ 578=0.114\ 893$$

$$\ddot{a}_{35:\overline{20}|}=\sum_{k=0}^{19}v^k\cdot\frac{l_{35+k}}{l_{35}}=11.985\ 946$$

$$b\cdot{}_{20}p(\bar{A}_{35})=b\cdot\frac{\bar{A}_{35}}{\ddot{a}_{35:\overline{20}|}}=10\ 000\times\frac{0.114\ 893}{11.985\ 946}=95.85$$

3.3.1.2 延期寿险

[**基本算法示例**] 半连续模型 h 年缴费延期终身死亡保险均衡纯保费。

需要求解的问题类型：保单均衡纯保费。

解：

$$v=\frac{1}{1+i}$$

$$\delta=\ln(1+i)$$

$$_{m|}A_x=\sum_{k=m}^{\omega-x}v^{k+1}\cdot\frac{d_{x+k}}{l_x}$$

$$=\frac{v^{m+1}d_{x+m}+v^{m+2}d_{x+m+1}+v^{m+3}d_{x+m+2}+\cdots+v^{\omega-x}d_{\omega-1}+v^{\omega-x+1}d_{\omega}}{l_x}$$

$$_{m|}\bar{A}_x=\frac{i}{\delta}\cdot{}_{m|}A_x$$

$$\ddot{a}_{x:\overline{h}|}=\sum_{k=0}^{h-1}v^k\cdot\frac{l_{x+k}}{l_x}$$

$$=\frac{v^0\cdot l_x+v\cdot l_{x+1}+v^2\cdot l_{x+2}+\cdots+v^{h-2}\cdot l_{x+h-2}+v^{h-1}\cdot l_{x+h-1}}{l_x}$$

$$b\cdot{}_hp({}_{m|}\bar{A}_x)=b\cdot\frac{_{m|}\bar{A}_x}{\ddot{a}_{x:\overline{h}|}}$$

[**实验 3.3.2**] 半连续模型 h 年缴费延期终身死亡保险均衡纯保费计算。

40 岁的张先生投保了一份保险金额为 10 000 元定期缴费延期 20 年的终身寿险，假定为半连续模型，极限年龄为 105 岁，保费 20 年缴清，预定年利率为 6%，根据经验生命表(2000—2003)，试求年缴纯保费。

解：

1.数据录入

(1)已知数据录入

$x=40$;

$i=0.06$;

$b=10\ 000$;

$m=20$;

$h=20$;

$\omega=105$;

$(L_{ijk})=L_{221}$。

(2)需要求解的问题：$b \cdot {}_{20}p({}_{20|}\bar{A}_{40})$

2.问题解答

$$v=\frac{1}{1+i}=\frac{1}{1+0.06}=0.943\ 396$$

$$\delta=\ln(1+i)=0.058\ 269$$

$${}_{20|}A_{40}=\sum_{k=20}^{65} v^{k+1}\cdot\frac{d_{40+k}}{l_{40}}=0.089\ 001\ 994$$

$${}_{20|}\bar{A}_{40}=\frac{i}{\delta}\cdot{}_{20|}A_{40}=\frac{0.06}{0.058\ 269}\times 0.089\ 001\ 994=0.091\ 645\ 98$$

$$\ddot{a}_{40:\overline{20}|}=\sum_{k=0}^{19} v^{k}\cdot\frac{l_{40+k}}{l_{40}}=11.977\ 824\ 31$$

$${}_{20}p({}_{20|}\bar{A}_{40})=\frac{{}_{20|}\bar{A}_{40}}{\ddot{a}_{40:\overline{20}|}}=\frac{0.091\ 645\ 98}{11.97782431}=0.007\ 651\ 3$$

$$b\cdot{}_{20}p({}_{20|}\bar{A}_{40})=10\ 000\times 0.007\ 651\ 3=76.51$$

3.3.2 定期寿险

[**基本算法示例**] 半连续模型 h 年缴费即期定期死亡保险均衡纯保费。

需要求解的问题类型：保单均衡纯保费。

解：

$$v=\frac{1}{1+i}$$

$$\delta=\ln(1+i)$$

$$A^{1}_{x:\overline{n}|}=\sum_{k=0}^{n-1} v^{k+1}\cdot\frac{d_{x+k}}{l_x}$$

$$= \frac{vd_x + v^2 d_{x+1} + v^3 d_{x+2} + \cdots + v^{n-1} d_{x+n-2} + v^n d_{x+n-1}}{l_x}$$

$$\bar{A}^1_{x:\overline{n}|} = \frac{i}{\delta} \cdot A^1_{x:\overline{n}|}$$

$$\ddot{a}_{x:\overline{h}|} = \sum_{k=0}^{h-1} v^k \cdot \frac{l_{x+k}}{l_x}$$

$$= \frac{v^0 \cdot l_x + v \cdot l_{x+1} + v^2 \cdot l_{x+2} + \cdots + v^{h-2} \cdot l_{x+h-2} + v^{h-1} \cdot l_{x+h-1}}{l_x}$$

$$b \cdot {}_hP(\bar{A}^1_{x:\overline{n}|}) = b \cdot \frac{\bar{A}^1_{x:\overline{n}|}}{\ddot{a}_{x:\overline{h}|}}$$

［**实验 3.3.3**］半连续模型 h 年缴费即期定期死亡保险均衡纯保费计算。

设 25 岁的张某投保了一份保险金额为 1 000 元的 15 年定期寿险，缴费期限为 10 年，假定为半连续模型，预定年利率为 6%，试根据经验生命表（1990—1993）求年缴纯保费。

解：

1. 数据录入

（1）已知数据录入

$x = 25$；

$i = 0.06$；

$b = 1\,000$；

$n = 15$；

$h = 10$；

$L_{ijk} = L_{113}$。

（2）需要求解的问题：$b \cdot {}_{10}p(\bar{A}^1_{25:\overline{15}|})$

2. 问题解答

$$v = \frac{1}{1+i} = \frac{1}{1+0.06} = 0.943\,396$$

$$\delta = \ln(1+i) = 0.058\,269$$

$$A^1_{25:\overline{15}|} = \sum_{k=0}^{14} v^{k+1} \cdot \frac{d_{25+k}}{l_{25}} = 0.008\,683$$

$$\bar{A}^1_{25:\overline{15}|} = \frac{i}{\delta} \cdot A^1_{25:\overline{15}|} = 0.008\,941$$

$$\ddot{a}_{25:\overline{10}|} = \sum_{k=0}^{9} v^k \cdot \frac{l_{25+k}}{l_{25}} = 7.778\,239$$

$$b \cdot {}_{10}p(\bar{A}^1_{25:\overline{15}|}) = b \cdot \frac{\bar{A}^1_{25:\overline{15}|}}{\ddot{a}_{25:\overline{10}|}} = 1.149\,4$$

3.3.3 两全保险

[**基本算法示例**] 半连续模型 h 年缴费即期两全保险均衡纯保费。

需要求解的问题类型:保单均衡纯保费。

解:

$$v=\frac{1}{1+i}$$

$$\delta=\ln(1+i)$$

$$\bar{A}_{x:\overline{n}|}=\frac{i}{\delta}\cdot\sum_{k=0}^{n-1}v^{k+1}\cdot\frac{d_{x+k}}{l_x}+v^n\cdot\frac{l_{x+n}}{l_x}$$

$$=\frac{i}{\delta}\cdot\left(v\cdot\frac{d_x}{l_x}+v^2\cdot\frac{d_{x+1}}{l_x}+v^3\cdot\frac{d_{x+2}}{l_x}+\cdots+v^{n-1}\cdot\frac{d_{x+n-2}}{l_x}+v^n\cdot\frac{d_{x+n-1}}{l_x}\right)+v^n\cdot\frac{l_{x+n}}{l_x}$$

$$\ddot{a}_{x:\overline{h}|}=\sum_{k=0}^{h-1}v^k\cdot\frac{l_{x+k}}{l_x}$$

$$=\frac{v^0\cdot l_x+v\cdot l_{x+1}+v^2\cdot l_{x+2}+\cdots+v^{h-2}\cdot l_{x+h-2}+v^{h-1}\cdot l_{x+h-1}}{l_x}$$

$$b\cdot{}_h\bar{P}(\bar{A}_{x:\overline{n}|})=b\cdot\frac{\bar{A}_{x:\overline{n}|}}{\ddot{a}_{x:\overline{h}|}}$$

[**实验 3.3.4**] 半连续模型 h 年缴费即期两全保险均衡纯保费计算。

现年 35 岁的李先生,投保了一份 30 年的半连续型即期两全保险,保费分 20 年缴清,保险金额为 10 000 元,预定年利率为 6%,试根据经验生命表(1990—1993)求年缴纯保费。

解:

1.数据录入

(1)已知数据录入

$x=35$;

$i=0.06$;

$b=10\ 000$;

$n=30$;

$h=20$;

$L_{ijk}=L_{113}$。

(2)需要求解的问题类型: $b\cdot{}_{20}P(\bar{A}_{35:\overline{30}|})$

2.问题解答

$$v=\frac{1}{1+i}=\frac{1}{1+0.06}=0.943\ 396$$

$$\delta=\ln(1+i)=0.058\ 269$$

$$\bar{A}_{35:\overline{30}|}=\frac{i}{\delta}\cdot\sum_{k=0}^{29}v^{k+1}\cdot\frac{d_{35+k}}{l_{35}}+v^{30}\cdot\frac{l_{65}}{l_{35}}=0.762\ 648$$

$$\ddot{a}_{35:\overline{20}|} = \sum_{k=0}^{19} v^k \cdot \frac{l_{35+k}}{l_{35}} = 14.417\ 850$$

$$b \cdot {}_{20}P(\bar{A}_{35:\overline{30}|}) = b \cdot \frac{\bar{A}_{35:\overline{30}|}}{\ddot{a}_{35:\overline{20}|}} = 528.96$$

3.4 每年 *m* 次缴费的均衡纯保费

每年 m 次缴费的均衡纯保费是在每年 m 次离散缴费的情况下讨论均衡纯保费计算问题。

3.4.1 终身寿险

3.4.1.1 死亡年末给付

[**基本算法示例**] h 年缴费每年 m 次缴费死亡年末付的即期终身死亡保险均衡纯保费。

需要求解的问题类型:保单均衡纯保费。

解:

$$v = \frac{1}{1+i}$$

$$d = 1 - v$$

$$A_x = \sum_{k=0}^{\omega-x} v^{k+1} \cdot \frac{d_{x+k}}{l_x}$$

$$= \frac{vd_x + v^2 d_{x+1} + v^3 d_{x+2} + \cdots + v^{\omega-x} d_{\omega-1} + v^{\omega-x+1} d_\omega}{l_x}$$

$$i^{(m)} = m \cdot [(1+i)^{\frac{1}{m}} - 1]$$

$$d^{(m)} = m \cdot [1 - (1+i)^{-\frac{1}{m}}]$$

$$\alpha(m) = \frac{i \cdot d}{i^{(m)} \cdot d^{(m)}}$$

$$\beta(m) = \frac{i^{(m)} - i}{i^{(m)} \cdot d^{(m)}}$$

$$\ddot{a}_{x:\overline{h}|} = \sum_{k=0}^{h-1} v^k \cdot \frac{l_{x+k}}{l_x}$$

$$= \frac{v^0 \cdot l_x + v \cdot l_{x+1} + v^2 \cdot l_{x+2} + \cdots + v^{h-2} \cdot l_{x+h-2} + v^{h-1} \cdot l_{x+h-1}}{l_x}$$

$$\ddot{a}^{(m)}_{x:\overline{h}|} = \alpha(m) \cdot \ddot{a}_{x:\overline{h}|} + \beta(m) \cdot (1 - v^h \cdot {}_hp_x)$$

$$= \alpha(m) \cdot \ddot{a}_{x:\overline{h}|} + \beta(m) \cdot \left(1 - v^h \cdot \frac{l_{x+h}}{l_x}\right)$$

$$b \cdot {}_hP_x^{(m)} = b \cdot \frac{A_x}{\ddot{a}_{x:\overline{h}|}^{(m)}}$$

[**实验 3.4.1**] h 年缴费每年 m 次缴费死亡年末付的即期终身死亡保险均衡纯保费计算。

设 35 岁的张某投保了一份保险金额为 10 000 元的终身寿险,保险金在被保险人死亡所处的保单年度末支付,保费按每年分 12 次的方式限 20 年缴清,预定年利率为 6%,极限年龄为 105 岁,试根据经验生命表(1990—1993)求年缴纯保费。

解:

1.数据录入

(1)已知数据录入

$x=35$;

$i=0.06$;

$b=10\ 000$;

$m=12$;

$h=20$;

$\omega=105$;

$(L_{ijk})=L_{113}$。

(2)需要求解的问题:$b \cdot {}_{20}p_{35}^{(12)}$

2.问题解答

$$v=\frac{1}{1+i}=\frac{1}{1+0.06}=0.943\ 396$$

$$d=1-v=0.056\ 604$$

$$A_{35}=\sum_{k=0}^{70} v^{k+1} \cdot \frac{d_{35+k}}{l_{35}}=0.111\ 578$$

$$i^{(12)}=12 \times [(1+0.06)^{\frac{1}{12}}-1]=0.058\ 410$$

$$d^{(12)}=12 \times [1-(1+0.06)^{-\frac{1}{12}}]=0.058\ 128$$

$$\alpha(12)=\frac{i \cdot d}{i^{(12)} \cdot d^{(12)}}=\frac{0.06 \times 0.056\ 604}{0.058\ 410 \times 0.058\ 128}=1.005\ 148$$

$$\beta(12)=\frac{i^{(12)}-i}{i^{(12)} \cdot d^{(12)}}=\frac{0.058\ 410-0.06}{0.058\ 410 \times 0.058\ 128}=-0.466\ 431$$

$$\ddot{a}_{35:\overline{20}|}=\sum_{k=0}^{19} v^k \cdot \frac{l_{35+k}}{l_{35}}=11.985\ 946$$

$$\ddot{a}_{35:\overline{20}|}^{(12)}=\alpha(12) \cdot \ddot{a}_{35:\overline{20}|}+\beta(12) \cdot \left(1-v^{20} \cdot \frac{l_{55}}{l_{35}}\right)=11.656\ 576$$

$$b \cdot {}_{20}P_{35}^{(12)}=b \cdot \frac{A_{35}}{\ddot{a}_{30:\overline{20}|}^{(12)}}=10\ 000 \times \frac{0.111\ 578}{11.656\ 576}=95.721\ 076$$

3.4.1.2 死亡时给付

[**基本算法示例**] h 年缴费每年 m 次缴费死亡时给付的即期终身死亡保险均衡纯保费。

需要求解的问题类型:保单均衡纯保费。

解:

$$v=\frac{1}{1+i}$$

$$d=1-v$$

$$\delta=\ln(1+i)$$

$$A_x=\sum_{k=0}^{\omega-x}v^{k+1}\cdot\frac{d_{x+k}}{l_x}$$

$$=\frac{vd_x+v^2d_{x+1}+v^3d_{x+2}+\cdots+v^{\omega-x}d_{\omega-1}+v^{\omega-x+1}d_\omega}{l_x}$$

$$\bar{A}_x=\frac{i}{\delta}\cdot A_x$$

$$i^{(m)}=m\cdot\left[(1+i)^{\frac{1}{m}}-1\right]$$

$$d^{(m)}=m\cdot\left[1-(1+i)^{-\frac{1}{m}}\right]$$

$$\alpha(m)=\frac{i\cdot d}{i^{(m)}\cdot d^{(m)}}$$

$$\beta(m)=\frac{i^{(m)}-i}{i^{(m)}\cdot d^{(m)}}$$

$$\ddot{a}_{x:\overline{h}|}=\sum_{k=0}^{h-1}v^k\cdot\frac{l_{x+k}}{l_x}$$

$$=\frac{v^0\cdot l_x+v\cdot l_{x+1}+v^2\cdot l_{x+2}+\cdots+v^{h-2}\cdot l_{x+h-2}+v^{h-1}\cdot l_{x+h-1}}{l_x}$$

$$\ddot{a}_{x:\overline{h}|}^{(m)}=\alpha(m)\cdot\ddot{a}_{x:\overline{h}|}+\beta(m)\cdot(1-v^h\cdot{}_hp_x)$$

$$=\alpha(m)\cdot\ddot{a}_{x:\overline{h}|}+\beta(m)\cdot\left(1-v^h\cdot\frac{l_{x+h}}{l_x}\right)$$

$$b\cdot{}_hP^{(m)}(\bar{A}_x)=b\cdot\frac{\bar{A}_x}{\ddot{a}_{x:\overline{h}|}^{(m)}}$$

[**实验 3.4.2**] h 年缴费每年 m 次缴费死亡时给付的即期终身死亡保险均衡纯保费计算。

设 35 岁的张某投保了一份保险金额为 10 000 元的终身寿险,保险金在被保险人死亡后立即给付,保费按每年分 12 次的方式限 20 年缴清,预定年利率为 6%,假设极限年龄为 105 岁,试根据经验生命表(1990—1993)求年缴纯保费。

解:

1.数据录入

(1)已知数据录入

$x=35$;

$i=0.06$;

$b=10\ 000$;

$m=12$;

$h=20$;

$\omega=105$;

$(L_{ijk})=L_{113}$。

(2)需要求解的问题:$b\cdot {}_{20}p^{(12)}(\bar{A}_{35})$

2.问题解答

$$v=\frac{1}{1+i}=\frac{1}{1+0.06}=0.943\ 396$$

$$d=1-v=0.056\ 604$$

$$\delta=\ln(1+i)=0.058\ 269$$

$$A_{35}=\sum_{k=0}^{70}v^{k+1}\cdot\frac{d_{35+k}}{l_{35}}=0.111\ 578$$

$$\bar{A}_{35}=\frac{i}{\delta}\cdot A_{35}=\frac{0.06}{0.058\ 269}\times 0.111\ 578=0.114\ 893$$

$$i^{(12)}=12\times[(1+0.06)^{\frac{1}{12}}-1]=0.058\ 410$$

$$d^{(12)}=12\times[1-(1+0.06)^{-\frac{1}{12}}]=0.058\ 128$$

$$\alpha(12)=\frac{i\cdot d}{i^{(12)}\cdot d^{(12)}}=\frac{0.06\times 0.056\ 604}{0.058\ 410\times 0.058\ 128}=1.005\ 148$$

$$\beta(12)=\frac{i^{(12)}-i}{i^{(12)}\cdot d^{(12)}}=\frac{0.058\ 410-0.06}{0.058\ 410\times 0.058\ 128}=-0.466\ 431$$

$$\ddot{a}_{35:\overline{20}|}=\sum_{k=0}^{19}v^{k}\cdot\frac{l_{35+k}}{l_{35}}=11.985\ 946$$

$$\ddot{a}^{(12)}_{35:\overline{20}|}=\alpha(12)\cdot\ddot{a}_{35:\overline{20}|}+\beta(12)\cdot\left(1-v^{20}\cdot\frac{l_{55}}{l_{35}}\right)=11.656\ 576$$

$$b\cdot {}_{20}P^{(12)}(\bar{A}_{35})=b\cdot\frac{\bar{A}_{35}}{\ddot{a}^{(12)}_{30:\overline{20}|}}=10\ 000\times\frac{0.114\ 893}{11.656\ 576}=98.564\ 6$$

3.4.2 定期寿险

[**基本算法示例**] h 年缴费每年 m 次缴费死亡年末付的即期定期死亡保险均衡纯保费。

需要求解的问题类型:保单均衡纯保费。

解:

$$v = \frac{1}{1+i}$$

$$d = 1 - v$$

$$A^{1}_{x:\overline{n}|} = \sum_{k=0}^{n-1} v^{k+1} \cdot \frac{d_{x+k}}{l_x}$$

$$= v \cdot \frac{d_x}{l_x} + v^2 \cdot \frac{d_{x+1}}{l_x} + v^3 \cdot \frac{d_{x+2}}{l_x} + \cdots + v^{n-1} \cdot \frac{d_{x+n-2}}{l_x} + v^n \cdot \frac{d_{x+n-1}}{l_x}$$

$$i^{(m)} = m \cdot [(1+i)^{\frac{1}{m}} - 1]$$

$$d^{(m)} = m \cdot [1 - (1+i)^{-\frac{1}{m}}]$$

$$\alpha(m) = \frac{i \cdot d}{i^{(m)} \cdot d^{(m)}}$$

$$\beta(m) = \frac{i^{(m)} - i}{i^{(m)} \cdot d^{(m)}}$$

$$\ddot{a}_{x:\overline{h}|} = \sum_{k=0}^{h-1} v^k \cdot \frac{l_{x+k}}{l_x}$$

$$= \frac{v^0 \cdot l_x + v \cdot l_{x+1} + v^2 \cdot l_{x+2} + \cdots + v^{h-2} \cdot l_{x+h-2} + v^{h-1} \cdot l_{x+h-1}}{l_x}$$

$$\ddot{a}^{(m)}_{x:\overline{h}|} = \alpha(m) \cdot \ddot{a}_{x:\overline{h}|} + \beta(m) \cdot (1 - v^h \cdot {}_h p_x)$$

$$= \alpha(m) \cdot \ddot{a}_{x:\overline{h}|} + \beta(m) \cdot \left(1 - v^h \cdot \frac{l_{x+h}}{l_x}\right)$$

$$b \cdot {}_h P^{1(m)}_{x:\overline{n}|} = b \cdot \frac{A^{1}_{x:\overline{n}|}}{\ddot{a}^{(m)}_{x:\overline{h}|}}$$

[**实验 3.4.3**] h 年缴费每年 m 次缴费死亡年末付的即期定期死亡保险均衡纯保费计算。

设 35 岁的张某投保了一份保险金额为 10 000 元的 30 年定期寿险，保险金在被保险人死亡所处的保单年度末支付，保费按每年分 12 次的方式限 20 年缴清，预定年利率为 6%，试根据经验生命表(1990—1993)求年缴纯保费。

解：

1.数据录入

(1)已知数据录入

$x=35$；

$i=0.06$；

$b=10\ 000$；

$m=12$；

$n=30$；

$h=20$；

$(L_{ijk})=L_{113}$。

(2)需要求解的问题：$b\cdot{}_{20}P_{35:\overline{30}|}^{1(12)}$

2.问题解答

$$v=\frac{1}{1+i}=\frac{1}{1+0.06}=0.943\ 396$$

$$d=1-v=0.056\ 604$$

$$A_{35:\overline{30}|}^{1}=\sum_{k=0}^{29}v^{k+1}\cdot\frac{d_{35+k}}{l_{35}}=0.049\ 919$$

$$i^{(12)}=12\times[(1+0.06)^{\frac{1}{12}}-1]=0.058\ 410$$

$$d^{(12)}=12\times[1-(1+0.06)^{-\frac{1}{12}}]=0.058\ 128$$

$$\alpha(12)=\frac{i\cdot d}{i^{(12)}\cdot d^{(12)}}=\frac{0.06\times0.056\ 604}{0.058\ 410\times0.058\ 128}=1.005\ 148$$

$$\beta(12)=\frac{i^{(12)}-i}{i^{(12)}\cdot d^{(12)}}=\frac{0.058\ 410-0.06}{0.058\ 410\times0.058\ 128}=-0.466\ 431$$

$$\ddot{a}_{35:\overline{20}|}=\sum_{k=0}^{19}v^{k}\cdot\frac{l_{35+k}}{l_{35}}=11.985\ 946$$

$$\ddot{a}_{35:\overline{20}|}^{(12)}=\alpha(12)\cdot\ddot{a}_{35:\overline{20}|}+\beta(12)\cdot\left(1-v^{20}\cdot\frac{l_{55}}{l_{35}}\right)=11.656\ 576$$

$$b\cdot{}_{20}P_{35:\overline{30}|}^{1(12)}=b\cdot\frac{A_{35:\overline{30}|}^{1}}{\ddot{a}_{35:\overline{20}|}^{(12)}}=10\ 000\times\frac{0.049\ 919}{11.656\ 576}=42.824\ 345$$

3.4.3 两全保险

[**基本算法示例**] h 年缴费每年 m 次缴费死亡年末付的即期定期两全保险均衡纯保费。

需要求解的问题类型：保单均衡纯保费。

解：

$$v=\frac{1}{1+i}$$

$$d=1-v$$

$$A_{x:\overline{n}|}=\sum_{k=0}^{n-1}v^{k+1}\cdot\frac{d_{x+k}}{l_x}+v^{n}\cdot\frac{l_{x+n}}{l_x}$$

$$=v\cdot\frac{d_x}{l_x}+v^2\cdot\frac{d_{x+1}}{l_x}+v^3\cdot\frac{d_{x+2}}{l_x}+\cdots+v^{n-1}\cdot\frac{d_{x+n-2}}{l_x}+v^{n}\cdot\frac{d_{x+n-1}}{l_x}+v^{n}\cdot\frac{l_{x+n}}{l_x}$$

$$i^{(m)}=m\cdot[(1+i)^{\frac{1}{m}}-1]$$

$$d^{(m)}=m\cdot[1-(1+i)^{-\frac{1}{m}}]$$

$$\alpha(m)=\frac{i\cdot d}{i^{(m)}\cdot d^{(m)}}$$

$$\beta(m)=\frac{i^{(m)}-i}{i^{(m)}\cdot d^{(m)}}$$

$$\ddot{a}_{x:\overline{h|}}=\sum_{k=0}^{h-1}v^k\cdot\frac{l_{x+k}}{l_x}$$

$$=\frac{v^0\cdot l_x+v\cdot l_{x+1}+v^2\cdot l_{x+2}+\cdots+v^{h-2}\cdot l_{x+h-2}+v^{h-1}\cdot l_{x+h-1}}{l_x}$$

$$\ddot{a}_{x:\overline{h|}}^{(m)}=\alpha(m)\cdot\ddot{a}_{x:\overline{h|}}+\beta(m)\cdot(1-v^h\cdot {}_hp_x)$$

$$=\alpha(m)\cdot\ddot{a}_{x:\overline{h|}}+\beta(m)\cdot\left(1-v^h\cdot\frac{l_{x+h}}{l_x}\right)$$

$$b\cdot{}_hP_{x:\overline{n|}}^{(m)}=b\cdot\frac{A_{x:\overline{n|}}}{\ddot{a}_{x:\overline{h|}}^{(m)}}$$

[**实验 3.4.4**] h 年缴费每年 m 次缴费死亡年末付的即期定期两全保险均衡纯保费计算。

设 35 岁的张某投保了一份保险金额为 10 000 元的 30 年两全保险，保险金在被保险人死亡所处的保单年度末支付，保费按每年分 12 次的方式 20 年缴清，预定年利率为 6%，试根据经验生命表(1990—1993)求年缴纯保费。

解：

1.数据录入

(1)已知数据录入

$x=35$;

$i=0.06$;

$b=10\ 000$;

$m=12$;

$n=30$;

$h=20$;

$(L_{ijk})=L_{113}$。

(2)需要求解的问题：$b\cdot{}_{20}P_{35:\overline{30|}}^{(12)}$

2.问题解答

$$v=\frac{1}{1+i}=\frac{1}{1+0.06}=0.943\ 396$$

$$d=1-v=0.056\ 604$$

$$A_{35:\overline{30|}}=\sum_{k=0}^{29}v^{k+1}\cdot\frac{d_{35+k}}{l_{35}}+v^{30}\cdot\frac{l_{65}}{l_{35}}=0.196\ 443$$

$$i^{(12)}=12\times[(1+i)^{\frac{1}{12}}-1]=0.058\ 410$$

$$d^{(12)}=12\times[1-(1+i)^{-\frac{1}{12}}]=0.058\ 128$$

$$\alpha(12)=\frac{i\cdot d}{i^{(12)}\cdot d^{(12)}}=\frac{0.06\times0.056\ 604}{0.058\ 410\times0.058\ 128}=1.005\ 148$$

$$\beta(12)=\frac{i^{(12)}-i}{i^{(12)}\cdot d^{(12)}}=\frac{0.058\,410-0.06}{0.058\,410\times 0.058\,128}=-0.466\,431$$

$$\ddot{a}_{35:\overline{20}|}=\sum_{k=0}^{19}v^{k}\cdot\frac{l_{35+k}}{l_{35}}=11.985\,946$$

$$\ddot{a}_{35:\overline{20}|}^{(12)}=\alpha(12)\cdot\ddot{a}_{35:\overline{20}|}+\beta(12)\cdot\left(1-v^{20}\cdot\frac{l_{55}}{l_{35}}\right)=11.656\,576$$

$$b\cdot{}_{20}P_{35:\overline{30}|}^{(12)}=b\cdot\frac{A_{35:\overline{30}|}}{\ddot{a}_{35:\overline{20}|}^{(12)}}=10\,000\times\frac{0.196\,443}{11.656\,576}=168.525\,6$$

3.4.4 年金保险

3.4.4.1 终身年金

1. 即期年金

[**基本算法示例**] h 年缴费每年 m 次缴费期初付即期终身年金均衡纯保费。

需要求解的问题类型:保单均衡纯保费。

解:

$$v=\frac{1}{1+i}$$

$$d=1-v$$

$$i^{(m)}=m\cdot[(1+i)^{\frac{1}{m}}-1]$$

$$d^{(m)}=m\cdot[1-(1+i)^{-\frac{1}{m}}]$$

$$\alpha(m)=\frac{i\cdot d}{i^{(m)}\cdot d^{(m)}}$$

$$\beta(m)=\frac{i^{(m)}-i}{i^{(m)}\cdot d^{(m)}}$$

$$\ddot{a}_{x:\overline{h}|}=\sum_{k=0}^{h-1}v^{k}\cdot{}_{k}p_{x}=\sum_{k=0}^{h-1}v^{k}\cdot\frac{l_{x+k}}{l_{x}}$$

$$=v^{0}\cdot\frac{l_{x}}{l_{x}}+v\cdot\frac{l_{x+1}}{l_{x}}+v^{2}\cdot\frac{l_{x+2}}{l_{x}}+\cdots+v^{h-2}\cdot\frac{l_{x+h-2}}{l_{x}}+v^{h-1}\cdot\frac{l_{x+h-1}}{l_{x}}$$

$$\ddot{a}_{x:\overline{h}|}^{(m)}=\alpha(m)\cdot\ddot{a}_{x:\overline{h}|}+\beta(m)\cdot(1-v^{h}\cdot{}_{h}p_{x})$$

$$=\alpha(m)\cdot\ddot{a}_{x:\overline{h}|}+\beta(m)\cdot(1-v^{h}\cdot\frac{l_{x+h}}{l_{x}})$$

$$\ddot{a}_{x}=\sum_{k=0}^{\omega-x}v^{k}\cdot{}_{k}p_{x}=\sum_{k=0}^{\omega-x}v^{k}\cdot\frac{l_{x+k}}{l_{x}}$$

$$=v^{0}\cdot\frac{l_{x}}{l_{x}}+v\cdot\frac{l_{x+1}}{l_{x}}+v^{2}\cdot\frac{l_{x+2}}{l_{x}}+\cdots+v^{\omega-x-1}\cdot\frac{l_{\omega-1}}{l_{x}}+v^{\omega-x}\cdot\frac{l_{\omega}}{l_{x}}$$

$$b\cdot{}_{h}P^{(m)}(\ddot{a}_{x})=b\cdot\frac{\ddot{a}_{x}}{\ddot{a}_{x:\overline{h}|}^{(m)}}$$

[**实验 3.4.5**] h 年缴费每年 m 次缴费期初付即期终身年金均衡纯保费计算。

张先生现年 30 岁，在人寿保险公司购买一项终身生存年金，每月月初缴纳保费，30 年缴清，自保单生效之日起每年年初能得到的金额为 5 000 元，假设极限年龄为 105 岁，试根据经验生命表（2000—2003）和预定年利率 $i=2.5\%$，求该保单所需的年均纯保费。

解：

1.数据录入

(1)已知数据录入

$x=30$;

$i=0.025$;

$b=5\ 000$;

$m=12$;

$\omega=105$;

$h=30$;

$L_{ijk}=L_{221}$。

(2)需要求解的问题类型：$b\cdot{}_{30}P^{(12)}(\ddot{a}_{30})$

2.问题解答

$$v=\frac{1}{1+i}=\frac{1}{1.025}=0.975\ 610$$

$$d=1-v=1-\frac{1}{1+0.025}=0.024\ 39$$

$$i^{(12)}=12\times[(1+0.025)^{\frac{1}{12}}-1]=0.024\ 718$$

$$d^{(12)}=12\times[1-(1+0.025)^{-\frac{1}{12}}]=0.024\ 667$$

$$\alpha(12)=\frac{i\cdot d}{i^{(12)}\cdot d^{(12)}}=\frac{0.025\times0.024\ 39}{0.024\ 718\times0.024\ 667}=1.000\ 05$$

$$\beta(12)=\frac{i^{(12)}-i}{i^{(12)}\cdot d^{(12)}}=\frac{0.024\ 718-0.025}{0.024\ 718\times0.024\ 667}=-0.462\ 446$$

$$\ddot{a}_{30:\overline{30}|}=\sum_{k=0}^{29}v^k\cdot{}_kp_{30}=\sum_{k=0}^{29}v^k\cdot\frac{l_{30+k}}{l_{30}}=21.088\ 377$$

$$\begin{aligned}\ddot{a}_{30:\overline{30}|}^{(12)}&=\alpha(12)\cdot\ddot{a}_{30:\overline{30}|}+\beta(12)\cdot(1-v^{30}\cdot{}_{30}p_{30})\\&=1.000\ 05\times21.088\ 377-0.462\ 446\times\left[1-\left(\frac{1}{1+0.025}\right)^{30}\times\left(\frac{922\ 903}{986\ 620.9}\right)\right]\\&=20.833\ 225\end{aligned}$$

$$\ddot{a}_{30}=\sum_{k=0}^{75}v^k\cdot{}_kp_{30}=\sum_{k=0}^{75}v^k\cdot\frac{l_{30+k}}{l_{30}}=28.773\ 534$$

$${}_{30}P^{(12)}(\ddot{a}_{30})=\frac{\ddot{a}_{30}}{\ddot{a}_{30:\overline{30}|}^{(12)}}=\frac{28.773\ 534}{20.833\ 225}=1.381\ 136\ 814$$

$$b\cdot{}_{30}P^{(12)}(\ddot{a}_{30})=5\ 000\times1.381\ 136\ 814=6\ 905.68$$

2. 延期年金

[**基本算法示例**] h 年缴费每年 m 次缴费期初付延期终身年金均衡纯保费。

需要求解的问题类型:保单均衡纯保费。

解:

$$v=\frac{1}{1+i}$$

$$d=1-v$$

$$i^{(m)}=m\cdot[(1+i)^{\frac{1}{m}}-1]$$

$$d^{(m)}=m\cdot[1-(1+i)^{-\frac{1}{m}}]$$

$$\alpha(m)=\frac{i\cdot d}{i^{(m)}\cdot d^{(m)}}$$

$$\beta(m)=\frac{i^{(m)}-i}{i^{(m)}\cdot d^{(m)}}$$

$$\ddot{a}_{x:\overline{h}|}=\sum_{k=0}^{h-1}v^{k}\cdot{}_{k}p_{x}=\sum_{k=0}^{h-1}v^{k}\cdot\frac{l_{x+k}}{l_{x}}$$

$$=v^{0}\cdot\frac{l_{x}}{l_{x}}+v\cdot\frac{l_{x+1}}{l_{x}}+v^{2}\cdot\frac{l_{x+2}}{l_{x}}+\cdots+v^{h-2}\cdot\frac{l_{x+h-2}}{l_{x}}+v^{h-1}\cdot\frac{l_{x+h-1}}{l_{x}}$$

$$\ddot{a}_{x:\overline{h}|}^{(m)}=\alpha(m)\cdot\ddot{a}_{x:\overline{h}|}+\beta(m)\cdot(1-v^{h}\cdot{}_{h}p_{x})$$

$$=\alpha(m)\cdot\ddot{a}_{x:\overline{h}|}+\beta(m)\cdot(1-v^{h}\cdot\frac{l_{x+h}}{l_{x}})$$

$${}_{r|}\ddot{a}_{x}=\sum_{k=r}^{\omega-x}v^{k}\cdot{}_{k}p_{x}=\sum_{k=r}^{\omega-x}v^{k}\cdot\frac{l_{x+k}}{l_{x}}$$

$$=v^{r}\cdot\frac{l_{x+r}}{l_{x}}+v^{r+1}\cdot\frac{l_{x+r+1}}{l_{x}}+v^{r+2}\cdot\frac{l_{x+r+2}}{l_{x}}+\cdots+v^{\omega-x-1}\cdot\frac{l_{\omega-1}}{l_{x}}+v^{\omega-x}\cdot\frac{l_{\omega}}{l_{x}}$$

$$b\cdot{}_{h}P^{(m)}({}_{r|}\ddot{a}_{x})=b\cdot\frac{{}_{r|}\ddot{a}_{x}}{\ddot{a}_{x:\overline{h}|}^{(m)}}$$

[**实验 3.4.6**] h 年缴费每年 m 次缴费期初付延期终身年金均衡纯保费计算。

张先生现年 30 岁,在人寿保险公司购买一项 30 年缴清保费的终身生存年金,每月月初缴纳保费,在缴费 30 年后每年年初能得到的金额为 10 000 元,假设极限年龄为 105 岁,试根据经验生命表(2000—2003)和预定年利率 $i=2.5\%$,求该保单所需的年均纯保费。

解:

1.数据录入

(1)已知数据录入

$x=30$;

$i=0.025$;

$b=10\ 000$;

$r=30$；

$m=12$；

$\omega=105$；

$h=30$；

$L_{ijk}=L_{221}$。

(2)需要求解的问题类型：$b\cdot{}_{30}P^{(12)}({}_{30|}\ddot{a}_{30})$

2.问题解答

$$v=\frac{1}{1+i}=\frac{1}{1.025}=0.975\,610$$

$$d=1-v=1-\frac{1}{1+0.025}=0.024\,39$$

$$i^{(12)}=12\times[(1+0.025)^{\frac{1}{12}}-1]=0.024\,718$$

$$d^{(12)}=12\times[1-(1+0.025)^{-\frac{1}{12}}]=0.024\,667$$

$$\alpha(12)=\frac{i\cdot d}{i^{(12)}\cdot d^{(12)}}=\frac{0.025\times0.024\,39}{0.024\,718\times0.024\,667}=1.000\,05$$

$$\beta(12)=\frac{i^{(12)}-i}{i^{(12)}\cdot d^{(12)}}=\frac{0.024\,718-0.025}{0.024\,718\times0.024\,667}=-0.462\,446$$

$$\ddot{a}_{30:\overline{30|}}=\sum_{k=0}^{29}v^k\cdot{}_kp_{30}=\sum_{k=0}^{29}v^k\cdot\frac{l_{30+k}}{l_{30}}=21.088\,377$$

$$\begin{aligned}\ddot{a}^{(12)}_{30:\overline{30|}}&=\alpha(12)\cdot\ddot{a}_{30:\overline{30|}}+\beta(12)\cdot(1-v^{30}\cdot{}_{30}p_{30})\\&=1.000\,05\times21.088\,377-0.462\,446\times\left[1-\left(\frac{1}{1+0.025}\right)^{30}\times\left(\frac{922\,903}{986\,620.9}\right)\right]\\&=20.833\,225\end{aligned}$$

$$_{30|}\ddot{a}_{30}=\sum_{k=30}^{75}v^k\cdot{}_kp_{30}=\sum_{k=30}^{75}v^k\cdot\frac{l_{30+k}}{l_{30}}=7.685\,156$$

$${}_{30}P^{(12)}({}_{30|}\ddot{a}_{30})=\frac{{}_{30|}\ddot{a}_{30}}{\ddot{a}^{(12)}_{30:\overline{30|}}}=\frac{7.685\,156}{20.833\,225}=0.368\,889\,406$$

$$b\cdot{}_{30}P^{(12)}({}_{30|}\ddot{a}_{30})=10\,000\times0.368\,889\,406=3\,688.89$$

3.4.4.2 定期年金

1. 即期年金

[**基本算法示例**] h 年缴费每年 m 次缴费期初付即期定期年金均衡纯保费。

需要求解的问题类型：保单均衡纯保费。

解：

$$v=\frac{1}{1+i}$$

$$d=1-v$$

$$i^{(m)}=m\cdot[(1+i)^{\frac{1}{m}}-1]$$

$$d^{(m)} = m \cdot [1 - (1+i)^{-\frac{1}{m}}]$$

$$\alpha(m) = \frac{i \cdot d}{i^{(m)} \cdot d^{(m)}}$$

$$\beta(m) = \frac{i^{(m)} - i}{i^{(m)} \cdot d^{(m)}}$$

$$\ddot{a}_{x:\overline{n}|} = \sum_{k=0}^{n-1} v^k \cdot {}_k p_x = \sum_{k=0}^{n-1} v^k \cdot \frac{l_{x+k}}{l_x}$$

$$= v^0 \cdot \frac{l_x}{l_x} + v \cdot \frac{l_{x+1}}{l_x} + v^2 \cdot \frac{l_{x+2}}{l_x} + \cdots + v^{n-2} \cdot \frac{l_{x+n-2}}{l_x} + v^{n-1} \cdot \frac{l_{x+n-1}}{l_x}$$

$$\ddot{a}_{x:\overline{h}|} = \sum_{k=0}^{h-1} v^k \cdot {}_k p_x = \sum_{k=0}^{h-1} v^k \cdot \frac{l_{x+k}}{l_x}$$

$$= v^0 \cdot \frac{l_x}{l_x} + v \cdot \frac{l_{x+1}}{l_x} + v^2 \cdot \frac{l_{x+2}}{l_x} + \cdots + v^{h-2} \cdot \frac{l_{x+h-2}}{l_x} + v^{h-1} \cdot \frac{l_{x+h-1}}{l_x}$$

$$\ddot{a}^{(m)}_{x:\overline{h}|} = \alpha(m) \cdot \ddot{a}_{x:\overline{h}|} + \beta(m) \cdot (1 - v^h \cdot {}_h p_x)$$

$$= \alpha(m) \cdot \ddot{a}_{x:\overline{h}|} + \beta(m) \cdot (1 - v^h \cdot \frac{l_{x+h}}{l_x})$$

$$b \cdot {}_h P^{(m)}(\ddot{a}_{x:\overline{n}|}) = b \cdot \frac{\ddot{a}_{x:\overline{n}|}}{\ddot{a}^{(m)}_{x:\overline{h}|}}$$

[**实验 3.4.7**] h 年缴费每年 m 次缴费期初付即期定期年金均衡纯保费计算。

张先生现年 30 岁，在人寿保险公司购买一项定期生存年金，保险期限为 30 年，每月月初缴纳保费，10 年缴清，自保单生效起每年年初能得到的金额为 5 000 元，试根据经验生命表（2000—2003）和预定年利率 $i=2.5\%$，求该保单所需的年缴均衡纯保费。

解：

1.数据录入

（1）已知数据录入

$x=30$；

$i=0.025$；

$b=5\ 000$；

$m=12$；

$n=30$；

$h=10$；

$L_{ijk}=L_{221}$。

（2）需要求解的问题类型：$b \cdot {}_{10}P^{(12)}(\ddot{a}_{30:\overline{30}|})$

2.问题解答

$$v = \frac{1}{1+i} = \frac{1}{1.025} = 0.975\ 610$$

$$d = 1 - v = 1 - \frac{1}{1+0.025} = 0.024\ 39$$

$$i^{(12)} = 12 \times [(1+i)^{\frac{1}{12}} - 1] = 0.024\,718$$

$$d^{(12)} = 12 \times [1 - (1+i)^{-\frac{1}{12}}] = 0.024\,667$$

$$\alpha(12) = \frac{i \cdot d}{i^{(12)} \cdot d^{(12)}} = \frac{0.025 \times 0.024\,39}{0.024\,718 \times 0.024\,667} = 1.000\,05$$

$$\beta(12) = \frac{i^{(12)} - i}{i^{(12)} \cdot d^{(12)}} = \frac{0.024\,718 - 0.025}{0.024\,718 \times 0.024\,667} = -0.462\,446$$

$$\ddot{a}_{30:\overline{30}|} = \sum_{k=0}^{29} v^k \cdot {}_kp_{30} = \sum_{k=0}^{29} v^k \cdot \frac{l_{30+k}}{l_{30}} = 21.088\,377$$

$$\ddot{a}_{30:\overline{10}|} = \sum_{k=0}^{9} v^k \cdot {}_kp_{30} = \sum_{k=0}^{9} v^k \cdot \frac{l_{30+k}}{l_{30}} = 8.938\,173$$

$$\begin{aligned}\ddot{a}^{(12)}_{30:\overline{10}|} &= \alpha(12) \cdot \ddot{a}_{30:\overline{10}|} + \beta(12) \cdot (1 - v^{10} \cdot {}_{10}p_{30}) \\ &= 1.000\,05 \times 8.938\,173 - 0.462\,446 \times \left[1 - \left(\frac{1}{1+0.025}\right)^{10} \times \left(\frac{977\,406.2}{986\,620.9}\right)\right] \\ &= 8.834\,066\end{aligned}$$

$${}_{10}P^{(12)}(\ddot{a}_{30:\overline{30}|}) = \frac{\ddot{a}_{30:\overline{30}|}}{\ddot{a}^{(12)}_{30:\overline{10}|}} = \frac{21.088\,377}{8.834\,066} = 2.387\,165\,438$$

$$b \cdot {}_{10}P^{(12)}(\ddot{a}_{30:\overline{30}|}) = 5\,000 \times 2.387\,165\,438 = 11\,935.83$$

2. 延期年金

[**基本算法示例**] h 年缴费每年 m 次缴费期初付延期定期年金均衡纯保费。

需要求解的问题类型:保单均衡纯保费。

解:

$$v = \frac{1}{1+i}$$

$$d = 1 - v$$

$$i^{(m)} = m \cdot [(1+i)^{\frac{1}{m}} - 1]$$

$$d^{(m)} = m \cdot [1 - (1+i)^{-\frac{1}{m}}]$$

$$\alpha(m) = \frac{i \cdot d}{i^{(m)} \cdot d^{(m)}}$$

$$\beta(m) = \frac{i^{(m)} - i}{i^{(m)} \cdot d^{(m)}}$$

$$\begin{aligned}{}_{r|n}\ddot{a}_x &= \sum_{k=r}^{n+r-1} v^k \cdot {}_kp_x = \sum_{k=r}^{n+r-1} v^k \cdot \frac{l_{x+k}}{l_x} \\ &= v^r \cdot \frac{l_{x+r}}{l_x} + v^{r+1} \cdot \frac{l_{x+r+1}}{l_x} + v^{r+2} \cdot \frac{l_{x+r+2}}{l_x} + \cdots + v^{n+r-2} \cdot \frac{l_{x+n+r-2}}{l_x} + v^{n+r-1} \cdot \frac{l_{x+n+r-1}}{l_x}\end{aligned}$$

$$\ddot{a}_{x:\overline{h}|} = \sum_{k=0}^{h-1} v^k \cdot {}_kp_x = \sum_{k=0}^{h-1} v^k \cdot \frac{l_{x+k}}{l_x}$$

$$= v^0 \cdot \frac{l_x}{l_x} + v \cdot \frac{l_{x+1}}{l_x} + v^2 \cdot \frac{l_{x+2}}{l_x} + \cdots + v^{h-2} \cdot \frac{l_{x+h-2}}{l_x} + v^{h-1} \cdot \frac{l_{x+h-1}}{l_x}$$

$$\ddot{a}_{x:\overline{h}|}^{(m)} = \alpha(m) \cdot \ddot{a}_{x:\overline{h}|} + \beta(m) \cdot (1 - v^h \cdot {}_hp_x)$$

$$= \alpha(m) \cdot \ddot{a}_{x:\overline{h}|} + \beta(m) \cdot (1 - v^h \cdot \frac{l_{x+h}}{l_x})$$

$$b \cdot {}_hP^{(m)}({}_{r|n}\ddot{a}_x) = b \cdot \frac{{}_{r|n}\ddot{a}_x}{\ddot{a}_{x:\overline{h}|}^{(m)}}$$

[**实验 3.4.8**] h 年缴费每年 m 次缴费期初付延期定期年金均衡纯保费计算。

张先生现年30岁,在人寿保险公司购买一项延期给付的20年定期生存年金,每月月初缴纳保费,10年缴清,自保单生效起10年后每年年初能得到的金额为5 000元,试根据经验生命表(2000—2003)和预定年利率 $i=2.5\%$,求该保单所需的年缴均衡纯保费。

解:

1.数据录入

(1)已知数据录入

$x=30$;

$i=0.025$;

$b=5\ 000$;

$m=12$;

$n=20$;

$r=10$;

$h=10$;

$L_{ijk}=L_{221}$。

(2)需要求解的问题类型: $b \cdot {}_{10}P^{(12)}({}_{10|20}\ddot{a}_{30})$

2.问题解答

$$v = \frac{1}{1+i} = \frac{1}{1.025} = 0.975\ 610$$

$$d = 1 - v = 1 - \frac{1}{1+0.025} = 0.024\ 39$$

$$i^{(12)} = 12 \times [(1+i)^{\frac{1}{12}} - 1] = 0.024\ 718$$

$$d^{(12)} = 12 \times [1 - (1+i)^{-\frac{1}{12}}] = 0.024\ 667$$

$$\alpha(12) = \frac{i \cdot d}{i^{(12)} \cdot d^{(12)}} = \frac{0.025 \times 0.024\ 39}{0.024\ 718 \times 0.024\ 667} = 1.000\ 05$$

$$\beta(12) = \frac{i^{(12)} - i}{i^{(12)} \cdot d^{(12)}} = \frac{0.024\ 718 - 0.025}{0.024\ 718 \times 0.024\ 667} = -0.462\ 446$$

$$ {}_{10|20}\ddot{a}_{30} = \sum_{k=10}^{29} v^k \cdot {}_k p_{30} = \sum_{k=10}^{29} v^k \cdot \frac{l_{30+k}}{l_{30}} = 12.150\ 204 $$

$$ \ddot{a}_{30:\overline{10}|} = \sum_{k=0}^{9} v^k \cdot {}_k p_{30} = \sum_{k=0}^{9} v^k \cdot \frac{l_{30+k}}{l_{30}} = 8.938\ 173 $$

$$ \ddot{a}^{(12)}_{30:\overline{10}|} = \alpha(12) \cdot \ddot{a}_{30:\overline{10}|} + \beta(12) \cdot (1 - v^{10} \cdot {}_{10}p_{30}) $$

$$ = 1.000\ 05 \times 8.938\ 173 - 0.462\ 446 \times \left[1 - \left(\frac{1}{1+0.025}\right)^{10} \times \left(\frac{977\ 406.2}{986\ 620.9}\right)\right] $$

$$ = 8.834\ 066 $$

$$ {}_{10}P^{(12)}({}_{10|20}\ddot{a}_{30}) = \frac{{}_{10|20}\ddot{a}_{30}}{\ddot{a}^{(12)}_{30:\overline{10}|}} = \frac{12.150\ 204}{8.834\ 066} = 1.375\ 380\ 714 $$

$$ b \cdot {}_{10}P^{(12)}({}_{10|20}\ddot{a}_{30}) = 5\ 000 \times 1.375\ 380\ 714 = 6\ 876.90 $$

4 均衡纯保费责任准备金

[**教学目的与要求**] 均衡纯保费责任准备金是以均衡纯保费为基础，采用过去法和未来法计算责任准备金。学生应掌握各种保险责任、保险金支付条件、缴费方式下均衡纯保费责任准备金的计算方法。

[**内容摘要**] 运用过去法与未来法计算各险种在全离散模型、全连续模型、半连续模型条件下的均衡纯保费责任准备金；每年 m 次缴费情况下各险种责任准备金以及期初责任准备金、期中责任准备金的计算方法。对险种的分类主要包括死亡保险、两全保险与年金保险；终身寿险与定期寿险；即期寿险与延期寿险；每年缴费一次与每年缴费 m 次等。

4.1 全离散寿险模型

全离散寿险模型均衡纯保费责任准备金是在缴费与保险金给付均为离散分布的情况下讨论均衡纯保费责任准备金计算问题。

4.1.1 终身寿险

全离散模型终身寿险是指在缴费期内每年一次缴费，死亡保险金在被保险人死亡年末给付。

4.1.1.1 过去法

[**基本算法示例**] 全离散模型 h 年缴费即期终身死亡保险过去法均衡纯保费责任准备金。

需要求解的问题类型：

①当 $0 \leqslant t < h$ 时，第 t 个保单年度的期末责任准备金；

②当 $t \geqslant h$ 时，第 t 个保单年度的期末责任准备金。

解：

(1)问题①求解

$$v = \frac{1}{1+i}$$

$$A_x = \sum_{k=0}^{\omega-x} \frac{v^{k+1} \cdot d_{x+k}}{l_x}$$

$$= \frac{vd_x + v^2 d_{x+1} + v^3 d_{x+2} + \cdots + v^{\omega-x} d_{\omega-1} + v^{\omega-x+1} d_{\omega}}{l_x}$$

$$\ddot{a}_{x:\overline{h|}} = \sum_{k=0}^{h-1} \frac{v^k \cdot l_{x+k}}{l_x}$$

$$= \frac{l_x + vl_{x+1} + v^2 l_{x+2} + \cdots + v^{h-2} l_{x+h-2} + v^{h-1} l_{x+h-1}}{l_x}$$

$${}_hP_x = \frac{A_x}{\ddot{a}_{x:\overline{h|}}}$$

$$\ddot{a}_{x:\overline{t|}} = \sum_{k=0}^{t-1} \frac{v^k \cdot l_{x+k}}{l_x}$$

$$= \frac{l_x + vl_{x+1} + v^2 l_{x+2} + \cdots + v^{t-2} l_{x+t-2} + v^{t-1} l_{x+t-1}}{l_x}$$

$${}_tE_x = v^t \cdot \frac{l_{x+t}}{l_x}$$

$$A^1_{x:\overline{t|}} = \sum_{k=0}^{t-1} v^{k+1} \cdot \frac{d_{x+k}}{l_x}$$

$$= \frac{vd_x + v^2 d_{x+1} + v^3 d_{x+2} + \cdots + v^{t-1} d_{x+t-2} + v^t d_{x+t-1}}{l_x}$$

$$b \cdot {}^h_tV_x = b \cdot \frac{{}_hP_x \cdot \ddot{a}_{x:\overline{t|}} - A^1_{x:\overline{t|}}}{{}_tE_x}$$

(2)问题②求解

$${}_tE_x = v^t \cdot \frac{l_{x+t}}{l_x}$$

$$A^1_{x:\overline{t|}} = \sum_{k=0}^{t-1} v^{k+1} \cdot \frac{d_{x+k}}{l_x}$$

$$= \frac{vd_x + v^2 d_{x+1} + v^3 d_{x+2} + \cdots + v^{t-1} d_{x+t-2} + v^t d_{x+t-1}}{l_x}$$

$$b \cdot {}^h_tV_x = b \cdot \frac{{}_hP_x \cdot \ddot{a}_{x:\overline{h|}} - A^1_{x:\overline{t|}}}{{}_tE_x} = b \cdot \frac{A_x - A^1_{x:\overline{t|}}}{{}_tE_x}$$

[**实验 4.1.1**] 全离散模型 h 年缴费即期终身死亡保险过去法均衡纯保费责任准备金计算。

35 岁的李先生购买了一份 20 年缴费的终身寿险,保险金额为 10 000 元,在被保险人死亡所处的保单年度末支付,预定年利率为 6%,假设极限年龄为 105 岁,并采用经验生命表(2000—2003),求该保单在第 10 个和第 25 个保单年度的期末责任准备金。

解:

1.数据录入

(1)已知数据录入

$x=35$;

$i=0.06$;

$b=10\ 000$;

$h=20$;

$t=10,25$;

$\omega=105$;

$L_{ijk}=L_{211}$。

(2)需要求解的问题类型

① $b\cdot {}_{10}^{20}V_{35}$;

② $b\cdot {}_{25}^{20}V_{35}$。

2.问题解答

(1)问题①求解

$$v=\frac{1}{1+i}=\frac{1}{1+0.06}=0.943\ 396$$

$$A_{35}=\sum_{k=0}^{70}\frac{v^{k+1}\cdot d_{35+k}}{l_{35}}$$

$$=\frac{vd_{35}+v^2d_{36}+v^3d_{37}+\cdots+v^{70}d_{104}+v^{71}d_{105}}{l_{35}}=0.106\ 590$$

$$\ddot{a}_{35:\overline{20}|}=\sum_{k=0}^{19}\frac{v^k\cdot l_{35+k}}{l_{35}}$$

$$=\frac{l_{35}+vl_{36}+v^2l_{37}+\cdots+v^{18}l_{53}+v^{19}l_{54}}{l_{35}}=11.989\ 501$$

$${}_{20}P_{35}=\frac{A_{35}}{\ddot{a}_{35:\overline{20}|}}=0.008\ 890$$

$$\ddot{a}_{35:\overline{10}|}=\sum_{k=0}^{9}\frac{v^k\cdot l_{35+k}}{l_{35}}$$

$$=\frac{l_{35}+vl_{36}+v^2l_{37}+\cdots+v^8l_{43}+v^9l_{44}}{l_{35}}=7.756\ 529$$

$${}_{10}E_{35}=v^{10}\cdot\frac{l_{45}}{l_{35}}=0.549\ 082$$

$$A^1_{35:\overline{10}|}=\sum_{k=0}^{9}\frac{v^{k+1}\cdot d_{35+k}}{l_{35}}$$

$$=\frac{vd_{35}+v^2d_{36}+v^3d_{37}+\cdots+v^9d_{43}+v^{10}d_{44}}{l_{35}}=0.011\ 869$$

$${}_{10}^{20}V_{35}=\frac{{}_{20}P_{35}\cdot\ddot{a}_{35:\overline{10}|}-A^1_{35:\overline{10}|}}{{}_{10}E_{35}}=0.103\ 967$$

$$b\cdot{}_{10}^{20}V_{35}=10\ 000\times 0.103\ 975=1\ 039.67$$

(2)问题②求解

$${}_{25}E_{35}=v^{25}\cdot\frac{l_{60}}{l_{35}}=0.214\ 061$$

$$A_{35:\overline{25|}}^{1}=\sum_{k=0}^{24}\frac{v^{k+1}\cdot d_{35+k}}{l_{35}}$$

$$=\frac{vd_{35}+v^{2}d_{36}+v^{3}d_{37}+\cdots+v^{24}d_{58}+v^{25}d_{59}}{l_{35}}=0.033\ 272$$

$${}_{25}^{20}V_{35}=\frac{{}_{20}P_{35}\cdot \ddot{a}_{35:\overline{20|}}-A_{35:\overline{25|}}^{1}}{{}_{25}E_{35}}=\frac{A_{35}-A_{35:\overline{25|}}^{1}}{{}_{25}E_{35}}=0.342\ 510$$

$$b\cdot{}_{25}^{20}V_{35}=10\ 000\times 0.342\ 510=3\ 425.1$$

4.1.1.2　未来法

［**基本算法示例**］全离散模型 h 年缴费即期终身死亡保险未来法均衡纯保费责任准备金。

需要求解的问题类型：

①当 $0\leqslant t<h$ 时，第 t 个保单年度的期末责任准备金 $b\cdot{}_{t}^{h}V_{x}$；

②当 $t\geqslant h$ 时，第 t 个保单年度的期末责任准备金 $b\cdot{}_{t}^{h}V_{x}$。

解：

（1）问题①求解

$$v=\frac{1}{1+i}$$

$$A_{x}=\sum_{k=0}^{\omega-x-1}v^{k+1}\cdot\frac{d_{x+k}}{l_{x}}=v\cdot\frac{d_{x}}{l_{x}}+v^{2}\cdot\frac{d_{x+1}}{l_{x}}+v^{3}\cdot\frac{d_{x+2}}{l_{x}}+\cdots+v^{\omega-x}\cdot\frac{d_{\omega-1}}{l_{x}}$$

$$\ddot{a}_{x:\overline{h|}}=\sum_{k=0}^{h-1}v^{k}\cdot\frac{l_{x+k}}{l_{x}}=\frac{l_{x}}{l_{x}}+v\cdot\frac{l_{x+1}}{l_{x}}+v^{2}\cdot\frac{l_{x+2}}{l_{x}}+\cdots+v^{h-1}\cdot\frac{l_{x+h-1}}{l_{x}}$$

$${}_{h}P_{x}=\frac{A_{x}}{\ddot{a}_{x:\overline{h|}}}$$

$$A_{x+t}=\sum_{k=0}^{\omega-x-t-1}v^{k+1}\cdot\frac{d_{x+t+k}}{l_{x+t}}=v\cdot\frac{d_{x+t}}{l_{x+t}}+v^{2}\cdot\frac{d_{x+t+1}}{l_{x+t}}+v^{3}\cdot\frac{d_{x+t+2}}{l_{x+t}}+\cdots+v^{\omega-x-t}\cdot\frac{d_{\omega-1}}{l_{x+t}}$$

$$\ddot{a}_{x+t:\overline{h-t|}}=\sum_{k=0}^{h-t-1}v^{k}\cdot\frac{l_{x+t+k}}{l_{x+t}}=\frac{l_{x+t}}{l_{x+t}}+v\cdot\frac{l_{x+t+1}}{l_{x+t}}+v^{2}\cdot\frac{l_{x+t+2}}{l_{x+t}}+\cdots+v^{h-t-1}\cdot\frac{l_{x+h-1}}{l_{x+t}}$$

$$b\cdot{}_{t}^{h}V_{x}=b(A_{x+t}-{}_{h}P_{x}\cdot\ddot{a}_{x+t:\overline{h-t|}})$$

（2）问题②求解

$$A_{x+t}=\sum_{k=0}^{\omega-x-t-1}v^{k+1}\cdot\frac{d_{x+t+k}}{l_{x+t}}=v\cdot\frac{d_{x+t}}{l_{x+t}}+v^{2}\cdot\frac{d_{x+t+1}}{l_{x+t}}+v^{3}\cdot\frac{d_{x+t+2}}{l_{x+t}}+\cdots+v^{\omega-x-t}\cdot\frac{d_{\omega-1}}{l_{x+t}}$$

$$b\cdot{}_{t}^{h}V_{x}=b\cdot A_{x+t}$$

［**实验 4.1.2**］全离散模型 h 年缴费即期终身死亡保险未来法均衡纯保费责任准备金计算。

陈先生现年 40 岁，在某保险公司购买了一份缴费 10 年的终身寿险，死亡年末给付，保险金额为 30 000 元，预定年利率为 3%，假设极限年龄为 105 岁，并采用经验生命表（2000—2003）。用未来法求第 3 年和第 15 年的责任准备金。

解：

1.数据录入

(1)已知数据录入

$x=40$；

$i=0.03$；

$b=30\ 000$；

$h=10$；

$t=3,15$；

$\omega=105$；

$L_{ijk}=L_{211}$。

(2)需要求解的问题类型

① $b\cdot{}_{3}^{10}V_{40}$；

② $b\cdot{}_{15}^{10}V_{40}$。

2.问题求解

(1)问题①求解

$$v=\frac{1}{1+i}=0.970\ 874$$

$$A_{40}=\sum_{k=0}^{64}v^{k+1}\cdot\frac{d_{40+k}}{l_{40}}=v\cdot\frac{d_{40}}{l_{40}}+v^2\cdot\frac{d_{41}}{l_{40}}+v^3\cdot\frac{d_{42}}{l_{40}}+\cdots+v^{65}\cdot\frac{d_{104}}{l_{40}}=0.339\ 163$$

$$\ddot{a}_{40:\overline{10}|}=\sum_{k=0}^{9}v^k\cdot\frac{l_{40+k}}{l_{40}}=\frac{l_{40}}{l_{40}}+v\cdot\frac{l_{41}}{l_{40}}+v^2\cdot\frac{l_{42}}{l_{40}}+\cdots+v^9\cdot\frac{l_{49}}{l_{40}}=8.708\ 783$$

$${}_{10}P_{40}=\frac{A_{40}}{\ddot{a}_{40:\overline{10}|}}=0.038\ 945$$

$$A_{43}=\sum_{k=0}^{61}v^{k+1}\cdot\frac{d_{43+k}}{l_{43}}=v\cdot\frac{d_{43}}{l_{43}}+v^2\cdot\frac{d_{44}}{l_{43}}+v^3\cdot\frac{d_{45}}{l_{43}}+\cdots+v^{62}\cdot\frac{d_{104}}{l_{43}}=0.366\ 953$$

$$\ddot{a}_{43:\overline{7}|}=\sum_{k=0}^{6}v^k\cdot\frac{l_{43+k}}{l_{43}}=\frac{l_{43}}{l_{43}}+v\cdot\frac{l_{44}}{l_{43}}+v^2\cdot\frac{l_{45}}{l_{43}}+\cdots+v^6\cdot\frac{l_{49}}{l_{40}}=6.373\ 409$$

$${}_{3}^{10}V_{40}=A_{43}-{}_{10}P_{40}\cdot\ddot{a}_{43:\overline{7}|}=0.118\ 741$$

$$b\cdot{}_{3}^{10}V_{40}=3\ 562.242$$

(2)问题②求解

$$A_{55}=\sum_{k=0}^{49}v^{k+1}\cdot\frac{d_{55+k}}{l_{55}}=v\cdot\frac{d_{55}}{l_{55}}+v^2\cdot\frac{d_{56}}{l_{55}}+v^3\cdot\frac{d_{57}}{l_{55}}+\cdots+v^{50}\cdot\frac{d_{104}}{l_{55}}=0.497\ 905$$

$$b\cdot{}_{15}^{10}V_{40}=b\cdot A_{55}=14\ 937.15$$

4.1.2 定期寿险

4.1.2.1 过去法

[**基本算法示例**] 全离散模型 h 年缴费即期定期死亡保险过去法均衡纯保费责任准

备金。

需要求解的问题类型：

①当 $0 \leqslant t < h$ 时，第 t 个保单年度的期末责任准备金 $b \cdot {}_t^hV_{x:\overline{n}|}^1$；

②当 $t \geqslant h$ 时，第 t 个保单年度的期末责任准备金 $b \cdot {}_t^hV_{x:\overline{n}|}^1$。

解：

(1)问题①求解

$$v = \frac{1}{1+i}$$

$$A_{x:\overline{n}|}^1 = \sum_{k=0}^{n-1} \frac{v^{k+1} \cdot d_{x+k}}{l_x}$$

$$= \frac{vd_x + v^2d_{x+1} + v^3d_{x+2} + \cdots + v^{n-1}d_{x+n-2} + v^nd_{x+n-1}}{l_x}$$

$$\ddot{a}_{x:\overline{h}|} = \sum_{k=0}^{h-1} \frac{v^k \cdot l_{x+k}}{l_x}$$

$$= \frac{l_x + vl_{x+1} + v^2l_{x+2} + \cdots + v^{h-2}l_{x+h-2} + v^{h-1}l_{x+h-1}}{l_x}$$

$${}_hP_{x:\overline{n}|}^1 = \frac{A_{x:\overline{n}|}^1}{\ddot{a}_{x:\overline{h}|}}$$

$$\ddot{a}_{x:\overline{t}|} = \sum_{k=0}^{t-1} \frac{v^k \cdot l_{x+k}}{l_x}$$

$$= \frac{l_x + vl_{x+1} + v^2l_{x+2} + \cdots + v^{t-2}l_{x+t-2} + v^{t-1}l_{x+t-1}}{l_x}$$

$${}_tE_x = v^t \cdot \frac{l_{x+t}}{l_x}$$

$$A_{x:\overline{t}|}^1 = \sum_{k=0}^{t-1} v^{k+1} \cdot \frac{d_{x+k}}{l_x}$$

$$= \frac{vd_x + v^2d_{x+1} + v^3d_{x+2} + \cdots + v^{t-1}d_{x+t-2} + v^td_{x+t-1}}{l_x}$$

$$b \cdot {}_t^hV_{x:\overline{n}|}^1 = b \cdot \frac{{}_hP_{x:\overline{n}|}^1 \cdot \ddot{a}_{x:\overline{t}|} - A_{x:\overline{t}|}^1}{{}_tE_x}$$

(2)问题②求解

$${}_tE_x = v^t \cdot \frac{l_{x+t}}{l_x}$$

$$A_{x:\overline{t}|}^1 = \sum_{k=0}^{t-1} v^{k+1} \cdot \frac{d_{x+k}}{l_x}$$

$$= \frac{vd_x + v^2d_{x+1} + v^3d_{x+2} + \cdots + v^{t-1}d_{x+t-2} + v^td_{x+t-1}}{l_x}$$

$$b \cdot {}_t^hV_{x:\overline{n}|}^1 = b \cdot \frac{{}_hP_{x:\overline{n}|}^1 \cdot \ddot{a}_{x:\overline{h}|} - A_{x:\overline{t}|}^1}{{}_tE_x} = b \cdot \frac{A_{x:\overline{n}|}^1 - A_{x:\overline{t}|}^1}{{}_tE_x}$$

[**实验 4.1.3**] 全离散模型 h 年缴费即期定期死亡保险过去法均衡纯保费责任准备金计算。

35 岁的李先生购买了一份 10 年缴费的 20 年定期寿险，保险金额为 10 000 元，在被保险人死亡所处的保单年度末支付，预定年利率为 6%，并采用经验生命表（2000—2003），求该保单在第 5 个和第 15 个保单年度的期末责任准备金。

解：

1.数据录入

（1）已知数据录入

$x=35$；

$i=0.06$；

$b=10\ 000$；

$n=20$；

$h=10$；

$t=5,15$；

$L_{ijk}=L_{211}$。

（2）需要求解的问题类型

① $b \cdot {}_5^{10}V_{35:\overline{20}|}^1$；

② $b \cdot {}_{15}^{10}V_{35:\overline{20}|}^1$。

2.问题解答

（1）问题①求解

$$v = \frac{1}{1+i} = \frac{1}{1+0.06} = 0.943\ 396$$

$$A_{35:\overline{20}|}^1 = \sum_{k=0}^{19} \frac{v^{k+1} \cdot d_{35+k}}{l_{35}}$$

$$= \frac{vd_{35} + v^2 d_{36} + v^3 d_{37} + \cdots + v^{19} d_{53} + v^{20} d_{54}}{l_{35}} = 0.025\ 284$$

$$\ddot{a}_{35:\overline{10}|} = \sum_{k=0}^{9} \frac{v^k \cdot l_{35+k}}{l_{35}}$$

$$= \frac{l_{35} + vl_{36} + v^2 l_{37} + \cdots + v^8 l_{43} + v^9 l_{44}}{l_{35}} = 7.756\ 529$$

$${}_{10}P_{35:\overline{20}|}^1 = \frac{A_{35:\overline{20}|}^1}{\ddot{a}_{35:\overline{10}|}} = 0.003\ 260$$

$$\ddot{a}_{35:\overline{5}|} = \sum_{k=0}^{4} \frac{v^k \cdot l_{35+k}}{l_{35}}$$

$$= \frac{l_{35} + vl_{36} + v^2 l_{37} + v^3 l_{38} + v^4 l_{39}}{l_{35}} = 4.454\ 370$$

$$ {}_5E_{35} = v^5 \cdot \frac{l_{40}}{l_{35}} = 0.742\ 118 $$

$$ A^1_{35:\overline{5|}} = \sum_{k=0}^{4} \frac{v^{k+1} \cdot d_{35+k}}{l_{35}} $$

$$ = \frac{vd_{35} + v^2 d_{36} + v^3 d_{37} + v^4 d_{38} + v^5 d_{39}}{l_{35}} = 0.005\ 747 $$

$$ {}^{10}_{5}V^1_{35:\overline{20|}} = \frac{{}_{10}P^1_{35:\overline{20|}} \cdot \ddot{a}_{35:\overline{5|}} - A^1_{35:\overline{5|}}}{{}_5E_{35}} = 0.011\ 823 $$

$$ b \cdot {}^{10}_{5}V^1_{35:\overline{20|}} = 10\ 000 \times 0.011\ 823 = 118.23 $$

(2)问题②求解

$$ {}_{15}E_{35} = v^{15} \cdot \frac{l_{50}}{l_{35}} = 0.404\ 532 $$

$$ A^1_{35:\overline{15|}} = \sum_{k=0}^{14} \frac{v^{k+1} \cdot d_{35+k}}{l_{35}} $$

$$ = \frac{vd_{35} + v^2 d_{36} + v^3 d_{37} + \cdots + v^{14} d_{48} + v^{15} d_{49}}{l_{35}} = 0.018\ 322 $$

$$ {}^{10}_{15}V^1_{35:\overline{20|}} = \frac{{}_{10}P^1_{35:\overline{20|}} \cdot \ddot{a}_{35:\overline{10|}} - A^1_{35:\overline{15|}}}{{}_{15}E_{35}} = \frac{A^1_{35:\overline{20|}} - A^1_{35:\overline{15|}}}{{}_{15}E_{35}} = 0.017\ 210 $$

$$ b \cdot {}^{10}_{15}V^1_{35:\overline{20|}} = 10\ 000 \times 0.017\ 210 = 172.1 $$

4.1.2.2 未来法

[**基本算法示例**] 全离散模型 h 年缴费即期定期死亡保险未来法均衡纯保费责任准备金。

需要求解的问题类型：

①当 $0 \leqslant t < h$ 时，第 t 个保单年度的期末责任准备金 $b \cdot {}^h_tV^1_{x:\overline{n|}}$；

②当 $t \geqslant h$ 时，第 t 个保单年度的期末责任准备金 $b \cdot {}^h_tV^1_{x:\overline{n|}}$。

解：

(1)问题①求解

$$ v = \frac{1}{1+i} $$

$$ A^1_{x:\overline{n|}} = \sum_{k=0}^{n-1} v^{k+1} \cdot \frac{d_{x+k}}{l_x} = v \cdot \frac{d_x}{l_x} + v^2 \cdot \frac{d_{x+1}}{l_x} + v^3 \cdot \frac{d_{x+2}}{l_x} + \cdots + v^{n-1} \cdot \frac{d_{x+n-2}}{l_x} + v^n \cdot \frac{d_{x+n-1}}{l_x} $$

$$ \ddot{a}_{x:\overline{h|}} = \sum_{k=0}^{h-1} v^k \cdot \frac{l_{x+k}}{l_x} = \frac{l_x}{l_x} + v \cdot \frac{l_{x+1}}{l_x} + v^2 \cdot \frac{l_{x+2}}{l_x} + \cdots + v^{h-1} \cdot \frac{l_{x+h-1}}{l_x} $$

$$ {}_hP^1_{x:\overline{n|}} = \frac{A^1_{x:\overline{n|}}}{\ddot{a}_{x:\overline{h|}}} $$

$$ A^1_{x+t:\overline{n-t|}} = \sum_{k=0}^{n-t-1} v^{k+1} \cdot \frac{d_{x+t+k}}{l_{x+t}} = v \cdot \frac{d_{x+t}}{l_{x+t}} + v^2 \cdot \frac{d_{x+t+1}}{l_{x+t}} + v^3 \cdot \frac{d_{x+t+2}}{l_{x+t}} + \cdots + v^{n-t} \cdot \frac{d_{x+n-1}}{l_{x+t}} $$

$$\ddot{a}_{x+t:\overline{h-t}|}=\sum_{k=0}^{h-t-1}v^k\cdot\frac{l_{x+t+k}}{l_{x+t}}=\frac{l_{x+t}}{l_{x+t}}+v\cdot\frac{l_{x+t+1}}{l_{x+t}}+v^2\cdot\frac{l_{x+t+2}}{l_{x+t}}+\cdots+v^{h-t-1}\cdot\frac{l_{x+h-1}}{l_{x+t}}$$

$$b\cdot{}_t^hV_{x:\overline{n}|}^1=b\cdot(A_{x+t:\overline{n-t}|}^1-{}_hP_{x:\overline{n}|}^1\cdot\ddot{a}_{x+t:\overline{h-t}|})$$

(2)问题②求解

$$A_{x+t:\overline{n-t}|}^1=\sum_{k=0}^{n-t-1}v^{k+1}\cdot\frac{d_{x+t+k}}{l_{x+t}}=v\cdot\frac{d_{x+t}}{l_{x+t}}+v^2\cdot\frac{d_{x+t+1}}{l_{x+t}}+v^3\cdot\frac{d_{x+t+2}}{l_{x+t}}+\cdots+v^{n-t}\cdot\frac{d_{x+n-1}}{l_{x+t}}$$

$$b\cdot{}_t^hV_{x:\overline{n}|}^1=b\cdot A_{x+t:\overline{n-t}|}^1$$

[**实验 4.1.4**] 全离散模型 h 年缴费即期定期死亡保险未来法均衡纯保费责任准备金计算。

陈先生现年 40 岁，在某保险公司购买了一份缴费 5 年的 10 年定期寿险，死亡年末给付，保险金额为 30 000 元，预定年利率为 3%，极限年龄为 105 岁，并采用经验生命表(2000—2003)。用未来法求第 3 年和第 7 年的责任准备金。

解：

(1)已知数据录入

$x=40$；

$i=0.03$；

$b=30\ 000$；

$\omega=105$；

$n=10$；

$h=5$；

$t=3,7$；

$L_{ijk}=L_{211}$。

(2)需要求解的问题类型

① $b\cdot{}_3^5V_{40:\overline{10}|}^1$；

② $b\cdot{}_7^5V_{40:\overline{10}|}^1$。

2.问题求解

(1)问题①求解

$$v=\frac{1}{1+i}=\frac{1}{1+0.03}=0.970\ 874$$

$$A_{40:\overline{10}|}^1=\sum_{k=0}^{9}v^{k+1}\cdot\frac{d_{40+k}}{l_{40}}$$

$$=v\cdot\frac{d_{40}}{l_{40}}+v^2\cdot\frac{d_{41}}{l_{40}}+v^3\cdot\frac{d_{42}}{l_{40}}+\cdots+v^9\cdot\frac{d_{48}}{l_{40}}+v^{10}\cdot\frac{d_{49}}{l_{40}}=0.019\ 963$$

$$\ddot{a}_{40:\overline{5}|}=\sum_{k=0}^{4}v^k\cdot\frac{l_{40+k}}{l_{40}}=\frac{l_{40}}{l_{40}}+v\cdot\frac{l_{41}}{l_{40}}+v^2\cdot\frac{l_{42}}{l_{40}}+\cdots+v^4\cdot\frac{l_{44}}{l_{40}}=4.700\ 244$$

$${}_5P_{40:\overline{10}|}^1=\frac{A_{40:\overline{10}|}^1}{\ddot{a}_{40:\overline{5}|}}=0.004\ 247$$

$$A_{43:\overline{7}|}^{1}=\sum_{k=0}^{6}v^{k+1}\cdot\frac{d_{43+k}}{l_{43}}$$

$$=v\cdot\frac{d_{43}}{l_{43}}+v^{2}\cdot\frac{d_{44}}{l_{43}}+v^{3}\cdot\frac{d_{45}}{l_{43}}+\cdots+v^{6}\cdot\frac{d_{48}}{l_{43}}+v^{7}\cdot\frac{d_{49}}{l_{43}}=0.016\ 217$$

$$\ddot{a}_{43:\overline{2}|}=\sum_{k=0}^{1}v^{k}\cdot\frac{l_{43+k}}{l_{43}}=\frac{l_{43}}{l_{43}}+v\cdot\frac{l_{44}}{l_{43}}=1.968\ 822$$

$${}_{3}^{5}V_{40:\overline{10}|}^{1}=A_{43:\overline{7}|}^{1}-{}_{5}P_{40:\overline{10}|}^{1}\cdot\ddot{a}_{43:\overline{2}|}=0.007\ 855$$

$$b\cdot{}_{3}^{5}V_{40:\overline{10}|}^{1}=235.635\ 1$$

(2)问题②求解

$$A_{47:\overline{3}|}^{1}=\sum_{k=0}^{2}v^{k+1}\cdot\frac{d_{47+k}}{l_{47}}=v\cdot\frac{d_{47}}{l_{47}}+v^{2}\cdot\frac{d_{48}}{l_{47}}+v^{3}\cdot\frac{d_{49}}{l_{47}}=0.008\ 584$$

$${}_{7}^{5}V_{40:\overline{10}|}^{1}=A_{47:\overline{3}|}^{1}=0.008\ 584$$

$$b\cdot{}_{7}^{5}V_{40:\overline{10}|}^{1}=257.521\ 8$$

4.1.3 两全保险

4.1.3.1 过去法

［**基本算法示例**］全离散模型 h 年缴费即期定期两全保险过去法均衡纯保费责任准备金。

需要求解的问题类型：

①当 $0\leqslant t<h$ 时，第 t 个保单年度的期末责任准备金 $b\cdot{}_{t}^{h}V_{x:\overline{n}|}$；

②当 $t\geqslant h$ 时，第 t 个保单年度的期末责任准备金 $b\cdot{}_{t}^{h}V_{x:\overline{n}|}$。

解：

(1)问题①求解

$$v=\frac{1}{1+i}$$

$$A_{x:\overline{n}|}=A_{x:\overline{n}|}^{1}+A_{x:\overline{n}|}^{\ \ 1}$$

$$=\sum_{k=0}^{n-1}\frac{v^{k+1}\cdot d_{x+k}}{l_{x}}+\frac{v^{n}\cdot l_{x+n}}{l_{x}}$$

$$=\frac{vd_{x}+v^{2}d_{x+1}+v^{3}d_{x+2}+\cdots+v^{n-1}d_{x+n-2}+v^{n}d_{x+n-1}+v^{n}l_{x+n}}{l_{x}}$$

$$\ddot{a}_{x:\overline{h}|}=\sum_{k=0}^{h-1}\frac{v^{k}\cdot l_{x+k}}{l_{x}}$$

$$=\frac{l_{x}+vl_{x+1}+v^{2}l_{x+2}+\cdots+v^{h-2}l_{x+h-2}+v^{h-1}l_{x+h-1}}{l_{x}}$$

$${}_{h}P_{x:\overline{n}|}=\frac{A_{x:\overline{n}|}}{\ddot{a}_{x:\overline{h}|}}$$

$$\ddot{a}_{x:\overline{t}|} = \sum_{k=0}^{t-1} \frac{v^k \cdot l_{x+k}}{l_x}$$

$$= \frac{l_x + vl_{x+1} + v^2 l_{x+2} + \cdots + v^{t-2} l_{x+t-2} + v^{t-1} l_{x+t-1}}{l_x}$$

$${}_tE_x = v^t \cdot \frac{l_{x+t}}{l_x}$$

$$A^1_{x:\overline{t}|} = \sum_{k=0}^{t-1} \frac{v^{k+1} \cdot d_{x+k}}{l_x}$$

$$= \frac{vd_x + v^2 d_{x+1} + v^3 d_{x+2} + \cdots + v^{t-1} d_{x+t-2} + v^t d_{x+t-1}}{l_x}$$

$$b \cdot {}^h_t V_{x:\overline{n}|} = b \cdot \frac{{}_hP_{x:\overline{n}|} \cdot \ddot{a}_{x:\overline{t}|} - A^1_{x:\overline{t}|}}{{}_tE_x}$$

(2)问题②求解

$${}_tE_x = v^t \cdot \frac{l_{x+t}}{l_x}$$

$$A^1_{x:\overline{t}|} = \sum_{k=0}^{t-1} \frac{v^{k+1} \cdot d_{x+k}}{l_x}$$

$$= \frac{vd_x + v^2 d_{x+1} + v^3 d_{x+2} + \cdots + v^{t-1} d_{x+t-2} + v^t d_{x+t-1}}{l_x}$$

$$b \cdot {}^h_t V_{x:\overline{n}|} = b \cdot \frac{{}_hP_{x:\overline{n}|} \cdot \ddot{a}_{x:\overline{h}|} - A^1_{x:\overline{t}|}}{{}_tE_x} = b \cdot \frac{A_{x:\overline{n}|} - A^1_{x:\overline{t}|}}{{}_tE_x}$$

[**实验 4.1.5**] 全离散模型 h 年缴费即期定期两全保险过去法均衡纯保费责任准备金计算。

35 岁的李先生购买了一份 10 年缴费的 20 年两全保险，保险金额为 10 000 元，在被保险人死亡所处的保单年度末支付，预定年利率为 6%，并采用经验生命表（2000—2003），求该保单在第 5 个和第 15 个保单年度的期末责任准备金。

解：

1.数据录入

（1）已知数据录入

$x=35$；

$i=0.06$；

$b=10\ 000$；

$n=20$；

$h=10$；

$t=5,15$；

$L_{ijk}=L_{211}$。

（2）需要求解的问题类型

① $b \cdot {}_{5}^{10}V_{35:\overline{20|}}$；

② $b \cdot {}_{15}^{10}V_{35:\overline{20|}}$。

2.问题解答

（1）问题①求解

$$v = \frac{1}{1+i} = \frac{1}{1+0.06} = 0.943\ 396$$

$$A_{35:\overline{20|}} = A^{1}_{35:\overline{20|}} + A_{35:\overset{\ \ 1}{\overline{20|}}}$$

$$= \sum_{k=0}^{19} \frac{v^{k+1} \cdot d_{35+k}}{l_{35}} + \frac{v^{20} \cdot l_{55}}{l_{35}}$$

$$= \frac{vd_{35} + v^2 d_{36} + v^3 d_{37} + \cdots + v^{19} d_{53} + v^{20} d_{54} + v^{20} l_{55}}{l_{35}} = 0.321\ 349$$

$$\ddot{a}_{35:\overline{10|}} = \sum_{k=0}^{9} \frac{v^k \cdot l_{35+k}}{l_{35}}$$

$$= \frac{l_{35} + vl_{36} + v^2 l_{37} + \cdots + v^8 l_{43} + v^9 l_{44}}{l_{35}} = 7.756\ 529$$

$${}_{10}P_{35:\overline{20|}} = \frac{A_{35:\overline{20|}}}{\ddot{a}_{35:\overline{10|}}} = 0.041\ 429$$

$$\ddot{a}_{35:\overline{5|}} = \sum_{k=0}^{4} \frac{v^k \cdot l_{35+k}}{l_{35}}$$

$$= \frac{l_{35} + vl_{36} + v^2 l_{37} + v^3 l_{38} + v^4 l_{39}}{l_{35}} = 4.454\ 370$$

$${}_{5}E_{35} = v^5 \cdot \frac{l_{40}}{l_{35}} = 0.742\ 118$$

$$A^{1}_{35:\overline{5|}} = \sum_{k=0}^{4} \frac{v^{k+1} \cdot d_{35+k}}{l_{35}}$$

$$= \frac{vd_{35} + v^2 d_{36} + v^3 d_{37} + v^4 d_{38} + v^5 d_{39}}{l_{35}} = 0.005\ 747$$

$${}_{5}^{10}V_{35:\overline{20|}} = \frac{{}_{10}P_{35:\overline{20|}} \cdot \ddot{a}_{35:\overline{5|}} - A^{1}_{35:\overline{5|}}}{{}_{5}E_{35}} = 0.240\ 923$$

$$b \cdot {}_{5}^{10}V_{35:\overline{20|}} = 10\ 000 \times 0.240\ 923 = 2\ 409.23$$

（2）问题②求解

$${}_{15}E_{35} = v^{15} \cdot \frac{l_{50}}{l_{35}} = 0.404\ 532$$

$$A^{1}_{35:\overline{15|}} = \sum_{k=0}^{14} \frac{v^{k+1} \cdot d_{35+k}}{l_{35}}$$

$$=\frac{vd_{35}+v^2d_{36}+v^3d_{37}+\cdots+v^{14}d_{48}+v^{15}d_{49}}{l_{35}}=0.018\ 322$$

$${}_{15}^{10}V_{35:\overline{20}|}=\frac{{}_{10}P_{35:\overline{20}|}\cdot\ddot{a}_{35:\overline{10}|}-A^{1}_{35:\overline{15}|}}{{}_{15}E_{35}}=\frac{A_{35:\overline{20}|}-A^{1}_{35:\overline{15}|}}{{}_{15}E_{35}}=0.749\ 080$$

$$b\cdot{}_{15}^{10}V_{35:\overline{20}|}=10\ 000\times0.749\ 080=7\ 490.8$$

4.1.3.2 未来法

［**基本算法示例**］全离散模型 h 年缴费即期定期两全保险未来法均衡纯保费责任准备金。

需要求解的问题类型：

①当 $0\leqslant t<h$ 时，第 t 个保单年度的期末责任准备金 $b\cdot{}_t^hV_{x:\overline{n}|}$；

②当 $h\leqslant t<n$ 时，第 t 个保单年度的期末责任准备金 $b\cdot{}_t^hV_{x:\overline{n}|}$；

③当 $t=n$ 时，第 t 个保单年度的期末责任准备金 $b\cdot{}_t^hV_{x:\overline{n}|}$。

解：

(1)问题①求解

$$v=\frac{1}{1+i}$$

$$A_{x:\overline{n}|}=A^{1}_{x:\overline{n}|}+A_{x:\overline{n}|}^{\ \ \frac{1}{}}$$

$$=\sum_{k=0}^{n-1}v^{k+1}\cdot\frac{d_{x+k}}{l_x}+v^n\cdot\frac{l_{x+n}}{l_x}$$

$$=v\cdot\frac{d_x}{l_x}+v^2\cdot\frac{d_{x+1}}{l_x}+v^3\cdot\frac{d_{x+2}}{l_x}+\cdots+v^{n-1}\cdot\frac{d_{x+n-2}}{l_x}+v^n\cdot\frac{d_{x+n-1}}{l_x}+v^n\cdot\frac{l_{x+n}}{l_x}$$

$$\ddot{a}_{x:\overline{h}|}=\sum_{k=0}^{h-1}v^k\cdot\frac{l_{x+k}}{l_x}=\frac{l_x}{l_x}+v\cdot\frac{l_{x+1}}{l_x}+v^2\cdot\frac{l_{x+2}}{l_x}+\cdots+v^{h-1}\cdot\frac{l_{x+h-1}}{l_x}$$

$${}_hP_{x:\overline{n}|}=\frac{A_{x:\overline{n}|}}{\ddot{a}_{x:\overline{h}|}}$$

$$A_{x+t:\overline{n-t}|}=A^{1}_{x+t:\overline{n-t}|}+A_{x+t:\overline{n-t}|}^{\ \ \frac{1}{}}$$

$$=\sum_{k=0}^{n-t-1}v^{k+1}\cdot\frac{d_{x+t+k}}{l_{x+t}}+v^{n-t}\cdot\frac{l_{x+n}}{l_{x+t}}$$

$$=v\cdot\frac{d_{x+t}}{l_{x+t}}+v^2\cdot\frac{d_{x+t+1}}{l_{x+t}}+v^3\cdot\frac{d_{x+t+2}}{l_{x+t}}+\cdots+v^{n-t-1}\cdot\frac{d_{x+n-2}}{l_{x+t}}+v^{n-t}\cdot\frac{d_{x+n-1}}{l_{x+t}}+v^{n-t}\cdot\frac{l_{x+n}}{l_{x+t}}$$

$$\ddot{a}_{x+t:\overline{h-t}|}=\sum_{k=0}^{h-t-1}v^k\cdot\frac{l_{x+t+k}}{l_{x+t}}=\frac{l_{x+t}}{l_{x+t}}+v\cdot\frac{l_{x+t+1}}{l_{x+t}}+v^2\cdot\frac{l_{x+t+2}}{l_{x+t}}+\cdots+v^{h-t-1}\cdot\frac{l_{x+h-1}}{l_{x+t}}$$

$$b\cdot{}_t^hV_{x:\overline{n}|}=b\cdot(A_{x+t:\overline{n-t}|}-{}_hP_{x:\overline{n}|}\cdot\ddot{a}_{x+t:\overline{h-t}|})$$

(2)问题②求解

$$A_{x+t:\overline{n-t}|}=A^{1}_{x+t:\overline{n-t}|}+A_{x+t:\overline{n-t}|}^{\ \ \frac{1}{}}$$

$$=\sum_{k=0}^{n-t-1}v^{k+1}\cdot\frac{d_{x+t+k}}{l_{x+t}}+v^{n-t}\cdot\frac{l_{x+n}}{l_{x+t}}$$

$$= v \cdot \frac{d_{x+t}}{l_{x+t}} + v^2 \cdot \frac{d_{x+t+1}}{l_{x+t}} + v^3 \cdot \frac{d_{x+t+2}}{l_{x+t}} + \cdots + v^{n-t-1} \cdot \frac{d_{x+n-2}}{l_{x+t}} + v^{n-t} \cdot \frac{d_{x+n-1}}{l_{x+t}} + v^{n-t} \cdot \frac{l_{x+n}}{l_{x+t}}$$

$b \cdot {}_t^hV_{x:\overline{n}|} = b \cdot A_{x+t:\overline{n-t}|}$

(3) 问题③求解

${}_t^hV_{x:\overline{n}|} = 1$

$b \cdot {}_t^hV_{x:\overline{n}|} = b$

[**实验 4.1.6**] 全离散模型 h 年缴费即期定期两全保险未来法均衡纯保费责任准备金计算。

陈先生现年 40 岁,在某保险公司购买了一份缴费 5 年的 10 年期两全寿险,保险金额为 30 000 元,预定年利率为 3%,并采用经验生命表(2000—2003)。用未来法求第 3 年、第 7 年和第 10 年的责任准备金。

解:

(1)已知数据录入

$x=40$;

$i=0.03$;

$b=30\ 000$;

$n=10$;

$h=5$;

$t=3,7,10$;

$L_{ijk}=L_{211}$。

(2)需要求解的问题类型

① $b \cdot {}_3^5V_{40:\overline{10}|}$;

② $b \cdot {}_7^5V_{40:\overline{10}|}$;

③ $b \cdot {}_{10}^5V_{40:\overline{10}|}$。

2.问题求解

(1)问题①求解

$$v = \frac{1}{1+i} = \frac{1}{1+0.03} = 0.970\ 874$$

$$A_{40:\overline{10}|} = \sum_{k=0}^{9} v^{k+1} \cdot \frac{d_{40+k}}{l_{40}} + v^{10} \cdot \frac{l_{50}}{l_{40}}$$

$$= v \cdot \frac{d_{40}}{l_{40}} + v^2 \cdot \frac{d_{41}}{l_{40}} + v^3 \cdot \frac{d_{42}}{l_{40}} + \cdots + v^9 \cdot \frac{d_{48}}{l_{40}} + v^{10} \cdot \frac{d_{49}}{l_{40}} + v^{10} \cdot \frac{l_{50}}{l_{40}} = 0.746\ 346$$

$$\ddot{a}_{40:\overline{5}|} = \sum_{k=0}^{4} v^k \cdot \frac{l_{40+k}}{l_{40}} = \frac{l_{40}}{l_{40}} + v \cdot \frac{l_{41}}{l_{40}} + v^2 \cdot \frac{l_{42}}{l_{40}} + \cdots + v^4 \cdot \frac{l_{44}}{l_{40}} = 4.700\ 244$$

$${}_5P_{40:\overline{10}|} = \frac{A_{40:\overline{10}|}}{\ddot{a}_{40:\overline{5}|}} = 0.167\ 732$$

$$A_{43:\overline{7}|} = \sum_{k=0}^{6} v^{k+1} \cdot \frac{d_{43+k}}{l_{43}} + v^7 \cdot \frac{l_{50}}{l_{43}}$$

$$= v \cdot \frac{d_{43}}{l_{43}} + v^2 \cdot \frac{d_{44}}{l_{43}} + v^3 \cdot \frac{d_{45}}{l_{43}} + \cdots + v^6 \cdot \frac{d_{48}}{l_{43}} + v^7 \cdot \frac{d_{49}}{l_{43}} + v^7 \cdot \frac{l_{50}}{l_{43}} = 0.814\ 366\ 72$$

$$\ddot{a}_{43:\overline{2}|} = \sum_{k=0}^{1} v^k \cdot \frac{l_{43+k}}{l_{43}} = \frac{l_{43}}{l_{43}} + v \cdot \frac{l_{44}}{l_{43}} = 1.968\ 822$$

$${}^{5}_{3}V_{40:\overline{5}|} = A_{43:\overline{7}|} - {}_{5}P_{40:\overline{10}|} \cdot \ddot{a}_{43:\overline{2}|} = 0.484\ 132$$

$$b \cdot {}^{5}_{3}V_{40:\overline{5}|} = 14\ 523.97$$

(2)问题②求解

$$A_{47:\overline{3}|} = \sum_{k=0}^{2} v^{k+1} \cdot \frac{d_{47+k}}{l_{47}} + v^3 \cdot \frac{l_{50}}{l_{47}}$$

$$= v \cdot \frac{d_{47}}{l_{47}} + v^2 \cdot \frac{d_{48}}{l_{47}} + v^3 \cdot \frac{d_{49}}{l_{47}} + v^3 \cdot \frac{l_{50}}{l_{47}} = 0.915\ 381$$

$${}^{5}_{7}V^{1}_{40:\overline{10}|} = A_{47:\overline{3}|} = 0.915\ 381$$

$$b \cdot {}^{5}_{7}V^{1}_{40:\overline{10}|} = 27\ 461.44$$

(3)问题③求解

$${}^{5}_{10}V_{40:\overline{10}|} = 1$$

$$b \cdot {}^{5}_{10}V_{40:\overline{10}|} = 30\ 000$$

4.1.4　年金保险

4.1.4.1　终身年金

1. 过去法

[**基本算法示例**] 全离散模型 h 年缴费即期终身年金过去法均衡纯保费责任准备金。

需要求解的问题类型：

①当 $0 \leqslant t < h$ 时，第 t 个保单年度的期末责任准备金 $b \cdot {}^{h}_{t}V(\ddot{a}_x)$；

②当 $t \geqslant h$ 时，第 t 个保单年度的期末责任准备金 $b \cdot {}^{h}_{t}V(\ddot{a}_x)$。

解：

(1)问题①求解

$$v = \frac{1}{1+i}$$

$$\ddot{a}_x = \sum_{k=0}^{\omega-x} \frac{v^k \cdot l_{x+k}}{l_x}$$

$$= \frac{l_x + vl_{x+1} + v^2 l_{x+2} + \cdots + v^{\omega-x-1} l_{\omega-1} + v^{\omega-x} l_\omega}{l_x}$$

$$\ddot{a}_{x:\overline{h}|} = \sum_{k=0}^{h-1} \frac{v^k \cdot l_{x+k}}{l_x}$$

$$= \frac{l_x + vl_{x+1} + v^2 l_{x+2} + \cdots + v^{h-2} l_{x+h-2} + v^{h-1} l_{x+h-1}}{l_x}$$

$$_{h}P(\ddot{a}_x)=\frac{\ddot{a}_x}{\ddot{a}_{x:\overline{h}|}}$$

$$\ddot{a}_{x:\overline{t}|}=\sum_{k=0}^{t-1}\frac{v^k\cdot l_{x+k}}{l_x}$$

$$=\frac{l_x+vl_{x+1}+v^2l_{x+2}+\cdots+v^{t-2}l_{x+t-2}+v^{t-1}l_{x+t-1}}{l_x}$$

$$_{t}E_x=v^t\cdot\frac{l_{x+t}}{l_x}$$

$$b\cdot{}_{t}^{h}V(\ddot{a}_x)=b\cdot\frac{_{h}P(\ddot{a}_x)\cdot\ddot{a}_{x:\overline{t}|}-\ddot{a}_{x:\overline{t}|}}{_{t}E_x}$$

(2)问题②求解

$$_{t}E_x=v^t\cdot\frac{l_{x+t}}{l_x}$$

$$\ddot{a}_{x:\overline{t}|}=\sum_{k=0}^{t-1}\frac{v^k\cdot l_{x+k}}{l_x}$$

$$=\frac{l_x+vl_{x+1}+v^2l_{x+2}+\cdots+v^{t-2}l_{x+t-2}+v^{t-1}l_{x+t-1}}{l_x}$$

$$b\cdot{}_{t}^{h}V(\ddot{a}_x)=b\cdot\frac{_{h}P(\ddot{a}_x)\cdot\ddot{a}_{x:\overline{h}|}-\ddot{a}_{x:\overline{t}|}}{_{t}E_x}=b\cdot\frac{\ddot{a}_x-\ddot{a}_{x:\overline{t}|}}{_{t}E_x}$$

[实验 4.1.7] 全离散模型 h 年缴费即期终身年金过去法均衡纯保费责任准备金计算。

35 岁的李先生购买了一份 20 年缴费的即期终身生存年金保险，每年年初领取的年金额为 1 000 元，预定年利率为 6%，极限年龄为 105 岁，并采用经验生命表（2000—2003），求该保单在第 10 个和第 25 个保单年度的期末责任准备金。

解：

1. 数据录入

(1)已知数据录入

$x=35$；

$i=0.06$；

$b=1\ 000$；

$h=20$；

$t=10,25$；

$\omega=105$；

$L_{ijk}=L_{211}$。

(2)需要求解的问题类型

① $b\cdot{}_{10}^{20}V(\ddot{a}_{35})$；

② $b\cdot{}_{25}^{20}V(\ddot{a}_{35})$。

2.问题解答

(1)问题①求解

$$v=\frac{1}{1+i}=\frac{1}{1+0.06}=0.943\ 396$$

$$\ddot{a}_{35}=\sum_{k=0}^{70}\frac{v^k\cdot l_{35+k}}{l_{35}}$$

$$=\frac{l_{35}+vl_{36}+v^2l_{37}+\cdots+v^{69}l_{104}+v^{70}l_{105}}{l_{35}}=15.783\ 571$$

$$\ddot{a}_{35:\overline{20}|}=\sum_{k=0}^{19}\frac{v^k\cdot l_{35+k}}{l_{35}}$$

$$=\frac{l_{35}+vl_{36}+v^2l_{37}+\cdots+v^{18}l_{53}+v^{19}l_{54}}{l_{35}}=11.989\ 501$$

$${}_{20}P(\ddot{a}_{35})=\frac{\ddot{a}_{35}}{\ddot{a}_{35:\overline{20}|}}=1.316\ 449$$

$$\ddot{a}_{35:\overline{10}|}=\sum_{k=0}^{9}\frac{v^k\cdot l_{35+k}}{l_{35}}$$

$$=\frac{l_{35}+vl_{36}+v^2l_{37}+\cdots+v^{8}l_{43}+v^{9}l_{44}}{l_{35}}=7.756\ 529$$

$${}_{10}E_{35}=v^{10}\cdot\frac{l_{45}}{l_{35}}=0.549\ 082$$

$${}^{20}_{10}V(\ddot{a}_{35})=\frac{{}_{20}P(\ddot{a}_{35})\cdot\ddot{a}_{35:\overline{10}|}-\ddot{a}_{35:\overline{10}|}}{{}_{10}E_{35}}=4.470\ 272$$

$$b\cdot{}^{20}_{10}V(\ddot{a}_{35})=1\ 000\times4.470\ 272=4\ 470.272$$

(2)问题②求解

$${}_{25}E_{35}=v^{25}\cdot\frac{l_{60}}{l_{35}}=0.214\ 061$$

$$\ddot{a}_{35:\overline{25}|}=\sum_{k=0}^{24}\frac{v^k\cdot l_{35+k}}{l_{35}}$$

$$=\frac{l_{35}+vl_{36}+v^2l_{37}+\cdots+v^{23}l_{58}+v^{24}l_{59}}{l_{35}}=13.297\ 116$$

$${}^{20}_{25}V(\ddot{a}_{35})=\frac{{}_{20}P(\ddot{a}_{35})\cdot\ddot{a}_{35:\overline{20}|}-\ddot{a}_{35:\overline{25}|}}{{}_{25}E_{35}}=\frac{\ddot{a}_{35}-\ddot{a}_{35:\overline{25}|}}{{}_{25}E_{35}}=11.615\ 638$$

$$b\cdot{}^{20}_{25}V(\ddot{a}_{35})=1\ 000\times11.615\ 638=11\ 615.638$$

2. 未来法

[**基本算法示例**] 全离散模型 h 年缴费即期终身年金未来法均衡纯保费责任准备金。

需要求解的问题类型：

①当 $0 \leqslant t < h$ 时，第 t 个保单年度的期末责任准备金 $b \cdot {}_{t}^{h}V(\ddot{a}_x)$；

②当 $t \geqslant h$ 时，第 t 个保单年度的期末责任准备金 $b \cdot {}_{t}^{h}V(\ddot{a}_x)$。

解：

(1)问题①求解

$$v = \frac{1}{1+i}$$

$$\ddot{a}_x = \sum_{k=0}^{\omega-x-1} v^k \cdot \frac{l_{x+k}}{l_x} = \frac{l_x + vl_{x+1} + v^2 l_{x+2} + \cdots + v^{\omega-x-1} l_{\omega-1}}{l_x}$$

$$\ddot{a}_{x:\overline{h}|} = \sum_{k=0}^{h-1} v^k \cdot \frac{l_{x+k}}{l_x} = \frac{l_x + vl_{x+1} + v^2 l_{x+2} + \cdots + v^{h-1} l_{x+h-1}}{l_x}$$

$$_{h}P(\ddot{a}_x) = \frac{\ddot{a}_x}{\ddot{a}_{x:\overline{h}|}}$$

$$\ddot{a}_{x+t} = \sum_{k=0}^{\omega-x-t-1} v^k \cdot \frac{l_{x+t+k}}{l_{x+t}} = \frac{l_{x+t} + vl_{x+t+1} + v^2 l_{x+t+2} + \cdots + v^{\omega-x-t-1} l_{\omega-1}}{l_{x+t}}$$

$$\ddot{a}_{x+t:\overline{h-t}|} = \sum_{k=0}^{h-t-1} v^k \cdot \frac{l_{x+t+k}}{l_{x+t}} = \frac{l_{x+t} + vl_{x+t+1} + v^2 l_{x+t+2} + \cdots + v^{h-t-1} l_{x+h-1}}{l_{x+t}}$$

$$b \cdot {}_{t}^{h}V(\ddot{a}_x) = b \cdot [\ddot{a}_{x+t} - {}_{h}P(\ddot{a}_x) \cdot \ddot{a}_{x+t:\overline{h-t}|}]$$

(2)问题②求解

$$v = \frac{1}{1+i}$$

$$\ddot{a}_{x+t} = \sum_{k=0}^{\omega-x-t-1} v^k \cdot \frac{l_{x+t+k}}{l_{x+t}} = \frac{l_{x+t} + vl_{x+t+1} + v^2 l_{x+t+2} + \cdots + v^{\omega-x-t-1} l_{\omega-1}}{l_{x+t}}$$

$$b \cdot {}_{t}^{h}V(\ddot{a}_x) = b \cdot \ddot{a}_{x+t}$$

[实验 4.1.8] 全离散模型 h 年缴费即期终身年金未来法均衡纯保费责任准备金计算。

陈先生现年 40 岁，在某保险公司购买了一份缴费 5 年即期终身年金保险，生存年金给付额为 30 000 元，预定年利率为 3%，极限年龄为 105 岁，并采用经验生命表(2000—

2003)。用未来法求第3年和第7年的责任准备金。

解:

(1)已知数据录入

$x=40$;

$i=0.03$;

$b=30\ 000$;

$\omega=105$;

$h=5$;

$t=3,7$;

$L_{ijk}=L_{211}$。

(2)需要求解的问题类型

① $b\cdot{}_{3}^{5}V(\ddot{a}_{40})$;

② $b\cdot{}_{7}^{5}V(\ddot{a}_{40})$。

2.问题求解

(1)问题①求解

$$v=\frac{1}{1+i}=\frac{1}{1+0.03}=0.970\ 874$$

$$\begin{aligned}\ddot{a}_{40}&=\sum_{k=0}^{64}v^k\cdot\frac{l_{40+k}}{l_{40}}\\&=\frac{l_{40}}{l_{40}}+v\cdot\frac{l_{41}}{l_{40}}+v^2\cdot\frac{l_{42}}{l_{40}}+\cdots+v^{64}\cdot\frac{l_{104}}{l_{40}}=22.688\ 53\end{aligned}$$

$$\begin{aligned}\ddot{a}_{40:\overline{5}|}&=\sum_{k=0}^{4}v^k\cdot\frac{l_{40+k}}{l_{40}}\\&=\frac{l_{40}}{l_{40}}+v\cdot\frac{l_{41}}{l_{40}}+v^2\cdot\frac{l_{42}}{l_{40}}+\cdots+v^4\cdot\frac{l_{44}}{l_{40}}=4.700\ 244\end{aligned}$$

$${}_5P(\ddot{a}_{40})=\frac{\ddot{a}_{40}}{\ddot{a}_{40:\overline{5}|}}=4.827\ 097$$

$$\begin{aligned}\ddot{a}_{43}&=\sum_{k=0}^{61}v^k\cdot\frac{l_{43+k}}{l_{43}}\\&=\frac{l_{43}}{l_{43}}+v\cdot\frac{l_{44}}{l_{43}}+v^2\cdot\frac{l_{45}}{l_{43}}+\cdots+v^{61}\cdot\frac{l_{104}}{l_{43}}=21.734\ 37\end{aligned}$$

$$\ddot{a}_{43:\overline{2}|}=\sum_{k=0}^{1}v^k\cdot\frac{l_{43+k}}{l_{43}}=\frac{l_{43}}{l_{43}}+v\cdot\frac{l_{44}}{l_{43}}=1.968\ 822$$

$${}_{3}^{5}V(\ddot{a}_{40})=\ddot{a}_{43}-{}_5P(\ddot{a}_{40})\cdot\ddot{a}_{43:\overline{2}|}=12.230\ 67$$

$$b\cdot{}_{3}^{5}V(\ddot{a}_{40})=366\ 920.2$$

(2)问题②求解

$$\ddot{a}_{47}=\sum_{k=0}^{57}v^k\cdot\frac{l_{47+k}}{l_{47}}$$

$$= \frac{l_{47}}{l_{47}} + v \cdot \frac{l_{48}}{l_{47}} + v^2 \cdot \frac{l_{49}}{l_{47}} + \cdots + v^{57} \cdot \frac{l_{104}}{l_{47}} = 20.357\ 2$$

$${}_7^5V(\ddot{a}_{40}) = \ddot{a}_{47} = 20.357\ 2$$

$$b \cdot {}_7^5V(\ddot{a}_{40}) = 610\ 715.9$$

4.1.4.2 定期年金

1. 过去法

[**基本算法示例**] 全离散模型 h 年缴费即期定期年金过去法均衡纯保费责任准备金。

需要求解的问题类型：

①当 $0 \leqslant t < h$ 时，第 t 个保单年度的期末责任准备金 $b \cdot {}_t^hV(\ddot{a}_{x:\overline{n}|})$ ；

②当 $t \geqslant h$ 时，第 t 个保单年度的期末责任准备金 $b \cdot {}_t^hV(\ddot{a}_{x:\overline{n}|})$ 。

解：

(1) 问题①求解

$$v = \frac{1}{1+i}$$

$$\ddot{a}_{x:\overline{n}|} = \sum_{k=0}^{n-1} \frac{v^k \cdot l_{x+k}}{l_x}$$

$$= \frac{l_x + vl_{x+1} + v^2 l_{x+2} + \cdots + v^{n-2} l_{x+n-2} + v^{n-1} l_{x+n-1}}{l_x}$$

$$\ddot{a}_{x:\overline{h}|} = \sum_{k=0}^{h-1} \frac{v^k \cdot l_{x+k}}{l_x}$$

$$= \frac{l_x + vl_{x+1} + v^2 l_{x+2} + \cdots + v^{h-2} l_{x+h-2} + v^{h-1} l_{x+h-1}}{l_x}$$

$${}_hP(\ddot{a}_{x:\overline{n}|}) = \frac{\ddot{a}_{x:\overline{n}|}}{\ddot{a}_{x:\overline{h}|}}$$

$$\ddot{a}_{x:\overline{t}|} = \sum_{k=0}^{t-1} \frac{v^k \cdot l_{x+k}}{l_x}$$

$$= \frac{l_x + vl_{x+1} + v^2 l_{x+2} + \cdots + v^{t-2} l_{x+t-2} + v^{t-1} l_{x+t-1}}{l_x}$$

$${}_tE_x = v^t \cdot \frac{l_{x+t}}{l_x}$$

$$b \cdot {}_t^hV(\ddot{a}_{x:\overline{n}|}) = b \cdot \frac{{}_hP(\ddot{a}_{x:\overline{n}|}) \cdot \ddot{a}_{x:\overline{t}|} - \ddot{a}_{x:\overline{t}|}}{{}_tE_x}$$

(2) 问题②求解

$${}_tE_x = v^t \cdot \frac{l_{x+t}}{l_x}$$

$$\ddot{a}_{x:\overline{t}|} = \sum_{k=0}^{t-1} \frac{v^k \cdot l_{x+k}}{l_x}$$

$$= \frac{l_x + vl_{x+1} + v^2 l_{x+2} + \cdots + v^{t-2} l_{x+t-2} + v^{t-1} l_{x+t-1}}{l_x}$$

$$b \cdot {}_t^h V(\ddot{a}_{x:\overline{n}|}) = b \cdot \frac{{}_h P(\ddot{a}_{x:\overline{n}|}) \cdot \ddot{a}_{x:\overline{h}|} - \ddot{a}_{x:\overline{t}|}}{{}_t E_x} = b \cdot \frac{\ddot{a}_{x:\overline{n}|} - \ddot{a}_{x:\overline{t}|}}{{}_t E_x}$$

[**实验 4.1.9**] 全离散模型 h 年缴费即期定期年金过去法均衡纯保费责任准备金计算。

35 岁的李先生购买了一份 10 年缴费的即期定期生存年金保险，保险期限为 20 年，每年年初领取的年金额为 1 000 元，预定年利率为 6%，并采用经验生命表(2000—2003)，求该保单在第 5 个和第 15 个保单年度的期末责任准备金。

解：

1.数据录入

(1)已知数据录入

$x=35$；

$i=0.06$；

$b=1\ 000$；

$n=20$；

$h=10$；

$t=5,15$；

$L_{ijk}=L_{211}$。

(2)需要求解的问题类型

① $b \cdot {}_5^{10}V(\ddot{a}_{35:\overline{20}|})$；

② $b \cdot {}_{15}^{10}V(\ddot{a}_{35:\overline{20}|})$。

2.问题解答

(1)问题①求解

$$v = \frac{1}{1+i} = \frac{1}{1+0.06} = 0.943\ 396$$

$$\ddot{a}_{35:\overline{20}|} = \sum_{k=0}^{19} \frac{v^k \cdot l_{35+k}}{l_{35}}$$

$$= \frac{l_{35} + vl_{36} + v^2 l_{37} + \cdots + v^{18} l_{53} + v^{19} l_{54}}{l_{35}} = 11.989\ 501$$

$$\ddot{a}_{35:\overline{10}|} = \sum_{k=0}^{9} \frac{v^k \cdot l_{35+k}}{l_{35}}$$

$$= \frac{l_{35} + vl_{36} + v^2 l_{37} + \cdots + v^8 l_{43} + v^9 l_{44}}{l_{35}} = 7.756\ 529$$

$${}_{10}P(\ddot{a}_{35:\overline{20}|}) = \frac{\ddot{a}_{35:\overline{20}|}}{\ddot{a}_{35:\overline{10}|}} = 1.545\ 730$$

$$\ddot{a}_{35:\overline{5}|} = \sum_{k=0}^{4} \frac{v^k \cdot l_{35+k}}{l_{35}}$$

$$= \frac{l_{35} + vl_{36} + v^2 l_{37} + v^3 l_{38} + v^4 l_{39}}{l_{35}} = 4.454\ 370$$

$${}_5E_{35} = v^5 \cdot \frac{l_{40}}{l_{35}} = 0.742\ 118$$

$${}^{10}_{5}V(\ddot{a}_{35:\overline{20}|}) = \frac{{}_{10}P(\ddot{a}_{35:\overline{20}|}) \cdot \ddot{a}_{35:\overline{5}|} - \ddot{a}_{35:\overline{5}|}}{{}_5E_{35}} = 3.275\ 602$$

$$b \cdot {}^{10}_{5}V(\ddot{a}_{35:\overline{20}|}) = 1\ 000 \times 3.275\ 602 = 3\ 275.60$$

(2)问题②求解

$${}_{15}E_{35} = v^{15} \cdot \frac{l_{50}}{l_{35}} = 0.404\ 532$$

$$\ddot{a}_{35:\overline{15}|} = \sum_{k=0}^{14} \frac{v^k \cdot l_{35+k}}{l_{35}}$$

$$= \frac{l_{35} + vl_{36} + v^2 l_{37} + \cdots + v^{13} l_{48} + v^{14} l_{49}}{l_{35}} = 10.196\ 251$$

$${}^{10}_{15}V(\ddot{a}_{35:\overline{20}|}) = \frac{{}_{10}P(\ddot{a}_{35:\overline{20}|}) \cdot \ddot{a}_{35:\overline{20}|} - \ddot{a}_{35:\overline{15}|}}{{}_{15}E_{35}} = \frac{\ddot{a}_{35:\overline{20}|} - \ddot{a}_{35:\overline{15}|}}{{}_{15}E_{35}} = 4.432\ 900$$

$$b \cdot {}^{10}_{15}V(\ddot{a}_{35:\overline{20}|}) = 1\ 000 \times 4.432\ 900 = 4\ 432.9$$

2. 未来法

[**基本算法示例**] 全离散模型 h 年缴费即期定期年金未来法均衡纯保费责任准备金。

需要求解的问题类型：

①当 $0 \leqslant t < h$ 时，第 t 个保单年度的期末责任准备金 $b \cdot {}^{h}_{t}V(\ddot{a}_{x:\overline{n}|})$；

②当 $h \leqslant t < n$ 时，第 t 个保单年度的期末责任准备金 $b \cdot {}^{h}_{t}V(\ddot{a}_{x:\overline{n}|})$。

解：

(1)问题①求解

$$v = \frac{1}{1+i}$$

$$\ddot{a}_{x:\overline{n}|} = \sum_{k=0}^{n-1} v^k \cdot \frac{l_{x+k}}{l_x}$$

$$= \frac{l_x + vl_{x+1} + v^2 l_{x+2} + \cdots + v^{n-1} l_{x+n-1}}{l_x}$$

$$\ddot{a}_{x:\overline{h}|} = \sum_{k=0}^{h-1} v^k \cdot \frac{l_{x+k}}{l_x}$$

$$= \frac{l_x + vl_{x+1} + v^2 l_{x+2} + \cdots + v^{h-1} l_{x+h-1}}{l_x}$$

$${}_hP(\ddot{a}_{x:\overline{n}|}) = \frac{\ddot{a}_{x:\overline{n}|}}{\ddot{a}_{x:\overline{h}|}}$$

$$\ddot{a}_{x+t:\overline{n-t}|} = \sum_{k=0}^{n-t-1} v^k \cdot \frac{l_{x+t+k}}{l_{x+t}}$$

$$= \frac{l_{x+t} + vl_{x+t+1} + v^2 l_{x+t+2} + \cdots + v^{n-t-1} l_{x+n-1}}{l_{x+t}}$$

$$\ddot{a}_{x+t:\overline{h-t}|} = \sum_{k=0}^{h-t-1} v^k \cdot \frac{l_{x+t+k}}{l_{x+t}}$$

$$= \frac{l_{x+t} + vl_{x+t+1} + v^2 l_{x+t+2} + \cdots + v^{h-t-1} l_{x+h-1}}{l_{x+t}}$$

$$b \cdot {}_t^hV(\ddot{a}_{x:\overline{n}|}) = b \cdot [\ddot{a}_{x+t:\overline{n-t}|} - {}_hP(\ddot{a}_{x:\overline{n}|}) \cdot \ddot{a}_{x+t:\overline{h-t}|}]$$

(2)问题②求解

$$\ddot{a}_{x+t:\overline{n-t}|} = \sum_{k=0}^{n-t-1} v^k \cdot \frac{l_{x+t+k}}{l_{x+t}}$$

$$= \frac{l_{x+t} + vl_{x+t+1} + v^2 l_{x+t+2} + \cdots + v^{n-t-1} l_{x+n-1}}{l_{x+t}}$$

$$b \cdot {}_t^hV(\ddot{a}_{x:\overline{n}|}) = b \cdot \ddot{a}_{x+t:\overline{n-t}|}$$

[实验 4.1.10] 全离散模型 h 年缴费即期定期年金未来法均衡纯保费责任准备金计算。

陈先生现年 40 岁，在某保险公司购买了一份缴费 5 年即期 10 年定期年金保险，生存年金给付额为 30 000 元，预定年利率为 3%，并采用经验生命表（2000—2003）。用未来法求第 3 年和第 7 年的责任准备金。

解：

1.数据录入

(1)已知数据录入

$x=40$；

$i=0.03$；

$b=30\,000$；

$n=10$；

$h=5$；

$t=3,7$；

$L_{ijk}=L_{211}$。

(2)需要求解的问题类型

① $b \cdot {}_3^5V(\ddot{a}_{40:\overline{10}|})$；

② $b \cdot {}_7^5V(\ddot{a}_{40:\overline{10}|})$。

2.问题求解

(1)问题①求解

$$v=\frac{1}{1+i}=\frac{1}{1+0.03}=0.970\ 874$$

$$\ddot{a}_{40:\overline{10}|}=\sum_{k=0}^{9}v^k\cdot\frac{l_{40+k}}{l_{40}}$$

$$=\frac{l_{40}}{l_{40}}+v\cdot\frac{l_{41}}{l_{40}}+v^2\cdot\frac{l_{42}}{l_{40}}+\cdots+v^9\cdot\frac{l_{49}}{l_{40}}=8.708\ 783$$

$$\ddot{a}_{40:\overline{5}|}=\sum_{k=0}^{4}v^k\cdot\frac{l_{40+k}}{l_{40}}$$

$$=\frac{l_{40}}{l_{40}}+v\cdot\frac{l_{41}}{l_{40}}+v^2\cdot\frac{l_{42}}{l_{40}}+\cdots+v^4\cdot\frac{l_{44}}{l_{40}}=4.700\ 244$$

$${}_5P(\ddot{a}_{40:\overline{10}|})=\frac{\ddot{a}_{40:\overline{10}|}}{\ddot{a}_{40:\overline{5}|}}=1.852\ 836$$

$$\ddot{a}_{43:\overline{7}|}=\sum_{k=0}^{6}v^k\cdot\frac{l_{43+k}}{l_{43}}$$

$$=\frac{l_{43}}{l_{43}}+v\cdot\frac{l_{44}}{l_{43}}+v^2\cdot\frac{l_{45}}{l_{43}}+\cdots+v^6\cdot\frac{l_{49}}{l_{43}}=6.373\ 409$$

$$\ddot{a}_{43:\overline{2}|}=\sum_{k=0}^{1}v^k\cdot\frac{l_{43+k}}{l_{43}}=\frac{l_{43}}{l_{43}}+v\cdot\frac{l_{44}}{l_{43}}=1.968\ 822$$

$${}_3^5V(\ddot{a}_{40:\overline{10}|})=\ddot{a}_{43:\overline{7}|}-{}_5P(\ddot{a}_{40:\overline{10}|})\cdot\ddot{a}_{43:\overline{2}|}=2.725\ 504$$

$$b\cdot{}_3^5V(\ddot{a}_{40:\overline{10}|})=81\ 765.12$$

(2)问题②求解

$$\ddot{a}_{47:\overline{3}|}=\sum_{k=0}^{2}v^k\cdot\frac{l_{47+k}}{l_{47}}=\frac{l_{47}}{l_{47}}+v\cdot\frac{l_{48}}{l_{47}}+v^2\cdot\frac{l_{49}}{l_{47}}=2.905\ 243$$

$${}_7^5V(\ddot{a}_{40:\overline{10}|})=\ddot{a}_{47:\overline{3}|}=2.905\ 243$$

$$b\cdot{}_7^5V(\ddot{a}_{40:\overline{10}|})=30\ 000\cdot\ddot{a}_{47:\overline{3}|}=87\ 157.29$$

4.2 全连续寿险模型

全连续寿险模型均衡纯保费责任准备金是在缴费与保险金给付均为连续分布的情况下讨论均衡纯保费责任准备金计算问题。

4.2.1 终身寿险

全连续模型终身寿险是指在缴费期内连续缴费,保险金也连续给付,死亡分布假设分为死亡均匀分布假设和常数死力分布假设。

4.2.1.1 过去法

[**基本算法示例**] 死亡均匀分布假设的全连续模型 h 年缴费即期终身死亡保险过去法均衡纯保费责任准备金。

需要求解的问题类型：

①当 $0 \leqslant k < h$ 时，第 k 个保单年度的期末责任准备金 $b \cdot {}_k^h\bar{V}(\bar{A}_x)$；

②当 $k \geqslant h$ 时，第 k 个保单年度的期末责任准备金 $b \cdot {}_k^h\bar{V}(\bar{A}_x)$。

解：

(1)问题①求解

$$\mu_x = \frac{1}{\omega - x} \quad (0 \leqslant x < \omega)$$

$$f(t) = \frac{1}{\omega - x}$$

$$_tp_x = \frac{\omega - x - t}{\omega - x}$$

$$v = \frac{1}{1 + i}$$

$$\bar{A}_x = \int_0^{\omega - x} v^t \cdot f(t)\,dt = \frac{1}{\omega - x} \cdot \frac{v^{\omega - x} - 1}{\ln v}$$

$$\bar{a}_{x:\overline{h}|} = \int_0^h v^t \cdot {}_tp_x\,dt = \frac{(\omega - x - h)\,v^h - (\omega - x)}{(\omega - x) \cdot \ln v} + \frac{v^h - 1}{(\omega - x) \cdot (\ln v)^2}$$

$$_h\bar{P}(\bar{A}_x) = \frac{\bar{A}_x}{\bar{a}_{x:\overline{h}|}}$$

$$\bar{A}^1_{x:\overline{k}|} = \int_0^k v^t \cdot f(t)\,dt = \frac{1}{\omega - x} \cdot \frac{v^k - 1}{\ln v}$$

$$\bar{a}_{x:\overline{k}|} = \int_0^k v^t \cdot {}_tp_x\,dt = \frac{(\omega - x - k)\,v^k - (\omega - x)}{(\omega - x) \cdot \ln v} + \frac{v^k - 1}{(\omega - x) \cdot (\ln v)^2}$$

$$_kE_x = v^k \cdot \int_k^{\omega - x} f(t)\,dt = v^k \cdot \frac{\omega - x - k}{\omega - x}$$

$$b \cdot {}_k^h\bar{V}(\bar{A}_x) = b \cdot \frac{_h\bar{P}(\bar{A}_x) \cdot \bar{a}_{x:\overline{k}|} - \bar{A}^1_{x:\overline{k}|}}{_kE_x}$$

(2)问题②求解

$$\bar{A}^1_{x:\overline{k}|} = \int_0^k v^t \cdot f(t)\,dt = \frac{1}{\omega - x} \cdot \frac{v^k - 1}{\ln v}$$

$$_kE_x = v^k \cdot \int_k^{\omega - x} f(t)\,dt = v^k \cdot \frac{\omega - x - k}{\omega - x}$$

$$b \cdot {}_k^h\bar{V}(\bar{A}_x) = b \cdot \frac{_h\bar{P}(\bar{A}_x) \cdot \bar{a}_{x:\overline{h}|} - \bar{A}^1_{x:\overline{k}|}}{_kE_x} = b \cdot \frac{\bar{A}_x - \bar{A}^1_{x:\overline{k}|}}{_kE_x}$$

[**实验 4.2.1**] 死亡均匀分布假设的全连续模型 h 年缴费即期终身死亡保险过去法

均衡纯保费责任准备金计算。

35 岁的李先生购买了一份 20 年缴费的连续型终身寿险。保险金额为 10 000 元,预定年利率为 6%,在死亡均匀分布假设下并且假设极限年龄为 105 岁,求该保单在第 10 个和第 25 个保单年度的期末责任准备金。

解:

1.数据录入

(1)已知数据录入

$x=35$;

$i=0.06$;

$b=10\ 000$;

$h=20$;

$k=10,25$;

$\omega=105$。

(2)需要求解的问题类型

① $b\cdot{}^{20}_{10}\bar{V}(\bar{A}_{35})$;

② $b\cdot{}^{20}_{25}\bar{V}(\bar{A}_{35})$。

2.问题解答

(1)问题①求解

$$\mu_{35}=\frac{1}{\omega-x}=\frac{1}{70}=0.014\ 286\quad(0\leqslant x<105)$$

$$f(t)=\frac{1}{\omega-x}=\frac{1}{70}=0.014\ 286$$

$$v=\frac{1}{1+i}=\frac{1}{1.06}=0.943\ 396$$

$$\bar{A}_{35}=\int_0^{70}v^t\cdot f(t)\,dt=\frac{1}{70}\cdot\frac{v^{70}-1}{\ln v}=0.241\ 018$$

$$\bar{a}_{35:\overline{20|}}=\int_0^{20}v^t\cdot{}_tp_{35}\,dt=\frac{50v^{20}-70}{70\ln v}+\frac{v^{20}-1}{70(\ln v)^2}=10.443\ 964$$

$$_{20}\bar{P}(\bar{A}_{35})=\frac{\bar{A}_{35}}{\bar{a}_{35:\overline{20|}}}=0.023\ 077$$

$$\bar{a}_{35:\overline{10|}}=\int_0^{10}v^t\cdot{}_tp_{35}\,dt=\frac{60v^{10}-70}{70\ln v}+\frac{v^{10}-1}{70(\ln v)^2}=7.089\ 683$$

$$_{10}E_{35}=v^{10}\cdot\int_{10}^{70}f(t)\,dt=v^{10}\cdot\frac{60}{70}=0.478\ 624$$

$$\bar{A}^1_{35:\overline{10|}}=\int_0^{10}v^t\cdot f(t)\,dt=\frac{1}{70}\cdot\frac{v^{10}-1}{\ln v}=0.108\ 268$$

$${}^{20}_{10}\bar{V}(\bar{A}_{35})=\frac{_{20}\bar{P}(\bar{A}_{35})\cdot\bar{a}_{35:\overline{10|}}-\bar{A}^1_{35:\overline{10|}}}{_{10}E_{35}}=0.115\ 624$$

$$b \cdot {}_{10}^{20}\bar{V}(\bar{A}_{35}) = 10\ 000 \times 0.115\ 624 = 1\ 156.24$$

(2)问题②求解

$$\bar{A}^1_{35:\overline{25}|} = \int_0^{25} v^t \cdot f(t)\,dt = \frac{1}{70} \cdot \frac{v^{25}-1}{\ln v} = 0.181\ 045$$

$$_{25}E_{35} = v^{25} \cdot \int_{25}^{70} f(t)\,dt = v^{25} \cdot \frac{45}{70} = 0.149\ 785$$

$${}_{25}^{20}\bar{V}(\bar{A}_{35}) = \frac{{}_{20}\bar{P}(\bar{A}_{35}) \cdot \bar{a}_{35:\overline{20}|} - \bar{A}^1_{35:\overline{25}|}}{_{25}E_{35}} = \frac{\bar{A}_{35} - \bar{A}^1_{35:\overline{25}|}}{_{25}E_{35}} = 0.353\ 667$$

$$b \cdot {}_{25}^{20}\bar{V}(\bar{A}_{35}) = 10\ 000 \times 0.353\ 667 = 3\ 536.67$$

4.2.1.2 未来法

[**基本算法示例**] 死亡均匀分布假设的全连续模型 h 年缴费即期终身死亡保险未来法均衡纯保费责任准备金。

需要求解的问题类型：

①当 $0 \leqslant k < h$ 时，第 k 个保单年度的期末责任准备金 $b \cdot {}_k^h\bar{V}(\bar{A}_x)$；

②当 $k \geqslant h$ 时，第 k 个保单年度的期末责任准备金 $b \cdot {}_k^h\bar{V}(\bar{A}_x)$。

解：

(1) 问题①求解

$$\mu_x = \frac{1}{\omega - x} \quad (0 \leqslant x < \omega)$$

$$f(t) = \frac{1}{\omega - x} \quad (0 \leqslant t < \omega)$$

$$\delta = \ln(1+i)$$

$$_tp_x = \frac{\omega - x - t}{\omega - x}$$

$$\bar{a}_{\overline{n}|} = \int_0^n v^t dt = \int_0^n e^{-t\delta} dt = \frac{1 - v^n}{\delta}$$

$$\bar{a}_{x:\overline{h}|} = \int_0^h \bar{a}_{\overline{t}|} f(t)\,dt + \bar{a}_{\overline{h}|} \cdot {}_hp_x = \frac{1}{\delta(\omega - x)}\left(h + \frac{e^{-h\delta} - 1}{\delta}\right) + \frac{1 - e^{-h\delta}}{\delta} \cdot \frac{\omega - x - h}{\omega - x}$$

$$\bar{A}_x = \int_0^{\omega - x} v^t \cdot f(t)\,dt = \frac{1 - e^{-\delta(\omega - x)}}{\delta(\omega - x)}$$

$$_h\bar{P}(\bar{A}_x) = \frac{\bar{A}_x}{\bar{a}_{x:\overline{h}|}}$$

$$\bar{A}_{x+k} = \int_0^{\omega - x - k} e^{-s\delta} \cdot \frac{1}{\omega - x - k} ds = \frac{1 - e^{-\delta(\omega - x - k)}}{\delta \cdot (\omega - x - k)}$$

$$\bar{a}_{x+k:\overline{h-k}|} = \int_0^{h-t} \frac{1 - v^s}{\delta} \cdot \frac{1}{\omega - x - k} ds + \bar{a}_{\overline{h-k}|} \cdot {}_{h-k}p_{x+k}$$

$$= \frac{1}{\delta \cdot (\omega - x - k)}\left(h - k + \frac{e^{-\delta(h-k)} - 1}{\delta}\right) + \frac{1 - e^{-\delta(h-k)}}{\delta} \cdot \frac{\omega - x - h}{\omega - x - k}$$

$$b\cdot {}_{k}^{h}\bar{V}(\bar{A}_x)=b\cdot[\bar{A}_{x+k}-{}_{h}\bar{P}(\bar{A}_x)\cdot\bar{a}_{x+k:\overline{h-k|}}]$$

（2）问题②求解

$$\bar{A}_{x+k}=\int_0^{\omega-x-k}e^{-s\delta}\cdot\frac{1}{\omega-x-k}ds=\frac{1-e^{-\delta(\omega-x-k)}}{\delta\cdot(\omega-x-k)}$$

$$b\cdot {}_{k}^{h}\bar{V}(\bar{A}_x)=b\cdot\bar{A}_{x+k}$$

[实验4.2.2] 死亡均匀分布假设的全连续模型 h 年缴费即期终身死亡保险未来法均衡纯保费责任准备金计算。

陈先生现年40岁，在某保险公司购买了一份缴费10年的终身寿险，死亡立即给付保险金额为30 000元，预定年利率为6%，极限年龄为105岁，在死亡均匀分布假设下，用未来法求第3年和第15年的责任准备金。

解：

1.数据录入

(1)已知数据录入

$x=40$;

$i=0.06$;

$b=30\,000$;

$h=10$;

$k=3,15$;

$\omega=105$。

(2)需要求解的问题

① $b\cdot {}_{3}^{10}\bar{V}(\bar{A}_{40})$;

② $b\cdot {}_{15}^{10}\bar{V}(\bar{A}_{40})$。

2.问题求解

(1)问题①求解

$$\delta=\ln(1+i)=0.058\,269$$

$$f(t)=\frac{1}{\omega-x}=\frac{1}{65}$$

$$\bar{a}_{40:\overline{10|}}=\frac{1}{\delta(\omega-x)}\left(h+\frac{e^{-h\delta}-1}{\delta}\right)+\frac{1-e^{-h\delta}}{\delta}\cdot\frac{\omega-x-h}{\omega-x}$$

$$=\frac{1}{0.058\,269\times65}\left(10+\frac{e^{-0.058\,269\times10}-1}{0.058\,269}\right)+\frac{1-e^{-0.058\,269\times10}}{0.058\,269}\times\frac{55}{65}=7.052\,06$$

$$\bar{A}_{40}=\frac{1-e^{-\delta(\omega-x)}}{\delta(\omega-x)}=\frac{1-e^{-0.058\,269\times65}}{0.058\,269\times65}=0.258\,047$$

$${}_{10}\bar{P}(\bar{A}_{40})=\frac{\bar{A}_{40}}{\bar{a}_{40:\overline{10|}}}=\frac{0.258\,047}{7.052\,06}=0.036\,592$$

$$\bar{A}_{43}=\frac{1-e^{-\delta(\omega-x-k)}}{\delta\cdot(\omega-x-k)}=\frac{1-e^{-0.058\,269\times62}}{0.058\,269\times62}=0.269\,335$$

$$\bar{a}_{43:\overline{7|}}=\frac{1}{\delta(\omega-x-k)}\left[h-k+\frac{e^{-\delta(h-k)}-1}{\delta}\right]+\frac{1-e^{-\delta(h-k)}}{\delta}\cdot\frac{\omega-x-h}{\omega-x-k}$$

$$= \frac{1}{0.058\,269 \times 62}\left(7 + \frac{e^{-0.058\,269\times 7} - 1}{0.058\,269}\right) + \frac{1 - e^{-0.058\,269\times 7}}{0.058\,269} \times \frac{55}{62} = 5.445\,727$$

$${}_{3}^{10}\bar{V}(\bar{A}_{40}) = \bar{A}_{43} - {}_{10}\bar{P}(\bar{A}_{40}) \cdot \bar{a}_{43:\overline{7}|} = 0.269\,335 - 0.036\,592 \times 5.445\,727 = 0.070\,067$$

$$b \cdot {}_{3}^{10}\bar{V}(\bar{A}_{40}) = 30\,000 \times 0.070\,067 = 2\,102.004$$

(2)问题②求解

$$\bar{A}_{55} = \frac{1 - e^{-\delta(\omega - x - k)}}{\delta(\omega - x - k)} = \frac{1 - e^{-0.058\,269\times 50}}{0.058\,269 \times 50} = 0.324\,602$$

$${}_{15}^{10}\bar{V}(\bar{A}_{40}) = \bar{A}_{55} = 0.324\,60$$

$$b \cdot {}_{15}^{10}\bar{V}(\bar{A}_{40}) = 30\,000 \times 0.324\,6 = 9\,738.062$$

4.2.2 定期寿险

4.2.2.1 过去法

[**基本算法示例**] 常数死力假设的全连续模型 h 年缴费即期定期死亡保险过去法均衡纯保费责任准备金。

需要求解的问题类型：

①当 $0 \leqslant k < h$ 时，第 k 个保单年度的期末责任准备金 $b \cdot {}_{k}^{h}\bar{V}(\bar{A}^{1}_{x:\overline{n}|})$ ；

②当 $k \geqslant h$ 时，第 k 个保单年度的期末责任准备金 $b \cdot {}_{k}^{h}\bar{V}(\bar{A}^{1}_{x:\overline{n}|})$ 。

解：

(1)问题①求解

$$\mu = \lambda$$

$$f(t) = \lambda e^{-\lambda t}$$

$${}_{t}p_{x} = e^{-\lambda t}$$

$$\delta = \ln(1 + i)$$

$$\bar{A}^{1}_{x:\overline{n}|} = \int_{0}^{n} v^{t} \cdot f(t)\,dt = \frac{\lambda\left[1 - e^{-n(\delta+\lambda)}\right]}{\lambda + \delta}$$

$$\bar{a}_{x:\overline{h}|} = \int_{0}^{h} v^{t} \cdot {}_{t}p_{x}\,dt = \frac{1 - e^{-h(\delta+\lambda)}}{\lambda + \delta}$$

$${}_{h}\bar{P}(\bar{A}^{1}_{x:\overline{n}|}) = \frac{\bar{A}^{1}_{x:\overline{n}|}}{\bar{a}_{x:\overline{h}|}}$$

$$\bar{a}_{x:\overline{k}|} = \int_{0}^{k} v^{t} \cdot {}_{t}p_{x}\,dt = \frac{1 - e^{-k(\delta+\lambda)}}{\lambda + \delta}$$

$$\bar{A}^{1}_{x:\overline{k}|} = \int_{0}^{k} v^{t} \cdot f(t)\,dt = \frac{\lambda\left[1 - e^{-k(\delta+\lambda)}\right]}{\lambda + \delta}$$

$${}_{k}E_{x} = v^{k} \cdot \int_{k}^{+\infty} f(t)\,dt = e^{-(\lambda+\delta)k}$$

$$b \cdot {}_{k}^{h}\bar{V}(\bar{A}^{1}_{x:\overline{n}|}) = b \cdot \frac{{}_{h}\bar{P}(\bar{A}^{1}_{x:\overline{n}|}) \cdot \bar{a}_{x:\overline{k}|} - \bar{A}^{1}_{x:\overline{k}|}}{{}_{k}E_{x}}$$

(2)问题②求解

$$\bar{A}^1_{x:\overline{k}|} = \int_0^k v^t \cdot f(t)\,dt = \frac{\lambda[1 - e^{-k(\delta+\lambda)}]}{\lambda + \delta}$$

$$_kE_x = v^k \cdot \int_k^{+\infty} f(t)\,dt = e^{-(\lambda+\delta)k}$$

$$b \cdot {}^h_k\bar{V}(\bar{A}^1_{x:\overline{n}|}) = b \cdot \frac{{}_h\bar{P}(\bar{A}^1_{x:\overline{n}|}) \cdot \bar{a}_{x:\overline{h}|} - \bar{A}^1_{x:\overline{k}|}}{_kE_x} = b \cdot \frac{\bar{A}^1_{x:\overline{n}|} - \bar{A}^1_{x:\overline{k}|}}{_kE_x}$$

[**实验 4.2.3**] 常数死力假设的全连续模型 h 年缴费即期定期死亡保险过去法均衡纯保费责任准备金计算。

35 岁的李先生购买了一份 10 年缴费的连续型 20 年定期寿险。保险金额为 10 000 元,预定年利率为 6%,在常数死力分布假设下并假设常数死力 $\mu = 0.04$,求该保单在第 5 个和第 15 个保单年度的期末责任准备金。

解:

1.数据录入

(1)已知数据录入

$x=35$;

$i=0.06$;

$b=10\ 000$;

$n=20$;

$h=10$;

$k=5,15$;

$\mu=0.04$。

(2)需要求解的问题类型

① $b \cdot {}^{10}_{5}\bar{V}(\bar{A}^1_{35:\overline{20}|})$;

② $b \cdot {}^{10}_{15}\bar{V}(\bar{A}^1_{35:\overline{20}|})$ 。

2.问题解答

(1)问题①求解

$\mu = \lambda = 0.04$

$f(t) = \lambda e^{-\lambda t}$

$\delta = \ln(1+i) = \ln(1+0.06) = 0.058\ 269$

$$\bar{A}^1_{35:\overline{20}|} = \int_0^{20} v^t \cdot f(t)\,dt = \frac{\lambda[1 - e^{-20(\delta+\lambda)}]}{\lambda + \delta} = 0.350\ 018$$

$$\bar{a}_{35:\overline{10}|} = \int_0^{10} v^t \cdot {}_tp_{35}\,dt = \frac{1 - e^{-10(\delta+\lambda)}}{\lambda + \delta} = 6.367\ 187$$

$$_{10}\bar{P}(\bar{A}^1_{35:\overline{20}|}) = \frac{\bar{A}^1_{35:\overline{20}|}}{\bar{a}_{35:\overline{10}|}} = 0.054\ 972$$

$$\bar{a}_{35:\overline{5}|} = \int_0^{5} v^t \cdot {}_tp_{35}\,dt = \frac{1 - e^{-5(\delta+\lambda)}}{\lambda + \delta} = 3.950\ 351$$

$$\bar{A}^1_{35:\overline{5}|} = \int_0^5 v^t \cdot f(t)\,dt = \frac{\lambda[1 - e^{-5(\delta+\lambda)}]}{\lambda+\delta} = 0.158\ 014$$

$${}_5E_{35} = v^5 \cdot \int_5^{+\infty} f(t)\,dt = e^{-5(\lambda+\delta)} = 0.611\ 803$$

$${}^{10}_{5}\bar{V}(\bar{A}^1_{35:\overline{20}|}) = \frac{{}_{10}\bar{P}(\bar{A}^1_{35:\overline{20}|}) \cdot \bar{a}_{35:\overline{5}|} - \bar{A}^1_{35:\overline{5}|}}{{}_5E_{35}} = 0.096\ 673$$

$$b \cdot {}^{10}_{5}\bar{V}(\bar{A}^1_{35:\overline{20}|}) = 10\ 000 \times 0.096\ 673 = 966.73$$

(2)问题②求解

$$\bar{A}^1_{35:\overline{15}|} = \int_0^{15} v^t \cdot f(t)\,dt = \frac{\lambda[1 - e^{-15(\delta+\lambda)}]}{\lambda+\delta} = 0.313\ 833$$

$${}_{15}E_{35} = v^{15} \cdot \int_{15}^{+\infty} f(t)\,dt = e^{-15(\lambda+\delta)} = 0.229\ 000$$

$${}^{10}_{15}\bar{V}(\bar{A}^1_{35:\overline{20}|}) = \frac{{}_{10}\bar{P}(\bar{A}^1_{35:\overline{20}|}) \cdot \bar{a}_{35:\overline{10}|} - \bar{A}^1_{35:\overline{15}|}}{{}_{15}E_{35}} = \frac{\bar{A}^1_{35:\overline{20}|} - \bar{A}^1_{35:\overline{15}|}}{{}_{15}E_{35}} = 0.158\ 013$$

$$b \cdot {}^{10}_{15}\bar{V}(\bar{A}^1_{35:\overline{20}|}) = 10\ 000 \times 0.158\ 013 = 1\ 580.13$$

4.2.2.2 未来法

[基本算法示例] 常数死力假设的全连续模型 h 年缴费即期定期死亡保险未来法均衡纯保费责任准备金。

需要求解的问题类型：

①当 $0 < k < h$ 时，第 k 个保单年度的期末责任准备金 $b \cdot {}^h_k\bar{V}(\bar{A}^1_{x:\overline{n}|})$；

②当 $h \leqslant k < n$ 时，第 k 个保单年度的期末责任准备金 $b \cdot {}^h_k\bar{V}(\bar{A}^1_{x:\overline{n}|})$。

解：

(1)问题①求解

$\mu_x = \lambda \quad (\lambda > 0)$

$\delta = \ln(1+i) = -\ln v$

$f(t) = \lambda e^{-\lambda t} \quad (x \leqslant t \leqslant \omega)$

$$\bar{a}_{\overline{n}|} = \int_0^n v^t dt = -\frac{1-v^n}{\ln v} = \frac{1-v^n}{\delta}$$

$$\bar{a}_{x:\overline{h}|} = \int_0^h \bar{a}_{\overline{t}|} f(t)\,dt + \bar{a}_{\overline{h}|} \cdot {}_hp_x = \frac{1 - e^{-(\lambda+\delta)h}}{\lambda+\delta}$$

$$\bar{A}^1_{x:\overline{n}|} = \int_0^n v^t \cdot f(t)\,dt = \lambda \cdot \frac{1 - e^{-(\lambda+\delta)n}}{\lambda+\delta}$$

$${}_h\bar{P}(\bar{A}^1_{x:\overline{n}|}) = \frac{\bar{A}^1_{x:\overline{n}|}}{\bar{a}_{x:\overline{h}|}}$$

$$\bar{A}^1_{x+k:\overline{n-k}|} = \int_0^{n-k} v^s \cdot f(s)\,ds = \lambda \cdot \frac{1 - e^{-(\lambda+\delta)\cdot(n-k)}}{\lambda+\delta}$$

$$\bar{a}_{x+k:\overline{h-k}|} = \int_0^{h-k} \frac{1-v^s}{\delta} \cdot \lambda e^{-\lambda s} ds + \frac{1 - e^{-\delta(h-k)}}{\delta} \cdot e^{-\lambda(h-k)} = \frac{1 - e^{-(\lambda+\delta)\cdot(h-k)}}{\lambda+\delta}$$

$b \cdot {}_k^h\bar{V}(\bar{A}_{x:\overline{n}|}^1) = b \cdot [\bar{A}_{x+k:\overline{n-k}|}^1 - {}_h\bar{P}(\bar{A}_{x:\overline{n}|}^1) \cdot \bar{a}_{x+k:\overline{h-k}|}]$

(2) 问题②求解

$$\bar{A}_{x+k:\overline{n-k}|}^1 = \lambda \cdot \frac{1-e^{-(\lambda+\delta)\cdot(n-k)}}{\lambda+\delta}$$

$b \cdot {}_k^h\bar{V}(\bar{A}_{x:\overline{n}|}^1) = b \cdot \bar{A}_{x+k:\overline{n-k}|}^1$

［**实验 4.2.4**］常数死力假设的全连续模型 h 年缴费即期定期死亡保险未来法均衡纯保费责任准备金计算。

陈先生现年 40 岁，在某保险公司购买了一份缴费 5 年的 10 年定期寿险，死亡立即给付保险金额为 30 000 元，预定年利率为 6%，在常数死力(指数分布)假设下，常数 $\lambda(\lambda>0)$ 为 0.015。用未来法求第 3 年和第 7 年的责任准备金。

解：

1.数据录入

(1)已知数据录入

$x=40$；

$i=0.06$；

$b=30\,000$；

$n=10$；

$h=5$；

$k=3,7$；

$\mu_x=0.015$。

(2)需要求解的问题类型

① $b \cdot {}_3^5\bar{V}(\bar{A}_{40:\overline{10}|}^1)$；

② $b \cdot {}_7^5\bar{V}(\bar{A}_{40:\overline{10}|}^1)$。

2.问题求解

(1)问题①求解

$\mu_x = \lambda = 0.015$

$\delta = \ln(1+0.06) = 0.058\,269$

$f(t) = 0.015e^{-0.015t} \quad (0 \leqslant t \leqslant 65)$

$$\bar{a}_{40:\overline{5}|} = \frac{1-e^{-(\lambda+\delta)h}}{\lambda+\delta} = \frac{1-e^{-0.073\,269\times5}}{0.073\,269} = 4.186\,439$$

$$\bar{A}_{40:\overline{10}|}^1 = \lambda \cdot \frac{1-e^{-(\lambda+\delta)n}}{\lambda+\delta} = 0.015 \times \frac{1-e^{-0.073\,269\times10}}{0.073\,269} = 0.106\,331$$

$${}_5\bar{P}(\bar{A}_{40:\overline{10}|}^1) = \frac{\bar{A}_{40:\overline{10}|}^1}{\bar{a}_{40:\overline{5}|}} = \frac{0.106\,331}{4.186\,439} = 0.025\,399$$

$$\bar{A}_{43:\overline{7}|}^1 = \lambda \cdot \frac{1-e^{-(\lambda+\delta)(n-k)}}{\lambda+\delta} = 0.015 \times \frac{1-e^{-0.073\,269*7}}{0.073\,269} = 0.082\,142$$

$$\bar{a}_{43:\overline{2}|} = \frac{1-e^{-(\lambda+\delta)\cdot(h-k)}}{\lambda+\delta} = \frac{1-e^{-0.073\,269\times2}}{0.073\,269} = 1.860\,364$$

$$ {}_3^5\bar{V}(\bar{A}^1_{40:\overline{10}|}) = \bar{A}^1_{43:\overline{7}|} - {}_5\bar{P}(\bar{A}^1_{40:\overline{10}|}) \cdot \bar{a}_{43:\overline{2}|} $$

$$ = 0.082\ 142 - 0.025\ 399 \times 1.860\ 364 = 0.034\ 890 $$

$$ b \cdot {}_3^5\bar{V}(\bar{A}^1_{40:\overline{10}|}) = 30\ 000 \times 0.034\ 890 = 1\ 046.718\ 5 $$

(2)问题②求解

$$ \bar{A}^1_{47:\overline{3}|} = \lambda \cdot \frac{1 - e^{-(\lambda+\delta)(n-k)}}{\lambda + \delta} = 0.015 \times \frac{1 - e^{-0.073\ 269 \times 3}}{0.073\ 269} = 0.040\ 398 $$

$$ {}_7^5\bar{V}(\bar{A}^1_{40:\overline{10}|}) = \bar{A}^1_{47:\overline{3}|} = 0.040\ 398 $$

$$ b \cdot {}_7^5\bar{V}(\bar{A}^1_{40:\overline{10}|}) = 30\ 000 \times 0.040\ 398 = 1\ 211.929\ 1 $$

4.2.3 两全保险

4.2.3.1 过去法

[**基本算法示例**] 死亡均匀分布假设的全连续模型 h 年缴费即期定期两全保险过去法均衡纯保费责任准备金。

需要求解的问题类型:

①当 $0 \leqslant k < h$ 时,第 k 个保单年度的期末责任准备金 $b \cdot {}_k^h\bar{V}(\bar{A}_{x:\overline{n}|})$;

②当 $k \geqslant h$ 时,第 k 个保单年度的期末责任准备金 $b \cdot {}_k^h\bar{V}(\bar{A}_{x:\overline{n}|})$ 。

解:

(1)问题①求解

$$ \mu_x = \frac{1}{\omega - x} \quad (0 \leqslant x < \omega) $$

$$ f(t) = \frac{1}{\omega - x} $$

$$ {}_tp_x = \frac{\omega - x - t}{\omega - x} $$

$$ v = \frac{1}{1 + i} $$

$$ \bar{A}_{x:\overline{n}|} = \bar{A}^1_{x:\overline{n}|} + \bar{A}_{x:\overset{1}{\overline{n}|}} = \int_0^n v^t \cdot f(t)\,dt + v^n \cdot \int_n^{\omega-x} f(t)\,dt $$

$$ = \frac{1}{\omega - x} \cdot \frac{v^n - 1}{\ln v} + v^n \cdot \frac{\omega - x - n}{\omega - x} $$

$$ \bar{a}_{x:\overline{h}|} = \int_0^h v^t \cdot {}_tp_x\,dt = \frac{(\omega - x - h)\,v^h - (\omega - x)}{(\omega - x) \cdot \ln v} + \frac{v^h - 1}{(\omega - x) \cdot (\ln v)^2} $$

$$ {}_h\bar{P}(\bar{A}_{x:\overline{n}|}) = \frac{\bar{A}_{x:\overline{n}|}}{\bar{a}_{x:\overline{h}|}} $$

$$ \bar{A}^1_{x:\overline{k}|} = \int_0^k v^t \cdot f(t)\,dt = \frac{1}{\omega - x} \cdot \frac{v^k - 1}{\ln v} $$

$$ \bar{a}_{x:\overline{k}|} = \int_0^k v^t \cdot {}_tp_x\,dt = \frac{(\omega - x - k)\,v^k - (\omega - x)}{(\omega - x) \cdot \ln v} + \frac{v^k - 1}{(\omega - x) \cdot (\ln v)^2} $$

$$ {}_kE_x = v^k \cdot \int_k^{\omega-x} f(t)\,dt = v^k \cdot \frac{\omega - x - k}{\omega - x} $$

$$ b \cdot {}_k^h\bar{V}(\bar{A}_{x:\overline{n}|}) = b \cdot \frac{{}_h\bar{P}(\bar{A}_{x:\overline{n}|}) \cdot \bar{a}_{x:\overline{k}|} - \bar{A}^1_{x:\overline{k}|}}{{}_kE_x} $$

(2)问题②求解

$$ \bar{A}^1_{x:\overline{k}|} = \int_0^k v^t \cdot f(t)\,dt = \frac{1}{\omega - x} \cdot \frac{v^k - 1}{\ln v} $$

$$ {}_kE_x = v^k \cdot \int_k^{\omega-x} f(t)\,dt = v^k \cdot \frac{\omega - x - k}{\omega - x} $$

$$ b \cdot {}_k^h\bar{V}(\bar{A}_{x:\overline{n}|}) = b \cdot \frac{{}_h\bar{P}(\bar{A}_{x:\overline{n}|}) \cdot \bar{a}_{x:\overline{h}|} - \bar{A}^1_{x:\overline{k}|}}{{}_kE_x} = b \cdot \frac{\bar{A}_{x:\overline{n}|} - \bar{A}^1_{x:\overline{k}|}}{{}_kE_x} $$

[**实验 4.2.5**] 死亡均匀分布假设的全连续模型 h 年缴费即期定期两全保险过去法均衡纯保费责任准备金计算。

35 岁的李先生购买了一份 10 年缴费的连续型 20 年两全保险。保险金额为 10 000 元,预定年利率为 6%,在死亡均匀分布假设下并且假设极限年龄为 105 岁,求该保单在第 5 和第 15 个保单年度的期末责任准备金。

解:

1.数据录入

(1)已知数据录入

$x=35$;

$i=0.06$;

$b=10\ 000$;

$n=20$;

$h=10$;

$k=5,15$;

$\omega=105$。

(2)需要求解的问题类型

① $b \cdot {}_5^{10}\bar{V}(\bar{A}_{35:\overline{20}|})$;

② $b \cdot {}_{15}^{10}\bar{V}(\bar{A}_{35:\overline{20}|})$ 。

2.问题解答

(1)问题①求解

$$ \mu_{35} = \frac{1}{\omega - x} = \frac{1}{70} = 0.014\ 286 \quad (0 \leqslant x < 105) $$

$$ f(t) = \frac{1}{\omega - x} = \frac{1}{70} = 0.014\ 286 $$

$$ v = \frac{1}{1+i} = \frac{1}{1.06} = 0.943\ 396 $$

$$ \bar{A}_{35:\overline{20}|} = \bar{A}^1_{35:\overline{20}|} + \bar{A}_{35:\overset{1}{\overline{20}|}} = \int_0^{20} v^t \cdot f(t)\,dt + v^{20} \cdot \int_{20}^{70} f(t)\,dt $$

$$= \frac{1}{70} \cdot \frac{v^{20} - 1}{\ln v} + v^{20} \cdot \frac{50}{70} = 0.391\ 442$$

$$\bar{a}_{35:\overline{10}|} = \int_0^{10} v^t \cdot {}_tp_{35} dt = \frac{60v^{10} - 70}{70\ln v} + \frac{v^{10} - 1}{70(\ln v)^2} = 7.089\ 683$$

$${}_{10}\bar{P}(\bar{A}_{35:\overline{20}|}) = \frac{\bar{A}_{35:\overline{20}|}}{\bar{a}_{35:\overline{10}|}} = 0.055\ 213$$

$$\bar{a}_{35:\overline{5}|} = \int_0^{5} v^t \cdot {}_tp_{35} dt = \frac{65v^{5} - 70}{70\ln v} + \frac{v^{5} - 1}{70(\ln v)^2} = 4.190\ 108$$

$$\bar{A}^1_{35:\overline{5}|} = \int_0^5 v^t \cdot f(t)\, dt = \frac{1}{70} \cdot \frac{v^5 - 1}{\ln v} = 0.061\ 964$$

$${}_5E_{35} = v^5 \cdot \int_5^{70} f(t)\, dt = v^5 \cdot \frac{65}{70} = 0.693\ 883$$

$${}^{10}_{5}\bar{V}(\bar{A}_{35:\overline{20}|}) = \frac{{}_{10}\bar{P}(\bar{A}_{35:\overline{20}|}) \cdot \bar{a}_{35:\overline{5}|} - \bar{A}^1_{35:\overline{5}|}}{{}_5E_{35}} = 0.244\ 111$$

$$b \cdot {}^{10}_{5}\bar{V}(\bar{A}_{35:\overline{20}|}) = 10\ 000 \times 0.244\ 111 = 2\ 441.11$$

(2)问题②求解

$$\bar{A}^1_{35:\overline{15}|} = \int_0^{15} v^t \cdot f(t)\, dt = \frac{1}{70} \cdot \frac{v^{15} - 1}{\ln v} = 0.142\ 868$$

$${}_{15}E_{35} = v^{15} \cdot \int_{15}^{70} f(t)\, dt = v^{15} \cdot \frac{55}{70} = 0.327\ 851$$

$${}^{10}_{15}\bar{V}(\bar{A}_{35:\overline{20}|}) = \frac{{}_{10}\bar{P}(\bar{A}_{35:\overline{20}|}) \cdot \bar{a}_{35:\overline{10}|} - \bar{A}^1_{35:\overline{15}|}}{{}_{15}E_{35}} = \frac{\bar{A}_{35:\overline{20}|} - \bar{A}^1_{35:\overline{15}|}}{{}_{15}E_{35}} = 0.758\ 192$$

$$b \cdot {}^{10}_{15}\bar{V}(\bar{A}_{35:\overline{20}|}) = 10\ 000 \times 0.758\ 192 = 7\ 581.92$$

4.2.3.2 未来法

[**基本算法示例**] 死亡均匀分布假设的全连续模型 h 年缴费即期定期两全保险未来法均衡纯保费责任准备金。

需要求解的问题类型：

①当 $0 \leqslant k < h$ 时，第 k 个保单年度的期末责任准备金 $b \cdot {}^h_k\bar{V}(\bar{A}_{x:\overline{n}|})$；

②当 $h \leqslant k < n$ 时，第 k 个保单年度的期末责任准备金 $b \cdot {}^h_k\bar{V}(\bar{A}_{x:\overline{n}|})$。

解：

(1)问题①求解

$$\mu_x = \frac{1}{\omega - x} \quad (0 \leqslant x < \omega)$$

$$f(t) = \frac{1}{\omega - x} \quad (0 \leqslant t < \omega)$$

$$\delta = \ln(1 + i)$$

$${}_tp_x = \frac{\omega - x - t}{\omega - x}$$

$$\bar{a}_{\overline{n}|} = \int_0^n v^t dt = \frac{1 - v^n}{\delta}$$

$$\bar{a}_{x:\overline{h}|} = \int_0^h \bar{a}_{\overline{t}|} f(t) dt + \bar{a}_{\overline{h}|} \cdot {}_h p_x = \frac{1}{\delta(\omega - x)}\left(h + \frac{e^{-h\delta} - 1}{\delta}\right) + \frac{1 - e^{-h\delta}}{\delta} \cdot \frac{\omega - x - h}{\omega - x}$$

$$\bar{A}_{x:\overline{n}|} = \int_0^n v^t \cdot f(t) dt + v^n \cdot {}_n p_x = \frac{1 - e^{-n\delta}}{\delta(\omega - x)} + e^{-\delta n} \cdot \frac{\omega - x - n}{\omega - x}$$

$${}_h\bar{P}(\bar{A}_{x:\overline{n}|}) = \frac{\bar{A}_{x:\overline{n}|}}{\bar{a}_{x:\overline{h}|}}$$

$$\bar{A}_{x+k:\overline{n-k}|} = \int_0^{n-k} v^s \cdot f(s) ds + v^{n-k} \cdot {}_{n-k}p_{x+k} = \frac{1 - e^{-\delta(n-k)}}{\delta(\omega - x - k)} + e^{-\delta(n-k)} \cdot \frac{\omega - x - n}{\omega - x - k}$$

$$\bar{a}_{x+k:\overline{h-k}|} = \int_0^{h-k} \frac{1 - v^s}{\delta} \cdot \frac{1}{\omega - x - k} ds + \bar{a}_{\overline{h-k}|} \cdot {}_{h-k}p_{x+k}$$

$$= \frac{1}{\delta(\omega - x - k)}\left[h - k + \frac{e^{-\delta(h-k)} - 1}{\delta}\right] + \frac{1 - e^{-\delta(h-k)}}{\delta} \cdot \frac{\omega - x - h}{\omega - x - k}$$

$$b \cdot {}_k^h\bar{V}(\bar{A}_{x:\overline{n}|}) = b \cdot [\bar{A}_{x+k:\overline{n-k}|} - {}_h\bar{P}(\bar{A}_{x:\overline{n}|}) \cdot \bar{a}_{x+k:\overline{h-k}|}]$$

（2）问题②求解

$$\bar{A}_{x+k:\overline{n-k}|} = \int_0^{n-k} v^s \cdot f(s) ds + v^{n-k} \cdot {}_{n-k}p_{x+k} = \frac{1 - e^{-\delta(n-k)}}{\delta(\omega - x - k)} + e^{-\delta(n-k)} \cdot \frac{\omega - x - n}{\omega - x - k}$$

$$b \cdot {}_k^h\bar{V}(\bar{A}_{x:\overline{n}|}) = b \cdot \bar{A}_{x+k:\overline{n-k}|}$$

[实验 4.2.6] 死亡均匀分布假设的全连续模型 h 年缴费即期定期两全保险未来法均衡纯保费责任准备金计算。

陈先生现年 40 岁，在某保险公司购买了一份缴费 5 年的 10 年期两全寿险，保险金额为 30 000 元，预定年利率为 6%，极限年龄为 105 岁，在死亡均匀分布假设下，用未来法求第 3 年、第 7 年的责任准备金。

解：

1.数据录入

(1)已知数据录入

投保年龄(x)= 40；

预定年利率(i)= 0.06；

保险金额(b)= 30 000；

保险期限(n)= 10；

缴费期限(h)= 5；

保单年度(k)= 3,7；

极限年龄(ω)= 105。

(2)需要求解的问题类型

① $b \cdot {}_3^5\bar{V}(\bar{A}_{40:\overline{10}|})$；

② $b \cdot {}_7^5\bar{V}(\bar{A}_{40:\overline{10}|})$。

2.问题求解

(1)问题①求解

$\delta=\ln(1+i)=0.058\ 269$

$$f(t)=\frac{1}{\omega-x}=\frac{1}{105-40}=\frac{1}{65}$$

$$\bar{a}_{40:\overline{5}|}=\frac{1}{\delta(\omega-x)}\left(h+\frac{e^{-h\delta}-1}{\delta}\right)+\frac{1-e^{-h\delta}}{\delta}\cdot\frac{\omega-x-h}{\omega-x}$$

$$=\frac{1}{0.058\ 269\times 65}\left(5+\frac{e^{-0.058\ 269\times 5}-1}{0.058\ 269}\right)+\frac{1-e^{-0.058\ 269\times 5}}{0.058\ 269}\times\frac{60}{65}=4.178\ 769$$

$$\bar{A}_{40:\overline{10}|}=\frac{1-e^{-\delta n}}{\delta(\omega-x)}+e^{-\delta n}\cdot\frac{\omega-x-n}{\omega-x}=\frac{1-e^{-0.058\ 269\times 10}}{0.058\ 269\times 65}+e^{-0.058\ 269\times 10}\times\frac{55}{65}=0.589\ 083$$

$${}_5\bar{P}(\bar{A}_{40:\overline{10}|})=\frac{\bar{A}_{40:\overline{10}|}}{\bar{a}_{40:\overline{5}|}}=\frac{0.589\ 083}{4.178\ 769}=0.140\ 970$$

$$\bar{A}_{43:\overline{7}|}=\frac{1-e^{-\delta(n-k)}}{\delta(\omega-x-k)}+e^{-\delta(n-k)}\cdot\frac{\omega-x-n}{\omega-x-k}$$

$$=\frac{1-e^{-0.058\ 269\times 7}}{0.058\ 269\times 62}+e^{-0.058\ 269\times 7}\times\frac{55}{62}=0.682\ 682$$

$$\bar{a}_{43:\overline{2}|}=\frac{1}{\delta(\omega-x-k)}\left[h-k+\frac{e^{-\delta(h-k)}-1}{\delta}\right]+\frac{1-e^{-\delta(h-k)}}{\delta}\cdot\frac{\omega-x-h}{\omega-x-k}$$

$$=\frac{1}{0.058\ 269\times 62}\left(2+\frac{e^{-0.058\ 269\times 2}-1}{0.058\ 269}\right)+\frac{1-e^{-0.058\ 269\times 2}}{0.058\ 269}\times\frac{60}{62}=1.858\ 002$$

$${}_3^5\bar{V}(\bar{A}_{40:\overline{10}|})=\bar{A}_{43:\overline{7}|}-{}_5\bar{P}(\bar{A}_{40:\overline{10}|})\cdot\bar{a}_{43:\overline{2}|}$$

$$=0.682\ 682-0.140\ 970\times 1.858\ 002=0.420\ 759$$

$$b\cdot{}_3^5\bar{V}(\bar{A}_{40:\overline{10}|})=30\ 000\times 0.420\ 759=12\ 622.792\ 3$$

(2)问题②求解

$$\bar{A}_{47:\overline{3}|}=\frac{1-e^{-\delta(n-k)}}{\delta(\omega-x-k)}+e^{-\delta(n-k)}\cdot\frac{\omega-x-n}{\omega-x-k}$$

$$=\frac{1-e^{-0.058\ 269\times 3}}{0.058\ 269\times 58}+e^{-0.058\ 269\times 3}\times\frac{55}{58}=0.843\ 646$$

$${}_7^5\bar{V}(\bar{A}_{40:\overline{10}|})=\bar{A}_{47:\overline{3}|}=0.843\ 646$$

$$b\cdot{}_7^5\bar{V}(\bar{A}_{40:\overline{10}|})=30\ 000\times 0.843\ 646=25\ 309.379\ 2$$

4.2.4 年金保险

4.2.4.1 过去法

[**基本算法示例**] 死亡均匀分布假设的全连续模型 h 年缴费延期终身年金过去法均衡纯保费责任准备金。

需要求解的问题类型:

①当 $0\leqslant k<h$ 时,第 k 个保单年度的期末责任准备金 $b\cdot{}_k^h\bar{V}({}_{m|}\bar{a}_x)$;

②当 $h \leqslant k < m$ 时,第 k 个保单年度的期末责任准备金 $b \cdot {}_k^h\bar{V}({}_{m|}\bar{a}_x)$;

③当 $m \leqslant k < \omega - x$ 时,第 k 个保单年度的期末责任准备金 $b \cdot {}_k^h\bar{V}({}_{m|}\bar{a}_x)$ 。

解:

(1)问题①求解

$$\mu_x = \frac{1}{\omega - x} \quad (0 \leqslant x < \omega)$$

$$f(t) = \frac{1}{\omega - x}$$

$$_tp_x = \frac{\omega - x - t}{\omega - x}$$

$$v = \frac{1}{1 + i}$$

$$_{m|}\bar{a}_x = \int_m^{\omega - x} v^t \cdot {}_tp_x dt = \frac{(x + m - \omega) \cdot v^m}{(\omega - x) \cdot \ln v} + \frac{v^{\omega - x} - v^m}{(\omega - x) \cdot (\ln v)^2}$$

$$\bar{a}_{x:\overline{h|}} = \int_0^h v^t \cdot {}_tp_x dt = \frac{(\omega - x - h)\, v^h - (\omega - x)}{(\omega - x) \cdot \ln v} + \frac{v^h - 1}{(\omega - x) \cdot (\ln v)^2}$$

$$_h\bar{P}({}_{m|}\bar{a}_x) = \frac{_{m|}\bar{a}_x}{\bar{a}_{x:\overline{h|}}}$$

$$\bar{a}_{x:\overline{k|}} = \int_0^k v^t \cdot {}_tp_x dt = \frac{(\omega - x - k)\, v^k - (\omega - x)}{(\omega - x) \cdot \ln v} + \frac{v^k - 1}{(\omega - x) \cdot (\ln v)^2}$$

$$_kE_x = v^k \cdot \int_k^{\omega - x} f(t)\, dt = v^k \cdot \frac{\omega - x - k}{\omega - x}$$

$$b \cdot {}_k^h\bar{V}({}_{m|}\bar{a}_x) = b \cdot \frac{_h\bar{P}({}_{m|}\bar{a}_x) \cdot \bar{a}_{x:\overline{k|}}}{_kE_x}$$

(2)问题②求解

$$_kE_x = v^k \cdot \int_k^{\omega - x} f(t)\, dt = v^k \cdot \frac{\omega - x - k}{\omega - x}$$

$${}_k^h\bar{V}({}_{m|}\bar{a}_x) = \frac{_h\bar{P}({}_{m|}\bar{a}_x) \cdot \bar{a}_{x:\overline{h|}}}{_kE_x} = \frac{_{m|}\bar{a}_x}{_kE_x}$$

(3)问题③求解

$$_{m|k-m}\bar{a}_x = \int_m^k v^t \cdot {}_tp_x dt = \frac{v^k - v^m}{\ln v} - \frac{kv^k - mv^m}{(\omega - x) \cdot \ln v} + \frac{v^k - v^m}{(\omega - x) \cdot (\ln v)^2}$$

$$_kE_x = v^k \cdot \int_k^{\omega - x} f(t)\, dt = v^k \cdot \frac{\omega - x - k}{\omega - x}$$

$$b \cdot {}_k^h\bar{V}({}_{m|}\bar{a}_x) = b \cdot \frac{_h\bar{P}({}_{m|}\bar{a}_x) \cdot \bar{a}_{x:\overline{h|}} - {}_{m|k-m}\bar{a}_x}{_kE_x} = b \cdot \frac{_{m|}\bar{a}_x - {}_{m|k-m}\bar{a}_x}{_kE_x}$$

[实验 4.2.7] 死亡均匀分布假设的全连续模型 h 年缴费延期终身年金过去法均衡纯保费责任准备金计算。

35 岁的李先生购买了一份缴费 10 年延期 10 年的连续型终身生存年金保险。每年领取的年金金额为 1 000 元,预定年利率为 6%,在死亡均匀分布假设下并且假设极限年龄为 105 岁,求该保单在第 5 个和第 25 个保单年度的期末责任准备金。

解:

1.数据录入

(1)已知数据录入

$x=35$;

$i=0.06$;

$b=1\ 000$;

$m=10$;

$h=10$;

$k=5,25$;

$\omega=105$。

(2)需要求解的问题类型

① $b\cdot {}^{10}_{5}\bar{V}({}_{10|}\bar{a}_{35})$;

② $b\cdot {}^{10}_{25}\bar{V}({}_{10|}\bar{a}_{35})$。

2.问题解答

(1)问题①求解

$$\mu_{35}=\frac{1}{\omega-x}=\frac{1}{70}=0.014\ 286 \quad (0\leqslant x<105)$$

$$f(t)=\frac{1}{\omega-x}=\frac{1}{70}=0.014\ 286$$

$$v=\frac{1}{1+i}=\frac{1}{1.06}=0.943\ 396$$

$${}_{10|}\bar{a}_{35}=\int_{10}^{70}v^t\cdot {}_tp_{35}dt=\frac{-60\cdot v^{10}}{70\ln v}+\frac{v^{70}-v^{10}}{70(\ln v)^2}=5.935\ 811$$

$$\bar{a}_{35:\overline{10|}}=\int_0^{10}v^t\cdot {}_tp_{35}dt=\frac{60v^{10}-70}{70\ln v}+\frac{v^{10}-1}{70(\ln v)^2}=7.089\ 683$$

$${}_{10}\bar{P}({}_{10|}\bar{a}_{35})=\frac{{}_{10|}\bar{a}_{35}}{\bar{a}_{35:\overline{10|}}}=0.837\ 246$$

$$\bar{a}_{35:\overline{5|}}=\int_0^{5}v^t\cdot {}_tp_{35}dt=\frac{65v^{5}-70}{70\ln v}+\frac{v^{5}-1}{70(\ln v)^2}=4.190\ 108$$

$${}_5E_{35}=v^5\cdot\int_5^{70}f(t)dt=v^5\cdot\frac{65}{70}=0.693\ 883$$

$${}^{10}_{5}\bar{V}({}_{10|}\bar{a}_{35})=\frac{{}_{10}\bar{P}({}_{10|}\bar{a}_{35})\cdot\bar{a}_{35:\overline{5|}}}{{}_5E_{35}}=5.055\ 825$$

$$b\cdot {}^{10}_{5}\bar{V}({}_{10|}\bar{a}_{35})=1\ 000\times 5.055\ 825=5\ 055.825$$

(2)问题②求解

$$ {}_{10|15}\bar{a}_{35} = \int_{10}^{25} v^t \cdot {}_tp_{35}dt = \frac{v^{25} - v^{10}}{\ln v} - \frac{25v^{25} - 10v^{10}}{70\ln v} + \frac{v^{25} - v^{10}}{70(\ln v)^2} = 4.274\ 360 $$

$$ {}_{25}E_{35} = v^{25} \cdot \int_{25}^{70} f(t)dt = v^{25} \cdot \frac{45}{70} = 0.149\ 785 $$

$$ {}_{25}^{10}\bar{V}({}_{10|}\bar{a}_{35}) = \frac{{}_{10}\bar{P}({}_{10|}\bar{a}_{35}) \cdot \bar{a}_{35:\overline{10|}} - {}_{10|15}\bar{a}_{35}}{{}_{25}E_{35}} = \frac{{}_{10|}\bar{a}_{35} - {}_{10|15}\bar{a}_{35}}{{}_{25}E_{35}} = 11.092\ 223 $$

$$ b \cdot {}_{25}^{10}\bar{V}({}_{10|}\bar{a}_{35}) = 1\ 000 \times 11.092\ 223 = 11\ 092.223 $$

4.2.4.2 未来法

[**基本算法示例**] 死亡均匀分布假设的全连续模型 h 年缴费延期终身年金未来法均衡纯保费责任准备金。

需要求解的问题类型：

①当 $k < h$ 时，第 k 个保单年度的期末责任准备金 $b \cdot {}_k^h\bar{V}({}_{m|}\bar{a}_x)$；

②当 $h \leqslant k < m$ 时，第 k 个保单年度的期末责任准备金 $b \cdot {}_k^h\bar{V}({}_{m|}\bar{a}_x)$；

③当 $t \geqslant m$ 时，第 k 个保单年度的期末责任准备金 $b \cdot {}_k^h\bar{V}({}_{m|}\bar{a}_x)$。

解：

(1) 问题①求解

$$ f(t) = \frac{1}{\omega - x} \quad (0 \leqslant t < \omega) $$

$$ \delta = \ln(1 + i) $$

$$ \bar{a}_{\overline{n|}} = \int_0^n v^t dt = \frac{1 - v^n}{\delta} $$

$$ \bar{a}_x = \int_0^{\omega - x} \bar{a}_{\overline{t|}} f(t)dt = \frac{1}{\delta(\omega - x)}\left[\omega - x + \frac{e^{-\delta(\omega - x)} - 1}{\delta}\right] $$

$$ \bar{a}_{x:\overline{m|}} = \int_0^m \bar{a}_{\overline{t|}} f(t)dt + \bar{a}_{\overline{m|}} \cdot {}_mp_x = \frac{1}{\delta(\omega - x)}\left(m + \frac{e^{-m\delta} - 1}{\delta}\right) + \frac{1 - e^{-m\delta}}{\delta} \cdot \frac{\omega - x - m}{\omega - x} $$

$$ {}_{m|}\bar{a}_x = \bar{a}_x - \bar{a}_{x:\overline{m|}} $$

$$ \bar{a}_{x:\overline{h|}} = \int_0^h \bar{a}_{\overline{t|}} f(t)dt + \bar{a}_{\overline{h|}} \cdot {}_hp_x = \frac{1}{\delta(\omega - x)}\left(h + \frac{e^{-h\delta} - 1}{\delta}\right) + \frac{1 - e^{-h\delta}}{\delta} \cdot \frac{\omega - x - h}{\omega - x} $$

$$ {}_h\bar{P}({}_{m|}\bar{a}_x) = \frac{{}_{m|}\bar{a}_x}{\bar{a}_{x:\overline{h|}}} $$

$$ \bar{a}_{x+m} = \int_0^{\omega - x - m} \bar{a}_{\overline{t|}} f(t)dt = \frac{1}{\delta(\omega - x - m)}\left[\omega - x - m + \frac{e^{-\delta(\omega - x - m)} - 1}{\delta}\right] $$

$$ \bar{a}_{x+k:\overline{h-k|}} = \int_0^{h-k} \frac{1 - v^s}{\delta} \cdot \frac{1}{\omega - x - k}ds + \bar{a}_{\overline{h-k|}} \cdot {}_{h-k}p_{x+k} $$

$$ = \frac{1}{\delta(\omega - x - k)}\left[h - k + \frac{e^{-\delta(h-k)} - 1}{\delta}\right] + \frac{1 - e^{-\delta(h-k)}}{\delta} \cdot \frac{\omega - x - h}{\omega - x - k} $$

$$ {}_{m-k|}\bar{a}_{x+k} = \bar{a}_{x+m} \cdot v^{m-k} \cdot {}_{m-k}p_{x+k} = \bar{a}_{x+m} \cdot e^{-\delta(m-k)} \cdot \frac{\omega - x - m}{\omega - x - k} $$

$$ b \cdot {}_k^h\bar{V}({}_{m|}\bar{a}_x) = b \cdot [{}_{m-k|}\bar{a}_{x+k} - {}_h\bar{P}({}_{m|}\bar{a}_x) \cdot \bar{a}_{x+k:\overline{h-k}|}] $$

（2）问题②求解

$$ \bar{a}_{x+m} = \int_0^{\omega-x-m} \bar{a}_{\overline{t}|} f(t)\,dt = \frac{1}{\delta(\omega - x - m)}\left[\omega - x - m + \frac{e^{-\delta(\omega-x-m)} - 1}{\delta}\right] $$

$$ {}_{m-k|}\bar{a}_{x+k} = \bar{a}_{x+m} \cdot v^{m-k} \cdot {}_{m-k}p_{x+k} = \bar{a}_{x+m} \cdot e^{-\delta(m-k)} \cdot \frac{\omega - x - m}{\omega - x - k} $$

$$ b \cdot {}_k^h\bar{V}({}_{m|}\bar{a}_x) = b \cdot {}_{m-k|}\bar{a}_{x+k} $$

（3）问题③求解

$$ \bar{a}_{x+k} = \int_0^{\omega-x-k} \bar{a}_{\overline{s}|} f(s)\,dt = \frac{1}{\delta(\omega - x - k)}\left[\omega - x - k + \frac{e^{-\delta(\omega-x-k)} - 1}{\delta}\right] $$

$$ b \cdot {}_k^h\bar{V}({}_{m|}\bar{a}_x) = b \cdot \bar{a}_{x+k} $$

［**实验 4.2.8**］死亡均匀分布假设的全连续模型 h 年缴费延期终身年金未来法均衡纯保费责任准备金计算。

陈先生现年 40 岁，在某保险公司购买了一份 5 年缴费延期 10 年的终身生存年金保险，年金支付额为 30 000 元，预定年利率为 6%，极限年龄为 105 岁，在死亡均匀分布假设下，用未来法求第 3 年、第 7 年和第 15 年的责任准备金。

解：

1.数据录入

(1)已知数据录入

$x=40$；

$i=0.06$；

$b=30\,000$；

$m=10$；

$h=5$；

$k=3,7,15$；

$\omega=105$。

(2)需要求解的问题

① $b \cdot {}_3^5\bar{V}({}_{10|}\bar{a}_{40})$ ；

② $b \cdot {}_7^5\bar{V}({}_{10|}\bar{a}_{40})$ ；

③ $b \cdot {}_{15}^5\bar{V}({}_{10|}\bar{a}_{40})$ 。

2.问题求解

(1)问题①求解

$$ \delta = \ln(1 + i) = 0.058\,269 $$

$$ f(t) = \frac{1}{\omega - x} = \frac{1}{105 - 40} = \frac{1}{65} $$

$$\bar{a}_{40} = \frac{1}{\delta(\omega - x)}\left[\omega - x + \frac{e^{-\delta(\omega-x)} - 1}{\delta}\right]$$

$$= \frac{1}{0.058\,269 \times 65}\left(65 + \frac{e^{-0.058\,269\times 65} - 1}{0.058\,269}\right) = 12.733\,24$$

$$\bar{a}_{40:\overline{10|}} = \frac{1}{\delta(\omega - x)}\left(m + \frac{e^{-m\delta} - 1}{\delta}\right) + \frac{1 - e^{-m\delta}}{\delta}\cdot\frac{\omega - x - m}{\omega - x}$$

$$= \frac{1}{0.058\,269 \times 65}\left(10 + \frac{e^{-0.058\,269\times 10} - 1}{0.058\,269}\right) + \frac{1 - e^{-0.058\,269\times 10}}{0.058\,269} \times \frac{55}{65} = 7.052\,06$$

$${}_{10|}\bar{a}_{40} = \bar{a}_{40} - \bar{a}_{40:\overline{10|}} = 12.733\,24 - 7.052\,06 = 5.681\,184$$

$$\bar{a}_{40:\overline{5|}} = \frac{1}{\delta(\omega - x)}\left(h + \frac{e^{-h\delta} - 1}{\delta}\right) + \frac{1 - e^{-h\delta}}{\delta}\cdot\frac{\omega - x - h}{\omega - x}$$

$$= \frac{1}{0.058\,269 \times 65}\left(5 + \frac{e^{-0.058\,269\times 5} - 1}{0.058\,269}\right) + \frac{1 - e^{-0.058\,269\times 5}}{0.058\,269} \times \frac{60}{65} = 4.178\,769$$

$${}_5\bar{P}({}_{10|}\bar{a}_{40}) = \frac{{}_{10|}\bar{a}_{40}}{\bar{a}_{40:\overline{5|}}} = \frac{5.681\,184}{4.178\,769} = 1.359\,535$$

$$\bar{a}_{50} = \frac{1}{\delta(\omega - x - m)}\left[\omega - x - m + \frac{e^{-\delta(\omega-x-m)} - 1}{\delta}\right]$$

$$= \frac{1}{0.058\,269 \times 55}\left(55 + \frac{e^{-0.058\,269\times 55} - 1}{0.058\,269}\right) = 12.023\,99$$

$${}_{7|}\bar{a}_{43} = \bar{a}_{x+m}\cdot e^{-\delta(m-k)}\cdot\frac{\omega - x - m}{\omega - x - k}$$

$$= \bar{a}_{50}\cdot \mathrm{e}^{-0.058\,269\times 7} \times \frac{55}{62} = 12.023\,99 \times \mathrm{e}^{-0.058\,269\times 7} \times \frac{55}{62} = 7.093\,791$$

$$\bar{a}_{43:\overline{2|}} = \frac{1}{\delta(\omega - x - k)}\left[h - k + \frac{e^{-\delta(h-k)} - 1}{\delta}\right] + \frac{1 - e^{-\delta(h-k)}}{\delta}\cdot\frac{\omega - x - h}{\omega - x - k}$$

$$= \frac{1}{0.058\,269 \times 62}\left(2 + \frac{e^{-0.058\,269\times 2} - 1}{0.058\,269}\right) + \frac{1 - e^{-0.058\,269\times 2}}{0.058\,269} \times \frac{60}{62} = 1.858\,002$$

$${}_3^5\bar{V}({}_{10|}\bar{a}_{40}) = {}_{m-k|}\bar{a}_{x+k} - {}_h\bar{P}({}_{m|}\bar{a}_x)\cdot\bar{a}_{x+k:\overline{h-k|}}$$

$$= {}_{7|}\bar{a}_{43} - {}_5\bar{P}({}_{10|}\bar{a}_{40})\cdot\bar{a}_{43:\overline{2|}}$$

$$= 7.093\,791 - 1.359\,535 \times 1.858\,002 = 4.567\,772$$

$$b\cdot{}_3^5\bar{V}({}_{10|}\bar{a}_{40}) = 30\,000 \times 4.567\,772 = 137\,033.16$$

(2)问题②求解

$$\bar{a}_{50} = \frac{1}{\delta(\omega - x - m)}\left[\omega - x - m + \frac{e^{-\delta(\omega-x-m)} - 1}{\delta}\right]$$

$$= \frac{1}{0.058\,269 \times 55}\left(55 + \frac{e^{-0.058\,269\times 55} - 1}{0.058\,269}\right) = 12.023\,99$$

$${}_{3|}\bar{a}_{47} = \bar{a}_{x+m}\cdot e^{-\delta(m-k)}\cdot\frac{\omega - x - m}{\omega - x - k}$$

$$= \bar{a}_{50} \cdot e^{-0.058\,269 \times 3} \times \frac{55}{58}$$

$$= 12.023\,99 \times e^{-0.058\,269 \times 3} \times \frac{55}{58} = 9.573\,386$$

$${}^{5}_{7}\bar{V}({}_{10|}\bar{a}_{40}) = {}_{3|}\bar{a}_{47} = 9.573\,386$$

$$b \cdot {}^{5}_{7}\bar{V}({}_{10|}\bar{a}_{40}) = 30\,000 \times 9.573\,386 = 287\,201.6$$

(3)问题③求解

$$\bar{a}_{55} = \frac{1}{\delta(\omega - x - k)}\left[\omega - x - k + \frac{e^{-\delta(\omega - x - k)} - 1}{\delta}\right]$$

$$= \frac{1}{0.058\,269 \times 50}\left(50 + \frac{e^{-0.058\,269 \times 50} - 1}{0.058\,269}\right) = 11.591\,03$$

$${}^{5}_{15}\bar{V}({}_{10|}\bar{a}_{40}) = \bar{a}_{55} = 11.591\,03$$

$$b \cdot {}^{5}_{15}\bar{V}({}_{10|}\bar{a}_{40}) = 30\,000 \times 11.591\,03 = 347\,730.9$$

4.3 半连续寿险模型

半连续寿险模型均衡纯保费责任准备金是在缴费为离散型分布、保险金给付为连续分布 UDD 假设的情况下讨论均衡纯保费责任准备金计算问题。

4.3.1 终身寿险

4.3.1.1 过去法

[**基本算法示例**] 半连续模型 h 年缴费即期终身死亡保险过去法均衡纯保费责任准备金。

需要求解的问题类型：

①当 $0 \leqslant t < h$ 时，第 t 个保单年度的期末责任准备金 $b \cdot {}^{h}_{t}V(\bar{A}_x)$；

②当 $t \geqslant h$ 时，第 t 个保单年度的期末责任准备金 $b \cdot {}^{h}_{t}V(\bar{A}_x)$。

解：

(1)问题①求解

$$v = \frac{1}{1+i}$$

$$\delta = \ln(1+i)$$

$$A_x = \sum_{k=0}^{\omega - x} \frac{v^{k+1} \cdot d_{x+k}}{l_x}$$

$$= \frac{vd_x + v^2 d_{x+1} + v^3 d_{x+2} + \cdots + v^{\omega - x} d_{\omega - 1} + v^{\omega - x + 1} d_{\omega}}{l_x}$$

$$\ddot{a}_{x:\overline{h}|} = \sum_{k=0}^{h-1} \frac{v^k \cdot l_{x+k}}{l_x}$$

$$= \frac{l_x + vl_{x+1} + v^2 l_{x+2} + \cdots + v^{h-2} l_{x+h-2} + v^{h-1} l_{x+h-1}}{l_x}$$

$$_hP_x = \frac{A_x}{\ddot{a}_{x:\overline{h}|}}$$

$$\ddot{a}_{x:\overline{t}|} = \sum_{k=0}^{t-1} \frac{v^k \cdot l_{x+k}}{l_x}$$

$$= \frac{l_x + vl_{x+1} + v^2 l_{x+2} + \cdots + v^{t-2} l_{x+t-2} + v^{t-1} l_{x+t-1}}{l_x}$$

$$A^1_{x:\overline{t}|} = \sum_{k=0}^{t-1} v^{k+1} \cdot \frac{d_{x+k}}{l_x}$$

$$= \frac{vd_x + v^2 d_{x+1} + v^3 d_{x+2} + \cdots + v^{t-1} d_{x+t-2} + v^t d_{x+t-1}}{l_x}$$

$$_tE_x = v^t \cdot \frac{l_{x+t}}{l_x}$$

$$^h_tV(\bar{A}_x) = \frac{i}{\delta} \cdot {_tV_x} = \frac{i}{\delta} \cdot \frac{_hP_x \cdot \ddot{a}_{x:\overline{t}|} - A^1_{x:\overline{t}|}}{_tE_x}$$

$$b \cdot {^h_tV}(\bar{A}_x) = b \cdot \frac{i}{\delta} \cdot {_tV_x} = b \cdot \frac{i}{\delta} \cdot \frac{_hP_x \cdot \ddot{a}_{x:\overline{t}|} - A^1_{x:\overline{t}|}}{_tE_x}$$

(2)问题②求解

$$_tE_x = v^t \cdot \frac{l_{x+t}}{l_x}$$

$$A^1_{x:\overline{t}|} = \sum_{k=0}^{t-1} v^{k+1} \cdot \frac{d_{x+k}}{l_x}$$

$$= \frac{vd_x + v^2 d_{x+1} + v^3 d_{x+2} + \cdots + v^{t-1} d_{x+t-2} + v^t d_{x+t-1}}{l_x}$$

$$^h_tV(\bar{A}_x) = \frac{i}{\delta} \cdot {^h_tV_x} = \frac{i}{\delta} \cdot \frac{_hP_x \cdot \ddot{a}_{x:\overline{h}|} - A^1_{x:\overline{t}|}}{_tE_x} = \frac{i}{\delta} \cdot \frac{A_x - A^1_{x:\overline{t}|}}{_tE_x}$$

$$b \cdot {^h_tV}(\bar{A}_x) = b \cdot \frac{i}{\delta} \cdot {^h_tV_x} = b \cdot \frac{i}{\delta} \cdot \frac{_hP_x \cdot \ddot{a}_{x:\overline{h}|} - A^1_{x:\overline{t}|}}{_tE_x} = b \cdot \frac{i}{\delta} \cdot \frac{A_x - A^1_{x:\overline{t}|}}{_tE_x}$$

[**实验 4.3.1**] 半连续模型 h 年缴费即期终身死亡保险过去法均衡纯保费责任准备金计算。

35 岁的李先生购买了一份 20 年缴费的半连续型终身寿险,保险金额为 10 000 元。预定年利率为 6%,极限年龄为 105 岁,采用经验生命表(2000—2003),并在 UDD 假设条件下,求该保单在第 10 个和第 25 个保单年度的期末责任准备金。

解:

1.数据录入

(1)已知数据录入

$x=35$;

$i=0.06$;

$b=10\ 000$;

$h=20$;

$t=10,25$;

$\omega=105$;

$L_{ijk}=L_{211}$。

(2)需要求解的问题类型

① $b\cdot{}_{10}^{20}V(\bar{A}_{35})$;

② $b\cdot{}_{25}^{20}V(\bar{A}_{35})$。

2.问题解答

(1)问题①求解

$$v=\frac{1}{1+i}=\frac{1}{1+0.06}=0.943\ 396$$

$$\delta=\ln(1+i)=0.058\ 269$$

$$A_{35}=\sum_{k=0}^{70}v^{k+1}\cdot\frac{d_{35+k}}{l_{35}}$$

$$=\frac{vd_{35}+v^2d_{36}+v^3d_{37}+\cdots+v^{70}d_{104}+v^{71}d_{105}}{l_{35}}=0.106\ 590$$

$$\ddot{a}_{35:\overline{20}|}=\sum_{k=0}^{19}\frac{v^k\cdot l_{35+k}}{l_{35}}$$

$$=\frac{l_{35}+vl_{36}+v^2l_{37}+\cdots+v^{18}l_{53}+v^{19}l_{54}}{l_{35}}=11.989\ 501$$

$${}_{20}P_{35}=\frac{A_{35}}{\ddot{a}_{35:\overline{20}|}}=0.008\ 890$$

$$\ddot{a}_{35:\overline{10}|}=\sum_{k=0}^{9}\frac{v^k\cdot l_{35+k}}{l_{35}}$$

$$=\frac{l_{35}+vl_{36}+v^2l_{37}+\cdots+v^8l_{43}+v^9l_{44}}{l_{35}}=7.756\ 529$$

$$A_{35:\overline{10}|}^{1}=\sum_{k=0}^{9}\frac{v^{k+1}\cdot d_{35+k}}{l_{35}}$$

$$=\frac{vd_{35}+v^2d_{36}+v^3d_{37}+\cdots+v^9d_{43}+v^{10}d_{44}}{l_{35}}=0.011\ 869$$

$${}_{10}E_{35}=v^{10}\cdot\frac{l_{45}}{l_{35}}=0.549\ 082$$

$${}_{10}^{20}V(\bar{A}_{35})=\frac{i}{\delta}\cdot{}_{10}^{20}V_{35}=\frac{i}{\delta}\cdot\frac{{}_{20}P_{35}\cdot\ddot{a}_{35:\overline{10}|}-A_{35:\overline{10}|}^{1}}{{}_{10}E_{35}}=0.107\ 056$$

$$b\cdot{}_{10}^{20}V(\bar{A}_{35})=10\ 000\times0.107\ 056=1\ 070.56$$

(2)问题②求解

$$ {}_{25}E_{35} = v^{25} \cdot \frac{l_{60}}{l_{35}} = 0.214\,061 $$

$$ A^{1}_{35:\overline{25}|} = \sum_{k=0}^{24} \frac{v^{k+1} \cdot d_{35+k}}{l_{35}} $$

$$ = \frac{vd_{35} + v^2 d_{36} + v^3 d_{37} + \cdots + v^{24} d_{58} + v^{25} d_{59}}{l_{35}} = 0.033\,272 $$

$$ {}^{20}_{25}V(\bar{A}_{35}) = \frac{i}{\delta} \cdot {}^{20}_{25}V_{35} = \frac{i}{\delta} \cdot \frac{{}_{20}P_{35} \cdot \ddot{a}_{35:\overline{20}|} - A^{1}_{35:\overline{25}|}}{{}_{25}E_{35}} = \frac{i}{\delta} \cdot \frac{A_{35} - A^{1}_{35:\overline{25}|}}{{}_{25}E_{35}} = 0.352\,685 $$

$$ b \cdot {}^{20}_{25}V(\bar{A}_{35}) = 10\,000 \times 0.352\,685 = 3\,526.85 $$

4.3.1.2 未来法

[**基本算法示例**] 半连续模型 h 年缴费即期终身死亡保险未来法均衡纯保费责任准备金。

需要求解的问题类型：

①当 $0 \leqslant t < h$ 时，第 t 个保单年度的期末责任准备金 $b \cdot {}^{h}_{t}V(\bar{A}_x)$；

②当 $t \geqslant h$ 时，第 t 个保单年度的期末责任准备金 $b \cdot {}^{h}_{t}V(\bar{A}_x)$。

解：

(1)问题①求解

$$ v = \frac{1}{1+i} $$

$$ \delta = \ln(1+i) $$

$$ \bar{A}_x = \frac{i}{\delta} \cdot \sum_{k=0}^{\omega-x-1} v^{k+1} \cdot \frac{d_{x+k}}{l_x} $$

$$ = \frac{i}{\delta} \cdot \left(v \cdot \frac{d_x}{l_x} + v^2 \cdot \frac{d_{x+1}}{l_x} + v^3 \cdot \frac{d_{x+2}}{l_x} + \cdots + v^{\omega-x} \cdot \frac{d_{\omega-1}}{l_x} \right) $$

$$ \ddot{a}_{x:\overline{h}|} = \sum_{k=0}^{h-1} v^k \cdot \frac{l_{x+k}}{l_x} $$

$$ = \frac{l_x}{l_x} + v \cdot \frac{l_{x+1}}{l_x} + v^2 \cdot \frac{l_{x+2}}{l_x} + \cdots + v^{h-1} \cdot \frac{l_{x+h-1}}{l_x} $$

$$ {}_hP(\bar{A}_x) = \frac{\bar{A}_x}{\ddot{a}_{x:\overline{h}|}} $$

$$ \bar{A}_{x+t} = \frac{i}{\delta} \cdot \sum_{k=0}^{\omega-x-t-1} v^{k+1} \cdot \frac{d_{x+t+k}}{l_{x+t}} $$

$$ = \frac{i}{\delta} \cdot \left(v \cdot \frac{d_{x+t}}{l_{x+t}} + v^2 \cdot \frac{d_{x+t+1}}{l_{x+t}} + v^3 \cdot \frac{d_{x+t+2}}{l_{x+t}} + \cdots + v^{\omega-x-t} \cdot \frac{d_{\omega-1}}{l_{x+t}} \right) $$

$$\ddot{a}_{x+t:\overline{h-t}|} = \sum_{k=0}^{h-t-1} v^k \cdot \frac{l_{x+t+k}}{l_{x+t}}$$

$$= \frac{l_{x+t}}{l_{x+t}} + v \cdot \frac{l_{x+t+1}}{l_{x+t}} + v^2 \cdot \frac{l_{x+t+2}}{l_{x+t}} + \cdots + v^{h-t-1} \cdot \frac{l_{x+h-1}}{l_{x+t}}$$

$$b \cdot {}_t^h V(\bar{A}_x) = b \cdot [\bar{A}_{x+t} - {}_hP(\bar{A}_x) \cdot \ddot{a}_{x+t:\overline{h-t}|}]$$

(2) 问题②求解

$$\bar{A}_{x+t} = \frac{i}{\delta} \cdot \sum_{k=0}^{\omega-x-t-1} v^{k+1} \cdot \frac{d_{x+t+k}}{l_{x+t}}$$

$$= \frac{i}{\delta} \cdot \left(v \cdot \frac{d_{x+t}}{l_{x+t}} + v^2 \cdot \frac{d_{x+t+1}}{l_{x+t}} + v^3 \cdot \frac{d_{x+t+2}}{l_{x+t}} + \cdots + v^{\omega-x-t} \cdot \frac{d_{\omega-1}}{l_{x+t}}\right)$$

$$b \cdot {}_t^h V(\bar{A}_x) = b \cdot \bar{A}_{x+t}$$

[**实验 4.3.2**] 半连续模型 h 年缴费即期终身死亡保险未来法均衡纯保费责任准备金计算。

陈先生现年 40 岁,在某保险公司购买了一份半连续型的缴费 10 年的终身寿险,死亡立即给付,保险金额为 30 000 元,预定年利率为 3%,假设极限年龄为 105 岁,并采用经验生命表(2000—2003)。用未来法求第 3 年和第 15 年的责任准备金。

解:

1.数据录入

(1)已知数据录入

$x=40$;

$i=0.03$;

$b=30\ 000$;

$h=10$;

$t=3,15$;

$\omega=105$;

$L_{ijk}=L_{211}$。

(2)需要求解的问题类型

① $b \cdot {}_3^{10}V(\bar{A}_{40})$;

② $b \cdot {}_{15}^{10}V(\bar{A}_{40})$。

2.问题求解

(1)问题①求解

$$v = \frac{1}{1+i} = \frac{1}{1+0.03} = 0.970\ 874$$

$$\delta = \ln(1+i) = \ln(1+0.03) = 0.029\ 559$$

$$\bar{A}_{40} = \frac{i}{\delta} \cdot \sum_{k=0}^{64} v^{k+1} \cdot \frac{d_{40+k}}{l_{40}}$$

$$= \frac{0.03}{0.029\ 559} \cdot \left(v \cdot \frac{d_{40}}{l_{40}} + v^2 \cdot \frac{d_{41}}{l_{40}} + v^3 \cdot \frac{d_{42}}{l_{40}} + \cdots + v^{65} \cdot \frac{d_{104}}{l_{40}}\right) = 0.344\ 225$$

$$\ddot{a}_{40:\overline{10}|} = \sum_{k=0}^{9} v^k \cdot \frac{l_{40+k}}{l_{40}}$$

$$= \frac{l_{40}}{l_{40}} + v \cdot \frac{l_{41}}{l_{40}} + v^2 \cdot \frac{l_{42}}{l_{40}} + \cdots + v^9 \cdot \frac{l_{49}}{l_{40}} = 8.708\ 783$$

$${}_{10}P(\bar{A}_{40}) = \frac{\bar{A}_{40}}{\ddot{a}_{40:\overline{10}|}} = 0.039\ 526$$

$$\bar{A}_{43} = \frac{i}{\delta} \cdot \sum_{k=0}^{61} v^{k+1} \cdot \frac{d_{43+k}}{l_{43}}$$

$$= \frac{0.03}{0.029\ 559} \times \left(v \cdot \frac{d_{43}}{l_{43}} + v^2 \cdot \frac{d_{44}}{l_{43}} + v^3 \cdot \frac{d_{45}}{l_{43}} + \cdots + v^{62} \cdot \frac{d_{104}}{l_{43}} \right) = 0.372\ 43$$

$$\ddot{a}_{43:\overline{7}|} = \sum_{k=0}^{6} v^k \cdot \frac{l_{43+k}}{l_{43}} = \frac{l_{43}}{l_{43}} + v \cdot \frac{l_{44}}{l_{43}} + v^2 \cdot \frac{l_{45}}{l_{43}} + \cdots + v^6 \cdot \frac{l_{49}}{l_{43}} = 6.373\ 409$$

$${}^{10}_{3}V(\bar{A}_{40}) = \bar{A}_{43} - {}_{10}P(\bar{A}_{40}) \cdot \ddot{a}_{43:\overline{7}|} = 0.120\ 514$$

$$b \cdot {}^{10}_{3}V(\bar{A}_{40}) = 30\ 000 \times 0.120\ 514 = 3\ 615.412$$

(2)问题②求解

$$\bar{A}_{55} = \frac{i}{\delta} \cdot \sum_{k=0}^{49} v^{k+1} \cdot \frac{d_{55+k}}{l_{55}}$$

$$= \frac{0.03}{0.029\ 559} \times \left(v \cdot \frac{d_{55}}{l_{55}} + v^2 \cdot \frac{d_{56}}{l_{55}} + v^3 \cdot \frac{d_{57}}{l_{55}} + \cdots + v^{50} \cdot \frac{d_{104}}{l_{55}} \right) = 0.505\ 337$$

$${}^{10}_{15}V(\bar{A}_{40}) = \bar{A}_{55} = 0.505\ 337$$

$$b \cdot {}^{10}_{15}V(\bar{A}_{40}) = 30\ 000 \times 0.505\ 337 = 15\ 160.1$$

4.3.2 两全保险

4.3.2.1 过去法

[**基本算法示例**] 半连续模型 h 年缴费即期两全保险过去法均衡纯保费责任准备金。

需要求解的问题类型：

①当 $0 \leqslant t < h$ 时，第 t 个保单年度的期末责任准备金 $b \cdot {}^{h}_{t}V(\bar{A}_{x:\overline{n}|})$；

②当 $t \geqslant h$ 时，第 t 个保单年度的期末责任准备金 $b \cdot {}^{h}_{t}V(\bar{A}_{x:\overline{n}|})$。

解：

(1)问题①求解

$$v = \frac{1}{1+i}$$

$$\delta = \ln(1+i)$$

$$A_{x:\overline{n}|} = \frac{i}{\delta} \cdot \sum_{k=0}^{n-1} \frac{v^{k+1} \cdot d_{x+k}}{l_x} + \frac{v^n \cdot l_{x+n}}{l_x}$$

$$= \frac{i}{\delta} \cdot \frac{vd_x + v^2 d_{x+1} + v^3 d_{x+2} + \cdots + v^{n-1} d_{x+n-2} + v^n d_{x+n-1}}{l_x} + \frac{v^n \cdot l_{x+n}}{l_x}$$

$$\ddot{a}_{x:\overline{h}|}=\sum_{k=0}^{h-1}\frac{v^k\cdot l_{x+k}}{l_x}$$

$$=\frac{l_x+vl_{x+1}+v^2l_{x+2}+\cdots+v^{h-2}l_{x+h-2}+v^{h-1}l_{x+h-1}}{l_x}$$

$${}_hP(\bar{A}_{x:\overline{n}|})=\frac{\bar{A}_{x:\overline{n}|}}{\ddot{a}_{x:\overline{h}|}}$$

$$\ddot{a}_{x:\overline{t}|}=\sum_{k=0}^{t-1}\frac{v^k\cdot l_{x+k}}{l_x}$$

$$=\frac{l_x+vl_{x+1}+v^2l_{x+2}+\cdots+v^{t-2}l_{x+t-2}+v^{t-1}l_{x+t-1}}{l_x}$$

$$\bar{A}^1_{x:\overline{t}|}=\frac{i}{\delta}\cdot\sum_{k=0}^{t-1}v^{k+1}\cdot\frac{d_{x+k}}{l_x}$$

$$=\frac{i}{\delta}\cdot\frac{vd_x+v^2d_{x+1}+v^3d_{x+2}+\cdots+v^{t-1}d_{x+t-2}+v^td_{x+t-1}}{l_x}$$

$${}_tE_x=v^t\cdot\frac{l_{x+t}}{l_x}$$

$$b\cdot{}_t^hV(\bar{A}_{x:\overline{n}|})=b\cdot\frac{{}_hP(\bar{A}_{x:\overline{n}|})\cdot\ddot{a}_{x:\overline{t}|}-\bar{A}^1_{x:\overline{t}|}}{{}_tE_x}$$

（2）问题②求解

$${}_tE_x=v^t\cdot\frac{l_{x+t}}{l_x}$$

$$\bar{A}^1_{x:\overline{t}|}=\frac{i}{\delta}\cdot\sum_{k=0}^{t-1}\frac{v^{k+1}\cdot d_{x+k}}{l_x}$$

$$=\frac{i}{\delta}\cdot\frac{vd_x+v^2d_{x+1}+v^3d_{x+2}+\cdots+v^{t-1}d_{x+t-2}+v^td_{x+t-1}}{l_x}$$

$$b\cdot{}_t^hV(\bar{A}_{x:\overline{n}|})=b\cdot\frac{\bar{A}_{x:\overline{n}|}-\bar{A}^1_{x:\overline{t}|}}{{}_tE_x}$$

［**实验 4.3.3**］半连续模型 h 年缴费即期两全保险过去法均衡纯保费责任准备金计算。

35 岁的李先生购买了一份 10 年缴费的半连续型 20 年两全保险，保险金额为 10 000 元。预定年利率为 6%，采用经验生命表（2000—2003），并在 UDD 假设条件下，求该保单在第 5 个和第 15 个保单年度的期末责任准备金。

解：

1. 数据录入

（1）已知数据录入

$x=35$；

$i=0.06$；

$b=10\ 000$；

$n=20$；

$h=10$；

$t=5,15$；

$L_{ijk}=L_{211}$。

(2)需要求解的问题类型

① $b\cdot{}_{5}^{10}V(\bar{A}_{35:\overline{20|}})$；

② $b\cdot{}_{15}^{10}V(\bar{A}_{35:\overline{20|}})$。

2.问题解答

(1)问题①求解

$$v=\frac{1}{1+i}=\frac{1}{1+0.06}=0.943\ 396$$

$$\delta=\ln(1+i)=0.058\ 269$$

$$\bar{A}_{35:\overline{20|}}=\frac{i}{\delta}\cdot\sum_{k=0}^{19}\frac{v^{k+1}\cdot d_{35+k}}{l_{35}}+\frac{v^{20}\cdot l_{55}}{l_{35}}$$

$$=\frac{i}{\delta}\cdot\frac{vd_{35}+v^2d_{36}+v^3d_{37}+\cdots+v^{19}d_{53}+v^{20}d_{54}}{l_{35}}+\frac{v^{20}l_{55}}{l_{55}}=0.321\ 349$$

$$\ddot{a}_{35:\overline{10|}}=\sum_{k=0}^{9}\frac{v^k\cdot l_{35+k}}{l_{35}}$$

$$=\frac{l_{35}+vl_{36}+v^2l_{37}+\cdots+v^8l_{43}+v^9l_{44}}{l_{35}}=7.756\ 529$$

$${}_{10}P(\bar{A}_{35:\overline{20|}})=\frac{\bar{A}_{35:\overline{20|}}}{\ddot{a}_{35:\overline{10|}}}=0.041\ 429$$

$$\ddot{a}_{35:\overline{5|}}=\sum_{k=0}^{4}\frac{v^k\cdot l_{35+k}}{l_{35}}$$

$$=\frac{l_{35}+vl_{36}+v^2l_{37}+v^3l_{38}+v^4l_{39}}{l_{35}}=4.454\ 370$$

$${}_{5}E_{35}=v^5\cdot\frac{l_{40}}{l_{35}}=0.742\ 118$$

$$\bar{A}^{1}_{35:\overline{5|}}=\frac{i}{\delta}\cdot\sum_{k=0}^{4}\frac{v^{k+1}\cdot d_{35+k}}{l_{35}}$$

$$=\frac{i}{\delta}\cdot\frac{vd_{35}+v^2d_{36}+v^3d_{37}+v^4d_{38}+v^5d_{39}}{l_{35}}=0.005\ 747$$

$${}_{5}^{10}V(\bar{A}_{35:\overline{20|}})=\frac{{}_{10}P(\bar{A}_{35:\overline{20|}})\cdot\ddot{a}_{35:\overline{5|}}-\bar{A}^{1}_{35:\overline{5|}}}{{}_{5}E_{35}}=0.248\ 080$$

$$b\cdot{}_{5}^{10}V(\bar{A}_{35:\overline{20|}})=10\ 000\times0.248\ 080=2\ 480.8$$

(2)问题②求解

$$_{15}E_{35}=v^{15}\cdot\frac{l_{50}}{l_{35}}=0.404\,532$$

$$\bar{A}^{1}_{35:\overline{15|}}=\frac{i}{\delta}\cdot\sum_{k=0}^{14}\frac{v^{k+1}\cdot d_{35+k}}{l_{35}}$$

$$=\frac{i}{\delta}\cdot\frac{vd_{35}+v^2d_{36}+v^3d_{37}+\cdots+v^{14}d_{48}+v^{15}d_{49}}{l_{35}}=0.018\,322$$

$$^{10}_{15}V(\bar{A}_{35:\overline{20|}})=\frac{\bar{A}_{35:\overline{20|}}-\bar{A}^{1}_{35:\overline{15|}}}{_{15}E_{35}}=0.771\,333$$

$$b\cdot{}^{10}_{15}V(\bar{A}_{35:\overline{20|}})=10\,000\times0.771\,333=7\,713.33$$

4.3.2.2 未来法

[**基本算法示例**] 半连续模型 h 年缴费即期两全保险未来法均衡纯保费责任准备金。

需要求解的问题类型:

①当 $0\leqslant t<h$ 时,第 t 个保单年度的期末责任准备金 $b\cdot{}^{h}_{t}V(\bar{A}_{x:\overline{n|}})$;

②当 $h\leqslant t<n$ 时,第 t 个保单年度的期末责任准备金 $b\cdot{}^{h}_{t}V(\bar{A}_{x:\overline{n|}})$;

③当 $t=n$ 时,第 t 个保单年度的期末责任准备金 $b\cdot{}^{h}_{t}V(\bar{A}_{x:\overline{n|}})$。

解:

(1)问题①求解

$$v=\frac{1}{1+i}$$

$$\delta=\ln(1+i)$$

$$\bar{A}_{x:\overline{n|}}=\frac{i}{\delta}\cdot\sum_{k=0}^{n-1}v^{k+1}\cdot\frac{d_{x+k}}{l_x}+v^n\cdot\frac{l_{x+n}}{l_x}$$

$$=\frac{i}{\delta}\cdot\left(v\cdot\frac{d_x}{l_x}+v^2\cdot\frac{d_{x+1}}{l_x}+v^3\cdot\frac{d_{x+2}}{l_x}+\cdots+v^{n-1}\cdot\frac{d_{x+n-2}}{l_x}+v^n\cdot\frac{d_{x+n-1}}{l_x}\right)+v^n\cdot\frac{l_{x+n}}{l_x}$$

$$\ddot{a}_{x:\overline{h|}}=\sum_{k=0}^{h-1}v^k\cdot\frac{l_{x+k}}{l_x}$$

$$=\frac{l_x}{l_x}+v\cdot\frac{l_{x+1}}{l_x}+v^2\cdot\frac{l_{x+2}}{l_x}+\cdots+v^{h-1}\cdot\frac{l_{x+h-1}}{l_x}$$

$$_hP(\bar{A}_{x:\overline{n|}})=\frac{\bar{A}_{x:\overline{n|}}}{\ddot{a}_{x:\overline{h|}}}$$

$$\bar{A}_{x+t:\overline{n-t|}}=\frac{i}{\delta}\cdot\sum_{k=0}^{n-t-1}v^{k+1}\cdot\frac{d_{x+t+k}}{l_{x+t}}+v^{n-t}\cdot\frac{l_{x+n}}{l_{x+t}}$$

$$=\frac{i}{\delta}\cdot\left(v\cdot\frac{d_{x+t}}{l_{x+t}}+v^2\cdot\frac{d_{x+t+1}}{l_{x+t}}+v^3\cdot\frac{d_{x+t+2}}{l_{x+t}}+\cdots+v^{n-t-1}\cdot\frac{d_{x+n-2}}{l_{x+t}}+v^{n-t}\cdot\frac{d_{x+n-1}}{l_{x+t}}\right)+v^{n-t}\cdot\frac{l_{x+n}}{l_{x+t}}$$

$$\ddot{a}_{x+t:\overline{h-t}|}=\sum_{k=0}^{h-t-1}v^k\cdot\frac{l_{x+t+k}}{l_{x+t}}$$

$$=\frac{l_{x+t}}{l_{x+t}}+v\cdot\frac{l_{x+t+1}}{l_{x+t}}+v^2\cdot\frac{l_{x+t+2}}{l_{x+t}}+\cdots+v^{h-t-1}\cdot\frac{l_{x+h-1}}{l_{x+t}}$$

$$b\cdot{}_t^hV(\bar{A}_{x:\overline{n}|})=b[\bar{A}_{x+t:\overline{n-t}|}-{}_hP(\bar{A}_{x:\overline{n}|})\cdot\ddot{a}_{x+t:\overline{h-t}|}]$$

(2)问题②求解

$$\bar{A}_{x+t:\overline{n-t}|}=\frac{i}{\delta}\cdot\sum_{k=0}^{n-t-1}v^{k+1}\cdot\frac{d_{x+t+k}}{l_{x+t}}+v^{n-t}\cdot\frac{l_{x+n}}{l_{x+t}}$$

$$=\frac{i}{\delta}\cdot\left(v\cdot\frac{d_{x+t}}{l_{x+t}}+v^2\cdot\frac{d_{x+t+1}}{l_{x+t}}+v^3\cdot\frac{d_{x+t+2}}{l_{x+t}}+\cdots+v^{n-t-1}\cdot\frac{d_{x+n-2}}{l_{x+t}}+v^{n-t}\cdot\frac{d_{x+n-1}}{l_{x+t}}\right)+v^{n-t}\cdot\frac{l_{x+n}}{l_{x+t}}$$

$$b\cdot{}_t^hV(\bar{A}_{x:\overline{n}|})=b\cdot\bar{A}_{x+t:\overline{n-t}|}$$

(3) 问题③求解

$$b\cdot{}_t^hV(\bar{A}_{x:\overline{n}|})=b$$

[**实验 4.3.4**] 半连续模型 h 年缴费即期两全保险未来法均衡纯保费责任准备金计算。

陈先生现年 40 岁,在某保险公司购买了一份半连续型的缴费 5 年的 10 年期两全寿险,保险金额为 30 000 元,预定年利率为 3%,并采用经验生命表(2000—2003)。用未来法求第 3 年、第 7 年和第 10 年的责任准备金。

解:

1.数据录入

(1)已知数据录入

$x=40$;

$i=0.03$;

$b=30\ 000$;

$n=10$;

$h=5$;

$t=3,7,10$;

$L_{ijk}=L_{211}$。

(2)需要求解的问题类型

① $b\cdot{}_3^5V(\bar{A}_{40:\overline{10}|})$;

② $b\cdot{}_7^5V(\bar{A}_{40:\overline{10}|})$;

③ $b\cdot{}_{10}^5V(\bar{A}_{40:\overline{10}|})$ 。

2.问题求解

(1)问题①求解

$$v=\frac{1}{1+i}=\frac{1}{1+0.03}=0.970\ 874$$

$$\delta=\ln(1+i)=\ln(1+0.03)=0.029\ 559$$

$$\bar{A}_{40:\overline{10|}} = \frac{i}{\delta} \cdot \sum_{k=0}^{9} v^{k+1} \cdot \frac{d_{40+k}}{l_{40}} + v^{10} \cdot \frac{l_{50}}{l_{40}}$$

$$= \frac{i}{\delta} \cdot \left(v \cdot \frac{d_{40}}{l_{40}} + v^2 \cdot \frac{d_{41}}{l_{40}} + v^3 \cdot \frac{d_{42}}{l_{40}} + \cdots + v^9 \cdot \frac{d_{48}}{l_{40}} + v^{10} \cdot \frac{d_{49}}{l_{40}}\right) + v^{10} \cdot \frac{l_{50}}{l_{40}}$$

$$= 0.746\ 644$$

$$\ddot{a}_{40:\overline{5|}} = \sum_{k=0}^{4} v^k \cdot \frac{l_{40+k}}{l_{40}}$$

$$= \frac{l_{40}}{l_{40}} + v \cdot \frac{l_{41}}{l_{40}} + v^2 \cdot \frac{l_{42}}{l_{40}} + \cdots + v^4 \cdot \frac{l_{44}}{l_{40}} = 4.700\ 244$$

$${}_5P(\bar{A}_{40:\overline{10|}}) = \frac{\bar{A}_{40:\overline{10|}}}{\ddot{a}_{40:\overline{5|}}} = 0.158\ 852$$

$$\bar{A}_{43:\overline{7|}} = \frac{i}{\delta} \cdot \sum_{k=0}^{6} v^{k+1} \cdot \frac{d_{43+k}}{l_{43}} + v^7 \cdot \frac{l_{50}}{l_{43}}$$

$$= \frac{i}{\delta} \cdot \left(v \cdot \frac{d_{43}}{l_{43}} + v^2 \cdot \frac{d_{44}}{l_{43}} + v^3 \cdot \frac{d_{45}}{l_{43}} + \cdots + v^6 \cdot \frac{d_{48}}{l_{43}} + v^7 \cdot \frac{d_{49}}{l_{43}}\right) + v^7 \cdot \frac{l_{50}}{l_{43}}$$

$$= 0.814\ 608\ 77$$

$$\ddot{a}_{43:\overline{2|}} = \sum_{k=0}^{1} v^k \cdot \frac{l_{43+k}}{l_{43}} = \frac{l_{43}}{l_{43}} + v \cdot \frac{l_{44}}{l_{43}} = 1.968\ 822$$

$${}_3^5V(\bar{A}_{40:\overline{10|}}) = \bar{A}_{43:\overline{7|}} - {}_5P(\bar{A}_{40:\overline{10|}}) \cdot \ddot{a}_{43:\overline{2|}} = 0.501\ 857$$

$$b \cdot {}_3^5V(\bar{A}_{40:\overline{10|}}) = 15\ 055.71$$

(2)问题②求解

$$\bar{A}_{47:\overline{3|}} = \frac{i}{\delta} \cdot \sum_{k=0}^{2} v^{k+1} \cdot \frac{d_{47+k}}{l_{47}} + v^3 \cdot \frac{l_{50}}{l_{47}}$$

$$= \frac{0.03}{0.029\ 559} \cdot \left(v \cdot \frac{d_{47}}{l_{47}} + v^2 \cdot \frac{d_{48}}{l_{47}} + v^3 \cdot \frac{d_{49}}{l_{47}}\right) + v^3 \cdot \frac{l_{50}}{l_{47}} = 0.915\ 509$$

$${}_7^5V(\bar{A}^1_{40:\overline{10|}}) = \bar{A}_{47:\overline{3|}} = 0.915\ 509$$

$$b \cdot {}_7^5V(\bar{A}^1_{40:\overline{10|}}) = 27\ 465.28$$

(3)问题③求解

$${}_{10}^5V(\bar{A}^1_{40:\overline{10|}}) = 1$$

$$b \cdot {}_{10}^5V(\bar{A}^1_{40:\overline{10|}}) = 30\ 000$$

4.4 每年 m 次缴费的均衡纯保费责任准备金

每年 m 次缴费的均衡纯保费责任准备金是在每年 m 次缴费的情况下讨论均衡纯保费责任准备金计算问题。

4.4.1 全离散模型

4.4.1.1 终身寿险

1. 过去法

[**基本算法示例**] 全离散模型 h 年缴费每年 m 次缴费即期终身死亡保险过去法均衡纯保费责任准备金。

需要求解的问题类型：

①当 $0 \leqslant t < h$ 时，第 t 个保单年度的期末责任准备金 $b \cdot {}_t^hV_x^{(m)}$；

②当 $t \geqslant h$ 时，第 t 个保单年度的期末责任准备金 $b \cdot {}_t^hV_x^{(m)}$。

解：

(1)问题①求解

$$v = \frac{1}{1+i}$$

$$d = 1 - v$$

$$A_x = \sum_{k=0}^{\omega-x-1} \frac{v^{k+1} d_{x+k}}{l_x} = \frac{vd_x + v^2 d_{x+1} + v^3 d_{x+2} + \cdots + v^{\omega-x} d_{\omega-1}}{l_x}$$

$$i^{(m)} = m \cdot [(1+i)^{\frac{1}{m}} - 1]$$

$$d^{(m)} = m \cdot [1 - (1+i)^{-\frac{1}{m}}]$$

$$\alpha(m) = \frac{id}{i^{(m)} d^{(m)}}$$

$$\beta(m) = \frac{i^{(m)} - i}{i^{(m)} d^{(m)}}$$

$${}_hE_x = v^h \cdot \frac{l_{x+h}}{l_x}$$

$$\ddot{a}_{x:\overline{h}|} = \sum_{k=0}^{h-1} v^k \cdot \frac{l_{x+k}}{l_x} = \frac{l_x + vl_{x+1} + v^2 l_{x+2} + \cdots + v^{h-1} l_{x+h-1}}{l_x}$$

$$\ddot{a}_{x:\overline{h}|}^{(m)} = \alpha(m) \cdot \ddot{a}_{x:\overline{h}|} + \beta(m) \cdot (1 - {}_hE_x)$$

$${}_hP_x^{(m)} = \frac{A_x}{\ddot{a}_{x:\overline{h}|}^{(m)}}$$

$$A_{x:\overline{t}|}^{1} = \sum_{k=0}^{t-1} \frac{v^{k+1} \cdot d_{x+k}}{l_x}$$

$$= \frac{vd_x + v^2 d_{x+1} + v^3 d_{x+2} + \cdots + v^{t-1} d_{x+t-2} + v^t d_{x+t-1}}{l_x}$$

$$\ddot{a}_{x:\overline{t}|} = \sum_{k=0}^{t-1} \frac{v^k \cdot l_{x+k}}{l_x}$$

$$= \frac{l_x + vl_{x+1} + v^2 l_{x+2} + \cdots + v^{t-2} l_{x+t-2} + v^{t-1} l_{x+t-1}}{l_x}$$

$${}_tE_x = v^t \cdot \frac{l_{x+t}}{l_x}$$

$$\ddot{a}_{x:\overline{t}|}^{(m)} = \alpha(m) \cdot \ddot{a}_{x:\overline{t}|} + \beta(m) \cdot (1 - {}_tE_x)$$

$$b \cdot {}_t^hV_x^{(m)} = b \cdot \frac{{}_hP_x^{(m)} \cdot \ddot{a}_{x:\overline{t}|}^{(m)} - A_{x:\overline{t}|}^{1}}{{}_tE_x}$$

(2)问题②求解

$${}_tE_x = v^t \cdot \frac{l_{x+t}}{l_x}$$

$$A_{x:\overline{t}|}^{1} = \sum_{k=0}^{t-1} \frac{v^{k+1} \cdot d_{x+k}}{l_x}$$

$$= \frac{vd_x + v^2 d_{x+1} + v^3 d_{x+2} + \cdots + v^{t-1} d_{x+t-2} + v^t d_{x+t-1}}{l_x}$$

$$b \cdot {}_t^hV_x^{(m)} = b \cdot \frac{A_x - A_{x:\overline{t}|}^{1}}{{}_tE_x}$$

[**实验 4.4.1**] 全离散模型 h 年缴费每年 m 次缴费即期终身死亡保险过去法均衡纯保费责任准备金计算。

陈先生现年 40 岁,在某保险公司购买了一份每年缴费两次,10 年缴费的终身寿险,死亡年末给付保险金额为 30 000 元,预定年利率为 3%,假设极限年龄 $\omega = 105$,并采用经验生命表(2000—2003)。用过去法求第 3 年和第 15 年年末的责任准备金。

解:

1.数据录入

(1)已知数据录入

$x = 40$;

$i = 0.03$;

$b = 30\ 000$;

$m = 2$;

$h = 10$;

$t = 3, 15$;

$\omega = 105$;

$L_{ijk} = L_{211}$。

(2)需要求解的问题

① $b \cdot {}_3^{10}V_{40}^{(2)}$;

② $b \cdot {}_{15}^{10}V_{40}^{(2)}$。

2.问题求解

(1)问题①求解

$$v = \frac{1}{1+i} = 0.970\ 874$$

$$d = 1 - v = 0.029\ 126$$

$$A_{40} = \sum_{k=0}^{64} v^{k+1} \cdot \frac{d_{40+k}}{l_{40}} = \frac{vd_{40} + v^2 d_{41} + v^3 d_{42} + \cdots + v^{65} d_{104}}{l_{40}} = 0.339\ 163$$

$$i^{(2)} = 2 \times [(1+i)^{\frac{1}{2}} - 1] = 0.029\ 778$$

$$d^{(2)} = 2 \times [1 - (1+i)^{-\frac{1}{2}}] = 0.029\ 341$$

$$\alpha(2) = \frac{id}{i^{(2)} d^{(2)}} = 1.000\ 055$$

$$\beta(2) = \frac{i^{(2)} - i}{i^{(2)} d^{(2)}} = -0.253\ 72$$

$${}_{10}E_{40} = v^{10} \cdot \frac{l_{50}}{l_{40}} = 0.725\ 033$$

$$\ddot{a}_{40:\overline{10}|} = \sum_{k=0}^{9} \frac{v^k l_{40+k}}{l_{40}} = \frac{l_{40} + vl_{41} + v^2 l_{42} + \cdots + v^9 l_{49}}{l_{40}} = 8.708\ 783$$

$$\ddot{a}^{(2)}_{40:\overline{10}|} = \alpha(2) \cdot \ddot{a}_{40:\overline{10}|} + \beta(2) \cdot (1 - {}_{10}E_{40}) = 8.639\ 493$$

$${}_{10}P^{(2)}_{40} = \frac{A_{40}}{\ddot{a}^{(2)}_{40:\overline{10}|}} = 0.039\ 257$$

$$A^{1}_{40:\overline{3}|} = \sum_{k=0}^{2} v^{k+1} \cdot \frac{d_{40+k}}{l_{40}} = \frac{vd_{40} + v^2 d_{41} + v^3 d_{42}}{l_{40}} = 0.005\ 205$$

$$\ddot{a}_{40:\overline{3}|} = \sum_{k=0}^{2} \frac{v^k l_{40+k}}{l_{40}} = \frac{l_{40} + vl_{41} + v^2 l_{42}}{l_{40}} = 2.908\ 452$$

$${}_{3}E_{40} = v^3 \cdot \frac{l_{43}}{l_{40}} = 0.909\ 72$$

$$\ddot{a}^{(2)}_{40:\overline{3}|} = \alpha(2) \cdot \ddot{a}_{40:\overline{3}|} + \beta(2) \cdot (1 - {}_{3}E_{40}) = 2.885\ 704\ 793$$

$${}^{10}_{3}V^{(2)}_{40} = \frac{{}_{10}P^{(2)}_{40} \cdot \ddot{a}^{(2)}_{40:\overline{3}|} - A^{1}_{40:\overline{3}|}}{{}_{3}E_{40}} = 0.118\ 806$$

$$b \cdot {}^{10}_{3}V^{(2)}_{40} = 3\ 564.166$$

（2）问题②求解

$${}_{15}E_{40} = v^{15} \cdot \frac{l_{55}}{l_{40}} = 0.611\ 539$$

$$A^{1}_{40:\overline{15}|} = \sum_{k=0}^{14} v^{k+1} \cdot \frac{d_{40+k}}{l_{40}} = \frac{vd_{40} + v^2 d_{41} + v^3 d_{42} + \cdots + v^{15} d_{54}}{l_{40}} = 0.033\ 607$$

$${}^{10}_{15}V^{(2)}_{40} = \frac{A_{40} - A^{1}_{40:\overline{15}|}}{{}_{15}E_{40}} = 0.499\ 651$$

$$b \cdot {}^{10}_{15}V^{(2)}_{40} = 14\ 989.52$$

2. 未来法

［**基本算法示例**］全离散模型 h 年缴费每年 m 次缴费即期终身死亡保险未来法均衡纯保费责任准备金。

需要求解的问题类型：

①当 $0 \leqslant t < h$ 时，第 t 个保单年度的期末责任准备金 $b \cdot {}_t^h V_x^{(m)}$；

②当 $t \geqslant h$ 时，第 t 个保单年度的期末责任准备金 $b \cdot {}_t^h V_x^{(m)}$。

解：

（1）问题①求解

$$v = \frac{1}{1+i}$$

$$d = 1 - v$$

$$A_x = \sum_{k=0}^{\omega-x-1} \frac{v^{k+1} d_{x+k}}{l_x} = \frac{vd_x + v^2 d_{x+1} + v^3 d_{x+2} + \cdots + v^{\omega-x} d_{\omega-1}}{l_x}$$

$$i^{(m)} = m \cdot [(1+i)^{\frac{1}{m}} - 1]$$

$$d^{(m)} = m \cdot [1 - (1+i)^{-\frac{1}{m}}]$$

$$\alpha(m) = \frac{id}{i^{(m)} d^{(m)}}$$

$$\beta(m) = \frac{i^{(m)} - i}{i^{(m)} d^{(m)}}$$

$${}_hE_x = v^h \cdot \frac{l_{x+h}}{l_x}$$

$$\ddot{a}_{x:\overline{h|}} = \sum_{k=0}^{h-1} v^k \cdot \frac{l_{x+k}}{l_x} = \frac{l_x + vl_{x+1} + v^2 l_{x+2} + \cdots + v^{h-1} l_{x+h-1}}{l_x}$$

$$\ddot{a}_{x:\overline{h|}}^{(m)} = \alpha(m) \cdot \ddot{a}_{x:\overline{h|}} + \beta(m) \cdot (1 - {}_hE_x)$$

$${}_hP_x^{(m)} = \frac{A_x}{\ddot{a}_{x:\overline{h|}}^{(m)}}$$

$$A_{x+t} = \sum_{k=0}^{\omega-x-t-1} \frac{v^{k+1} d_{x+t+k}}{l_{x+t}} = \frac{vd_{x+t} + v^2 d_{x+t+1} + v^3 d_{x+t+2} + \cdots + v^{\omega-x-t} d_{\omega-1}}{l_{x+t}}$$

$$\ddot{a}_{x+t:\overline{h-t|}} = \sum_{k=0}^{h-t-1} \frac{v^k l_{x+t+k}}{l_{x+t}} = \frac{l_{x+t} + vl_{x+t+1} + v^2 l_{x+t+2} + \cdots + v^{h-t-1} l_{x+h-1}}{l_{x+t}}$$

$${}_{h-t}E_{x+t} = v^{h-t} \cdot \frac{l_{x+h}}{l_{x+t}}$$

$$\ddot{a}_{x+t:\overline{h-t|}}^{(m)} = \alpha(m) \cdot \ddot{a}_{x+t:\overline{h-t|}} + \beta(m) \cdot (1 - {}_{h-t}E_{x+t})$$

$$b \cdot {}_t^h V_x^{(m)} = b \cdot [A_{x+t} - {}_hP_x^{(m)} \cdot \ddot{a}_{x+t:\overline{h-t|}}^{(m)}]$$

（2）问题②求解

$$v = \frac{1}{1+i}$$

$$A_{x+t} = \sum_{k=0}^{\omega-x-t-1} v^{k+1} \cdot \frac{d_{x+t+k}}{l_{x+t}}$$

$$= v \cdot \frac{d_{x+t}}{l_{x+t}} + v^2 \cdot \frac{d_{x+t+1}}{l_{x+t}} + v^3 \cdot \frac{d_{x+t+2}}{l_{x+t}} + \cdots + v^{\omega-x-t} \cdot \frac{d_{\omega-1}}{l_{x+t}}$$

$$b \cdot {}_t^h V_x^{(m)} = b \cdot A_{x+t}$$

[**实验 4.4.2**] 全离散模型 h 年缴费每年 m 次缴费即期终身死亡保险未来法均衡纯保费责任准备金计算。

陈先生现年 40 岁,在某保险公司购买了一份每年缴费两次,10 年缴费的终身寿险,死亡年末给付保险金额为 30 000 元,预定年利率为 3%,假设极限年龄为 105 岁,并采用经验生命表(2000—2003)。用未来法求第 3 年和第 15 年年末的责任准备金。

解:

1.数据录入

(1)已知数据录入

$x=40$;

$i=0.03$;

$b=30\ 000$;

$m=2$;

$h=10$;

$t=3,15$;

$\omega=105$;

$L_{ijk}=L_{211}$。

(2)需要求解的问题类型

① $b \cdot {}_3^{10}V_{40}^{(2)}$;

② $b \cdot {}_{15}^{10}V_{40}^{(2)}$。

2.问题求解

(1)问题①求解

$$v = \frac{1}{1+i} = 0.970\ 874$$

$$d = 1 - v = 0.029\ 126$$

$$A_{40} = \sum_{k=0}^{64} v^{k+1} \cdot \frac{d_{40+k}}{l_{40}} = \frac{vd_{40} + v^2 d_{41} + v^3 d_{42} + \cdots + v^{65} d_{104}}{l_{40}} = 0.339\ 163$$

$$i^{(2)} = 2 \times [(1+i)^{\frac{1}{2}} - 1] = 0.029\ 778$$

$$d^{(2)} = 2 \times [1 - (1+i)^{-\frac{1}{2}}] = 0.029\ 341$$

$$\alpha(2) = \frac{id}{i^{(2)} d^{(2)}} = 1.000\ 055$$

$$\beta(2) = \frac{i^{(2)} - i}{i^{(2)} d^{(2)}} = -0.253\ 72$$

$${}_{10}E_{40} = v^{10} \cdot \frac{l_{50}}{l_{40}} = 0.725\ 033$$

$$\ddot{a}_{40:\overline{10|}} = \sum_{k=0}^{9} \frac{v^k l_{40+k}}{l_{40}} = \frac{l_{40} + vl_{41} + v^2 l_{42} + \cdots + v^9 l_{49}}{l_{40}} = 8.708\ 783$$

$$\ddot{a}_{40:\overline{10|}}^{(2)} = \alpha(2) \cdot \ddot{a}_{40:\overline{10|}} + \beta(2) \cdot (1 - {}_{10}E_{40}) = 8.639\ 493$$

$${}_{10}P_{40}^{(2)} = \frac{A_{40}}{\ddot{a}_{40:\overline{10|}}^{(2)}} = 0.039\ 257$$

$$A_{43} = \sum_{k=0}^{61} \frac{v^{k+1} d_{43+k}}{l_{43}} = \frac{vd_{43} + v^2 d_{44} + v^3 d_{45} + \cdots + v^{62} d_{104}}{l_{43}} = 0.366\ 953$$

$${}_7E_{43} = v^7 \cdot \frac{l_{50}}{l_{43}} = 0.796\ 985$$

$$\ddot{a}_{43:\overline{7|}} = \sum_{k=0}^{6} v^k \cdot \frac{l_{43+k}}{l_{43}} = \frac{l_{43} + vl_{44} + v^2 l_{45} + \cdots + v^6 l_{49}}{l_{43}} = 6.373\ 409$$

$$\ddot{a}_{43:\overline{7|}}^{(2)} = \alpha(2) \cdot \ddot{a}_{43:\overline{7|}} + \beta(2) \cdot (1 - {}_7E_{43}) = 6.322\ 248$$

$${}_3^{10}V_{40}^{(2)} = A_{43} - {}_{10}P_{40}^{(2)} \cdot \ddot{a}_{43:\overline{7|}}^{(2)} = 0.118\ 759$$

$$b \cdot {}_3^{10}V_{40}^{(2)} = 3\ 562.774\ 9$$

(2)问题②求解

$$v = \frac{1}{1+i} = 0.970\ 874$$

$$A_{55} = \sum_{k=0}^{49} v^{k+1} \cdot \frac{d_{55+k}}{l_{55}} = \frac{vd_{55} + v^2 d_{56} + v^3 d_{57} + \cdots + v^{50} d_{104}}{l_{55}} = 0.510\ 274\ 73$$

$${}_{15}^{10}V_{40}^{(2)} = A_{55} = 0.510\ 274\ 73$$

$$b \cdot {}_{15}^{10}V_{40}^{(2)} = 15\ 308.241\ 91$$

4.4.1.2 两全保险

1. 过去法

[**基本算法示例**] 全离散模型 h 年缴费每年 m 次缴费即期两全保险过去法均衡纯保费责任准备金。

需要求解的问题类型：

①当 $0 \leqslant t < h$ 时，第 t 个保单年度的期末责任准备金 $b \cdot {}_t^hV_{x:\overline{n|}}^{(m)}$；

②当 $h \leqslant t < n$ 时，第 t 个保单年度的期末责任准备金 $b \cdot {}_t^hV_{x:\overline{n|}}^{(m)}$；

③当 $t = n$ 时，第 t 个保单年度的期末责任准备金 $b \cdot {}_t^hV_{x:\overline{n|}}^{(m)}$。

解：

(1)问题①求解

$$v = \frac{1}{1+i}$$

$$d = 1 - v$$

$${}_nE_x = A_{x:\overset{1}{\overline{n|}}} = v^n \cdot \frac{l_{x+n}}{l_x}$$

$$A_{x:\overline{n}|} = A^{1}_{x:\overline{n}|} + A_{x:\overset{1}{\overline{n}|}} = \sum_{k=0}^{n-1} \frac{v^{k+1} d_{x+k}}{l_x} + v^n \cdot \frac{l_{x+n}}{l_x}$$

$$= \frac{vd_x + v^2 d_{x+1} + v^3 d_{x+2} + \cdots + v^n d_{x+n-1}}{l_x} + v^n \cdot \frac{l_{x+n}}{l_x}$$

$$i^{(m)} = m \cdot [(1+i)^{\frac{1}{m}} - 1]$$

$$d^{(m)} = m \cdot [1 - (1+i)^{-\frac{1}{m}}]$$

$$\alpha(m) = \frac{id}{i^{(m)} d^{(m)}}$$

$$\beta(m) = \frac{i^{(m)} - i}{i^{(m)} d^{(m)}}$$

$${}_hE_x = v^h \cdot \frac{l_{x+h}}{l_x}$$

$$\ddot{a}_{x:\overline{h}|} = \sum_{k=0}^{h-1} v^k \cdot \frac{l_{x+k}}{l_x} = \frac{l_x + vl_{x+1} + v^2 l_{x+2} + \cdots + v^{h-1} l_{x+h-1}}{l_x}$$

$$\ddot{a}^{(m)}_{x:\overline{h}|} = \alpha(m) \cdot \ddot{a}_{x:\overline{h}|} + \beta(m) \cdot (1 - {}_hE_x)$$

$${}_hP^{(m)}_{x:\overline{n}|} = \frac{A_{x:\overline{n}|}}{\ddot{a}^{(m)}_{x:\overline{h}|}}$$

$$A^{1}_{x:\overline{t}|} = \sum_{k=0}^{t-1} \frac{v^{k+1} \cdot d_{x+k}}{l_x}$$

$$= \frac{vd_x + v^2 d_{x+1} + v^3 d_{x+2} + \cdots + v^{t-1} d_{x+t-2} + v^t d_{x+t-1}}{l_x}$$

$$\ddot{a}_{x:\overline{t}|} = \sum_{k=0}^{t-1} \frac{v^k \cdot l_{x+k}}{l_x}$$

$$= \frac{l_x + vl_{x+1} + v^2 l_{x+2} + \cdots + v^{t-2} l_{x+t-2} + v^{t-1} l_{x+t-1}}{l_x}$$

$${}_tE_x = v^t \cdot \frac{l_{x+t}}{l_x}$$

$$\ddot{a}^{(m)}_{x:\overline{t}|} = \alpha(m) \cdot \ddot{a}_{x:\overline{t}|} + \beta(m) \cdot (1 - {}_tE_x)$$

$$b \cdot {}^h_tV^{(m)}_{x:\overline{n}|} = b \cdot \frac{{}_hP^{(m)}_{x:\overline{n}|} \cdot \ddot{a}^{(m)}_{x:\overline{t}|} - A^{1}_{x:\overline{t}|}}{{}_tE_x}$$

（2）问题②求解

$${}_tE_x = v^t \cdot \frac{l_{x+t}}{l_x}$$

$$A^{1}_{x:\overline{t}|} = \sum_{k=0}^{t-1} \frac{v^{k+1} \cdot d_{x+k}}{l_x}$$

$$= \frac{vd_x + v^2 d_{x+1} + v^3 d_{x+2} + \cdots + v^{t-1} d_{x+t-2} + v^t d_{x+t-1}}{l_x}$$

$$b \cdot {}_t^hV_{x:\overline{n}|}^{(m)} = b \cdot \frac{A_{x:\overline{n}|} - A_{x:\overline{t}|}^{1}}{{}_tE_x}$$

（3）问题③求解

$${}_t^hV_{x:\overline{n}|}^{(m)} = 1$$

$$b \cdot {}_t^hV_{x:\overline{n}|}^{(m)} = b$$

［**实验 4.4.3**］全离散模型 h 年缴费每年 m 次缴费即期两全保险过去法均衡纯保费责任准备金计算。

陈先生现年 40 岁，在某保险公司购买了一份每年缴费两次，5 年缴费的 10 年两全保险，死亡年末给付保险金额为 30 000 元，预定年利率为 3%，假设极限年龄为 105 岁，并采用经验生命表（2000—2003）。用过去法求第 3 年、第 7 年和第 10 年年末的责任准备金。

解：

1.数据录入

（1）已知数据录入

$x=40$；

$i=0.03$；

$b=30\ 000$；

$m=2$；

$n=10$；

$h=5$；

$t=3,7,10$；

$\omega=105$；

$L_{ijk}=L_{211}$。

（2）需要求解的问题类型

① $b \cdot {}_3^5V_{40:\overline{10}|}^{(2)}$；

② $b \cdot {}_7^5V_{40:\overline{10}|}^{(2)}$；

③ $b \cdot {}_{10}^{5}V_{40:\overline{10}|}^{(2)}$。

2.问题求解

（1）问题①求解

$$v = \frac{1}{1+i} = 0.970\ 874$$

$$d = 1 - v = 0.029\ 126$$

$${}_{10}E_{40} = A_{40:\overset{\ \ 1}{\overline{10}|}} = v^{10} \cdot \frac{l_{50}}{l_{40}} = 0.725\ 033$$

$$A_{40:\overline{10}|} = A_{40:\overline{10}|}^{1} + A_{40:\overset{\ \ 1}{\overline{10}|}} = \sum_{k=0}^{9} \frac{v^{k+1}d_{40+k}}{l_{40}} + v^{10} \cdot \frac{l_{50}}{l_{40}}$$

$$= \frac{vd_{40} + v^2d_{41} + v^3d_{42} + \cdots + v^{10}d_{49}}{l_{40}} + v^{10} \cdot \frac{l_{50}}{l_{40}} = 0.744\ 996$$

$i^{(2)} = 2 \times [(1+i)^{\frac{1}{2}} - 1] = 0.029\ 778$

$d^{(2)} = 2 \times [1 - (1+i)^{-\frac{1}{2}}] = 0.029\ 341$

$\alpha(2) = \dfrac{id}{i^{(2)} d^{(2)}} = 1.000\ 055$

$\beta(2) = \dfrac{i^{(2)} - i}{i^{(2)} d^{(2)}} = -0.253\ 72$

${}_5E_{40} = v^5 \cdot \dfrac{l_{45}}{l_{40}} = 0.853\ 5$

$\ddot{a}_{40:\overline{5}|} = \sum_{k=0}^{4} \dfrac{v^k l_{40+k}}{l_{40}} = \dfrac{l_{40} + vl_{41} + v^2 l_{42} + v^3 l_{43} + v^4 l_{44}}{l_{40}} = 4.700\ 244$

$\ddot{a}^{(2)}_{40:\overline{5}|} = \alpha(2) \cdot \ddot{a}_{40:\overline{5}|} + \beta(2) \cdot (1 - {}_5E_{40}) = 4.663\ 33$

${}_5P^{(2)}_{40:\overline{10}|} = \dfrac{A_{40:\overline{10}|}}{\ddot{a}^{(2)}_{40:\overline{5}|}} = 0.159\ 756$

$A^{1}_{40:\overline{3}|} = \sum_{k=0}^{2} v^{k+1} \cdot \dfrac{d_{40+k}}{l_{40}} = \dfrac{vd_{40} + v^2 d_{41} + v^3 d_{42}}{l_{40}} = 0.005\ 205$

$\ddot{a}_{40:\overline{3}|} = \sum_{k=0}^{2} \dfrac{v^k l_{40+k}}{l_{40}} = \dfrac{l_{40} + vl_{41} + v^2 l_{42}}{l_{40}} = 2.908\ 452$

${}_3E_{40} = v^3 \cdot \dfrac{l_{43}}{l_{40}} = 0.909\ 72$

$\ddot{a}^{(2)}_{40:\overline{3}|} = \alpha(2) \cdot \ddot{a}_{40:\overline{3}|} + \beta(2) \cdot (1 - {}_3E_{40}) = 2.885\ 704\ 793$

${}^{5}_{3}V^{(2)}_{40:\overline{10}|} = \dfrac{{}_5P^{(2)}_{40:\overline{10}|} \cdot \ddot{a}^{(2)}_{40:\overline{3}|} - A^{1}_{40:\overline{3}|}}{{}_3E_{40}} = 0.501\ 038$

$b \cdot {}^{5}_{3}V^{1(2)}_{40:\overline{10}|} = 15\ 031.15$

(2)问题②求解

${}_7E_{40} = v^7 \cdot \dfrac{l_{47}}{l_{40}} = 0.800\ 167$

$A^{1}_{40:\overline{7}|} = \sum_{k=0}^{6} v^{k+1} \cdot \dfrac{d_{40+k}}{l_{40}} = \dfrac{vd_{40} + v^2 d_{41} + v^3 d_{42} + \cdots + v^7 d_{56}}{l_{40}} = 0.013\ 087$

${}^{5}_{7}V^{(2)}_{40:\overline{10}|} = \dfrac{A_{40:\overline{10}|} - A^{1}_{40:\overline{7}|}}{{}_7E_{40}} = 0.914\ 696$

$b \cdot {}^{5}_{7}V^{(2)}_{40:\overline{10}|} = 27\ 440.88$

(3)问题③求解

${}^{5}_{10}V^{(2)}_{40:\overline{10}|} = 1$

$b \cdot {}^{5}_{10}V^{(2)}_{40:\overline{10}|} = 30\ 000$

2. 未来法

[**基本算法示例**] 全离散模型 h 年缴费每年 m 次缴费即期两全保险未来法均衡纯保

费责任准备金。

需要求解的问题类型：

①当 $0 \leqslant t < h$ 时，第 t 个保单年度的期末责任准备金 $b \cdot {}_t^hV_{x:\overline{n}|}^{(m)}$；

②当 $h \leqslant t < n$ 时，第 t 个保单年度的期末责任准备金 $b \cdot {}_t^hV_{x:\overline{n}|}^{(m)}$；

③当 $t = n$ 时，第 t 个保单年度的期末责任准备金 $b \cdot {}_t^hV_{x:\overline{n}|}^{(m)}$。

解：

(1)问题①求解

$$v = \frac{1}{1+i}$$

$$d = 1 - v$$

$${}_nE_x = v^n \cdot \frac{l_{x+n}}{l_x}$$

$$A_{x:\overline{n}|} = \sum_{k=0}^{n-1} \frac{v^{k+1}d_{x+k}}{l_x} + v^n \cdot \frac{l_{x+n}}{l_x} = \frac{vd_x + v^2d_{x+1} + v^3d_{x+2} + \cdots + v^nd_{x+n-1}}{l_x} + v^n \cdot \frac{l_{x+n}}{l_x}$$

$$i^{(m)} = m \cdot [(1+i)^{\frac{1}{m}} - 1]$$

$$d^{(m)} = m \cdot [1 - (1+i)^{-\frac{1}{m}}]$$

$$\alpha(m) = \frac{id}{i^{(m)}d^{(m)}}$$

$$\beta(m) = \frac{i^{(m)} - i}{i^{(m)}d^{(m)}}$$

$${}_hE_x = v^h \cdot \frac{l_{x+h}}{l_x}$$

$$\ddot{a}_{x:\overline{h}|} = \sum_{k=0}^{h-1} v^k \cdot \frac{l_{x+k}}{l_x} = \frac{l_x + vl_{x+1} + v^2l_{x+2} + \cdots + v^{h-1}l_{x+h-1}}{l_x}$$

$$\ddot{a}_{x:\overline{h}|}^{(m)} = \alpha(m) \cdot \ddot{a}_{x:\overline{h}|} + \beta(m) \cdot (1 - {}_hE_x)$$

$${}_hP_{x:\overline{n}|}^{(m)} = \frac{A_{x:\overline{n}|}}{\ddot{a}_{x:\overline{h}|}^{(m)}}$$

$$A_{x+t:\overline{n-t}|} = \sum_{k=0}^{n-t-1} \frac{v^{k+1}d_{x+t+k}}{l_{x+t}} + v^{n-t} \cdot \frac{l_{x+n}}{l_{x+t}} = \frac{vd_{x+t} + v^2d_{x+t+1} + v^3d_{x+t+2} + \cdots + v^{n-t}d_{x+n-1}}{l_{x+t}} + v^{n-t} \cdot \frac{l_{x+n}}{l_{x+t}}$$

$${}_{h-t}E_{x+t} = v^{h-t} \cdot \frac{l_{x+h}}{l_{x+t}}$$

$$\ddot{a}_{x+t:\overline{h-t}|} = \sum_{k=0}^{h-t-1} \frac{v^kl_{x+t+k}}{l_{x+t}} = \frac{l_{x+t} + vl_{x+t+1} + v^2l_{x+t+2} + \cdots + v^{h-t-1}l_{x+h-1}}{l_{x+t}}$$

$\ddot{a}^{(m)}_{x+t:\overline{h-t}|} = \alpha(m) \cdot \ddot{a}_{x+t:\overline{h-t}|} + \beta(m) \cdot (1 - {}_{h-t}E_{x+t})$

$b \cdot {}^{h}_{t}V^{(m)}_{x:\overline{n}|} = b \cdot [A_{x+t:\overline{n-t}|} - {}_{h}P^{(m)}_{x:\overline{n}|} \cdot \ddot{a}^{(m)}_{x+t:\overline{h-t}|}]$

(2) 问题②求解

$$A_{x+t:\overline{n-t}|} = \sum_{k=0}^{n-t-1} \frac{v^{k+1}d_{x+t+k}}{l_{x+t}} + v^{n-t} \cdot \frac{l_{x+n}}{l_{x+t}}$$

$$= \frac{vd_{x+t} + v^2 d_{x+t+1} + v^3 d_{x+t+2} + \cdots + v^{n-t} d_{x+n-1}}{l_{x+t}} + v^{n-t} \cdot \frac{l_{x+n}}{l_{x+t}}$$

$b \cdot {}^{h}_{t}V^{(m)}_{x:\overline{n}|} = b \cdot A_{x+t:\overline{n-t}|}$

(3) 问题③求解

${}^{h}_{t}V^{(m)}_{x:\overline{n}|} = 1$

$b \cdot {}^{h}_{t}V^{(m)}_{x:\overline{n}|} = b$

[**实验 4.4.4**] 全离散模型 h 年缴费每年 m 次缴费即期两全保险未来法均衡纯保费责任准备金计算。

陈先生现年 40 岁,在某保险公司购买了一份每年缴费两次,5 年缴费的 10 年两全保险,死亡年末给付保险金额为 30 000 元,预定年利率为 3%,并采用经验生命表(2000—2003)。用未来法求第 3 年、第 7 年和第 10 年年末的责任准备金。

解:

1.数据录入

(1)已知数据录入

$x=40$;

$i=0.03$;

$b=30\,000$;

$m=2$;

$n=10$;

$h=5$;

$t=3,7,10$;

$L_{ijk}=L_{211}$。

(2)需要求解的问题类型

① $b \cdot {}^{5}_{3}V^{(2)}_{40:\overline{10}|}$;

② $b \cdot {}^{5}_{7}V^{(2)}_{40:\overline{10}|}$;

③ $b \cdot {}^{5}_{10}V^{(2)}_{40:\overline{10}|}$。

2.问题求解

(1)问题①求解

$$v = \frac{1}{1+i} = 0.970\,874$$

$$d = 1 - v = 0.029\,126$$

$$A_{40:\overline{10}|} = \sum_{k=0}^{9} \frac{v^{k+1}d_{40+k}}{l_{40}} + v^{10} \cdot \frac{l_{50}}{l_{40}}$$

$$= \frac{vd_{40} + v^2 d_{41} + v^3 d_{42} + \cdots + v^{10} d_{49}}{l_{40}} + v^{10} \cdot \frac{l_{50}}{l_{40}} = 0.744\ 996$$

$$i^{(2)} = 2 \times [(1+i)^{\frac{1}{2}} - 1] = 0.029\ 778$$

$$d^{(2)} = 2 \times [1 - (1+i)^{-\frac{1}{2}}] = 0.029\ 341$$

$$\alpha(2) = \frac{id}{i^{(2)} d^{(2)}} = 1.000\ 055$$

$$\beta(2) = \frac{i^{(2)} - i}{i^{(2)} d^{(2)}} = -0.253\ 72$$

$${}_5E_{40} = v^5 \cdot \frac{l_{45}}{l_{40}} = 0.853\ 5$$

$$\ddot{a}_{40:\overline{5|}} = \sum_{k=0}^{4} \frac{v^k l_{40+k}}{l_{40}} = \frac{l_{40} + vl_{41} + v^2 l_{42} + v^3 l_{43} + v^4 l_{44}}{l_{40}} = 4.700\ 244$$

$$\ddot{a}^{(2)}_{40:\overline{5|}} = \alpha(2) \cdot \ddot{a}_{40:\overline{5|}} + \beta(2) \cdot (1 - {}_5E_{40}) = 4.663\ 33$$

$${}_5P^{(2)}_{40:\overline{10|}} = \frac{A_{40:\overline{10|}}}{\ddot{a}^{(2)}_{40:\overline{5|}}} = 0.159\ 756$$

$$A_{43:\overline{7|}} = \sum_{k=0}^{6} \frac{v^{k+1} d_{43+k}}{l_{43}} + v^7 \cdot \frac{l_{50}}{l_{43}}$$

$$= \frac{vd_{43} + v^2 d_{44} + v^3 d_{45} + \cdots + v^7 d_{49}}{l_{43}} + v^7 \cdot \frac{l_{50}}{l_{43}} = 0.813\ 202$$

$${}_2E_{43} = v^2 \cdot \frac{l_{45}}{l_{43}} = 0.938\ 201$$

$$\ddot{a}_{43:\overline{2|}} = \sum_{k=0}^{1} \frac{v^k l_{43+k}}{l_{43}} = \frac{l_{43} + vl_{44}}{l_{43}} = 1.968\ 822$$

$$\ddot{a}^{(2)}_{43:\overline{2|}} = \alpha(2) \cdot \ddot{a}_{43:\overline{2|}} + \beta(2) \cdot (1 - {}_2E_{43}) = 1.953\ 25$$

$${}^5_3V^{(2)}_{40:\overline{10|}} = A_{43:\overline{7|}} - {}_5P^{(2)}_{40:\overline{10|}} \cdot \ddot{a}^{(2)}_{43:\overline{2|}} = 0.501\ 158$$

$$b \cdot {}^5_3V^{1(2)}_{40:\overline{10|}} = 15\ 034.730\ 3$$

(2)问题②求解

$$A_{47:\overline{3|}} = \sum_{k=0}^{2} v^{k+1} \cdot \frac{d_{47+k}}{l_{47}} + v^3 \cdot \frac{l_{50}}{l_{47}}$$

$$= v \cdot \frac{d_{47}}{l_{47}} + v^2 \cdot \frac{d_{48}}{l_{47}} + v^3 \cdot \frac{d_{49}}{l_{47}} + v^3 \cdot \frac{l_{50}}{l_{47}} = 0.914\ 686$$

$${}^5_7V^{(2)}_{40:\overline{10|}} = A_{47:\overline{3|}} = 0.914\ 686$$

$$b \cdot {}^5_7V^{(2)}_{40:\overline{10|}} = 27\ 440.57$$

(3) 问题③求解

$${}^5_{10}V^{(2)}_{40:\overline{10|}} = 1$$

$$b \cdot {}^5_{10}V^{(2)}_{40:\overline{10|}} = 30\ 000$$

4.4.1.3 年金保险

1. 过去法

[**基本算法示例**] 全离散模型 h 年缴费每年 m 次缴费即期期初付终身年金过去法均衡纯保费责任准备金。

需要求解的问题类型:

①当 $0 \leqslant t < h$ 时,第 t 个保单年度的期末责任准备金 $b \cdot {}_t^hV^{(m)}(\ddot{a}_x)$;

②当 $t \geqslant h$ 时,第 t 个保单年度的期末责任准备金 $b \cdot {}_t^hV^{(m)}(\ddot{a}_x)$。

解:

(1)问题①求解

$$v = \frac{1}{1+i}$$

$$d = 1 - v$$

$$\ddot{a}_x = \sum_{k=0}^{\omega-x-1} v^k \cdot \frac{l_{x+k}}{l_x} = \frac{l_x}{l_x} + v \cdot \frac{l_{x+1}}{l_x} + v^2 \cdot \frac{l_{x+2}}{l_x} + \cdots + v^{\omega-x-1} \cdot \frac{l_{\omega-1}}{l_x}$$

$$\ddot{a}_{x:\overline{h|}} = \sum_{k=0}^{h-1} v^k \cdot \frac{l_{x+k}}{l_x} = \frac{l_x + vl_{x+1} + v^2 l_{x+2} + \cdots + v^{h-1} l_{x+h-1}}{l_x}$$

$$i^{(m)} = m \cdot [(1+i)^{\frac{1}{m}} - 1]$$

$$d^{(m)} = m \cdot [1 - (1+i)^{-\frac{1}{m}}]$$

$$\alpha(m) = \frac{id}{i^{(m)}d^{(m)}}$$

$$\beta(m) = \frac{i^{(m)} - i}{i^{(m)}d^{(m)}}$$

$${}_hE_x = v^h \cdot \frac{l_{x+h}}{l_x}$$

$$\ddot{a}_{x:\overline{h|}}^{(m)} = \alpha(m) \cdot \ddot{a}_{x:\overline{h|}} + \beta(m) \cdot (1 - {}_hE_x)$$

$${}_hP^{(m)}(\ddot{a}_x) = \frac{\ddot{a}_x}{\ddot{a}_{x:\overline{h|}}^{(m)}}$$

$$\ddot{a}_{x:\overline{t|}} = \sum_{k=0}^{t-1} \frac{v^k \cdot l_{x+k}}{l_x} = \frac{l_x + vl_{x+1} + v^2 l_{x+2} + \cdots + v^{t-2} l_{x+t-2} + v^{t-1} l_{x+t-1}}{l_x}$$

$${}_tE_x = v^t \cdot \frac{l_{x+t}}{l_x}$$

$$\ddot{a}_{x:\overline{t}|}^{(m)} = \alpha(m) \cdot \ddot{a}_{x:\overline{t}|} + \beta(m) \cdot (1 - {}_tE_x)$$

$$b \cdot {}_t^hV^{(m)}(\ddot{a}_x) = b \cdot \frac{{}_hP^{(m)}(\ddot{a}_x) \cdot \ddot{a}_{x:\overline{t}|}^{(m)} - \ddot{a}_{x:\overline{t}|}}{{}_tE_x}$$

(2)问题②求解

$$\ddot{a}_{x:\overline{t}|} = \sum_{k=0}^{t-1} \frac{v^k \cdot l_{x+k}}{l_x}$$

$$= \frac{l_x + vl_{x+1} + v^2 l_{x+2} + \cdots + v^{t-2} l_{x+t-2} + v^{t-1} l_{x+t-1}}{l_x}$$

$${}_tE_x = v^t \cdot \frac{l_{x+t}}{l_x}$$

$$b \cdot {}_t^hV^{(m)}(\ddot{a}_x) = b \cdot \frac{\ddot{a}_x - \ddot{a}_{x:\overline{t}|}}{{}_tE_x}$$

[实验 4.4.5] 全离散模型 h 年缴费每年 m 次缴费即期期初付终身年金过去法均衡纯保费责任准备金计算。

陈先生现年 40 岁,在某保险公司购买了一份每年缴费两次,缴费 5 年即期终身年金保险,期初付生存保险金额为 30 000 元,预定年利率为 3%,假设极限年龄为 105 岁,并采用经验生命表(2000—2003)。用过去法求第 3 年和第 7 年年末的责任准备金。

解:

1.数据录入

(1)已知数据录入

$x=40$;

$i=0.03$;

$b=30\ 000$;

$m=2$;

$h=5$;

$t=3,7$;

$\omega=105$;

$L_{ijk}=L_{211}$。

(2)需要求解的问题类型

① $b \cdot {}_3^5V^{(2)}(\ddot{a}_{40})$;

② $b \cdot {}_7^5V^{(2)}(\ddot{a}_{40})$。

2.问题求解

(1)问题①求解

$$v = \frac{1}{1+i} = 0.970\ 874$$

$$d = 1 - v = 0.029\ 126$$

$$\ddot{a}_{40} = \sum_{k=0}^{64} \frac{v^k l_{40+k}}{l_{40}} = \frac{l_{40} + vl_{41} + v^2 l_{42} + \cdots + v^{64} l_{104}}{l_{40}} = 22.688\ 54$$

$$\ddot{a}_{40:\overline{5}|} = \sum_{k=0}^{4} \frac{v^k l_{40+k}}{l_{40}} = \frac{l_{40} + vl_{41} + v^2 l_{42} + v^3 l_{43} + v^4 l_{44}}{l_{40}} = 4.700\ 244$$

$$i^{(2)} = 2 \times [(1+i)^{\frac{1}{2}} - 1] = 0.029\ 778$$

$$d^{(2)} = 2 \times [1 - (1+i)^{-\frac{1}{2}}] = 0.029\ 341$$

$$\alpha(2) = \frac{id}{i^{(2)} d^{(2)}} = 1.000\ 055$$

$$\beta(2) = \frac{i^{(2)} - i}{i^{(2)} d^{(2)}} = -0.253\ 72$$

$${}_5E_{40} = v^5 \cdot \frac{l_{45}}{l_{40}} = 0.853\ 5$$

$$\ddot{a}^{(2)}_{40:\overline{5}|} = \alpha(2) \cdot \ddot{a}_{40:\overline{5}|} + \beta(2) \cdot (1 - {}_5E_{40}) = 4.663\ 33$$

$${}_5P^{(2)}(\ddot{a}_{40}) = \frac{\ddot{a}_{40}}{\ddot{a}^{(2)}_{40:\overline{5}|}} = 4.865\ 307$$

$$\ddot{a}_{40:\overline{3}|} = \sum_{k=0}^{2} \frac{v^k l_{40+k}}{l_{40}} = \frac{l_{40} + vl_{41} + v^2 l_{42}}{l_{40}} = 2.908\ 452$$

$${}_3E_{40} = v^3 \cdot \frac{l_{43}}{l_{40}} = 0.909\ 72$$

$$\ddot{a}^{(2)}_{40:\overline{3}|} = \alpha(2) \cdot \ddot{a}_{40:\overline{3}|} + \beta(2) \cdot (1 - {}_3E_{40}) = 2.885\ 704\ 793$$

$${}^5_3V^{(2)}(\ddot{a}_{40}) = \frac{{}_5P^{(2)}(\ddot{a}_{40}) \cdot \ddot{a}^{(2)}_{40:\overline{3}|} - \ddot{a}_{40:\overline{3}|}}{{}_3E_{40}} = 12.236\ 06$$

$$b \cdot {}^5_3V^{(2)}(\ddot{a}_{40}) = 367\ 081.7$$

(2)问题②求解

$${}_7E_{40} = v^7 \cdot \frac{l_{47}}{l_{40}} = 0.800\ 167$$

$$\ddot{a}_{40:\overline{7}|} = \sum_{k=0}^{6} \frac{v^k l_{40+k}}{l_{40}} = \frac{l_{40} + vl_{41} + v^2 l_{42} + \cdots + v^6 l_{46}}{l_{40}} = 6.381\ 561$$

$${}^5_7V(\ddot{a}_{40}) = \frac{\ddot{a}_{40} - \ddot{a}_{40:\overline{7}|}}{{}_7E_{40}} = 20.379\ 46$$

$$b \cdot {}^5_7V(\ddot{a}_{40}) = 611\ 383.7$$

2. 未来法

[**基本算法示例**] 全离散模型 h 年缴费每年 m 次缴费即期期初付终身年金未来法均衡纯保费责任准备金。

需要求解的问题类型：

①当 $0 \leqslant t < h$ 时，第 t 个保单年度的期末责任准备金 $b \cdot {}^h_tV^{(m)}(\ddot{a}_x)$；

②当 $t \geqslant h$ 时，第 t 个保单年度的期末责任准备金 $b \cdot {}^h_tV^{(m)}(\ddot{a}_x)$。

解：

(1)问题①求解

$$v=\frac{1}{1+i}$$

$$d=1-v$$

$$\ddot{a}_x=\sum_{k=0}^{\omega-x-1}v^k\cdot\frac{l_{x+k}}{l_x}$$

$$=\frac{l_x}{l_x}+v\cdot\frac{l_{x+1}}{l_x}+v^2\cdot\frac{l_{x+2}}{l_x}+\cdots+v^{\omega-x-1}\cdot\frac{l_{\omega-1}}{l_x}$$

$$i^{(m)}=m\cdot[(1+i)^{\frac{1}{m}}-1]$$

$$d^{(m)}=m\cdot[1-(1+i)^{-\frac{1}{m}}]$$

$$\alpha(m)=\frac{id}{i^{(m)}d^{(m)}}$$

$$\beta(m)=\frac{i^{(m)}-i}{i^{(m)}d^{(m)}}$$

$${}_hE_x=v^h\cdot\frac{l_{x+h}}{l_x}$$

$$\ddot{a}_{x:\overline{h}|}=\sum_{k=0}^{h-1}v^k\cdot\frac{l_{x+k}}{l_x}=\frac{l_x+vl_{x+1}+v^2l_{x+2}+\cdots+v^{h-1}l_{x+h-1}}{l_x}$$

$$\ddot{a}_{x:\overline{h}|}^{(m)}=\alpha(m)\cdot\ddot{a}_{x:\overline{h}|}+\beta(m)\cdot(1-{}_hE_x)$$

$${}_hP^{(m)}(\ddot{a}_x)=\frac{\ddot{a}_x}{\ddot{a}_{x:\overline{h}|}^{(m)}}$$

$$\ddot{a}_{x+t}=\sum_{k=0}^{\omega-x-t-1}v^k\cdot\frac{l_{x+t+k}}{l_{x+t}}$$

$$=\frac{l_{x+t}}{l_{x+t}}+v\cdot\frac{l_{x+t+1}}{l_{x+t}}+v^2\cdot\frac{l_{x+t+2}}{l_{x+t}}+\cdots+v^{\omega-x-t-1}\cdot\frac{l_{\omega-1}}{l_{x+t}}$$

$$\ddot{a}_{x+t:\overline{h-t}|}=\sum_{k=0}^{h-t-1}\frac{v^kl_{x+t+k}}{l_{x+t}}=\frac{l_{x+t}+vl_{x+t+1}+v^2l_{x+t+2}+\cdots+v^{h-t-1}l_{x+h-1}}{l_{x+t}}$$

$${}_{h-t}E_{x+t}=v^{h-t}\cdot\frac{l_{x+h}}{l_{x+t}}$$

$$\ddot{a}_{x+t:\overline{h-t}|}^{(m)}=\alpha(m)\cdot\ddot{a}_{x+t:\overline{h-t}|}+\beta(m)\cdot(1-{}_{h-t}E_{x+t})$$

$$b\cdot{}_t^hV^{(m)}(\ddot{a}_x)=b\cdot[\ddot{a}_{x+t}-{}_hP^{(m)}(\ddot{a}_x)\cdot\ddot{a}_{x+t:\overline{h-t}|}^{(m)}]$$

(2)问题②求解

$$\ddot{a}_{x+t}=\sum_{k=0}^{\omega-x-t-1}v^k\cdot\frac{l_{x+t+k}}{l_{x+t}}$$

$$=\frac{l_{x+t}}{l_{x+t}}+v\cdot\frac{l_{x+t+1}}{l_{x+t}}+v^2\cdot\frac{l_{x+t+2}}{l_{x+t}}+\cdots+v^{\omega-x-t-1}\cdot\frac{l_{\omega-1}}{l_{x+t}}$$

$$b\cdot{}_t^hV^{(m)}(\ddot{a}_x)=b\cdot\ddot{a}_{x+t}$$

[**实验 4.4.6**] 全离散模型 h 年缴费每年 m 次缴费即期期初付终身年金未来法均衡纯保费责任准备金计算。

陈先生现年 40 岁，在某保险公司购买了一份每年缴费两次，缴费 5 年即期终身年金保险，生存给付保险金额为 30 000 元，预定年利率为 3%，假设极限年龄为 105 岁，并采用经验生命表(2000—2003)。用未来法求第 3 年和第 7 年年末的责任准备金。

解：

1.数据录入

(1)已知数据录入

$x=40$;

$i=0.03$;

$b=30\ 000$;

$m=2$;

$h=5$;

$t=3,7$;

$\omega=105$;

$L_{ijk}=L_{211}$。

(2)需要求解的问题类型

① $b\cdot {}_3^5V^{(2)}(\ddot{a}_{40})$;

② $b\cdot {}_7^5V^{(2)}(\ddot{a}_{40})$。

2.问题求解

(1)问题①求解

$$v=\frac{1}{1+i}=0.970\ 874$$

$$d=1-v=0.029\ 126$$

$$\ddot{a}_{40}=\sum_{k=0}^{64}\frac{v^k l_{40+k}}{l_{40}}=\frac{l_{40}+vl_{41}+v^2l_{42}+\cdots+v^{64}l_{104}}{l_{40}}=22.688\ 54$$

$$i^{(2)}=2\times[(1+i)^{\frac{1}{2}}-1]=0.029\ 778$$

$$d^{(2)}=2\times[1-(1+i)^{-\frac{1}{2}}]=0.029\ 341$$

$$\alpha(2)=\frac{id}{i^{(2)}d^{(2)}}=1.000\ 055$$

$$\beta(2)=\frac{i^{(2)}-i}{i^{(2)}d^{(2)}}=-0.253\ 72$$

$${}_5E_{40}=v^5\cdot\frac{l_{45}}{l_{40}}=0.853\ 5$$

$$\ddot{a}_{40:\overline{5}|}=\sum_{k=0}^{4}\frac{v^k l_{40+k}}{l_{40}}=\frac{l_{40}+vl_{41}+v^2l_{42}+v^3l_{43}+v^4l_{44}}{l_{40}}=4.700\ 244$$

$$\ddot{a}^{(2)}_{40:\overline{5}|}=\alpha(2)\cdot\ddot{a}_{40:\overline{5}|}+\beta(2)\cdot(1-{}_5E_{40})=4.663\ 33$$

$$ {}_5P^{(2)}(\ddot{a}_{40}) = \frac{\ddot{a}_{40}}{\ddot{a}^{(2)}_{40:\overline{5}|}} = 4.865\ 307 $$

$$ \ddot{a}_{43} = \sum_{k=0}^{61} \frac{v^k l_{43+k}}{l_{43}} = \frac{l_{43} + vl_{44} + v^2 l_{45} + \cdots + v^{61} l_{104}}{l_{43}} = 21.734\ 38 $$

$$ {}_2E_{43} = v^2 \cdot \frac{l_{45}}{l_{43}} = 0.938\ 201 $$

$$ \ddot{a}_{43:\overline{2}|} = \sum_{k=0}^{1} \frac{v^k l_{43+k}}{l_{43}} = \frac{l_{43} + vl_{44}}{l_{43}} = 1.968\ 822 $$

$$ \ddot{a}^{(2)}_{43:\overline{2}|} = \alpha(2) \cdot \ddot{a}_{43:\overline{2}|} + \beta(2) \cdot (1 - {}_2E_{43}) = 1.953\ 25 $$

$$ {}^5_3V^{(2)}(\ddot{a}_{40}) = \ddot{a}_{43} - {}_5P^{(2)}(\ddot{a}_{40}) \cdot \ddot{a}^{(2)}_{43:\overline{2}|} = 12.231\ 21 $$

$$ b \cdot {}^5_3V^{(2)}(\ddot{a}_{40}) = 366\ 936.3 $$

(2)问题②求解

$$ \ddot{a}_{47} = \sum_{k=0}^{57} \frac{v^k l_{47+k}}{l_{47}} = \frac{l_{47} + vl_{48} + v^2 l_{49} + \cdots + v^{57} l_{104}}{l_{47}} = 20.357\ 2 $$

$$ {}^5_7V^{(2)}(\ddot{a}_{47}) = \ddot{a}_{47} = 20.357\ 2 $$

$$ b \cdot {}^5_7V^{(2)}(\ddot{a}_{40}) = 610\ 715.9 $$

4.4.2 半连续模型(UDD 假设)

1. 过去法

[**基本算法示例**] 半连续模型(UDD 假设)h 年缴费每年 m 次缴费即期终身死亡保险过去法均衡纯保费责任准备金。

需要求解的问题类型:

①当 $0 \leqslant t < h$ 时,第 t 个保单年度的期末责任准备金 $b \cdot {}^h_tV^{(m)}(\bar{A}_x)$;

②当 $t \geqslant h$ 时,第 t 个保单年度的期末责任准备金 $b \cdot {}^h_tV^{(m)}(\bar{A}_x)$。

解:

(1)问题①求解

$$ v = \frac{1}{1+i} $$

$$ d = 1 - v $$

$$ \delta = \ln(1+i) $$

$$ A_x = \sum_{k=0}^{\omega-x-1} \frac{v^{k+1} d_{x+k}}{l_x} = \frac{vd_x + v^2 d_{x+1} + v^3 d_{x+2} + \cdots + v^{\omega-x} d_{\omega-1}}{l_x} $$

$$ \bar{A}_x = \frac{i}{\delta} \cdot A_x $$

$$ i^{(m)} = m \cdot [(1+i)^{\frac{1}{m}} - 1] $$

$$ d^{(m)} = m \cdot [1 - (1+i)^{-\frac{1}{m}}] $$

$$\alpha(m)=\frac{id}{i^{(m)}d^{(m)}}$$

$$\beta(m)=\frac{i^{(m)}-i}{i^{(m)}d^{(m)}}$$

$${}_hE_x=v^h\cdot\frac{l_{x+h}}{l_x}$$

$$\ddot{a}_{x:\overline{h}|}=\sum_{k=0}^{h-1}v^k\cdot\frac{l_{x+k}}{l_x}=\frac{l_x+vl_{x+1}+v^2l_{x+2}+\cdots+v^{h-1}l_{x+h-1}}{l_x}$$

$$\ddot{a}_{x:\overline{h}|}^{(m)}=\alpha(m)\cdot\ddot{a}_{x:\overline{h}|}+\beta(m)\cdot(1-{}_hE_x)$$

$${}_hP^{(m)}(\bar{A}_x)=\frac{\bar{A}_x}{\ddot{a}_{x:\overline{h}|}^{(m)}}$$

$$\bar{A}^1_{x:\overline{t}|}=\frac{i}{\delta}\cdot\sum_{k=0}^{t-1}v^{k+1}\frac{d_{x+k}}{l_x}$$

$$=\frac{i}{\delta}\cdot\frac{vd_x+v^2d_{x+1}+v^3d_{x+2}+\cdots+v^td_{x+t-1}}{l_x}$$

$$\ddot{a}_{x:\overline{t}|}=\sum_{k=0}^{t-1}\frac{v^k\cdot l_{x+k}}{l_x}$$

$$=\frac{l_x+vl_{x+1}+v^2l_{x+2}+\cdots+v^{t-2}l_{x+t-2}+v^{t-1}l_{x+t-1}}{l_x}$$

$${}_tE_x=v^t\cdot\frac{l_{x+t}}{l_x}$$

$$\ddot{a}_{x:\overline{t}|}^{(m)}=\alpha(m)\cdot\ddot{a}_{x:\overline{t}|}+\beta(m)\cdot(1-{}_tE_x)$$

$$b\cdot{}_t^hV^{(m)}(\bar{A}_x)=b\cdot\frac{{}_hP^{(m)}(\bar{A}_x)\cdot\ddot{a}_{x:\overline{t}|}^{(m)}-\bar{A}^1_{x:\overline{t}|}}{{}_tE_x}$$

(2)问题②求解

$$\bar{A}^1_{x:\overline{t}|}=\frac{i}{\delta}\cdot\sum_{k=0}^{t-1}v^{k+1}\cdot\frac{d_{x+k}}{l_x}$$

$$=\frac{i}{\delta}\cdot\frac{vd_x+v^2d_{x+1}+v^3d_{x+2}+\cdots+v^td_{x+t-1}}{l_x}$$

$$b\cdot{}_t^hV^{(m)}(\bar{A}_x)=b\cdot\frac{\bar{A}_x-\bar{A}^1_{x:\overline{t}|}}{{}_tE_x}$$

[**实验 4.4.7**] 半连续模型(UDD 假设)h 年缴费每年 m 次缴费即期终身死亡保险过去法均衡纯保费责任准备金计算。

陈先生现年 40 岁,在某保险公司购买了一份每年缴费两次,10 年缴费的终身寿险,死亡时给付保险金额为 30 000 元,预定年利率为 3%,假设极限年龄为 105 岁,并采用经验生命表(2000—2003)。用过去法求第 3 年和第 15 年年末的责任准备金。

解：

1.数据录入

(1)已知数据录入

$x=40$;

$i=0.03$;

$b=30\ 000$;

$m=2$;

$h=10$;

$t=3,15$;

$\omega=105$;

$L_{ijk}=L_{211}$。

(2)需要求解的问题

① $b\cdot{}_{3}^{10}V^{(2)}(\bar{A}_{40})$;

② $b\cdot{}_{15}^{10}V^{(2)}(\bar{A}_{40})$。

2.问题求解

(1)问题①求解

$$v=\frac{1}{1+i}=0.970\ 874$$

$$d=1-v=0.029\ 126$$

$$\delta=\ln(1+0.03)=0.029\ 559$$

$$A_{40}=\sum_{k=0}^{64}v^{k+1}\cdot\frac{d_{40+k}}{l_{40}}=\frac{vd_{40}+v^2d_{41}+v^3d_{42}+\cdots+v^{65}d_{104}}{l_{40}}=0.339\ 163$$

$$\bar{A}_{40}=\frac{i}{\delta}\cdot A_{40}=0.344\ 225$$

$$i^{(2)}=2\times[(1+i)^{\frac{1}{2}}-1]=0.029\ 778$$

$$d^{(2)}=2\times[1-(1+i)^{-\frac{1}{2}}]=0.029\ 341$$

$$\alpha(2)=\frac{id}{i^{(2)}d^{(2)}}=1.000\ 055$$

$$\beta(2)=\frac{i^{(2)}-i}{i^{(2)}d^{(2)}}=-0.253\ 72$$

$${}_{10}E_{40}=v^{10}\cdot\frac{l_{50}}{l_{40}}=0.725\ 033$$

$$\ddot{a}_{40:\overline{10}|}=\sum_{k=0}^{9}\frac{v^kl_{40+k}}{l_{40}}=\frac{l_{40}+vl_{41}+v^2l_{42}+\cdots+v^9l_{49}}{l_{40}}=8.708\ 783$$

$$\ddot{a}_{40:\overline{10}|}^{(2)}=\alpha(2)\cdot\ddot{a}_{40:\overline{10}|}+\beta(2)\cdot(1-{}_{10}E_{40})=8.639\ 493$$

$${}_{10}P^{(2)}(\bar{A}_{40})=\frac{\bar{A}_{40}}{\ddot{a}_{40:\overline{10}|}^{(2)}}=0.039\ 843$$

$$\bar{A}_{40:\overline{3}|}^{1} = \frac{i}{\delta} \cdot \sum_{k=0}^{2} v^{k+1} \frac{d_{40+k}}{l_{40}} = \frac{i}{\delta} \cdot \frac{vd_{40} + v^2 d_{41} + v^3 d_{42}}{l_{40}} = 0.005\ 283$$

$$\ddot{a}_{40:\overline{3}|} = \sum_{k=0}^{2} \frac{v^k l_{40+k}}{l_{40}} = \frac{l_{40} + vl_{41} + v^2 l_{42}}{l_{40}} = 2.908\ 452$$

$${}_3E_{40} = v^3 \cdot \frac{l_{43}}{l_{40}} = 0.909\ 72$$

$$\ddot{a}_{40:\overline{3}|}^{(2)} = \alpha(2) \cdot \ddot{a}_{40:\overline{3}|} + \beta(2) \cdot (1 - {}_3E_{40}) = 2.885\ 704\ 793$$

$${}_{3}^{10}V^{(2)}(\bar{A}_{40}) = \frac{{}_{10}P^{(2)}(\bar{A}_{40}) \cdot \ddot{a}_{40:\overline{3}|}^{(2)} - \bar{A}_{40:\overline{3}|}^{1}}{{}_3E_{40}} = 0.120\ 579$$

$$b \cdot {}_{3}^{10}V^{(2)}(\bar{A}_{40}) = 3\ 617.355$$

(2)问题②求解

$${}_{15}E_{40} = v^{15} \cdot \frac{l_{55}}{l_{40}} = 0.611\ 539$$

$$\bar{A}_{40:\overline{15}|}^{1} = \frac{i}{\delta} \cdot \sum_{k=0}^{14} v^{k+1} \frac{d_{40+k}}{l_{40}}$$

$$= \frac{i}{\delta} \cdot \frac{vd_{40} + v^2 d_{41} + v^3 d_{42} + \cdots + v^{15} d_{54}}{l_{40}} = 0.034\ 109$$

$${}_{15}^{10}V^{(2)}(\bar{A}_{40}) = \frac{\bar{A}_{40} - \bar{A}_{40:\overline{15}|}^{1}}{{}_{15}E_{40}} = 0.507\ 109$$

$$b \cdot {}_{15}^{10}V^{(2)}(\bar{A}_{40}) = 15\ 213.26$$

2. 未来法

[**基本算法示例**] 半连续模型(UDD 假设)h 年缴费每年 m 次缴费即期终身死亡保险未来法均衡纯保费责任准备金。

需要求解的问题类型:

①当 $0 \leqslant t < h$ 时,第 t 个保单年度的期末责任准备金 $b \cdot {}_{t}^{h}V^{(m)}(\bar{A}_x)$;

②当 $t \geqslant h$ 时,第 t 个保单年度的期末责任准备金 $b \cdot {}_{t}^{h}V^{(m)}(\bar{A}_x)$。

解:

(1)问题①求解

$$v = \frac{1}{1+i}$$

$$d = 1 - v$$

$$\delta = \ln(1+i)$$

$$\bar{A}_x = \frac{i}{\delta} \cdot \sum_{k=0}^{\omega-x-1} \frac{v^{k+1} d_{x+k}}{l_x}$$

$$= \frac{i}{\delta} \cdot \frac{vd_x + v^2 d_{x+1} + v^3 d_{x+2} + \cdots + v^{\omega-x} d_{\omega-1}}{l_x}$$

$$i^{(m)} = m \cdot [(1+i)^{\frac{1}{m}} - 1]$$

$$d^{(m)} = m \cdot [1 - (1+i)^{-\frac{1}{m}}]$$

$$\alpha(m) = \frac{id}{i^{(m)} d^{(m)}}$$

$$\beta(m) = \frac{i^{(m)} - i}{i^{(m)} d^{(m)}}$$

$$_hE_x = v^h \cdot \frac{l_{x+h}}{l_x}$$

$$\ddot{a}_{x:\overline{h|}} = \sum_{k=0}^{h-1} v^k \cdot \frac{l_{x+k}}{l_x} = \frac{l_x + vl_{x+1} + v^2 l_{x+2} + \cdots + v^{h-1} l_{x+h-1}}{l_x}$$

$$\ddot{a}_{x:\overline{h|}}^{(m)} = \alpha(m) \cdot \ddot{a}_{x:\overline{h|}} + \beta(m) \cdot (1 - {_hE_x})$$

$$_hP^{(m)}(\bar{A}_x) = \frac{\bar{A}_x}{\ddot{a}_{x:\overline{h|}}^{(m)}}$$

$$\bar{A}_{x+t} = \frac{i}{\delta} \cdot \sum_{k=0}^{\omega-x-t-1} \frac{v^{k+1} d_{x+t+k}}{l_{x+t}}$$

$$= \frac{i}{\delta} \cdot \frac{vd_{x+t} + v^2 d_{x+t+1} + v^3 d_{x+t+2} + \cdots + v^{\omega-x-t} d_{\omega-1}}{l_{x+t}}$$

$$\ddot{a}_{x+t:\overline{h-t|}} = \sum_{k=0}^{h-t-1} \frac{v^k l_{x+t+k}}{l_{x+t}} = \frac{l_{x+t} + vl_{x+t+1} + v^2 l_{x+t+2} + \cdots + v^{h-t-1} l_{x+h-1}}{l_{x+t}}$$

$$_{h-t}E_{x+t} = v^{h-t} \cdot \frac{l_{x+h}}{l_{x+t}}$$

$$\ddot{a}_{x+t:\overline{h-t|}}^{(m)} = \alpha(m) \cdot \ddot{a}_{x+t:\overline{h-t|}} + \beta(m) \cdot (1 - {_{h-t}E_{x+t}})$$

$$b \cdot {_t^h}V^{(m)}(\bar{A}_x) = b \cdot [\bar{A}_{x+t} - {_hP^{(m)}}(\bar{A}_x) \cdot \ddot{a}_{x+t:\overline{h-t|}}^{(m)}]$$

(2) 问题②求解

$$\bar{A}_{x+t} = \frac{i}{\delta} \cdot \sum_{k=0}^{\omega-x-t-1} \frac{v^{k+1} d_{x+t+k}}{l_{x+t}}$$

$$= \frac{i}{\delta} \cdot \frac{vd_{x+t} + v^2 d_{x+t+1} + v^3 d_{x+t+2} + \cdots + v^{\omega-x-t} d_{\omega-1}}{l_{x+t}}$$

$$b \cdot {_t^h}V^{(m)}(\bar{A}_x) = b \cdot \bar{A}_{x+t}$$

[**实验 4.4.8**] 半连续模型(UDD 假设)h 年缴费每年 m 次缴费即期终身死亡保险未来法均衡纯保费责任准备金计算。

陈先生现年 40 岁,在某保险公司购买了一份每年缴费两次,10 年缴费的终身寿险,死亡立即给付,保险金额为 30 000 元,预定年利率为 3%,假设极限年龄为 105 岁,并采用经验生命表(2000—2003)。用未来法求第 3 年和第 15 年年末的责任准备金。

解:

1.数据录入

(1)已知数据录入

$x=40$;

$i=0.03$；

$b=30\ 000$；

$m=2$；

$h=10$；

$t=3,15$；

$\omega=105$；

$L_{ijk}=L_{211}$。

（2）需要求解的问题类型

① $b\cdot{}_{3}^{10}V^{(2)}(\bar{A}_{40})$；

② $b\cdot{}_{15}^{10}V^{(2)}(\bar{A}_{40})$。

2.问题求解

（1）问题①求解

$$v=\frac{1}{1+i}=0.970\ 874$$

$$d=1-v=0.029\ 126$$

$$\delta=\ln(1+i)=0.029\ 559$$

$$\bar{A}_{40}=\frac{i}{\delta}\cdot\sum_{k=0}^{64}v^{k+1}\cdot\frac{d_{40+k}}{l_{40}}$$

$$=\frac{i}{\delta}\cdot\frac{vd_{40}+v^2d_{41}+v^3d_{42}+\cdots+v^{65}d_{104}}{l_{40}}=0.344\ 225$$

$$i^{(2)}=2\times[(1+i)^{\frac{1}{2}}-1]=0.029\ 778$$

$$d^{(2)}=2\times[1-(1+i)^{-\frac{1}{2}}]=0.029\ 341$$

$$\alpha(2)=\frac{id}{i^{(2)}d^{(2)}}=1.000\ 055$$

$$\beta(2)=\frac{i^{(2)}-i}{i^{(2)}d^{(2)}}=-0.253\ 72$$

$${}_{10}E_{40}=v^{10}\cdot\frac{l_{50}}{l_{40}}=0.725\ 033$$

$$\ddot{a}_{40:\overline{10}|}=\sum_{k=0}^{9}\frac{v^kl_{40+k}}{l_{40}}=\frac{l_{40}+vl_{41}+v^2l_{42}+\cdots+v^9l_{49}}{l_{40}}=8.708\ 783$$

$$\ddot{a}_{40:\overline{10}|}^{(2)}=\alpha(2)\cdot\ddot{a}_{40:\overline{10}|}+\beta(2)\cdot(1-{}_{10}E_{40})=8.639\ 493$$

$${}_{10}P^{(2)}(\bar{A}_{40})=\frac{\bar{A}_{40}}{\ddot{a}_{40:\overline{10}|}^{(2)}}=0.039\ 843$$

$$\bar{A}_{43}=\frac{i}{\delta}\cdot\sum_{k=0}^{61}v^{k+1}\cdot\frac{d_{43+k}}{l_{43}}$$

$$=\frac{i}{\delta}\cdot\frac{vd_{43}+v^2d_{44}+v^3d_{45}+\cdots+v^{62}d_{104}}{l_{43}}=0.372\ 43$$

$$ {}_{7}E_{43} = v^{7} \cdot \frac{l_{50}}{l_{43}} = 0.796\ 985 $$

$$ \ddot{a}_{43:\overline{7}|} = \sum_{k=0}^{6} v^{k} \cdot \frac{l_{43+k}}{l_{43}} = \frac{l_{43} + vl_{44} + v^{2}l_{45} + \cdots + v^{6}l_{49}}{l_{43}} = 6.373\ 409 $$

$$ \ddot{a}_{43:\overline{7}|}^{(2)} = \alpha(2) \cdot \ddot{a}_{43:\overline{7}|} + \beta(2) \cdot (1 - {}_{7}E_{43}) = 6.322\ 248 $$

$$ {}_{3}^{10}V^{(2)}(\bar{A}_{40}) = \bar{A}_{43} - {}_{10}P^{(2)}(\bar{A}_{40}) \cdot \ddot{a}_{43:\overline{7}|}^{(2)} = 0.120\ 532 $$

$$ b \cdot {}_{3}^{10}V^{(2)}(\bar{A}_{40}) = 3\ 615.953 $$

(2)问题②求解

$$ \bar{A}_{55} = \frac{i}{\delta} \cdot \sum_{k=0}^{49} v^{k+1} \cdot \frac{d_{55+k}}{l_{55}} $$

$$ = \frac{i}{\delta} \cdot \frac{vd_{55} + v^{2}d_{56} + v^{3}d_{57} + \cdots + v^{50}d_{104}}{l_{55}} = 0.517\ 891\ 1 $$

$$ {}_{15}^{10}V^{(2)}(\bar{A}_{40}) = \bar{A}_{55} = 0.517\ 911 $$

$$ b \cdot {}_{15}^{10}V^{(2)}(\bar{A}_{40}) = 15\ 536.73 $$

4.5 期初和期中责任准备金

前面讨论的责任准备金是指期末责任准备金，这里讨论期初和期中责任准备金的计算问题。

4.5.1 终身寿险

4.5.1.1 期初责任准备金

[**基本算法示例**] 全离散模型 h 年缴费即期终身死亡保险过去法期初责任准备金。

需要求解的问题类型：

①当 $0 \leqslant t < h+1$ 时，第 t 个保单年度的期初责任准备金 $b \cdot {}_{t}^{h}(IV)_{x}$；

②当 $t \geqslant h+1$ 时，第 t 个保单年度的期初责任准备金 $b \cdot {}_{t}^{h}(IV)_{x}$。

解：

(1)问题①求解

$$ v = \frac{1}{1+i} $$

$$ A_{x} = \sum_{k=0}^{\omega-x} \frac{v^{k+1} \cdot d_{x+k}}{l_{x}} $$

$$ = \frac{vd_{x} + v^{2}d_{x+1} + v^{3}d_{x+2} + \cdots + v^{\omega-x}d_{\omega-1} + v^{\omega-x+1}d_{\omega}}{l_{x}} $$

$$ \ddot{a}_{x:\overline{h}|} = \sum_{k=0}^{h-1} \frac{v^{k} \cdot l_{x+k}}{l_{x}} $$

$$= \frac{l_x + vl_{x+1} + v^2 l_{x+2} + \cdots + v^{h-2} l_{x+h-2} + v^{h-1} l_{x+h-1}}{l_x}$$

$${}_hP_x = \frac{A_x}{\ddot{a}_{x:\overline{h|}}}$$

$$\ddot{a}_{x:\overline{t-1|}} = \sum_{k=0}^{t-2} \frac{v^k \cdot l_{x+k}}{l_x}$$

$$= \frac{l_x + vl_{x+1} + v^2 l_{x+2} + \cdots + v^{t-3} l_{x+t-3} + v^{t-2} l_{x+t-2}}{l_x}$$

$$A^1_{x:\overline{t-1|}} = \sum_{k=0}^{t-2} \frac{v^{k+1} \cdot d_{x+k}}{l_x}$$

$$= \frac{vd_x + v^2 d_{x+1} + v^3 d_{x+2} + \cdots + v^{t-2} d_{x+t-3} + v^{t-1} d_{x+t-2}}{l_x}$$

$${}_{t-1}E_x = v^{t-1} \cdot \frac{l_{x+t-1}}{l_x}$$

$${}^{h}_{t-1}V_x = \frac{{}_hP_x \cdot \ddot{a}_{x:\overline{t-1|}} - A^1_{x:\overline{t-1|}}}{{}_{t-1}E_x}$$

$$b \cdot {}^{h}_{t}(IV)_x = b({}^{h}_{t-1}V_x + {}_hP_x)$$

(2)问题②求解

$$A^1_{x:\overline{t-1|}} = \sum_{k=0}^{t-2} \frac{v^{k+1} \cdot d_{x+k}}{l_x}$$

$$= \frac{vd_x + v^2 d_{x+1} + v^3 d_{x+2} + \cdots + v^{t-2} d_{x+t-3} + v^{t-1} d_{x+t-2}}{l_x}$$

$${}_{t-1}E_x = v^{t-1} \cdot \frac{l_{x+t-1}}{l_x}$$

$${}^{h}_{t-1}V_x = \frac{A_x - A^1_{x:\overline{t-1|}}}{{}_{t-1}E_x}$$

$$b \cdot {}^{h}_{t}(IV)_x = b \cdot {}^{h}_{t-1}V_x$$

[实验 4.5.1] 全离散模型 h 年缴费即期终身死亡保险过去法期初责任准备金计算。

35 岁的李先生购买了一份 20 年缴费的终身寿险，保险金额为 10 000 元，在被保险人死亡所处的保单年度末支付，预定年利率为 6%，假设极限年龄为 105 岁，并采用经验生命表(2000—2003)，求该保单在第 11 个和第 26 个保单年度的期初责任准备金。

解：

1.数据录入

(1)已知数据录入

$x=35$;

$i=0.06$;

$b=10\ 000$;

$h=20$;

$t=11,26$;

$\omega=105$;

$L_{ijk}=L_{211}$。

(2)需要求解的问题类型

① $b\cdot{}_{11}^{20}(IV)_{35}$;

② $b\cdot{}_{26}^{20}(IV)_{35}$。

2.问题解答

(1)问题①求解

$$v=\frac{1}{1+i}=\frac{1}{1+0.06}=0.943\ 396$$

$$A_{35}=\sum_{k=0}^{70}\frac{v^{k+1}\cdot d_{35+k}}{l_{35}}$$

$$=\frac{vd_{35}+v^2d_{36}+v^3d_{37}+\cdots+v^{70}d_{104}+v^{71}d_{105}}{l_{35}}=0.106\ 590$$

$$\ddot{a}_{35:\overline{20}|}=\sum_{k=0}^{19}\frac{v^k\cdot l_{35+k}}{l_{35}}$$

$$=\frac{l_{35}+vl_{36}+v^2l_{37}+\cdots+v^{18}l_{53}+v^{19}l_{54}}{l_{35}}=11.989\ 501$$

$${}_{20}P_{35}=\frac{A_{35}}{\ddot{a}_{35:\overline{20}|}}=0.008\ 890$$

$$\ddot{a}_{35:\overline{10}|}=\sum_{k=0}^{9}\frac{v^k\cdot l_{35+k}}{l_{35}}$$

$$=\frac{l_{35}+vl_{36}+v^2l_{37}+\cdots+v^8l_{43}+v^9l_{44}}{l_{35}}=7.756\ 529$$

$${}_{10}E_{35}=v^{10}\cdot\frac{l_{45}}{l_{35}}=0.549\ 082$$

$$A^1_{35:\overline{10}|}=\sum_{k=0}^{9}\frac{v^{k+1}\cdot d_{35+k}}{l_{35}}$$

$$=\frac{vd_{35}+v^2d_{36}+v^3d_{37}+\cdots+v^9d_{43}+v^{10}d_{44}}{l_{35}}=0.011\ 869$$

$${}_{10}^{20}V_{35}=\frac{{}_{20}P_{35}\cdot\ddot{a}_{35:\overline{10}|}-A^1_{35:\overline{10}|}}{{}_{10}E_{35}}=0.103\ 971$$

$${}_{11}^{20}(IV)_{35}={}_{10}^{20}V_{35}+{}_{20}P_{35}=0.112\ 861\ 24$$

$$b\cdot{}_{11}^{20}(IV)_{35}=1\ 128.612\ 38$$

(2)问题②求解

$${}_{25}E_{35}=v^{25}\cdot\frac{l_{60}}{l_{35}}=0.214\ 061$$

$$A^1_{35:\overline{25}|} = \sum_{k=0}^{24} \frac{v^{k+1} \cdot d_{35+k}}{l_{35}}$$

$$= \frac{vd_{35} + v^2 d_{36} + v^3 d_{37} + \cdots + v^{24} d_{58} + v^{25} d_{59}}{l_{35}} = 0.033\ 272$$

$$ {}^{20}_{25}V_{35} = \frac{A_{35} - A^1_{35:\overline{25}|}}{{}_{25}E_{35}} = 0.342\ 508$$

$$ {}^{20}_{26}(IV)_{35} = {}^{20}_{25}V_{35} = 0.342\ 508$$

$$b \cdot {}^{20}_{26}(IV)_{35} = 3\ 425.081$$

4.5.1.2　期中责任准备金

[**基本算法示例**] 全离散模型 h 年缴费即期终身死亡保险未来法期中责任准备金。

需要求解的问题类型：

①当 $0 \leqslant t < h-1$ 时，第 t+1 个保单年度的期中责任准备金 $b \cdot {}^{h}_{t+\frac{1}{2}}V_x$；

②当 $t \geqslant h-1$ 时，第 t+1 个保单年度的期中责任准备金 $b \cdot {}^{h}_{t+\frac{1}{2}}V_x$。

解：

(1)问题①求解

$$v = \frac{1}{1+i}$$

$$A_x = \sum_{k=0}^{\omega-x-1} \frac{v^{k+1} d_{x+k}}{l_x} = \frac{vd_x + v^2 d_{x+1} + v^3 d_{x+2} + \cdots + v^{\omega-x} d_{\omega-1}}{l_x}$$

$$\ddot{a}_{x:\overline{h}|} = \sum_{k=0}^{h-1} v^k \cdot \frac{l_{x+k}}{l_x} = \frac{l_x + vl_{x+1} + v^2 l_{x+2} + \cdots + v^{h-1} l_{x+h-1}}{l_x}$$

$$ {}_hP_x = \frac{A_x}{\ddot{a}_{x:\overline{h}|}}$$

$$A_{x+t} = \sum_{k=0}^{\omega-x-t-1} v^{k+1} \cdot \frac{d_{x+t+k}}{l_{x+t}} = \frac{vd_{x+t} + v^2 d_{x+t+1} + v^3 d_{x+t+2} + \cdots + v^{\omega-x-t} d_{\omega-1}}{l_{x+t}}$$

$$\ddot{a}_{x+t:\overline{h-t}|} = \sum_{k=0}^{h-t-1} v^k \cdot \frac{l_{x+t+k}}{l_{x+t}} = \frac{l_{x+t} + vl_{x+t+1} + v^2 l_{x+t+2} + \cdots + v^{h-t-1} l_{x+h-1}}{l_{x+t}}$$

$$ {}^{h}_{t}V_x = A_{x+t} - {}_hP_x \cdot \ddot{a}_{x+t:\overline{h-t}|}$$

$$A_{x+t+1} = \sum_{k=0}^{\omega-x-t-2} v^{k+1} \cdot \frac{d_{x+t+1+k}}{l_{x+t+1}} = \frac{vd_{x+t+1} + v^2 d_{x+t+2} + v^3 d_{x+t+3} + \cdots + v^{\omega-x-t-1} d_{\omega-1}}{l_{x+t+1}}$$

$$\ddot{a}_{x+t+1:\overline{h-t-1}|} = \sum_{k=0}^{h-t-2} v^k \cdot \frac{l_{x+t+1+k}}{l_{x+t+1}} = \frac{l_{x+t+1} + vl_{x+t+2} + v^2 l_{x+t+3} + \cdots + v^{h-t-2} l_{x+h-1}}{l_{x+t+1}}$$

$$ {}^{h}_{t+1}V_x = A_{x+t+1} - {}_hP_x \ddot{a}_{x+t+1:\overline{h-t-1}|}$$

$$b \cdot {}^{h}_{t+\frac{1}{2}}V_x = b \cdot \left[\frac{1}{2}({}^{h}_{t}V_x + {}^{h}_{t+1}V_x) + \frac{1}{2}\, {}_hP_x\right]$$

(2)问题②求解

$$v=\frac{1}{1+i}$$

$$A_{x+t}=\sum_{k=0}^{\omega-x-t-1}v^{k+1}\cdot\frac{d_{x+t+k}}{l_{x+t}}=\frac{vd_{x+t}+v^2d_{x+t+1}+v^3d_{x+t+2}+\cdots+v^{\omega-x-t}d_{\omega-1}}{l_{x+t}}$$

$$A_{x+t+1}=\sum_{k=0}^{\omega-x-t-2}v^{k+1}\cdot\frac{d_{x+t+1+k}}{l_{x+t+1}}=\frac{vd_{x+t+1}+v^2d_{x+t+2}+v^3d_{x+t+3}+\cdots+v^{\omega-x-t-1}d_{\omega-1}}{l_{x+t+1}}$$

$${}_t^hV_x=A_{x+t}$$

$${}_{t+1}^{h}V_x=A_{x+t+1}$$

$$b\cdot{}_{t+\frac{1}{2}}^{h}V_x=b\cdot\frac{1}{2}({}_t^hV_x+{}_{t+1}^{h}V_x)$$

[**实验 4.5.2**] 全离散模型 h 年缴费即期终身死亡保险未来法期中责任准备金计算。

陈先生现年 40 岁,在某保险公司购买了一份缴费 10 年的终身寿险,保险金额为 30 000 元,预定年利率为 3%,并假设极限年龄为 105 岁,并采用经验生命表(2000—2003)。用未来法求第 4 年和第 16 年的期中责任准备金。

解:

1.数据录入

(1)已知数据录入

$x=40$;

$i=0.03$;

$b=30\ 000$;

$h=10$;

$\omega=105$;

$t=3,15$;

$L_{ijk}=L_{211}$。

(2)需要求解的问题类型

① $b\cdot{}_{3+\frac{1}{2}}^{10}V_{40}$;

② $b\cdot{}_{15+\frac{1}{2}}^{10}V_{40}$。

2.问题求解

(1)问题①求解

$$v=\frac{1}{1+i}=0.970\ 874$$

$$A_{40}=\sum_{k=0}^{64}v^{k+1}\cdot\frac{d_{40+k}}{l_{40}}=\frac{vd_{40}+v^2d_{41}+v^3d_{42}+\cdots+v^{65}d_{104}}{l_{40}}=0.339\ 163$$

$$\ddot{a}_{40:\overline{10}|}=\sum_{k=0}^{9}v^k\cdot\frac{l_{40+k}}{l_{40}}=\frac{l_{40}+vl_{41}+v^2l_{42}+\cdots+v^9l_{49}}{l_{40}}=8.708\ 783$$

$${}_{10}P_{40}=\frac{A_{40}}{\ddot{a}_{40:\overline{10}|}}=0.038\ 945$$

$$A_{43}=\sum_{k=0}^{61}\frac{v^{k+1}d_{43+k}}{l_{43}}=\frac{vd_{43}+v^2d_{44}+v^3d_{45}+\cdots+v^{62}d_{104}}{l_{43}}=0.366\ 953$$

$$\ddot{a}_{43:\overline{7}|}=\sum_{k=0}^{6}v^k\cdot\frac{l_{43+k}}{l_{43}}=\frac{l_{43}+vl_{44}+v^2l_{45}+\cdots+v^6l_{49}}{l_{43}}=6.373\ 409$$

$${}_{3}^{10}V_{40}=A_{43}-{}_{10}P_{40}\cdot\ddot{a}_{43:\overline{7}|}=0.118\ 741$$

$$A_{44}=\sum_{k=0}^{60}v^{k+1}\cdot\frac{d_{44+k}}{l_{44}}=\frac{vd_{44}+v^2d_{45}+v^3d_{46}+\cdots+v^{61}d_{104}}{l_{44}}=0.376\ 645$$

$$\ddot{a}_{44:\overline{6}|}=\sum_{k=0}^{5}v^k\cdot\frac{l_{44+k}}{l_{44}}=\frac{l_{44}+vl_{45}+v^2l_{46}+\cdots+v^5l_{49}}{l_{44}}=5.546\ 330\ 9$$

$${}_{4}^{10}V_{40}=A_{44}-{}_{10}P_{40}\cdot\ddot{a}_{44:\overline{6}|}=0.160\ 643$$

$${}_{3+\frac{1}{2}}^{10}V_{40}=\frac{1}{2}({}_{3}^{10}V_{40}+{}_{4}^{10}V_{40})+\frac{1}{2}\,{}_{10}P_{40}=0.159\ 164\ 808$$

$$b\cdot{}_{3+\frac{1}{2}}^{10}V_{40}=4\ 774.944\ 227$$

(2)问题②求解

$$v=\frac{1}{1+i}=0.970\ 874$$

$$A_{55}=\sum_{k=0}^{49}v^{k+1}\cdot\frac{d_{55+k}}{l_{55}}=\frac{vd_{55}+v^2d_{56}+v^3d_{57}+\cdots+v^{50}d_{104}}{l_{55}}=0.497\ 905$$

$$A_{56}=\sum_{k=0}^{48}v^{k+1}\cdot\frac{d_{56+k}}{l_{56}}=\frac{vd_{56}+v^2d_{57}+v^3d_{58}+\cdots+v^{49}d_{104}}{l_{56}}=0.510\ 294\ 095$$

$${}_{15}^{10}V_{40}=A_{55}=0.497\ 905$$

$${}_{16}^{10}V_{40}=A_{56}=0.510\ 294$$

$${}_{15+\frac{1}{2}}^{10}V_{40}=\frac{1}{2}({}_{15}^{10}V_{40}+{}_{16}^{10}V_{40})=0.504\ 099$$

$$b\cdot{}_{15+\frac{1}{2}}^{10}V_{40}=15\ 122.98$$

4.5.2 年金保险

4.5.2.1 期初责任准备金

1. 过去法

[**基本算法示例**] 全离散模型 h 年缴费即期终身年金过去法期初责任准备金。

需要求解的问题类型:

①当 $0\leqslant t<h+1$ 时,第 t 个保单年度的期初责任准备金 $b\cdot{}_{t}^{h}IV(\ddot{a}_x)$;

②当 $t\geqslant h+1$ 时,第 t 个保单年度的期初责任准备金 $b\cdot{}_{t}^{h}IV(\ddot{a}_x)$。

解:

(1)问题①求解

$$v=\frac{1}{1+i}$$

$$\ddot{a}_x = \sum_{k=0}^{\omega-x} \frac{v^k \cdot l_{x+k}}{l_x}$$

$$= \frac{l_x + vl_{x+1} + v^2 l_{x+2} + \cdots + v^{\omega-x-1} l_{\omega-1} + v^{\omega-x} l_\omega}{l_x}$$

$$\ddot{a}_{x:\overline{h|}} = \sum_{k=0}^{h-1} \frac{v^k \cdot l_{x+k}}{l_x}$$

$$= \frac{l_x + vl_{x+1} + v^2 l_{x+2} + \cdots + v^{h-2} l_{x+h-2} + v^{h-1} l_{x+h-1}}{l_x}$$

$${}_hP(\ddot{a}_x) = \frac{\ddot{a}_x}{\ddot{a}_{x:\overline{h|}}}$$

$${}_{t-1}E_x = v^{t-1} \cdot \frac{l_{x+t-1}}{l_x}$$

$$\ddot{a}_{x:\overline{t-1|}} = \sum_{k=0}^{t-2} \frac{v^k \cdot l_{x+k}}{l_x}$$

$$= \frac{l_x + vl_{x+1} + v^2 l_{x+2} + \cdots + v^{t-3} l_{x+t-3} + v^{t-2} l_{x+t-2}}{l_x}$$

$${}_{t-1}^{\ h}V(\ddot{a}_x) = \frac{{}_hP(\ddot{a}_x) \cdot \ddot{a}_{x:\overline{t-1|}} - \ddot{a}_{x:\overline{t-1|}}}{{}_{t-1}E_x}$$

$$b \cdot {}_t^hIV(\ddot{a}_x) = b \cdot [{}_{t-1}^{\ h}V(\ddot{a}_x) + {}_hP(\ddot{a}_x)]$$

(2)问题②求解

$${}_{t-1}E_x = v^{t-1} \cdot \frac{l_{x+t-1}}{l_x}$$

$$\ddot{a}_{x:\overline{t-1|}} = \sum_{k=0}^{t-2} \frac{v^k \cdot l_{x+k}}{l_x}$$

$$= \frac{l_x + vl_{x+1} + v^2 l_{x+2} + \cdots + v^{t-3} l_{x+t-3} + v^{t-2} l_{x+t-2}}{l_x}$$

$${}_{t-1}^{\ h}V(\ddot{a}_x) = \frac{\ddot{a}_x - \ddot{a}_{x:\overline{t-1|}}}{{}_{t-1}E_x}$$

$$b \cdot {}_t^hIV(\ddot{a}_x) = b \cdot {}_{t-1}^{\ h}V(\ddot{a}_x)$$

[**实验 4.5.3**] 全离散模型 h 年缴费即期终身年金过去法期初责任准备金计算。

35 岁的李先生购买了一份 20 年缴费的即期终身生存年金保险，每年初领取的年金金额为 10 000 元，预定年利率为 6%，假设极限年龄为 105 岁，并采用经验生命表（2000—2003），求该保单在第 11 个和第 26 个保单年度的期初责任准备金。

解：

1.数据录入

(1)已知数据录入

$x=35$；

$i=0.06$;

$b=10\ 000$;

$h=20$;

$t=11,26$;

$\omega=105$;

$L_{ijk}=L_{211}$。

(2)需要求解的问题类型

① $b\cdot{}_{11}^{20}IV(\ddot{a}_{35})$;

② $b\cdot{}_{26}^{20}IV(\ddot{a}_{35})$。

2.问题解答

(1)问题①求解

$$v=\frac{1}{1+i}=\frac{1}{1+0.06}=0.943\ 396$$

$$\ddot{a}_{35}=\sum_{k=0}^{70}\frac{v^k\cdot l_{35+k}}{l_{35}}$$

$$=\frac{l_{35}+vl_{36}+v^2l_{37}+\cdots+v^{69}l_{104}+v^{70}l_{105}}{l_{35}}=15.783\ 571$$

$$\ddot{a}_{35:\overline{20}|}=\sum_{k=0}^{19}\frac{v^k\cdot l_{35+k}}{l_{35}}$$

$$=\frac{l_{35}+vl_{36}+v^2l_{37}+\cdots+v^{18}l_{53}+v^{19}l_{54}}{l_{35}}=11.989\ 501$$

$${}_{20}P(\ddot{a}_{35})=\frac{\ddot{a}_{35}}{\ddot{a}_{35:\overline{20}|}}=1.316\ 449$$

$$\ddot{a}_{35:\overline{10}|}=\sum_{k=0}^{9}\frac{v^k\cdot l_{35+k}}{l_{35}}$$

$$=\frac{l_{35}+vl_{36}+v^2l_{37}+\cdots+v^{8}l_{43}+v^{9}l_{44}}{l_{35}}=7.756\ 529$$

$${}_{10}E_{35}=v^{10}\cdot\frac{l_{45}}{l_{35}}=0.549\ 082$$

$${}_{10}^{20}V(\ddot{a}_{35})=\frac{{}_{20}P(\ddot{a}_{35})\cdot\ddot{a}_{35:\overline{10}|}-\ddot{a}_{35:\overline{10}|}}{{}_{10}E_{35}}=4.470\ 272$$

${}_{11}^{20}IV(\ddot{a}_{35})={}_{10}^{20}V(\ddot{a}_{35})+{}_{20}P(\ddot{a}_{35})=5.786\ 724\ 53$

$b\cdot{}_{11}^{20}IV(\ddot{a}_{35})=57\ 867.245\ 3$

(2)问题②求解

$${}_{25}E_{35}=v^{25}\cdot\frac{l_{60}}{l_{35}}=0.214\ 061$$

$$\ddot{a}_{35:\overline{25}|}=\sum_{k=0}^{24}\frac{v^k\cdot l_{35+k}}{l_{35}}$$

$$= \frac{l_{35} + vl_{36} + v^2 l_{37} + \cdots + v^{23} l_{58} + v^{24} l_{59}}{l_{35}} = 13.297\ 116$$

$${}_{25}^{20}V(\ddot{a}_{35}) = \frac{\ddot{a}_{35} - \ddot{a}_{35:\overline{25}|}}{{}_{25}E_{35}} = 11.615\ 638$$

$${}_{26}^{20}IV(\ddot{a}_{35}) = {}_{25}^{20}V(\ddot{a}_{35}) = 11.615\ 638$$

$$b \cdot {}_{26}^{20}IV(\ddot{a}_{35}) = 116\ 156.38$$

2. 未来法

[**基本算法示例**] 全离散模型 h 年缴费即期终身年金未来法期初责任准备金。

需要求解的问题类型：

①当 $0 \leqslant t < h+1$ 时，第 t 个保单年度的期初责任准备金 $b \cdot {}_{t}^{h}IV(\ddot{a}_x)$；

②当 $t \geqslant h+1$ 时，第 t 个保单年度的期初责任准备金 $b \cdot {}_{t}^{h}IV(\ddot{a}_x)$。

解：

(1) 问题①求解

$$v = \frac{1}{1+i}$$

$$\ddot{a}_x = \sum_{k=0}^{\omega-x-1} \frac{v^k l_{x+k}}{l_x} = \frac{l_x + vl_{x+1} + v^2 l_{x+2} + \cdots + v^{\omega-x-1} l_{\omega-1}}{l_x}$$

$$\ddot{a}_{x:\overline{h}|} = \sum_{k=0}^{h-1} v^k \cdot \frac{l_{x+k}}{l_x} = \frac{l_x + vl_{x+1} + v^2 l_{x+2} + \cdots + v^{h-1} l_{x+h-1}}{l_x}$$

$${}_hP(\ddot{a}_x) = \frac{\ddot{a}_x}{\ddot{a}_{x:\overline{h}|}}$$

$$\ddot{a}_{x+t-1} = \sum_{k=0}^{\omega-x-t} \frac{v^k l_{x+t+k-1}}{l_{x+t-1}} = \frac{l_{x+t-1} + vl_{x+t} + v^2 l_{x+t+1} + \cdots + v^{\omega-x-t} l_{\omega-1}}{l_{x+t-1}}$$

$$\ddot{a}_{x+t-1:\overline{h-t+1}|} = \sum_{k=0}^{h-t} v^k \cdot \frac{l_{x+t-1+k}}{l_{x+t-1}} = \frac{l_{x+t-1} + vl_{x+t} + v^2 l_{x+t+1} + \cdots + v^{h-t} l_{x+h-1}}{l_{x+t-1}}$$

$${}_{t-1}^{h}V(\ddot{a}_x) = \ddot{a}_{x+t-1} - {}_hP(\ddot{a}_x) \cdot \ddot{a}_{x+t-1:\overline{h-t+1}|}$$

$$b \cdot {}_{t}^{h}IV(\ddot{a}_x) = b \cdot [{}_{t-1}^{h}V(\ddot{a}_x) + {}_hP(\ddot{a}_x)]$$

(2) 问题②求解

$$v = \frac{1}{1+i}$$

$$\ddot{a}_{x+t-1} = \sum_{k=0}^{\omega-x-t} \frac{v^k l_{x+t+k-1}}{l_{x+t-1}} = \frac{l_{x+t-1} + vl_{x+t} + v^2 l_{x+t+1} + \cdots + v^{\omega-x-t} l_{\omega-1}}{l_{x+t-1}}$$

$${}_{t-1}^{h}V(\ddot{a}_x) = \ddot{a}_{x+t-1}$$

$$b \cdot {}_{t}^{h}IV(\ddot{a}_x) = b \cdot {}_{t-1}^{h}V(\ddot{a}_x)$$

[**实验 4.5.4**] 全离散模型 h 年缴费即期终身年金未来法期初责任准备金计算。

陈先生现年 40 岁，在某保险公司购买了一份缴费 5 年即期终身年金保险，生存年金给付额为 30 000 元，预定年利率为 3%，假设极限年龄为 105 岁，并采用经验生命表(2000—2003)。用未来法求第 4 年和第 8 年的期初责任准备金。

解:

1.数据录入

(1)已知数据录入

$x=40$;

$i=0.03$;

$b=30\ 000$;

$\omega=105$;

$h=5$;

$t=4,8$;

$L_{ijk}=L_{211}$。

(2)需要求解的问题类型

① $b\cdot{}_4^5IV(\ddot{a}_{40})$;

② $b\cdot{}_8^5IV(\ddot{a}_{40})$。

2.问题求解

(1)问题①求解

$$v=\frac{1}{1+i}=0.970\ 874$$

$$\ddot{a}_{40}=\sum_{k=0}^{64}\frac{v^k l_{40+k}}{l_{40}}=\frac{l_{40}+vl_{41}+v^2l_{42}+\cdots+v^{64}l_{104}}{l_{40}}=22.688\ 54$$

$$\ddot{a}_{40:\overline{5}|}=\sum_{k=0}^{4}v^k\cdot\frac{l_{40+k}}{l_{40}}=\frac{l_{40}+vl_{41}+v^2l_{42}+\cdots+v^4l_{44}}{l_{40}}=4.700\ 244$$

$${}_5P(\ddot{a}_{40})=\frac{\ddot{a}_{40}}{\ddot{a}_{40:\overline{5}|}}=4.827\ 097$$

$$\ddot{a}_{43}=\sum_{k=0}^{61}\frac{v^k l_{43+k}}{l_{43}}=\frac{l_{43}+vl_{44}+v^2l_{45}+\cdots+v^{61}l_{104}}{l_{43}}=21.734\ 38$$

$$\ddot{a}_{43:\overline{2}|}=\sum_{k=0}^{1}v^k\cdot\frac{l_{43+k}}{l_{43}}=\frac{l_{43}+vl_{44}}{l_{43}}=1.968\ 822$$

$${}_3^5V(\ddot{a}_{40})=\ddot{a}_{43}-{}_5P(\ddot{a}_{40})\cdot\ddot{a}_{43:\overline{2}|}=12.230\ 67$$

$${}_4^5IV(\ddot{a}_{40})={}_3^5V(\ddot{a}_{40})+{}_5P(\ddot{a}_{40})=12.230\ 67+4.827\ 097=17.057\ 767$$

$$b\cdot{}_4^5IV(\ddot{a}_{40})=511\ 733.01$$

(2)问题②求解

$$v=\frac{1}{1+i}=0.970\ 874$$

$$\ddot{a}_{47}=\sum_{k=0}^{57}v^k\cdot\frac{l_{47+k}}{l_{47}}=\frac{l_{47}+vl_{48}+v^2l_{49}+\cdots+v^{57}l_{104}}{l_{47}}=20.357\ 2$$

$${}_7^5V(\ddot{a}_{40})=\ddot{a}_{47}=20.357\ 2$$

$$ {}_{8}^{5}IV(\ddot{a}_{40}) = {}_{7}^{5}V(\ddot{a}_{40}) = 20.357\,2 $$

$$ b \cdot {}_{8}^{5}IV(\ddot{a}_{40}) = 610\,715.9 $$

4.5.2.2 期中责任准备金

1. 过去法

［**基本算法示例**］全离散模型 h 年缴费即期终身年金过去法期中责任准备金。

需要求解的问题类型：

①当 $0 \leqslant t < h-1$ 时，第 $t+1$ 个保单年度的期中责任准备金 $b \cdot {}_{t+\frac{1}{2}}^{h}V(\ddot{a}_x)$；

②当 $t \geqslant h-1$ 时，第 $t+1$ 个保单年度的期中责任准备金 $b \cdot {}_{t+\frac{1}{2}}^{h}V(\ddot{a}_x)$。

解：

(1)问题①求解

$$ v = \frac{1}{1+i} $$

$$ \ddot{a}_x = \sum_{k=0}^{\omega-x} \frac{v^k \cdot l_{x+k}}{l_x} = \frac{l_x + vl_{x+1} + v^2 l_{x+2} + \cdots + v^{\omega-x-1} l_{\omega-1} + v^{\omega-x} l_{\omega}}{l_x} $$

$$ \ddot{a}_{x:\overline{h|}} = \sum_{k=0}^{h-1} \frac{v^k \cdot l_{x+k}}{l_x} = \frac{l_x + vl_{x+1} + v^2 l_{x+2} + \cdots + v^{h-2} l_{x+h-2} + v^{h-1} l_{x+h-1}}{l_x} $$

$$ {}_{h}P(\ddot{a}_x) = \frac{\ddot{a}_x}{\ddot{a}_{x:\overline{h|}}} $$

$$ \ddot{a}_{x:\overline{t|}} = \sum_{k=0}^{t-1} \frac{v^k \cdot l_{x+k}}{l_x} = \frac{l_x + vl_{x+1} + v^2 l_{x+2} + \cdots + v^{t-2} l_{x+t-2} + v^{t-1} l_{x+t-1}}{l_x} $$

$$ {}_{t}E_x = v^t \cdot \frac{l_{x+t}}{l_x} $$

$$ {}_{t}^{h}V(\ddot{a}_x) = \frac{{}_{h}P(\ddot{a}_x) \cdot \ddot{a}_{x:\overline{t|}} - \ddot{a}_{x:\overline{t|}}}{{}_{t}E_x} $$

$$ {}_{t+1}E_x = v^{t+1} \cdot \frac{l_{x+t+1}}{l_x} $$

$$ \ddot{a}_{x:\overline{t+1|}} = \sum_{k=0}^{t} \frac{v^k \cdot l_{x+k}}{l_x} = \frac{l_x + vl_{x+1} + v^2 l_{x+2} + \cdots + v^{t-1} l_{x+t-1} + v^t l_{x+t}}{l_x} $$

$$_{t+1}^{\ h}V(\ddot{a}_x)=\frac{_hP(\ddot{a}_x)\cdot\ddot{a}_{x:\overline{t+1}|}-\ddot{a}_{x:\overline{t+1}|}}{_{t+1}E_x}$$

$$b\cdot{}_{t+\frac{1}{2}}^{\ h}V(\ddot{a}_x)=b\cdot\left\{\frac{1}{2}[{}_t^hV(\ddot{a}_x)+{}_{t+1}^{\ h}V(\ddot{a}_x)]+\frac{1}{2}{}_hP(\ddot{a}_x)\right\}$$

(2)问题②求解

$$_tE_x=v^t\cdot\frac{l_{x+t}}{l_x}$$

$$\ddot{a}_{x:\overline{t}|}=\sum_{k=0}^{t-1}\frac{v^k\cdot l_{x+k}}{l_x}$$

$$=\frac{l_x+vl_{x+1}+v^2l_{x+2}+\cdots+v^{t-2}l_{x+t-2}+v^{t-1}l_{x+t-1}}{l_x}$$

$$_t^hV(\ddot{a}_x)=\frac{\ddot{a}_x-\ddot{a}_{x:\overline{t}|}}{_tE_x}$$

$$_{t+1}E_x=v^{t+1}\cdot\frac{l_{x+t+1}}{l_x}$$

$$\ddot{a}_{x:\overline{t+1}|}=\sum_{k=0}^{t}\frac{v^k\cdot l_{x+k}}{l_x}$$

$$=\frac{l_x+vl_{x+1}+v^2l_{x+2}+\cdots+v^{t-1}l_{x+t-1}+v^tl_{x+t}}{l_x}$$

$$_{t+1}^{\ h}V(\ddot{a}_x)=\frac{\ddot{a}_x-\ddot{a}_{x:\overline{t+1}|}}{_{t+1}E_x}$$

$$b\cdot{}_{t+\frac{1}{2}}^{\ h}V(\ddot{a}_x)=b\cdot\frac{1}{2}[{}_t^hV(\ddot{a}_x)+{}_{t+1}^{\ h}V(\ddot{a}_x)]$$

[**实验 4.5.5**] 全离散模型 h 年缴费即期终身年金过去法期中责任准备金计算。

35 岁的李先生购买了一份 20 年缴费的即期终身生存年金保险,每年年初领取的年金金额为 10 000 元,预定年利率为 6%,假设极限年龄为 105 岁,并采用经验生命表(2000—2003),求该保单在第 11 个和第 26 个保单年度的期中责任准备金。

解:

1.数据录入

(1)已知数据录入

$x=35$;

$i=0.06$;

$b=10\ 000$;

$h=20$;

$t=10,25$;

$\omega=105$;

$L_{ijk}=L_{211}$。

(2)需要求解的问题类型

① $b \cdot {}_{10+\frac{1}{2}}^{20}V(\ddot{a}_{35})$;

② $b \cdot {}_{25+\frac{1}{2}}^{20}V(\ddot{a}_{35})$。

2.问题解答

(1)问题①求解

$$v = \frac{1}{1+i} = \frac{1}{1+0.06} = 0.943\ 396$$

$$\ddot{a}_{35} = \sum_{k=0}^{70} \frac{v^k \cdot l_{35+k}}{l_{35}} = \frac{l_{35} + vl_{36} + v^2 l_{37} + \cdots + v^{69} l_{104} + v^{70} l_{105}}{l_{35}} = 15.783\ 571$$

$$\ddot{a}_{35:\overline{20|}} = \sum_{k=0}^{19} \frac{v^k \cdot l_{35+k}}{l_{35}} = \frac{l_{35} + vl_{36} + v^2 l_{37} + \cdots + v^{18} l_{53} + v^{19} l_{54}}{l_{35}} = 11.989\ 501$$

$${}_{20}P(\ddot{a}_{35}) = \frac{\ddot{a}_{35}}{\ddot{a}_{35:\overline{20|}}} = 1.316\ 449$$

$$\ddot{a}_{35:\overline{10|}} = \sum_{k=0}^{9} \frac{v^k \cdot l_{35+k}}{l_{35}} = \frac{l_{35} + vl_{36} + v^2 l_{37} + \cdots + v^{8} l_{43} + v^{9} l_{44}}{l_{35}} = 7.756\ 529$$

$${}_{10}E_{35} = v^{10} \cdot \frac{l_{45}}{l_{35}} = 0.549\ 082$$

$${}_{10}^{20}V(\ddot{a}_{35}) = \frac{{}_{20}P(\ddot{a}_{35}) \cdot \ddot{a}_{35:\overline{10|}} - \ddot{a}_{35:\overline{10|}}}{{}_{10}E_{35}} = 4.470\ 272$$

$${}_{11}E_{35} = v^{11} \cdot \frac{l_{46}}{l_{35}} = 0.516\ 752$$

$$\ddot{a}_{35:\overline{11|}} = \sum_{k=0}^{10} \frac{v^k \cdot l_{35+k}}{l_{35}} = \frac{l_{35} + vl_{36} + v^2 l_{37} + \cdots + v^{9} l_{44} + v^{10} l_{45}}{l_{35}} = 8.305\ 611$$

$${}_{11}^{20}V(\ddot{a}_{35}) = \frac{{}_{20}P(\ddot{a}_{35}) \cdot \ddot{a}_{35:\overline{11|}} - \ddot{a}_{35:\overline{11|}}}{{}_{11}E_{35}} = 5.086\ 201\ 006$$

$${}_{10+\frac{1}{2}}^{20}V(\ddot{a}_{35}) = \frac{1}{2}\left[{}_{10}^{20}V(\ddot{a}_{35}) + {}_{11}^{20}V(\ddot{a}_{35})\right] + \frac{1}{2}\,{}_{20}P(\ddot{a}_{35}) = 5.436\ 462\ 77$$

$$b \cdot {}_{10+\frac{1}{2}}^{20}V(\ddot{a}_{35}) = 54\ 364.627\ 7$$

(2)问题②求解

$$ {}_{25}E_{35} = v^{25} \cdot \frac{l_{60}}{l_{35}} = 0.214\ 061 $$

$$ \ddot{a}_{35:\overline{25}|} = \sum_{k=0}^{24} \frac{v^k \cdot l_{35+k}}{l_{35}} $$

$$ = \frac{l_{35} + vl_{36} + v^2 l_{37} + \cdots + v^{23} l_{58} + v^{24} l_{59}}{l_{35}} = 13.297\ 116 $$

$$ {}_{25}^{20}V(\ddot{a}_{35}) = \frac{\ddot{a}_{35} - \ddot{a}_{35:\overline{25}|}}{{}_{25}E_{35}} = 11.615\ 638 $$

$$ {}_{26}E_{35} = v^{26} \cdot \frac{l_{61}}{l_{35}} = 0.200\ 064 $$

$$ \ddot{a}_{35:\overline{26}|} = \sum_{k=0}^{25} \frac{v^k \cdot l_{35+k}}{l_{35}} $$

$$ = \frac{l_{35} + vl_{36} + v^2 l_{37} + \cdots + v^{24} l_{59} + v^{25} l_{60}}{l_{35}} = 13.511\ 177 $$

$$ {}_{26}^{20}V(\ddot{a}_{35}) = \frac{\ddot{a}_{35} - \ddot{a}_{35:\overline{26}|}}{{}_{26}E_{35}} = 11.358\ 353 $$

$$ {}_{25+\frac{1}{2}}^{20}V(\ddot{a}_{35}) = \frac{1}{2}\left[{}_{25}^{20}V(\ddot{a}_{35}) + {}_{26}^{20}V(\ddot{a}_{35}) \right] = 11.486\ 993\ 8 $$

$$ b \cdot {}_{25+\frac{1}{2}}^{20}V(\ddot{a}_{35}) = 114\ 869.938 $$

2. 未来法

[**基本算法示例**] 全离散模型 h 年缴费即期终身年金未来法期中责任准备金。

需要求解的问题类型:

①当 $0 \leqslant t < h - 1$ 时,第 $t+1$ 个保单年度的期中责任准备金 $b \cdot {}_{t+\frac{1}{2}}^{h}V(\ddot{a}_x)$;

②当 $t \geqslant h - 1$ 时,第 $t+1$ 个保单年度的期中责任准备金 $b \cdot {}_{t+\frac{1}{2}}^{h}V(\ddot{a}_x)$。

解:

(1)问题①求解

$$ v = \frac{1}{1+i} $$

$$ \ddot{a}_x = \sum_{k=0}^{\omega-x-1} \frac{v^k l_{x+k}}{l_x} = \frac{l_x + vl_{x+1} + v^2 l_{x+2} + \cdots + v^{\omega-x-1} l_{\omega-1}}{l_x} $$

$$ \ddot{a}_{x:\overline{h}|} = \sum_{k=0}^{h-1} v^k \cdot \frac{l_{x+k}}{l_x} = \frac{l_x + vl_{x+1} + v^2 l_{x+2} + \cdots + v^{h-1} l_{x+h-1}}{l_x} $$

$$ {}_hP(\ddot{a}_x) = \frac{\ddot{a}_x}{\ddot{a}_{x:\overline{h}|}} $$

$$ \ddot{a}_{x+t} = \sum_{k=0}^{\omega-x-t-1} v^k \cdot \frac{l_{x+t+k}}{l_{x+t}} = \frac{l_{x+t} + vl_{x+t+1} + v^2 l_{x+t+2} + \cdots + v^{\omega-x-t-1} l_{\omega-1}}{l_{x+t}} $$

$$\ddot{a}_{x+t:\overline{h-t|}} = \sum_{k=0}^{h-t-1} v^k \cdot \frac{l_{x+t+k}}{l_{x+t}} = \frac{l_{x+t} + vl_{x+t+1} + v^2 l_{x+t+2} + \cdots + v^{h-t-1} l_{x+h-1}}{l_{x+t}}$$

$${}_t^hV(\ddot{a}_x) = \ddot{a}_{x+t} - {}_hP(\ddot{a}_x) \cdot \ddot{a}_{x+t:\overline{h-t|}}$$

$$\ddot{a}_{x+t+1} = \sum_{k=0}^{\omega-x-t-2} v^k \cdot \frac{l_{x+t+1+k}}{l_{x+t+1}} = \frac{l_{x+t+1} + vl_{x+t+2} + v^2 l_{x+t+3} + \cdots + v^{\omega-x-t-2} l_{\omega-1}}{l_{x+t+1}}$$

$$\ddot{a}_{x+t+1:\overline{h-t-1|}} = \sum_{k=0}^{h-t-2} v^k \cdot \frac{l_{x+t+1+k}}{l_{x+t+1}} = \frac{l_{x+t+1} + vl_{x+t+2} + v^2 l_{x+t+3} + \cdots + v^{h-t-2} l_{x+h-1}}{l_{x+t+1}}$$

$${}_{t+1}^{\ h}V(\ddot{a}_x) = \ddot{a}_{x+t+1} - {}_hP(\ddot{a}_x) \cdot \ddot{a}_{x+t+1:\overline{h-t-1|}}$$

$$b \cdot {}_{t+\frac{1}{2}}^{\ \ h}V(\ddot{a}_x) = b \cdot \left\{\frac{1}{2}\left[{}_t^hV(\ddot{a}_x) + {}_{t+1}^{\ h}V(\ddot{a}_x)\right] + \frac{1}{2}\ {}_hP(\ddot{a}_x)\right\}$$

(2)问题②求解

$$v = \frac{1}{1+i}$$

$$\ddot{a}_{x+t} = \sum_{k=0}^{\omega-x-t-1} v^k \cdot \frac{l_{x+t+k}}{l_{x+t}} = \frac{l_{x+t} + vl_{x+t+1} + v^2 l_{x+t+2} + \cdots + v^{\omega-x-t-1} l_{\omega-1}}{l_{x+t}}$$

$${}_t^hV(\ddot{a}_x) = \ddot{a}_{x+t}$$

$$\ddot{a}_{x+t+1} = \sum_{k=0}^{\omega-x-t-2} v^k \cdot \frac{l_{x+t+1+k}}{l_{x+t+1}} = \frac{l_{x+t+1} + vl_{x+t+2} + v^2 l_{x+t+3} + \cdots + v^{\omega-x-t-2} l_{\omega-1}}{l_{x+t+1}}$$

$${}_{t+1}^{\ h}V(\ddot{a}_x) = \ddot{a}_{x+t+1}$$

$$b \cdot {}_{t+\frac{1}{2}}^{\ \ h}V(\ddot{a}_x) = b \cdot \frac{1}{2}\left[{}_t^hV(\ddot{a}_x) + {}_{t+1}^{\ h}V(\ddot{a}_x)\right]$$

[**实验 4.5.6**] 全离散模型 h 年缴费即期终身年金未来法期中责任准备金计算。

陈先生现年 40 岁，在某保险公司购买了一份缴费 5 年即期终身年金保险，生存给付保险金额为 30 000 元，预定年利率为 3%，假设极限年龄为 105 岁，并采用经验生命表(2000—2003)。用未来法求第 4 年和第 8 年的期中责任准备金。

解：

1.数据录入

(1)已知数据录入

$x=40$;

$i=0.03$;

$b=30\ 000$;

$h=5$;

$t=3,7$;

$\omega=105$;

$L_{ijk}=L_{211}$。

(2)需要求解的问题类型

① $b \cdot {}_{3+\frac{1}{2}}^{\ \ 5}V(\ddot{a}_{40})$;

② $b \cdot {}_{7+\frac{1}{2}}^{5}V(\ddot{a}_{40})$。

2.问题求解

(1)问题①求解

$$v=\frac{1}{1+i}=0.970\ 874$$

$$\ddot{a}_{40}=\sum_{k=0}^{64}\frac{v^{k}l_{40+k}}{l_{40}}=\frac{l_{40}+vl_{41}+v^{2}l_{42}+\cdots+v^{64}l_{104}}{l_{40}}=22.688\ 54$$

$$\ddot{a}_{40:\overline{5}|}=\sum_{k=0}^{4}v^{k}\cdot\frac{l_{40+k}}{l_{40}}=\frac{l_{40}+vl_{41}+v^{2}l_{42}+v^{3}l_{43}+v^{4}l_{44}}{l_{40}}=4.700\ 244$$

$${}_{5}P(\ddot{a}_{40})=\frac{\ddot{a}_{40}}{\ddot{a}_{40:\overline{5}|}}=4.827\ 097$$

$$\ddot{a}_{43}=\sum_{k=0}^{61}v^{k}\cdot\frac{l_{43+k}}{l_{43}}=\frac{l_{43}+vl_{44}+v^{2}l_{45}+\cdots+v^{61}l_{104}}{l_{43}}=21.734\ 38$$

$$\ddot{a}_{43:\overline{2}|}=\sum_{k=0}^{1}v^{k}\cdot\frac{l_{43+k}}{l_{43}}=\frac{l_{43}+vl_{44}}{l_{43}}=1.968\ 822$$

$${}_{3}^{5}V(\ddot{a}_{40})=\ddot{a}_{43}-{}_{5}P(\ddot{a}_{40})\cdot\ddot{a}_{43:\overline{2}|}=12.230\ 67$$

$$\ddot{a}_{44}=\sum_{k=0}^{60}v^{k}\cdot\frac{l_{44+k}}{l_{44}}=\frac{l_{44}+vl_{45}+v^{2}l_{46}+\cdots+v^{60}l_{104}}{l_{44}}=21.401\ 622\ 2$$

$$\ddot{a}_{44:\overline{1}|}=1$$

$${}_{4}^{5}V(\ddot{a}_{40})=\ddot{a}_{44}-{}_{5}P(\ddot{a}_{40})\cdot\ddot{a}_{44:\overline{1}|}=16.574\ 53$$

$${}_{3+\frac{1}{2}}^{5}V(\ddot{a}_{40})=\frac{1}{2}\left[{}_{3}^{5}V(\ddot{a}_{40})+{}_{4}^{5}V(\ddot{a}_{40})\right]+\frac{1}{2}\,{}_{5}P(\ddot{a}_{40})=16.816\ 15$$

$$b\cdot{}_{3+\frac{1}{2}}^{5}V(\ddot{a}_{40})=504\ 484.4$$

(2)问题②求解

$$v=\frac{1}{1+i}=0.970\ 874$$

$$\ddot{a}_{47}=\sum_{k=0}^{57}v^{k}\cdot\frac{l_{47+k}}{l_{47}}=\frac{l_{47}+vl_{48}+v^{2}l_{49}+\cdots+v^{57}l_{104}}{l_{47}}=20.357\ 2$$

$${}_{7}^{5}V(\ddot{a}_{40})=\ddot{a}_{47}=20.357\ 2$$

$$\ddot{a}_{48}=\sum_{k=0}^{56}v^{k}\cdot\frac{l_{48+k}}{l_{48}}=\frac{l_{48}+vl_{49}+v^{2}l_{50}+\cdots+v^{56}l_{104}}{l_{48}}=19.993\ 99$$

$${}_{8}^{5}V(\ddot{a}_{40})=\ddot{a}_{48}=19.993\ 99$$

$${}_{7+\frac{1}{2}}^{5}V(\ddot{a}_{40})=\frac{1}{2}\left[{}_{7}^{5}V(\ddot{a}_{40})+{}_{8}^{5}V(\ddot{a}_{40})\right]=20.175\ 5$$

$$b\cdot{}_{7+\frac{1}{2}}^{5}V(\ddot{a}_{40})=605\ 267.8$$

5 保单现金价值与保单选择权

[**教学目的与要求**] 保单现金价值是被保险人退保时应得的权益,被保险人退保时可以行使保单选择权。学生应掌握各种保险责任、保险金支付条件、缴费方式下保单现金价值与保单选择权的计算方法。

[**内容摘要**] 主要讨论在全离散模型、半连续模型条件下的各险种保单现金价值与保单选择权的计算方法,保单选择权主要包括交清保险、展期保险和自动垫交保费。对险种的分类主要包括死亡保险、两全保险与年金保险;终身寿险与定期寿险;即期寿险与延期寿险等。

5.1 终身寿险

5.1.1 保单现金价值

[**基本算法示例**] 终身缴费死亡年末支付的即期终身死亡保险现金价值。

需要求解的问题类型:第 t 个保单年度末的保单现金价值。

解:

$i = i_0 + 2\%$

$$v = \frac{1}{1+i}$$

$$P_x = \frac{A_x}{\ddot{a}_x} = \frac{\sum_{k=0}^{\omega-x} v^{k+1} d_{x+k}}{\sum_{k=0}^{\omega-x} v^k l_{x+k}} = \frac{v^1 d_x + v^2 d_{x+1} + \cdots + v^{\omega-x} d_{\omega-1} + v^{\omega-x+1} d_\omega}{l_x + v^1 l_{x+1} + \cdots + v^{\omega-x-1} l_{\omega-1} + v^{\omega-x} l_\omega}$$

$$A_{x+t} = \frac{\sum_{k=0}^{\omega-x-t} v^{k+1} d_{x+t+k}}{l_{x+t}} = \frac{v^1 d_{x+t} + v^2 d_{x+t+1} + \cdots + v^{\omega-x-t} d_{\omega-1} + v^{\omega-x-t+1} d_\omega}{l_{x+t}}$$

$$\ddot{a}_{x+t} = \frac{\sum_{k=0}^{\omega-x-t} v^k l_{x+t+k}}{l_{x+t}} = \frac{l_{x+t} + v^1 l_{x+t+1} + \cdots + v^{\omega-x-t-1} l_{\omega-1} + v^{\omega-x-t} l_\omega}{l_{x+t}}$$

${}_tV_x = A_{x+t} - P_x \cdot \ddot{a}_{x+t}$

$K = 80$

当 $t < \min(20,n)$ 时，$r = K\% + t \cdot (100\% - K\%)/\min(20,n)$

当 $t \geq \min(20,n)$ 时，$r = 100\%$

$b \cdot tCVx = b \cdot r \cdot \max({}_{t}V_{x},0)$

[**实验 5.1.1**] 终身缴费死亡年末支付的即期终身死亡保险现金价值计算。

一位 30 岁的男性，购买保险金额为 1 000 元的终身缴费终身寿险保单。假设为全离散模型，定价年利率为 2.5%，极限年龄为 105 岁，采用中国人寿保险业经验生命表（2000—2003）。求解该保单第 10 年的最低不丧失保单利益的现金价值。

解：

1.数据录入

(1)已知数据录入

$b = 1\ 000$;

$x = 30$;

$\omega = 105$;

$i_0 = 2.5\%$;

$t = 10$;

$K = 80$;

$n = \omega - x = 75$;

$L_{ijk} = L_{211}$。

(2)需要求解的问题录入：$b \cdot {}_{10}CV_{30}$

2.问题解答

$i = i_0 + 2\% = 4.5\%$

$$v = \frac{1}{1+i} = \frac{1}{1+4.5\%} = 0.956\ 938$$

$$P_{30} = \frac{A_{30}}{\ddot{a}_{30}} = \frac{\sum_{k=0}^{75} v^{k+1} d_{30+k}}{\sum_{k=0}^{75} v^{k} l_{30+k}} = 0.007\ 335$$

$$A_{40} = \frac{\sum_{k=0}^{65} v^{k+1} d_{40+k}}{l_{40}} = 0.214\ 765$$

$$\ddot{a}_{40} = \frac{\sum_{k=0}^{65} v^{k} l_{40+k}}{l_{40}} = 18.343\ 463$$

${}_{10}V_{30} = A_{40} - P_{30} \cdot \ddot{a}_{40} = 0.214\ 765 - 0.007\ 335 \times 18.343\ 463 = 0.080\ 216$

$K = 80$

$r = K\% + t \cdot (100\% - K\%)/\min(20,n) = 80\% + 10 \times (100\% - 80\%)/20 = 90\%$

$b \cdot {}_{10}CV_{30} = b \cdot r \cdot \max({}_{10}V_{30},0) = 1\ 000 \times 90\% \times 0.080\ 216 = 72.194\ 4$

5.1.2 交清保险

[**基本算法示例**] 终身缴费死亡年末支付的即期终身死亡保险交清保险。

需要求解的问题类型:第 t 个保单年度末投保人购买交清保险的保险金额。

解:

$i = i_0 + 2\%$

$$v_0 = \frac{1}{1 + i_0}$$

$$v = \frac{1}{1 + i}$$

$$P_x = \frac{A_x}{\ddot{a}_x} = \frac{\sum_{k=0}^{\omega-x} v^{k+1} d_{x+k}}{\sum_{k=0}^{\omega-x} v^k l_{x+k}} = \frac{v^1 d_x + v^2 d_{x+1} + \cdots + v^{\omega-x} d_{\omega-1} + v^{\omega-x+1} d_\omega}{l_x + v^1 l_{x+1} + \cdots + v^{\omega-x-1} l_{\omega-1} + v^{\omega-x} l_\omega}$$

$$A_{x+t} = \frac{\sum_{k=0}^{\omega-x-t} v^{k+1} d_{x+t+k}}{l_{x+t}} = \frac{v^1 d_{x+t} + v^2 d_{x+t+1} + \cdots + v^{\omega-x-t} d_{\omega-1} + v^{\omega-x-t+1} d_\omega}{l_{x+t}}$$

$$\ddot{a}_{x+t} = \frac{\sum_{k=0}^{\omega-x-t} v^k l_{x+t+k}}{l_{x+t}} = \frac{l_{x+t} + v^1 l_{x+t+1} + \cdots + v^{\omega-x-t-1} l_{\omega-1} + v^{\omega-x-t} l_\omega}{l_{x+t}}$$

${}_tV_x = A_{x+t} - P_x \cdot \ddot{a}_{x+t}$

$K = 80$

当 $t < \min(20,n)$ 时, $r = K\% + t \cdot (100\% - K\%)/\min(20,n)$

当 $t \geqslant \min(20,n)$ 时, $r = 100\%$

$b \cdot tCVx = b \cdot r \cdot \max({}_tV_x, 0)$

$$A_{x+t|\ i_0} = \sum_{k=0}^{\omega-x-t} \frac{v_0^{k+1} d_{x+t+k}}{l_{x+t}} = \frac{v_0^1 d_{x+t} + v_0^2 d_{x+t+1} + \cdots + v_0^{\omega-x-t} d_{\omega-1} + v_0^{\omega-x-t+1} d_\omega}{l_{x+t}}$$

$$b_t = \frac{b \cdot tCVx}{A_{x+t|\ i_0}}$$

[**实验 5.1.2**] 终身缴费死亡年末支付的即期终身死亡保险交清保险金额计算。

一位 30 岁的男性,购买一份保险金额为 1 000 元的终身缴费终身寿险。假设为全离散模型,定价年利率为 2.5%,采用中国人寿保险业经验生命表(2000—2003)。如果投保人在第 10 年退保,求投保人购买交清保险的保额。

解:

1.数据录入

(1)已知数据录入

$b = 1\ 000$;

$x = 30$;

$\omega = 105$;

$i_0 = 2.5\%$;

$t = 10$;

$K = 80$;

$n = \omega - x = 75$;

$L_{ijk} = L_{211}$。

(2)需要求解的问题录入：b_{10}

2.问题解答

$i = i_0 + 2\% = 4.5\%$

$$v_0 = \frac{1}{1 + i_0} = \frac{1}{1 + 2.5\%} = 0.975\ 610$$

$$v = \frac{1}{1 + i} = \frac{1}{1 + 4.5\%} = 0.956\ 938$$

$$P_{30} = \frac{A_{30}}{\ddot{a}_{30}} = \frac{\sum_{k=0}^{75} v^{k+1} d_{30+k}}{\sum_{k=0}^{75} v^k l_{30+k}} = 0.007\ 335$$

$$A_{40} = \frac{\sum_{k=0}^{65} v^{k+1} d_{40+k}}{l_{40}} = 0.214\ 765$$

$$\ddot{a}_{40} = \frac{\sum_{k=0}^{65} v^k l_{40+k}}{l_{40}} = 18.343\ 463$$

$${}_{10}V_{30} = A_{40} - P_{30} \cdot \ddot{a}_{40} = 0.214\ 765 - 0.007\ 335 \times 18.343\ 463 = 0.080\ 216$$

$K = 80$

$$r = K\% + t \cdot (100\% - K\%)/\min(20, n) = 80\% + 10 \times (100\% - 80\%)/20 = 90\%$$

$$b \cdot {}_{10}CV_{30} = b \cdot r \cdot \max({}_{10}V_{30}, 0) = 1\ 000 \times 90\% \times 0.080\ 216 = 72.194\ 4$$

$$A_{40|\,i_0} = \sum_{k=0}^{65} \frac{v_0^{k+1} d_{40+k}}{l_{40}} = 0.406\ 617$$

$$b_{10} = \frac{b \cdot {}_{10}CV_{30}}{A_{40|\,i_0}} = \frac{72.194\ 4}{0.406\ 617} = 177.548\ 897$$

5.1.3 展期保险

[**基本算法示例**] 终身缴费死亡年末支付的即期终身死亡保险展期保险。

需要求解的问题类型:展期保险期限 s（s 取整数）。

解:

$i = i_0 + 2\%$

$$v_0 = \frac{1}{1 + i_0}$$

$$v = \frac{1}{1+i}$$

$$P_x = \frac{A_x}{\ddot{a}_x} = \frac{\sum_{k=0}^{\omega-x} v^{k+1} d_{x+k}}{\sum_{k=0}^{\omega-x} v^k l_{x+k}} = \frac{v^1 d_x + v^2 d_{x+1} + \cdots + v^{\omega-x} d_{\omega-1} + v^{\omega-x+1} d_\omega}{l_x + v^1 l_{x+1} + \cdots + v^{\omega-x-1} l_{\omega-1} + v^{\omega-x} l_\omega}$$

$$A_{x+t} = \frac{\sum_{k=0}^{\omega-x-t} v^{k+1} d_{x+t+k}}{l_{x+t}} = \frac{v^1 d_{x+t} + v^2 d_{x+t+1} + \cdots + v^{\omega-x-t} d_{\omega-1} + v^{\omega-x-t+1} d_\omega}{l_{x+t}}$$

$$\ddot{a}_{x+t} = \frac{\sum_{k=0}^{\omega-x-t} v^k l_{x+t+k}}{l_{x+t}} = \frac{l_{x+t} + v^1 l_{x+t+1} + \cdots + v^{\omega-x-t-1} l_{\omega-1} + v^{\omega-x-t} l_\omega}{l_{x+t}}$$

$${}_tV_x = A_{x+t} - P_x \cdot \ddot{a}_{x+t}$$

$K = 80$

当 $t < \min(20,n)$ 时，$r = K\% + t \cdot (100\% - K\%)/\min(20,n)$

当 $t \geqslant \min(20,n)$ 时，$r = 100\%$

$b \cdot tCVx = b \cdot r \cdot \max({}_tV_x, 0)$

$$b \cdot A^1_{x+t:\overline{s+1}|i_0} = b \cdot \frac{\sum_{k=0}^{s} v_0^{k+1} d_{x+t+k}}{l_{x+t}} = b \cdot \frac{v_0^1 d_{x+t} + v_0^2 d_{x+t+1} + \cdots + v_0^s d_{x+t+s-1} + v_0^{s+1} d_{x+t+s}}{l_{x+t}}$$

$$s = 1,2,3\cdots$$

当 $b \cdot {}_tCV_x - b \cdot A^1_{x+t:\overline{s+1}|i_0} < 0$ 首次出现时，即得到 s

［**实验 5.1.3**］终身缴费死亡年末支付的即期终身死亡保险展期保险期限计算。

一位 30 岁的男性，购买一份保险金额为 1 000 元的终身缴费终身寿险。假设为全离散模型，定价利率为 2.5%，极限年龄为 105 岁，采用经验生命表（2000—2003）。投保人在第 10 个保单年度将原保单变为展期保险，求解展期保险的期限。

解：

1.数据录入

（1）已知数据录入

$b = 1\ 000$；

$x = 30$；

$\omega = 105$；

$i_0 = 2.5\%$；

$t = 10$；

$K = 80$；

$n = \omega - x = 75$；

$L_{ijk} = L_{211}$。

（2）需要求解的问题录入：s

2.问题解答

$i = i_0 + 2\% = 4.5\%$

$$v_0 = \frac{1}{1 + i_0} = \frac{1}{1 + 2.5\%} = 0.975\,609$$

$$v = \frac{1}{1 + i} = \frac{1}{1 + 4.5\%} = 0.956\,938$$

$$P_{30} = \frac{A_{30}}{\ddot{a}_{30}} = \frac{\sum_{k=0}^{75} v^{k+1} d_{30+k}}{\sum_{k=0}^{75} v^k l_{30+k}} = 0.007\,335$$

$$A_{40} = \frac{\sum_{k=0}^{65} v^{k+1} d_{40+k}}{l_{40}} = 0.214\,765$$

$$\ddot{a}_{40} = \frac{\sum_{k=0}^{65} v^k l_{40+k}}{l_{40}} = 18.343\,463$$

$${}_{10}V_{30} = A_{40} - P_{30} \cdot \ddot{a}_{40} = 0.214\,765 - 0.007\,335 \times 18.343\,463 = 0.080\,216$$

$K = 80$

$$r = K\% + t \cdot (100\% - K\%)/\min(20, n) = 80\% + 10 \times (100\% - 80\%)/20 = 90\%$$

$$b \cdot {}_{10}CV_{30} = b \cdot r \cdot \max({}_{10}V_{30}, 0) = 1\,000 \times 90\% \times 0.080\,216 = 72.194\,4$$

$$b \cdot A^1_{40:\overline{s+1}|i_0} = b \cdot \frac{\sum_{k=0}^{s} v_0^{k+1} d_{40+k}}{l_{40}}, s = 1, 2, 3\cdots$$

当 $b \cdot {}_{10}CV_{30} - b \cdot A^1_{40:\overline{s+1}|i_0} < 0$ 首次出现时，$s = 22$

5.1.4 自动垫交保费

[**基本算法示例**] 终身缴费死亡年末支付的即期终身死亡保险自动垫交保费。

需要求解的问题类型：自动垫交保费的最长时间 s（s 取整数且 $s<n-t$）。

解：

$i = i_0 + 2\%$

$$v_0 = \frac{1}{1 + i_0}$$

$$v = \frac{1}{1 + i}$$

$$v' = \frac{1}{1 + i'}$$

$$P_{x|i_0} = \frac{A_{x|i_0}}{\ddot{a}_{x|i_0}} = \frac{\sum_{k=0}^{\omega-x} v_0^{k+1} d_{x+k}}{\sum_{k=0}^{\omega-x} v_0^k l_{x+k}} = \frac{v_0^1 d_x + v_0^2 d_{x+1} + \cdots + v_0^{\omega-x} d_{\omega-1} + v_0^{\omega-x+1} d_\omega}{l_x + v_0^1 l_{x+1} + \cdots + v_0^{\omega-x-1} l_{\omega-1} + v_0^{\omega-x} l_\omega}$$

$$G = b \cdot \frac{P_{x|i_0}}{1-\theta}$$

$$P_x = \frac{A_x}{\ddot{a}_x} = \frac{\sum_{k=0}^{\omega-x} v^{k+1} d_{x+k}}{\sum_{k=0}^{\omega-x} v^k l_{x+k}} = \frac{v^1 d_x + v^2 d_{x+1} + \cdots + v^{\omega-x} d_{\omega-1} + v^{\omega-x+1} d_\omega}{l_x + v^1 l_{x+1} + \cdots + v^{\omega-x-1} l_{\omega-1} + v^{\omega-x} l_\omega}$$

$$A_{x+t+s} = \frac{\sum_{k=0}^{\omega-x-t-s} v^{k+1} d_{x+t+s+k}}{l_{x+t+s}} = \frac{v^1 d_{x+t+s} + v^2 d_{x+t+s+1} + \cdots + v^{\omega-x-t-s} d_{\omega-1} + v^{\omega-x-t-s+1} d_\omega}{l_{x+t+s}}$$

$$\ddot{a}_{x+t+s} = \frac{\sum_{k=0}^{\omega-x-t-s} v^k l_{x+t+s+k}}{l_{x+t+s}} = \frac{l_{x+t+s} + v^1 l_{x+t+s+1} + \cdots + v^{\omega-x-t-s-1} l_{\omega-1} + v^{\omega-x-t-s} l_\omega}{l_{x+t+s}}$$

$${}_{t+s}V_x = A_{x+t+s} - P_x \cdot \ddot{a}_{x+t+s}$$

$K = 80$

当 $t+s < \min(20,n)$ 时，$r = K\% + (t+s)\cdot(100\% - K\%)/\min(20,n)$

当 $t+s \geqslant \min(20,n)$ 时，$r = 100\%$

$b \cdot {}_{t+s}CV_x = b \cdot r \cdot \max({}_{t+s}V_x, 0)$

$$G \cdot \ddot{s}_{\overline{s}|i'} = G \cdot \frac{1-v'^s}{i' \cdot v'^{(s+1)}}, s = 1,2,3\cdots$$

当 $G \cdot \ddot{s}_{\overline{s}|i'} \leqslant b \cdot {}_{t+s}CV_x$ 且 $G \cdot \ddot{s}_{\overline{s+1}|i'} > b \cdot {}_{t+s+1}CV_x$ 时，即得到 s

[**实验 5.1.4**] 终身缴费死亡年末支付的即期终身死亡保险自动垫交保费期限计算。

一位年龄为 30 岁的男性，购买保险金额为 1 000 元的终身缴费的终身寿险保单，假设为全离散模型，定价利率为 2.5%，平均附加费用率为 22.44%，极限年龄为 105 岁，采用中国人寿保险业经验生命表（2000—2003）。如果投保人在第 10 个保单年度开始拖欠保费，保单贷款利率为 6%，求该保单自动垫交保费的最长时间。

解：

1.数据录入

(1)已知数据录入

$b = 1\ 000$；

$x = 30$；

$\omega = 105$；

$i_0 = 2.5\%$；

$\theta = 22.44\%$；

$i' = 6\%$；

$t = 10$；

$K = 80$；

$n = \omega - x = 75$；

$L_{ijk} = L_{211}$。

(2)需要求解的问题录入：s

2.问题解答

$i = i_0 + 2\% = 4.5\%$

$$v_0 = \frac{1}{1 + i_0} = \frac{1}{1 + 2.5\%} = 0.975\,609$$

$$v = \frac{1}{1 + i} = \frac{1}{1 + 4.5\%} = 0.956\,938$$

$$v' = \frac{1}{1 + i'} = \frac{1}{1 + 6\%} = 0.943\,396$$

$$P_{30|0.025} = \frac{A_{30|0.025}}{\ddot{a}_{30|0.025}} = \frac{\sum_{k=0}^{75} v_0^{k+1} d_{30+k}}{\sum_{k=0}^{75} v_0^{k} l_{30+k}} = 0.011\,634$$

$$G = b \cdot \frac{P_{30|0.025}}{1 - \theta} = 1\,000 \times \frac{0.011\,634}{1 - 22.44\%} = 15$$

$$P_{30} = \frac{A_{30}}{\ddot{a}_{30}} = \frac{\sum_{k=0}^{75} v^{k+1} d_{30+k}}{\sum_{k=0}^{75} v^{k} l_{30+k}} = 0.007\,335$$

$$A_{40+s} = \frac{\sum_{k=0}^{65-s} v^{k+1} d_{40+s+k}}{l_{40+s}}$$

$$\ddot{a}_{40+s} = \frac{\sum_{k=0}^{65-s} v^{k} l_{40+s+k}}{l_{40+s}}$$

$${}_{10+s}V_{30} = A_{40+s} - P_{30} \cdot \ddot{a}_{40+s}$$

$K = 80$

$$r = K\% + (t + s) \cdot (100\% - K\%)/\min(20, n)$$
$$= 80\% + (10 + s) \times (100\% - 80\%)/20 = (90 + s)\%$$

$$b \cdot {}_{10+s}CV_{30} = b \cdot r \cdot \max({}_{10+s}V_{30}, 0)$$

$$G \cdot \ddot{s}_{\overline{s}|i'} = G \cdot \frac{1 - v'^{s}}{i' \cdot v'^{(s+1)}} = 15 \times \frac{1 - 0.943\,396^{s}}{0.06 \times 0.943\,396^{(s+1)}} = 250 \times \frac{1 - 0.943\,396^{s}}{0.943\,396^{(s+1)}}$$

当 $G \cdot \ddot{s}_{\overline{s}|0.06} \leqslant b \cdot {}_{10+s}CV_{30}$ 且 $G \cdot \ddot{s}_{\overline{s+1}|0.06} > b \cdot {}_{10+s+1}CV_{30}$ 时，$s = 8$

5.2 定期寿险

5.2.1 保单现金价值

[**基本算法示例**] h 年缴费死亡时支付(UDD 假设)的即期定期死亡保险现金价值。

需要求解的问题类型:第 t 个保单年度末的保单现金价值。

解:

$i = i_0 + 2\%$

$\delta = \ln(1+i)$

$v = \dfrac{1}{1+i}$

$$ {}_hP^1_{x:\overline{n}|} = \frac{A^1_{x:\overline{n}|}}{\ddot{a}_{x:\overline{h}|}} = \frac{\sum_{k=0}^{n-1}\frac{v^{k+1}d_{x+k}}{l_x}}{\frac{\sum_{k=0}^{h-1}v^k l_{x+k}}{l_x}} = \frac{v^1 d_x + v^2 d_{x+1} + \cdots + v^{n-1}d_{x+n-2} + v^n d_{x+n-1}}{l_x + v^1 l_{x+1} + \cdots + v^{h-2}l_{x+h-2} + v^{h-1}l_{x+h-1}} $$

$$ {}_hP(\bar{A}^1_{x:\overline{n}|}) = \frac{i}{\delta}\cdot {}_hP^1_{x:\overline{n}|} $$

当 $t \geqslant h$ 时,

$$ {}^h_tV(\bar{A}^1_{x:\overline{n}|}) = \bar{A}^1_{x+t:\overline{n-t}|} = \frac{i}{\delta}\cdot\sum_{k=0}^{n-t-1}\frac{v^{k+1}d_{x+k+t}}{l_{x+t}} $$

$$ = \frac{i}{\delta}\cdot\frac{v^1 d_{x+t} + v^2 d_{x+t+1} + \cdots + v^{n-t-1}d_{x+n-2} + v^{n-t}d_{x+n-1}}{l_{x+t}} $$

当 $t < h$ 时,

$$ \bar{A}^1_{x+t:\overline{n-t}|} = \frac{i}{\delta}\cdot\sum_{k=0}^{n-t-1}\frac{v^{k+1}d_{x+k+t}}{l_{x+t}} = \frac{i}{\delta}\cdot\frac{v^1 d_{x+t} + v^2 d_{x+t+1} + \cdots + v^{n-t-1}d_{x+n-2} + v^{n-t}d_{x+n-1}}{l_{x+t}} $$

$$ \ddot{a}_{x+t:\overline{h-t}|} = \frac{\sum_{k=0}^{h-t-1}v^k l_{x+t+k}}{l_{x+t}} = \frac{l_{x+t} + v^1 l_{x+t+1} + \cdots + v^{h-t-2}l_{x+h-2} + v^{h-t-1}l_{x+h-1}}{l_{x+t}} $$

$$ {}^h_tV(\bar{A}^1_{x:\overline{n}|}) = \bar{A}^1_{x+t:\overline{n-t}|} - {}_hP(\bar{A}^1_{x:\overline{n}|})\cdot\ddot{a}_{x+t:\overline{h-t}|} $$

$K = 80$

当 $t < \min(20,h)$ 时, $r = K\% + t\cdot(100\% - K\%)/\min(20,h)$

当 $t \geqslant \min(20,h)$ 时, $r = 100\%$

$b\cdot{}^h_tCV(\bar{A}^1_{x:\overline{n}|}) = b\cdot r\cdot[\,{}^h_tV(\bar{A}^1_{x:\overline{n}|}),0]$

[实验 5.2.1] h 年缴费死亡时支付(UDD 假设)的即期定期死亡保险现金价值计算。

一位 30 岁的男性购买了一份保险金额为 10 000 元的 20 年定期寿险,缴费期限 10 年,假设为半连续模型,定价年利率为 2.5%,采用经验生命表(2000—2003),用 UDD 假设的方法求解该保单第 10 年的最低不丧失保单利益的现金价值。

解:

1.数据录入

(1)已知数据录入

$b = 10\ 000$;

$x = 30$;

$i_0 = 2.5\%$;

$t = 10$;

$n = 20$;

$K = 80$;

$h = 10$;

$L_{ijk} = L_{211}$。

(2)需要求解的问题录入：$b \cdot {}_{10}CV(\bar{A}^1_{30:\overline{20|}})$

2.问题解答

$i = i_0 + 2\% = 4.5\%$

$\delta = \ln(1+i) = \ln(1+4.5\%) = 0.044\ 017$

$$v = \frac{1}{1+i} = \frac{1}{1+4.5\%} = 0.956\ 938$$

$${}_{10}P^1_{30:\overline{20|}} = \frac{A^1_{30:\overline{20|}}}{\ddot{a}_{30:\overline{10|}}} = \frac{\sum_{k=0}^{19} v^{k+1} d_{x+k}}{\sum_{k=0}^{9} v^k l_{x+k}} = 0.002\ 585$$

$${}_{10}P(\bar{A}^1_{30:\overline{20|}}) = \frac{i}{\delta} \cdot {}_{10}P^1_{30:\overline{20|}} = \frac{0.045}{0.044\ 017} \times 0.002\ 585 = 0.002\ 643$$

$${}^{10}_{10}V(\bar{A}^1_{30:\overline{20|}}) = \bar{A}^1_{40:\overline{10|}} = \frac{i}{\delta} \cdot \sum_{k=0}^{9} \frac{v^{k+1} d_{40+k}}{l_{40}} = \frac{0.045}{0.044\ 017} \times 0.018\ 774 = 0.019\ 193$$

$r = 100\%$

$b \cdot {}^{10}_{10}CV(\bar{A}^1_{30:\overline{20|}}) = b \cdot r \cdot \max[{}^{10}_{10}V(\bar{A}^1_{30:\overline{20|}}), 0] = 10\ 000 \times 100\% \times 0.019\ 193 = 191.93$

5.2.2 交清保险

[基本算法示例] h 年缴费死亡时支付(UDD 假设)的即期定期死亡保险交清保险。

需要求解的问题类型:第 t 个保单年度末投保人购买交清保险的保险金额。

解：

$i = i_0 + 2\%$

$$v_0 = \frac{1}{1+i_0}$$

$$v = \frac{1}{1+i}$$

$\delta_0 = \ln(1+i_0)$

$\delta = (1+i)$

$${}_hP^1_{x:\overline{n|}} = \frac{A^1_{x:\overline{n|}}}{\ddot{a}_{x:\overline{h|}}} = \frac{\dfrac{\sum_{k=0}^{n-1} v^{k+1} d_{x+k}}{l_x}}{\dfrac{\sum_{k=0}^{h-1} v^k l_{x+k}}{l_x}} = \frac{v^1 d_x + v^2 d_{x+1} + \cdots + v^{n-1} d_{x+n-2} + v^n d_{x+n-1}}{l_x + v^1 l_{x+1} + \cdots + v^{h-2} l_{x+h-2} + v^{h-1} l_{x+h-1}}$$

$${}_{h}P(\bar{A}^{1}_{x:\overline{n}|}) = \frac{i}{\delta} \cdot {}_{h}P^{1}_{x:\overline{n}|}$$

当 $t \geqslant h$ 时,

$${}^{h}_{t}V(\bar{A}^{1}_{x:\overline{n}|}) = \bar{A}^{1}_{x+t:\overline{n-t}|} = \frac{i}{\delta} \cdot \sum_{k=0}^{n-t-1} \frac{v^{k+1} d_{x+k+t}}{l_{x+t}}$$

$$= \frac{i}{\delta} \cdot \frac{v^{1} d_{x+t} + v^{2} d_{x+t+1} + \cdots + v^{n-t-1} d_{x+n-2} + v^{n-t} d_{x+n-1}}{l_{x+t}}$$

当 $t < h$ 时,

$$\bar{A}^{1}_{x+t:\overline{n-t}|} = \frac{i}{\delta} \cdot \sum_{k=0}^{n-t-1} \frac{v^{k+1} d_{x+k+t}}{l_{x+t}} = \frac{i}{\delta} \cdot \frac{v^{1} d_{x+t} + v^{2} d_{x+t+1} + \cdots + v^{n-t-1} d_{x+n-2} + v^{n-t} d_{x+n-1}}{l_{x+t}}$$

$$\ddot{a}_{x+t:\overline{h-t}|} = \frac{\sum_{k=0}^{h-t-1} v^{k} l_{x+t+k}}{l_{x+t}} = \frac{l_{x+t} + v^{1} l_{x+t+1} + \cdots + v^{h-t-2} l_{x+h-2} + v^{h-t-1} l_{x+h-1}}{l_{x+t}}$$

$${}^{h}_{t}V(\bar{A}^{1}_{x:\overline{n}|}) = \bar{A}^{1}_{x+t:\overline{n-t}|} - {}_{h}P(\bar{A}^{1}_{x:\overline{n}|}) \cdot \ddot{a}_{x+t:\overline{h-t}|}$$

$K = 80$

当 $t < \min(20,h)$ 时, $r = K\% + t \cdot (100\% - K\%)/\min(20,h)$

当 $t \geqslant \min(20,h)$ 时, $r = 100\%$

$$b \cdot {}^{h}_{t}CV(\bar{A}^{1}_{x:\overline{n}|}) = b \cdot r \cdot \max[{}^{h}_{t}V(\bar{A}^{1}_{x:\overline{n}|}), 0]$$

$$\bar{A}^{1}_{x+t:\overline{n-t}|i_0} = \frac{i_0}{\delta_0} \cdot \sum_{k=0}^{n-t-1} \frac{v_0^{\ k+1} d_{x+k+t}}{l_{x+t}}$$

$$= \frac{i_0}{\delta_0} \cdot \frac{v_0^{\ 1} d_{x+t} + v_0^{\ 2} d_{x+t+1} + \cdots + v_0^{\ n-t-1} d_{x+n-2} + v_0^{\ n-t} d_{x+n-1}}{l_{x+t}}$$

$$b_t = \frac{b \cdot {}^{h}_{t}CV(\bar{A}^{1}_{x:\overline{n}|})}{\bar{A}^{1}_{x+t:\overline{n-t}|i_0}}$$

[实验 5.2.2] h 年缴费死亡时支付(UDD 假设)的即期定期死亡保险交清保险金额的计算。

一位 30 岁的男性购买一份保险金额为 10 000 元的 20 年定期寿险,缴费期限 10 年,假设为半连续模型,定价年利率为 2.5%,采用经验生命表(2000—2003),如果投保人在第 10 年退保,求投保人购买交清保险的保额。

解:

1.数据录入

(1)已知数据录入

$b = 10\ 000$;

$x = 30$;

$i_0 = 2.5\%$;

$t = 10$;

$n = 20$;

$K = 80$;

$h = 10$;

$L_{ijk} = L_{211}$。

(2)需要求解的问题录入：b_{10}

2.问题解答

$i = i_0 + 2\% = 4.5\%$

$$v_0 = \frac{1}{1+i_0} = \frac{1}{1+2.5\%} = 0.975\ 610$$

$$v = \frac{1}{1+i} = \frac{1}{1+4.5\%} = 0.956\ 938$$

$\delta_0 = \ln(1+i_0) = \ln(1+2.5\%) = 0.024\ 693$

$\delta = \ln(1+i) = \ln(1+4.5\%) = 0.044\ 017$

$${}_{10}P^1_{30:\overline{20}|} = \frac{A^1_{30:\overline{20}|}}{\ddot{a}_{30:\overline{10}|}} = \frac{\sum_{k=0}^{19} v^{k+1} d_{x+k}}{\sum_{k=0}^{9} v^k l_{x+k}} = 0.002\ 585$$

$${}_{10}P(\bar{A}^1_{30:\overline{20}|}) = \frac{i}{\delta} \cdot {}_{10}P^1_{30:\overline{20}|} = \frac{0.045}{0.044\ 017} \times 0.002\ 585 = 0.002\ 643$$

$${}^{10}_{10}V(\bar{A}^1_{30:\overline{20}|}) = \bar{A}^1_{40:\overline{10}|} = \frac{i}{\delta} \cdot \sum_{k=0}^{9} \frac{v^{k+1} d_{40+k}}{l_{40}} = \frac{0.045}{0.044\ 017} \times 0.018\ 774 = 0.019\ 193$$

$r = 100\%$

$b \cdot {}^{10}_{10}CV(\bar{A}^1_{30:\overline{20}|}) = b \cdot r \cdot \max[{}^{10}_{10}V(\bar{A}^1_{30:\overline{20}|}), 0] = 10\ 000 \times 100\% \times 0.019\ 193 = 191.93$

$$\bar{A}^1_{40:\overline{10}|i_0} = \frac{i_0}{\delta_0} \cdot \sum_{k=0}^{9} \frac{v_0^{k+1} d_{40+k}}{l_{40}} = 0.021\ 054$$

$$b_{10} = \frac{b \cdot {}^{10}_{10}CV(\bar{A}^1_{30:\overline{20}|})}{\bar{A}^1_{40:\overline{10}|i_0}} = \frac{191.93}{0.021\ 054} = 9\ 116.08$$

5.2.3 展期保险

[**基本算法示例**] h 年缴费死亡时支付(UDD 假设)的即期定期死亡保险展期保险。

需要求解的问题类型:展期保险期限 s (s 取整数)。

解:

$i = i_0 + 2\%$

$$v = \frac{1}{1+i}$$

$$v_0 = \frac{1}{1+i_0}$$

$\delta_0 = \ln(1+i_0)$

$\delta = \ln(1+i)$

$$ {}_hP^1_{x:\overline{n}|} = \frac{A^1_{x:\overline{n}|}}{\ddot{a}_{x:\overline{h}|}} = \frac{\sum_{k=0}^{n-1}\frac{v^{k+1}d_{x+k}}{l_x}}{\sum_{k=0}^{h-1}\frac{v^k l_{x+k}}{l_x}} = \frac{v^1 d_x + v^2 d_{x+1} + \cdots + v^{n-1}d_{x+n-2} + v^n d_{x+n-1}}{l_x + v^1 l_{x+1} + \cdots + v^{h-2} l_{x+h-2} + v^{h-1} l_{x+h-1}} $$

$$ {}_hP(\bar{A}^1_{x:\overline{n}|}) = \frac{i}{\delta} \cdot {}_hP^1_{x:\overline{n}|} $$

当 $t \geqslant h$ 时,

$$ {}^h_tV(\bar{A}^1_{x:\overline{n}|}) = \bar{A}^1_{x+t:\overline{n-t}|} = \frac{i}{\delta} \cdot \sum_{k=0}^{n-t-1} \frac{v^{k+1}d_{x+k+t}}{l_{x+t}} $$

$$ = \frac{i}{\delta} \cdot \frac{v^1 d_{x+t} + v^2 d_{x+t+1} + \cdots + v^{n-t-1} d_{x+n-2} + v^{n-t} d_{x+n-1}}{l_{x+t}} $$

当 $t < h$ 时,

$$ \bar{A}^1_{x+t:\overline{n-t}|} = \frac{i}{\delta} \cdot \sum_{k=0}^{n-t-1} \frac{v^{k+1}d_{x+k+t}}{l_{x+t}} = \frac{i}{\delta} \cdot \frac{v^1 d_{x+t} + v^2 d_{x+t+1} + \cdots + v^{n-t-1} d_{x+n-2} + v^{n-t} d_{x+n-1}}{l_{x+t}} $$

$$ \ddot{a}_{x+t:\overline{h-t}|} = \frac{\sum_{k=0}^{h-t-1} v^k l_{x+t+k}}{l_{x+t}} = \frac{l_{x+t} + v^1 l_{x+t+1} + \cdots + v^{h-t-2} l_{x+h-2} + v^{h-t-1} l_{x+h-1}}{l_{x+t}} $$

$$ {}^h_tV(\bar{A}^1_{x:\overline{n}|}) = \bar{A}^1_{x+t:\overline{n-t}|} - {}_hP(\bar{A}^1_{x:\overline{n}|}) \cdot \ddot{a}_{x+t:\overline{h-t}|} $$

$K = 80$

当 $t < \min(20,h)$ 时, $r = K\% + t \cdot (100\% - K\%)/\min(20,h)$

当 $t \geqslant \min(20,h)$ 时, $r = 100\%$

$$ b \cdot {}^h_tCV(\bar{A}^1_{x:\overline{n}|}) = b \cdot r \cdot \max[{}^h_tV(\bar{A}^1_{x:\overline{n}|}), 0] $$

$$ b \cdot \bar{A}^1_{x+t:\overline{s+1}|i_0} = b \cdot \frac{i_0}{\delta_0} \cdot \frac{\sum_{k=0}^{s} v_0^{k+1} d_{x+t+k}}{l_{x+t}} $$

$$ = b \cdot \frac{i_0}{\delta_0} \cdot \frac{v_0^1 d_{x+t} + v_0^2 d_{x+t+1} + \cdots + v_0^s d_{x+t+s-1} + v_0^{s+1} d_{x+t+s}}{l_{x+t}} $$

$s = 1,2,3\cdots$

当 $b \cdot {}^h_tCV(\bar{A}^1_{x:\overline{n}|}) - b \cdot \bar{A}^1_{x+t:\overline{s+1}|i_0} < 0$ 首次出现时,即取得 s

[**实验 5.2.3**] h 年缴费死亡时支付(UDD 假设)的即期定期死亡保险展期保险期限计算。

一位 30 岁的男性购买保险金额为 10 000 元的 20 年定期寿险,缴费期限为 10 年,假设为半连续模型,定价年利率为 2.5%,采用经验生命表(2000—2003),当 $t=10$ 时,求解展期保险的期限。

解:

1.数据录入

(1)已知数据录入

$b = 10\ 000$;

$x = 30$;

$i_0 = 2.5\%$;

$t = 10$;

$n = 20$;

$K = 80$;

$h = 10$;

$L_{ijk} = L_{211}$。

(2)需要求解的问题录入:s

2.问题解答

$i = i_0 + 2\% = 4.5\%$

$$v_0 = \frac{1}{1+i_0} = \frac{1}{1+2.5\%} = 0.975\ 610$$

$$v = \frac{1}{1+i} = \frac{1}{1+4.5\%} = 0.956\ 938$$

$\delta_0 = \ln(1+i_0) = \ln(1+2.5\%) = 0.024\ 693$

$\delta = \ln(1+i) = \ln(1+4.5\%) = 0.044\ 017$

$${}_{10}P^1_{30:\overline{20|}} = \frac{A^1_{30:\overline{20|}}}{\ddot{a}_{30:\overline{10|}}} = \frac{\sum_{k=0}^{19} v^{k+1} d_{x+k}}{\sum_{k=0}^{9} v^k l_{x+k}} = 0.002\ 585$$

$${}_{10}P(\bar{A}^1_{30:\overline{20|}}) = \frac{i}{\delta} \cdot {}_{10}P^1_{30:\overline{20|}} = \frac{0.045}{0.044\ 017} \times 0.002\ 585 = 0.002\ 643$$

$${}^{10}_{10}V(\bar{A}^1_{30:\overline{20|}}) = \bar{A}^1_{40:\overline{10|}} = \frac{i}{\delta} \cdot \sum_{k=0}^{9} \frac{v^{k+1} d_{40+k}}{l_{40}} = \frac{0.045}{0.044\ 017} \times 0.018\ 774 = 0.019\ 193$$

$r = 100\%$

$$b \cdot {}^{10}_{10}CV(\bar{A}^1_{30:\overline{20|}}) = \mathrm{b} \cdot \mathrm{r} \cdot \max[{}^{10}_{10}V(\bar{A}^1_{30:\overline{20|}}), 0] = 10\ 000 \times 100\% \times 0.019\ 193 = 191.93$$

$$b \cdot \bar{A}^1_{40:\overline{s+1|}i_0} = b \cdot \frac{i_0}{\delta_0} \cdot \frac{\sum_{k=0}^{s} v_0^{k+1} d_{40+k}}{l_{40}}, \quad s = 1, 2, 3\cdots$$

当 $b \cdot \bar{A}^1_{40:\overline{s+1|}i_0} > 191.93$ 时,即取得 $s = 9$

5.2.4 自动垫交保费

[基本算法示例] h 年缴费死亡时支付(UDD 假设)的即期定期死亡保险自动垫交保费。

需要求解的问题类型:自动垫交保费的最长时间 s(s 取整数且 $s<h-t$)。

解:

$i = i_0 + 2\%$

$\delta_0 = \ln(1+i_0)$

$$\delta = \ln(1 + i)$$

$$v_0 = \frac{1}{1 + i_0}$$

$$v = \frac{1}{1 + i}$$

$$v' = \frac{1}{1 + i'}$$

$${}_hP^1_{x:\overline{n}|i_0} = \frac{A^1_{x:\overline{n}|i_0}}{\ddot{a}_{x:\overline{h}|i_0}} = \frac{\sum_{k=0}^{n-1} v_0^{k+1} d_{x+k}}{\sum_{k=0}^{h-1} v_0^k l_{x+k}} = \frac{v_0^1 d_x + v_0^2 d_{x+1} + \cdots + v_0^{n-1} d_{x+n-2} + v_0^n d_{x+n-1}}{l_x + v_0^1 l_{x+1} + \cdots + v_0^{h-2} l_{x+h-2} + v_0^{h-1} l_{x+h-1}}$$

$${}_hP(\bar{A}^1_{x:\overline{n}|i_0}) = \frac{i_0}{\delta_0} \cdot {}_hP^1_{x:\overline{n}|i_0}$$

$$G = b \cdot \frac{{}_hP(\bar{A}^1_{x:\overline{n}|i_0})}{1 - \theta}$$

$${}_hP^1_{x:\overline{n}|} = \frac{A^1_{x:\overline{n}|}}{\ddot{a}_{x:\overline{h}|}} = \frac{\sum_{k=0}^{n-1} \frac{v^{k+1} d_{x+k}}{l_x}}{\frac{\sum_{k=0}^{h-1} v^k l_{x+k}}{l_x}} = \frac{v^1 d_x + v^2 d_{x+1} + \cdots + v^{n-1} d_{x+n-2} + v^n d_{x+n-1}}{l_x + v^1 l_{x+1} + \cdots + v^{h-2} l_{x+h-2} + v^{h-1} l_{x+h-1}}$$

$${}_hP(\bar{A}^1_{x:\overline{n}|}) = \frac{i}{\delta} \cdot {}_hP^1_{x:\overline{n}|}$$

$$A^1_{x+t+s:\overline{n-t-s}|} = \frac{\sum_{k=0}^{n-t-s-1} v^{k+1} d_{x+t+s+k}}{l_{x+t+s}} = \frac{v^1 d_{x+t+s} + v^2 d_{x+t+s+1} + \cdots + v^{n-t-s-1} d_{x+n-2} + v^{n-t-s} d_{x+n-1}}{l_{x+t+s}}$$

$$\bar{A}^1_{x+t+s:\overline{n-t-s}|} = \frac{i}{\delta} \cdot A^1_{x+t+s:\overline{n-t-s}|}$$

$$\ddot{a}_{x+t+s:\overline{h-t-s}|} = \frac{\sum_{k=0}^{h-t-s-1} v^k l_{x+t+s+k}}{l_{x+t+s}} = \frac{l_{x+t+s} + v^1 l_{x+t+s+1} + \cdots + v^{h-t-s-2} l_{x+h-2} + v^{h-t-s-1} l_{x+h-1}}{l_{x+t+s}}$$

$${}_{t+s}^{\ h}V(\bar{A}^1_{x:\overline{n}|}) = \bar{A}^1_{x+t+s:\overline{n-t-s}|} - {}_hP(\bar{A}^1_{x:\overline{n}|}) \cdot \ddot{a}_{x+t+s:\overline{h-t-s}|} \quad (t + s \leqslant h)$$

$K = 80$

当 $t + s < \min(20,h)$ 时，$r = K\% + (t + s) \cdot (100\% - K\%)/\min(20,h)$

当 $t + s \geqslant \min(20,h)$ 时，$r = 100\%$

$$b\cdot {}_{t+s}^{\ h}CV(\bar{A}_{x:\overline{n}|}^{1})=b\cdot r\cdot \max[{}_{t+s}^{\ h}V(\bar{A}_{x:\overline{n}|}^{1}),0]$$

$$G\cdot \ddot{s}_{\overline{s}|i'}=G\cdot \frac{1-v'^{s}}{i'\cdot v'^{(s+1)}},s=1,2,3\cdots$$

当 $G\cdot \ddot{s}_{\overline{s}|i'}\leqslant b\cdot {}_{t+s}^{\ h}CV(\bar{A}_{x:\overline{n}|}^{1})$ 且 $G\cdot \ddot{s}_{\overline{s+1}|i'}>b\cdot {}_{t+s+1}^{\ \ h}CV(\bar{A}_{x:\overline{n}|}^{1})$ 时，即得到 s

[**实验 5.2.4**] h 年缴费死亡时支付(UDD 假设)的即期定期死亡保险自动垫交保费时间计算。

一位 30 岁的男性购买保险金额为 10 000 元的 20 年定期寿险，缴费期限为 10 年，定价年利率为 2.5%，平均附加费用率为 32%，采用经验生命表(2000—2003)。如果投保人在第 5 个保单年度开始拖欠保费，保单贷款利率为 6%，求在 UDD 假设下该保单自动垫交保费的最长时间。

解：

1.数据录入

(1)已知数据录入

$b=10\ 000$;

$x=30$;

$i_0=2.5\%$;

$\theta=32\%$;

$i'=6\%$;

$t=5$;

$n=20$;

$K=80$;

$h=10$;

$L_{ijk}=L_{211}$。

(2)需要求解的问题录入：s

2.问题解答

$i=i_0+2\%=4.5\%$

$\delta_0=\ln(1+i_0)=\ln(1+2.5\%)=0.024\ 693$

$\delta=\ln(1+i)=\ln(1+4.5\%)=0.044\ 017$

$$v_0=\frac{1}{1+i_0}=\frac{1}{1+2.5\%}=0.975\ 610$$

$$v=\frac{1}{1+i}=\frac{1}{1+4.5\%}=0.956\ 938$$

$$v'=\frac{1}{1+i'}=\frac{1}{1+6\%}=0.943\ 396$$

$${}_{10}P_{30:\overline{20}|2.5\%}^{1}=\frac{A_{30:\overline{20}|2.5\%}^{1}}{\ddot{a}_{30:\overline{10}|2.5\%}}=\frac{\sum_{k=0}^{19}v_0^{k+1}d_{30+k}}{\sum_{k=0}^{9}v_0^{k}l_{30+k}}=0.002\ 955$$

$${}_{10}P(\bar{A}^1_{30:\overline{20}|2.5\%}) = \frac{i_0}{\delta_0} \cdot {}_{10}P^1_{30:\overline{20}|2.5\%} = \frac{0.025}{0.024\,693} \times 0.002\,955 = 0.002\,992$$

$$G = b \cdot \frac{{}_{10}P(\bar{A}^1_{30:\overline{20}|2.5\%})}{1-\theta} = 10\,000 \times \frac{0.002\,992}{1-32\%} = 44$$

$${}_{10}P^1_{30:\overline{20}|} = \frac{A^1_{30:\overline{20}|}}{\ddot{a}_{30:\overline{10}|}} = \frac{\sum_{k=0}^{19} v^{k+1} d_{30+k}}{\sum_{k=0}^{9} v^k l_{30+k}} = 0.002\,585$$

$${}_{10}P(\bar{A}^1_{30:\overline{20}|}) = \frac{i}{\delta} \cdot {}_{10}P^1_{30:\overline{20}|} = \frac{0.045}{0.044\,017} \times 0.002\,585 = 0.002\,643$$

$$A^1_{35+s:\overline{15-s}|} = \frac{\sum_{k=0}^{14-s} v^{k+1} d_{35+s+k}}{l_{35+s}}$$

$$\bar{A}^1_{35+s:\overline{15-s}|} = \frac{i}{\delta} \cdot A^1_{35+s:\overline{15-s}|}$$

$$\ddot{a}_{35+s:\overline{5-s}|} = \frac{\sum_{k=0}^{4-s} v^k l_{35+s+k}}{l_{35+s}}$$

$${}^{10}_{5+s}V(\bar{A}^1_{30:\overline{20}|}) = \bar{A}^1_{35+s:\overline{15-s}|} - {}_{10}P(\bar{A}^1_{30:\overline{20}|}) \cdot \ddot{a}_{35+s:\overline{5-s}|} \quad (t+s \leqslant h)$$

$K = 80$

$\mathrm{r} = \mathrm{K}\% + (\mathrm{t} + s) \cdot (100\% - \mathrm{K}\%)/\min(20, \mathrm{h})$

$= 80\% + (5+s) \times (100\% - 80\%)/10 = (90+2s)\%$

$b \cdot {}^{10}_{5+s}CV(\bar{A}^1_{30:\overline{20}|}) = \mathrm{b} \cdot \mathrm{r} \cdot \max[{}^{10}_{5+s}V(\bar{A}^1_{30:\overline{20}|}), 0]$

$$G \cdot \ddot{s}_{\overline{s}|i'} = G \cdot \frac{1 - v'^s}{i' \cdot v'^{(s+1)}} = 44 \times \frac{1 - (0.943\,396)^s}{0.06 \times (0.943\,396)^{s+1}}$$

当 $G \cdot \ddot{s}_{\overline{s}|i'} \leqslant b \cdot {}^{10}_{5+s}CV(\bar{A}^1_{30:\overline{20}|})$ 且 $G \cdot \ddot{s}_{\overline{s+1}|i'} > b \cdot {}^{10}_{5+s+1}CV(\bar{A}^1_{30:\overline{20}|})$ 时，$s = 2$

5.3 两全保险

5.3.1 保单现金价值

[**基本算法示例**] h 年缴费死亡年末支付的即期两全保险现金价值。

需要求解的问题类型：第 t 个保单年度末的保单现金价值。

解：

$i = i_0 + 2\%$

$$v = \frac{1}{1+i}$$

$$_{h}P_{x:\overline{n}|}=\frac{A_{x:\overline{n}|}}{\ddot{a}_{x:\overline{h}|}}=\frac{\sum_{k=0}^{n-1}v^{k+1}d_{x+k}+v^{n}l_{x+n}}{\sum_{k=0}^{h-1}v^{k}l_{x+k}}$$

$$=\frac{v^{1}d_{x}+v^{2}d_{x+1}+\cdots+v^{n-1}d_{x+n-2}+v^{n}d_{x+n-1}+v^{n}l_{x+n}}{l_{x}+v^{1}l_{x+1}+\cdots+v^{h-2}l_{x+h-2}+v^{h-1}l_{x+h-1}}$$

当 $t\geqslant h$ 时，

$$_{t}^{h}V_{x:\overline{n}|}=A_{x+t:\overline{n-t}|}=\frac{\sum_{k=0}^{n-t-1}v^{k+1}d_{x+t+k}}{l_{x+t}}+\frac{v^{n-t}l_{x+n}}{l_{x+t}}$$

$$=\frac{v^{1}d_{x+t}+v^{2}d_{x+t+1}+\cdots+v^{n-t-1}d_{x+n-2}+v^{n-t}d_{x+n-1}+v^{n-t}l_{x+n}}{l_{x+t}}$$

当 $t<h$ 时，

$$A_{x+t:\overline{n-t}|}=\frac{\sum_{k=0}^{n-t-1}v^{k+1}d_{x+t+k}}{l_{x+t}}+\frac{v^{n-t}l_{x+n}}{l_{x+t}}$$

$$=\frac{v^{1}d_{x+t}+v^{2}d_{x+t+1}+\cdots+v^{n-t-1}d_{x+n-2}+v^{n-t}d_{x+n-1}+v^{n-t}l_{x+n}}{l_{x+t}}$$

$$\ddot{a}_{x+t:\overline{h-t}|}=\frac{\sum_{k=0}^{h-t-1}v^{k}l_{x+t+k}}{l_{x+t}}=\frac{l_{x+t}+v^{1}l_{x+t+1}+\cdots+v^{h-t-2}l_{x+h-2}v^{h-t-1}l_{x+h-1}}{l_{x+t}}$$

$$_{t}^{h}V_{x:\overline{n}|}=A_{x+t:\overline{n-t}|}-{}_{h}P_{x:\overline{n}|}\cdot\ddot{a}_{x+t:\overline{h-t}|}$$

$K=90$

当 $t<\min(20,h)$ 时，$\mathrm{r}=\mathrm{K}\%+\mathrm{t}\cdot(100\%-\mathrm{K}\%)/\min(20,\mathrm{h})$

当 $t\geqslant\min(20,h)$ 时，$r=100\%$

$b\cdot{}_{t}^{h}CV_{x:\overline{n}|}=\mathrm{b}\cdot\mathrm{r}\cdot\max({}_{t}^{h}V_{x:\overline{n}|},0)$

[**实验 5.3.1**] h 年缴费死亡年末支付的即期两全保险现金价值计算。

被保险人投保时的年龄为 35 岁，购买保险金额为 1 000 元的 20 年期的两全保险，缴费期限为 15 年。假设为全离散模型，定价利率为 2.5%，采用经验生命表（1990—1993）。求解该保单第 10 年的最低不丧失保单利益的现金价值。

解：

1.数据录入

(1)已知数据录入

$b=1\ 000$;

$x=35$;

$h=15$;

$n=20$;

$i_0=2.5\%$;

$t = 10$;

$K = 90$;

$L_{ijk} = L_{113}$。

(2)需要求解的问题录入:$b \cdot {}_{10}^{15}CV_{35:\overline{20|}}$

2.问题解答

$$i = i_0 + 2\% = 4.5\%$$

$$v = \frac{1}{1+i} = \frac{1}{1+4.5\%} = 0.956\ 938$$

$$_{15}P_{35:\overline{20|}} = \frac{A_{35:\overline{20|}}}{\ddot{a}_{35:\overline{15|}}} = \frac{\sum_{k=0}^{19} v^{k+1} d_{35+k} + v^{20} l_{55}}{\sum_{k=0}^{14} v^k l_{35+k}} = 0.038\ 182$$

$$A_{45:\overline{10|}} = \frac{\sum_{k=0}^{9} v^{k+1} d_{45+k}}{l_{45}} + \frac{v^{10} l_{55}}{l_{45}} = 0.649\ 736$$

$$\ddot{a}_{45:\overline{5|}} = \frac{\sum_{k=0}^{4} v^k l_{45+k}}{l_{45}} = 4.561\ 827$$

$${}_{10}^{15}V_{35:\overline{20|}} = A_{45:\overline{10|}} - {}_{15}P_{35:\overline{20|}} \cdot \ddot{a}_{45:\overline{5|}} = 0.649\ 736 - 0.038\ 182 \times 4.561\ 827 = 0.475\ 556$$

$$K = 90$$

$$r = K\% + t \cdot (100\% - K\%)/\min(20,h) = 90\% + 10 \times (100\% - 90\%)/15 = 96.666\ 6\%$$

$$b \cdot {}_{10}^{15}CV_{35:\overline{20|}} = b \cdot r \cdot \max({}_{10}^{15}V_{35:\overline{20|}},0)$$

$$= 1\ 000 \times 96.666\ 6\% \times 0.475\ 556 = 459.703\ 8$$

5.3.2 交清保险

[**基本算法示例**] h 年缴费死亡年末支付的即期两全保险交清保险。

需要求解的问题类型:第 t 个保单年度末投保人购买交清保险的保险金额。

解:

$$i = i_0 + 2\%$$

$$v_0 = \frac{1}{1+i_0}$$

$$v = \frac{1}{1+i}$$

$$_hP(A_{x:\overline{n|}}) = \frac{A_{x:\overline{n|}}}{\ddot{a}_{x:\overline{h|}}} = \frac{\sum_{k=0}^{n-1} v^{k+1} d_{x+k} + v^n l_{x+n}}{\sum_{k=0}^{h-1} v^k l_{x+k}}$$

$$= \frac{v^1 d_x + v^2 d_{x+1} + \cdots + v^{n-1} d_{x+n-2} + v^n d_{x+n-1} + v^n l_{x+n}}{l_x + v^1 l_{x+1} + \cdots + v^{h-2} l_{x+h-2} + v^{h-1} l_{x+h-1}}$$

当 $t \geqslant h$ 时,

$$ {}_t^hV(A_{x:\overline{n|}}) = A_{x+t:\overline{n-t|}} = \frac{\sum_{k=0}^{n-t-1} v^{k+1} d_{x+t+k}}{l_{x+t}} + \frac{v^{n-t}\, l_{x+n}}{l_{x+t}} $$

$$ = \frac{v^1\, d_{x+t} + v^2\, d_{x+t+1} + \cdots + v^{n-t-1}\, d_{x+n-2} + v^{n-t}\, d_{x+n-1} + v^{n-t}\, l_{x+n}}{l_{x+t}} $$

当 $t < h$ 时,

$$ A_{x+t:\overline{n-t|}} = \sum_{k=0}^{n-t-1} v^{k+1} \frac{d_{x+t+k}}{l_{x+t}} + v^{n-t} \frac{l_{x+n}}{l_{x+t}} $$

$$ = \frac{v^1\, d_{x+t} + v^2\, d_{x+t+1} + \cdots + v^{n-t-1}\, d_{x+n-2} + v^{n-t}\, d_{x+n-1} + v^{n-t}\, l_{x+n}}{l_{x+t}} $$

$$ \ddot{a}_{x+t:\overline{h-t|}} = \frac{\sum_{k=0}^{h-t-1} v^k l_{x+t+k}}{l_{x+t}} = \frac{l_{x+t} + v^1 l_{x+t+1} + \cdots + v^{h-t-2} l_{x+h-2} v^{h-t-1} l_{x+h-1}}{l_{x+t}} $$

$$ {}_t^hV(A_{x:\overline{n|}}) = A_{x+t:\overline{n-t|}} - {}_hP(A_{x:\overline{n|}}) \cdot \ddot{a}_{x+t:\overline{h-t|}} $$

$K = 90$

当 $t < \min(20,h)$ 时, $r = K\% + t \cdot (100\% - K\%)/\min(20,h)$

当 $t \geqslant \min(20,h)$ 时, $r = 100\%$

$$ b \cdot {}_t^hCV(A_{x:\overline{n|}}) = b \cdot r \cdot \max[{}_t^hV(A_{x:\overline{n|}}), 0] $$

$$ A_{x+t:\overline{n-t|}i_0} = \sum_{k=0}^{n-t-1} v_0^{k+1} \frac{d_{x+t+k}}{l_{x+t}} + v_0^{n-t} \frac{l_{x+n}}{l_{x+t}} $$

$$ = \frac{v_0^1\, d_{x+t} + v_0^2\, d_{x+t+1} + \cdots + v_0^{n-t-1}\, d_{x+n-2} + v_0^{n-t}\, d_{x+n-1} + v_0^{n-t}\, l_{x+n}}{l_{x+t}} $$

$$ b_t = \frac{b \cdot {}_t^hCV(A_{x:\overline{n|}})}{A_{x+t:\overline{n-t|}i_0}} $$

[**实验 5.3.2**] h 年缴费死亡年末支付的即期两全保险交清保险保额计算。

被保险人投保时的年龄为 35 岁,购买保险金额为 1 000 元的 20 年期的两全保险,缴费期限为 15 年。假设为全离散模型,定价利率为 2.5%,采用经验生命表(1990—1993)。如果投保人在第 10 年退保,求投保人购买交清保险的保额。

解:

1.数据录入

(1)已知数据录入

$b = 1\ 000$;

$x = 35$;

$h = 15$;

$n = 20$;

$i_0 = 2.5\%$;

$t = 10$;

$K = 90$；

$L_{ijk} = L_{113}$。

(2)需要求解的问题录入：b_{10}

2.问题解答

$i = i_0 + 2\% = 4.5\%$

$$v_0 = \frac{1}{1 + i_0} = \frac{1}{1 + 2.5\%} = 0.975\ 610$$

$$v = \frac{1}{1 + i} = \frac{1}{1 + 4.5\%} = 0.956\ 938$$

$${}_{15}P(A_{35:\overline{20|}}) = \frac{A_{35:\overline{20|}}}{\ddot{a}_{35:\overline{15|}}} = \frac{\sum_{k=0}^{19} v^{k+1} d_{35+k} + v^{20} l_{55}}{\sum_{k=0}^{14} v^k l_{35+k}} = 0.038\ 182$$

$$A_{45:\overline{10|}} = \frac{\sum_{k=0}^{9} v^{k+1} d_{45+k}}{l_{45}} + v^{10} \frac{l_{55}}{l_{45}} = 0.649\ 736$$

$$\ddot{a}_{45:\overline{5|}} = \frac{\sum_{k=0}^{4} v^k l_{45+k}}{l_{45}} = 4.561\ 827$$

$$\begin{aligned} {}_{10}^{15}V(A_{35:\overline{20|}}) &= A_{45:\overline{10|}} - {}_{15}P(A_{35:\overline{20|}}) \cdot \ddot{a}_{45:\overline{5|}} = 0.649\ 736 - 0.038\ 182 \times 4.561\ 827 \\ &= 0.475\ 556 \end{aligned}$$

$K = 90$

$r = K\% + t \cdot (100\% - K\%)/\min(20,h) = 90\% + 10 \times (100\% - 90\%)/15 = 96.666\ 6\%$

$$\begin{aligned} b \cdot {}_{10}^{15}CV(A_{35:\overline{20|}}) &= b \cdot r \cdot \max[{}_{10}^{15}V(A_{35:\overline{20|}}),0] = 1\ 000 \times 96.666\ 6\% \times 0.475\ 556 \\ &= 459.703\ 8 \end{aligned}$$

$$A_{45:\overline{10|}i_0} = \sum_{k=0}^{9} \frac{v_0^{k+1} d_{45+k} + v_0^{10} l_{55}}{l_{45}} = 0.784\ 912$$

$$b_{10} = \frac{b \cdot {}_{10}^{15}CV(A_{35:\overline{20|}})}{A_{45:\overline{10|}i_0}} = \frac{459.703\ 8}{0.784\ 912} = 585.675\ 592$$

5.3.3 展期保险

[**基本算法示例**] h 年缴费死亡年末支付的即期两全保险展期保险。

需要求解的问题类型：展期保险期限 s（s 取整数）。

解：

$i = i_0 + 2\%$

$$v_0 = \frac{1}{1 + i_0}$$

$$v = \frac{1}{1 + i}$$

$$_hP(A_{x:\overline{n}|})=\frac{A_{x:\overline{n}|}}{\ddot{a}_{x:\overline{h}|}}=\frac{\sum_{k=0}^{n-1}v^{k+1}d_{x+k}+v^nl_{x+n}}{\sum_{k=0}^{h-1}v^kl_{x+k}}$$

$$=\frac{v^1d_x+v^2d_{x+1}+\cdots+v^{n-1}d_{x+n-2}+v^nd_{x+n-1}+v^nl_{x+n}}{l_x+v^1l_{x+1}+\cdots+v^{h-2}l_{x+h-2}+v^{h-1}l_{x+h-1}}$$

当 $t\geqslant h$ 时,

$$_t^hV(A_{x:\overline{n}|})=A_{x+t:\overline{n-t}|}=\frac{\sum_{k=0}^{n-t-1}v^{k+1}d_{x+t+k}}{l_{x+t}}+\frac{v^{n-t}l_{x+n}}{l_{x+t}}$$

$$=\frac{v^1d_{x+t}+v^2d_{x+t+1}+\cdots+v^{n-t-1}d_{x+n-2}+v^{n-t}d_{x+n-1}+v^{n-t}l_{x+n}}{l_{x+t}}$$

当 $t<h$ 时,

$$A_{x+t:\overline{n-t}|}=\frac{\sum_{k=0}^{n-t-1}v^{k+1}d_{x+t+k}}{l_{x+t}}+\frac{v^{n-t}l_{x+n}}{l_{x+t}}$$

$$=\frac{v^1d_{x+t}+v^2d_{x+t+1}+\cdots+v^{n-t-1}d_{x+n-2}+v^{n-t}d_{x+n-1}+v^{n-t}l_{x+n}}{l_{x+t}}$$

$$\ddot{a}_{x+t:\overline{h-t}|}=\frac{\sum_{k=0}^{h-t-1}v^kl_{x+t+k}}{l_{x+t}}=\frac{l_{x+t}+v^1l_{x+t+1}+\cdots+v^{h-t-2}l_{x+h-2}+v^{h-t-1}l_{x+h-1}}{l_{x+t}}$$

$_t^hV(A_{x:\overline{n}|})=A_{x+t:\overline{n-t}|}-{}_hP(A_{x:\overline{n}|})\cdot\ddot{a}_{x+t:\overline{h-t}|}$

$K=90$

当 $t<\min(20,h)$ 时, $r=K\%+t\cdot(100\%-K\%)/\min(20,h)$

当 $t\geqslant\min(20,h)$ 时, $r=100\%$

$b\cdot{}_t^hCV(A_{x:\overline{n}|})=b\cdot r\cdot\max[{}_t^hV(A_{x:\overline{n}|}),0]$

$$A^1_{x+t:\overline{s+1}|i_0}=\frac{\sum_{k=0}^{s}v_0^{k+1}d_{x+t+k}}{l_{x+t}}=\frac{v_0^1d_{x+t}+v_0^2d_{x+t+1}+\cdots+v_0^sd_{x+t+s-1}+v_0^{s+1}d_{x+t+s}}{l_{x+t}}$$

当 $b\cdot{}_t^hCV(A_{x:\overline{n}|})-b\cdot A^1_{x+t:\overline{s+1}|i_0}<0$ 首次出现时,即得到 s

若 $s>n-t$,则展期保险的期限为 $s=n-t$,用于购买此保险的趸交保费为 $A^1_{x+t:\overline{n-t}|i_0}$,退还保单持有人的保单现金价值为:

$$b\cdot{}_t^hCV(A_{x:\overline{n}|})-b\cdot A^1_{x+t:\overline{n-t}|i_0}=b\cdot{}_t^hCV(A_{x:\overline{n}|})-b\cdot\frac{\sum_{k=0}^{n-t-1}v_0^{k+1}d_{x+t+k}}{l_{x+t}}$$

[**实验 5.3.3**] h 年缴费死亡年末支付的即期两全保险展期保险期限计算。

被保险人投保时的年龄为 35 岁,购买保险金额为 1 000 元的 20 年期的两全保险,缴费期限为 15 年。假设为全离散模型,定价利率为 2.5%,采用经验生命表(1990—1993)。

投保人在第 10 个保单年度将原保单变为展期保险,求解展期保险的期限。

解:

1. 数据录入

(1)已知数据录入

$b = 1\ 000$;

$x = 35$;

$h = 15$;

$n = 20$;

$i_0 = 2.5\%$;

$t = 10$;

$K = 90$;

$L_{ijk} = L_{113}$。

(2)需要求解的问题录入:s

2. 问题解答

$i = i_0 + 2\% = 4.5\%$

$$v_0 = \frac{1}{1 + i_0} = \frac{1}{1 + 2.5\%} = 0.975\ 610$$

$$v = \frac{1}{1 + i} = \frac{1}{1 + 4.5\%} = 0.956\ 938$$

$${}_{15}P(A_{35:\overline{20}|}) = \frac{A_{35:\overline{20}|}}{\ddot{a}_{35:\overline{15}|}} = \frac{\sum_{k=0}^{19} v^{k+1} d_{35+k} + v^{20} l_{55}}{\sum_{k=0}^{14} v^{k} l_{35+k}} = 0.038\ 182$$

$$A_{45:\overline{10}|} = \frac{\sum_{k=0}^{9} v^{k+1} d_{45+k}}{l_{45}} + \frac{v^{10} l_{55}}{l_{45}} = 0.649\ 736$$

$$\ddot{a}_{45:\overline{5}|} = \frac{\sum_{k=0}^{4} v^{k} l_{45+k}}{l_{45}} = 4.561\ 827$$

$$\begin{aligned} {}^{15}_{10}V(A_{35:\overline{20}|}) &= A_{45:\overline{10}|} - {}_{15}P(A_{35:\overline{20}|}) \cdot \ddot{a}_{45:\overline{5}|} = 0.649\ 736 - 0.038\ 182 \times 4.561\ 827 \\ &= 0.475\ 556 \end{aligned}$$

$K = 90$

$r = K\% + t \cdot (100\% - K\%)/\min(20, h) = 90\% + 10 \times (100\% - 90\%)/15 = 96.666\ 6\%$

$$\begin{aligned} b \cdot {}^{15}_{10}CV(A_{35:\overline{20}|}) &= b \cdot r \cdot \max[{}^{15}_{10}V(A_{35:\overline{20}|}), 0] = 1\ 000 \times 96.66\% \times 0.475\ 5 \\ &= 459.703\ 8 \end{aligned}$$

$$A^{1}_{45:\overline{s+1}|i_0} = \frac{\sum_{k=0}^{s} v_0^{k+1} d_{45+k}}{l_{45}}$$

当 $b\cdot {}_{10}^{15}CV(A_{35:\overline{20|}})-b\cdot A_{45:\overline{s+1|}i_0}^{1}<0$ 首次出现时,得 $s=54$

因为 $s=54>n-t=10$, 取 $s=n-t=10$, 所以退还投保人的保单现金价值为:

$$b\cdot {}_{10}^{15}CV(A_{35:\overline{20|}})-b\cdot A_{45:\overline{10|}i_0}^{1}=b\cdot {}_{10}^{15}CV(A_{35:\overline{20|}})-b\cdot\frac{\sum_{k=0}^{9}v_0^{k+1}d_{45+k}}{l_{45}}$$

$$=459.703\,8-1\,000\times0.036\,531$$

$$=423.172\,8$$

5.3.4 自动垫交保费

[**基本算法示例**] h 年缴费死亡年末支付的即期两全保险自动垫交保费。

需要求解的问题类型:自动垫交保费的最长时间 s(s 取整数且 $s\leqslant h-t$)。

解:

$i=i_0+2\%$

$$v_0=\frac{1}{1+i_0}$$

$$v=\frac{1}{1+i}$$

$$v'=\frac{1}{1+i'}$$

$${}_hP(A_{x:\overline{n|}i_0})=\frac{A_{x:\overline{n|}i_0}}{\ddot{a}_{x:\overline{h|}i_0}}=\frac{\sum_{k=0}^{n-1}v_0^{k+1}d_{x+k}}{\sum_{k=0}^{h-1}v_0^{k}l_{x+k}}$$

$$=\frac{v_0^1d_x+v_0^2d_{x+1}+\cdots+v_0^{n-1}d_{x+n-2}+v_0^nd_{x+n-1}+v_0^nl_{x+n}}{l_x+v_0^1l_{x+1}+\cdots+v_0^{h-2}l_{x+h-2}+v_0^{h-1}l_{x+h-1}}$$

$$G=b\cdot\frac{{}_hP(A_{x:\overline{n|}i_0})}{1-\theta}$$

$${}_hP(A_{x:\overline{n|}})=\frac{A_{x:\overline{n|}}}{\ddot{a}_{x:\overline{h|}}}=\frac{\sum_{k=0}^{n-1}v^{k+1}d_{x+k}+v^nl_{x+n}}{\sum_{k=0}^{h-1}v^kl_{x+k}}$$

$$=\frac{v^1d_x+v^2d_{x+1}+\cdots+v^{n-1}d_{x+n-2}+v^nd_{x+n-1}+v^nl_{x+n}}{l_x+v^1l_{x+1}+\cdots+v^{h-2}l_{x+h-2}+v^{h-1}l_{x+h-1}}$$

$$A_{x+t+s:\overline{n-t-s|}}=\frac{\sum_{k=0}^{n-t-s-1}v^{k+1}d_{x+t+s+k}}{l_{x+t+s}}+\frac{v^{n-t-s}l_{x+n}}{l_{x+t+s}}$$

$$=\frac{v^1d_{x+t+s}+v^2d_{x+t+s+1}+\cdots+v^{n-t-s-1}d_{x+n-2}+v^{n-t-s}d_{x+n-1}+v^{n-t-s}l_{x+n}}{l_{x+t+s}}$$

$$\ddot{a}_{x+t+s:\overline{h-t-s}|} = \frac{\sum_{k=0}^{h-t-s-1} v^k l_{x+t+s+k}}{l_{x+t+s}} = \frac{l_{x+t+s} + v^1 l_{x+t+s+1} + \cdots + v^{h-t-s-2} l_{x+h-2} + v^{h-t-s-1} l_{x+h-1}}{l_{x+t+s}}$$

$${}_{t+s}^{h}V(A_{x:\overline{n}|}) = A_{x+t+s:\overline{n-t-s}|} - {}_{h}P(A_{x:\overline{n}|}) \cdot \ddot{a}_{x+t+s:\overline{h-t-s}|}$$

$K = 90$

当 $t + s < \min(20, h)$ 时，$r = K\% + (t + s) \cdot (100\% - K\%) / \min(20, h)$

当 $t + s \geqslant \min(20, h)$ 时，$r = 100\%$

$$b \cdot {}_{t+s}^{h}CV(A_{x:\overline{n}|}) = b \cdot r \cdot \max[{}_{t+s}^{h}V(A_{x:\overline{n}|}), 0]$$

$$G \cdot \ddot{s}_{\overline{s}|i'} = G \cdot \frac{1 - v'^{s}}{i' \cdot v'^{(s+1)}}, s = 1, 2, 3\cdots$$

当 $G \cdot \ddot{s}_{\overline{s}|i'} \leqslant b \cdot {}_{t+s}^{h}CV(A_{x:\overline{n}|})$ 且 $G \cdot \ddot{s}_{\overline{s+1}|i'} > b \cdot {}_{t+s+1}^{h}CV(A_{x:\overline{n}|})$ 时，即得到 s

当 $s > h - t$ 时，取 $s = h - t$

［**实验 5.3.4**］h 年缴费死亡年末支付的即期两全保险自动垫交保费时间计算。

一位 35 岁的男性，购买保险金额为 1 000 元的 20 年期的两全保险保单，缴费期限为 15 年。假设为全离散模型，定价利率为 2.5%，平均附加费用率为 17%，采用经验生命表（1990—1993）。如果投保人在第 10 个保单年度开始拖欠保费，保单贷款利率为 6%，求该保单自动垫交保费的最长时间。

解：

1.数据录入

（1）已知数据录入

$b = 1\ 000$；

$x = 35$；

$i_0 = 2.5\%$；

$\theta = 17\%$；

$i' = 6\%$；

$t = 10$；

$K = 90$；

$h = 15$；

$n = 20$；

$L_{ijk} = L_{113}$。

（2）需要求解的问题录入：s

2.问题解答

$i = i_0 + 2\% = 4.5\%$

$$v_0 = \frac{1}{1 + i_0} = \frac{1}{1 + 2.5\%} = 0.975\ 610$$

$$v = \frac{1}{1 + i} = \frac{1}{1 + 4.5\%} = 0.956\ 938$$

$$v' = \frac{1}{1 + i'} = \frac{1}{1 + 6\%} = 0.943\ 396$$

$$_{15}P(A_{35:\overline{20}|2.5\%}) = \frac{A_{35:\overline{20}|2.5\%}}{\ddot{a}_{35:\overline{15}|2.5\%}} = \frac{\sum_{k=0}^{19} v_0^{k+1} d_{35+k} + v_0^{20} l_{55}}{\sum_{k=0}^{14} v_0^k l_{35+k}} = 0.049\ 161$$

$$G = b \cdot \frac{_{15}P(A_{35:\overline{20}|2.5\%})}{1 - \theta} = 1\ 000 \times \frac{0.049\ 161}{1 - 17\%} = 59.230\ 120$$

$$_{15}P(A_{35:\overline{20}|}) = \frac{A_{35:\overline{20}|}}{\ddot{a}_{35:\overline{15}|}} = \frac{\sum_{k=0}^{19} v^{k+1} d_{35+k} + v^{20} l_{55}}{\sum_{k=0}^{14} v^k l_{35+k}} = 0.038\ 182$$

$$A_{45+s:\overline{10-s}|} = \frac{\sum_{k=0}^{9-s} v^{k+1} d_{45+s+k}}{l_{45+s}} + \frac{v^{10-s} l_{55}}{l_{45+s}}$$

$$\ddot{a}_{45+s:\overline{5-s}|} = \frac{\sum_{k=0}^{4-s} v^k l_{45+s+k}}{l_{45+s}}$$

$${}_{10+s}^{h}V(A_{35:\overline{20}|}) = A_{45+s:\overline{10-s}|} - {}_{15}P(A_{35:\overline{20}|}) \cdot \ddot{a}_{45+s:\overline{5-s}|}$$

$K = 90$

$r = K\% + (t + s) \cdot (100\% - K\%)/min(20,h)$

$= 90\% + (10 + s) \times (100\% - 90\%)/15 = (96.666\ 7 + 0.666\ 7s)\%$

$b \cdot {}_{10+s}^{15}CV(A_{35:\overline{20}|}) = b \cdot r \cdot \max[{}_{10+s}^{15}V(A_{35:\overline{20}|}), 0]$

$$G \cdot \ddot{s}_{\overline{s}|i'} = G \cdot \frac{1 - v'^s}{i' \cdot v'^{(s+1)}} = 59.230\ 120 \times \frac{1 - (0.943\ 396)^s}{0.06 \times (0.943\ 396)^{s+1}}$$

当 $G \cdot \ddot{s}_{\overline{s}|0.06} \leqslant b \cdot {}_{10+s}^{15}CV(A_{35:\overline{20}|})$ 且 $G \cdot \ddot{s}_{\overline{s+1}|0.06} > b \cdot {}_{10+s+1}^{15}CV(A_{35:\overline{20}|})$ 时，

$s > h - t = 5$，所以 s 取值为 5

5.4 年金保险

5.4.1 保单现金价值

[**基本算法示例**] h 年缴费期初付延期终身年金现金价值。

需要求解的问题类型：第 t 个保单年度末的保单现金价值。

解：

$i = i_0 + 2\%$

$$v = \frac{1}{1 + i}$$

$$ {}_hP({}_{m|}\ddot{a}_x)=\frac{{}_{m|}\ddot{a}_x}{\ddot{a}_{x:\overline{h}|}}=\frac{\sum_{k=m}^{\omega-x}v^kl_{x+k}}{\sum_{k=0}^{h-1}v^kl_{x+k}}=\frac{v^ml_{x+m}+v^{m+1}l_{x+m+1}+\cdots+v^{\omega-x-1}l_{\omega-1}+v^{\omega-x}l_\omega}{v^0l_x+v^1l_{x+1}+\cdots+v^{h-2}l_{x+h-2}+v^{h-1}l_{x+h-1}} $$

① 当 $t\leqslant h$ 时,

$$ {}_{m-t|}\ddot{a}_{x+t}=\frac{\sum_{k=m-t}^{\omega-x-t}v^kl_{x+t+k}}{l_{x+t}}=\frac{v^{m-t}l_{x+m}+v^{m-t+1}l_{x+m+1}+\cdots+v^{\omega-x-t-1}l_{\omega-1}+v^{\omega-x-t}l_\omega}{l_{x+t}} $$

$$ \ddot{a}_{x+t:\overline{h-t}|}=\frac{\sum_{k=0}^{h-t-1}v^kl_{x+t+k}}{l_{x+t}}=\frac{v^0l_{x+t}+v^1l_{x+t+1}+\cdots+v^{h-t-2}l_{x+h-2}+v^{h-t-1}l_{x+h-1}}{l_{x+t}} $$

$$ {}_t^hV({}_{m|}\ddot{a}_x)={}_{m-t|}\ddot{a}_{x+t}-{}_hP({}_{m|}\ddot{a}_x)\cdot\ddot{a}_{x+t:\overline{h-t}|} $$

② 当 $h<t\leqslant m$ 时,

$$ {}_t^hV({}_{m|}\ddot{a}_x)={}_{m-t|}\ddot{a}_{x+t}=\frac{\sum_{k=m-t}^{\omega-x-t}v^kl_{x+t+k}}{l_{x+t}} $$

$$ =\frac{v^{m-t}l_{x+m}+v^{m-t+1}l_{x+m+1}+\cdots+v^{\omega-x-t-1}l_{\omega-1}+v^{\omega-x-t}l_\omega}{l_{x+t}} $$

③ 当 $t>m$ 时,

$$ {}_t^hV({}_{m|}\ddot{a}_x)=\ddot{a}_{x+t}=\frac{\sum_{k=0}^{\omega-x-t}v^kl_{x+t+k}}{l_{x+t}}=\frac{v^0l_{x+t}+v^1l_{x+t+1}+\cdots+v^{\omega-x-t-1}l_{\omega-1}+v^{\omega-x-t}l_\omega}{l_{x+t}} $$

$K=90$

当 $t<\min(20,h)$ 时, $r=K\%+t\cdot(100\%-K\%)/\min(20,h)$

当 $t\geqslant\min(20,h)$ 时, $r=100\%$

$b\cdot{}_t^hCV({}_{m|}\ddot{a}_x)=b\cdot r\cdot\max[{}_t^hV({}_{m|}\ddot{a}_x),0]$

[实验 5.4.1] h 年缴费期初付延期终身年金现金价值计算。

一位 50 岁的男性采用期缴方式购买一项延期 15 年的终身生存年金,缴费期限为 10 年,延期 15 年后每年年初能得到的金额为 1 000 元,定价利率为 2.5%,极限年龄为 105 岁,采用经验生命表(2000—2003),求解该保单第 5 年的最低不丧失保单利益的现金价值。

解:

1.数据录入

(1)已知数据录入

$x=50$;

$i_0=2.5\%$;

$b=1\ 000$;

$n=\omega-x-m=40$;

$h = 10$;

$m = 15$;

$t = 5$;

$\omega = 105$;

$K = 90$;

$L_{ijk} = L_{221}$。

(2)需要求解的问题录入：$b \cdot {}_{5}^{10}CV({}_{15|}\ddot{a}_{50})$

2.问题解答

$i = i_0 + 2\% = 4.5\%$

$$v = \frac{1}{1+i} = \frac{1}{1+4.5\%} = 0.956\,938$$

$$_{10}P({}_{15|}\ddot{a}_{50}) = \frac{{}_{15|}\ddot{a}_{50}}{\ddot{a}_{50:\overline{10}|}} = \frac{\sum_{k=15}^{55} v^k l_{50+k}}{\sum_{k=0}^{9} v^k l_{50+k}} = 0.725\,709$$

$$_{10|}\ddot{a}_{55} = \frac{\sum_{k=10}^{50} v^k l_{55+k}}{l_{55}} = 7.492\,809$$

$$\ddot{a}_{55:\overline{5}|} = \frac{\sum_{k=0}^{4} v^k l_{55+k}}{l_{55}} = 4.550\,413$$

$$\begin{aligned}{}_{5}^{10}V({}_{15|}\ddot{a}_{50}) &= {}_{10|}\ddot{a}_{55} - {}_{10}P({}_{15|}\ddot{a}_{50}) \cdot \ddot{a}_{55:\overline{5}|} = 7.492\,809 - 0.725\,709 \times 4.550\,413 \\ &= 4.190\,533\end{aligned}$$

$K = 90$

$r = K\% + t \cdot (100\% - K\%)/\min(20,h) = 90\% + 5 \times (100\% - 90\%)/10 = 95\%$

$b \cdot {}_{5}^{10}CV({}_{15|}\ddot{a}_{50}) = b \cdot r \cdot \max[{}_{5}^{10}V({}_{15|}\ddot{a}_{50}),0] = 1\,000 \times 95\% \times 4.190\,533 = 3\,981.00$

5.4.2 交清保险

[**基本算法示例**] h 年缴费期初付延期终身年金交清保险。

需要求解的问题类型：第 t 个保单年度末投保人购买交清保险的保险金额。

解：

$i = i_0 + 2\%$

$$v_0 = \frac{1}{1+i_0}$$

$$v = \frac{1}{1+i}$$

$$ {}_hP({}_{m|}\ddot{a}_x)=\frac{{}_{m|}\ddot{a}_x}{\ddot{a}_{x:\overline{h}|}}=\frac{\sum_{k=m}^{\omega-x}v^k l_{x+k}}{\sum_{k=0}^{h-1}v^k l_{x+k}}=\frac{v^m l_{x+m}+v^{m+1}l_{x+m+1}+\cdots+v^{\omega-x-1}l_{\omega-1}+v^{\omega-x}l_\omega}{v^0 l_x+v^1 l_{x+1}+\cdots+v^{h-2}l_{x+h-2}+v^{h-1}l_{x+h-1}} $$

① 当 $t\leqslant h$ 时，

$$ {}_{m-t|}\ddot{a}_{x+t}=\frac{\sum_{k=m-t}^{\omega-x-t}v^k l_{x+t+k}}{l_{x+t}}=\frac{v^{m-t}l_{x+m}+v^{m-t+1}l_{x+m+1}+\cdots+v^{\omega-x-t-1}l_{\omega-1}+v^{\omega-x-t}l_\omega}{l_{x+t}} $$

$$ \ddot{a}_{x+t:\overline{h-t}|}=\frac{\sum_{k=0}^{h-t-1}v^k l_{x+t+k}}{l_{x+t}}=\frac{v^0 l_{x+t}+v^1 l_{x+t+1}+\cdots+v^{h-t-2}l_{x+h-2}+v^{h-t-1}l_{x+h-1}}{l_{x+t}} $$

$$ {}_t^hV({}_{m|}\ddot{a}_x)={}_{m-t|}\ddot{a}_{x+t}-{}_hP({}_{m|}\ddot{a}_x)\cdot\ddot{a}_{x+t:\overline{h-t}|} $$

② 当 $h<t\leqslant m$ 时，

$$ {}_t^hV({}_{m|}\ddot{a}_x)={}_{m-t|}\ddot{a}_{x+t}=\frac{\sum_{k=m-t}^{\omega-x-t}v^k l_{x+t+k}}{l_{x+t}} $$

$$ =\frac{v^{m-t}l_{x+m}+v^{m-t+1}l_{x+m+1}+\cdots+v^{\omega-x-t-1}l_{\omega-1}+v^{\omega-x-t}l_\omega}{l_{x+t}} $$

③ 当 $t>m$ 时，

$$ {}_t^hV({}_{m|}\ddot{a}_x)=\ddot{a}_{x+t}=\frac{\sum_{k=0}^{\omega-x-t}v^k l_{x+t+k}}{l_{x+t}}=\frac{v^0 l_{x+t}+v^1 l_{x+t+1}+\cdots+v^{\omega-x-t-1}l_{\omega-1}+v^{\omega-x-t}l_\omega}{l_{x+t}} $$

$K=90$

当 $t<\min(20,h)$ 时，$r=K\%+t\cdot(100\%-K\%)/\min(20,h)$

当 $t\geqslant\min(20,h)$ 时，$r=100\%$

$$ b\cdot{}_t^hCV({}_{m|}\ddot{a}_x)=b\cdot r\cdot\max[{}_t^hV({}_{m|}\ddot{a}_x),0] $$

$$ {}_{m|}\ddot{a}_{x+t|\,i_0}=\frac{\sum_{k=m}^{\omega-x-t}v_0^k l_{x+t+k}}{l_{x+t}}=\frac{v_0^m l_{x+t+m}+v_0^{m+1}l_{x+t+m+1}+\cdots+v_0^{\omega-x-t-1}l_{\omega-1}+v_0^{\omega-x-t}l_\omega}{l_{x+t}} $$

$$ b_t=\frac{b\cdot{}_t^hCV({}_{m|}\ddot{a}_x)}{{}_{m|}\ddot{a}_{x+t|\,i_0}} $$

[**实验 5.4.2**] h 年缴费期初付延期终身年金交清保险保额计算。

一位 50 岁的男性采用期缴方式购买一项延期 15 年的终身生存年金，缴费期限为 10 年，延期 15 年后每年年初能得到的金额为 1 000 元，定价利率为 2.5%，极限年龄为 105 岁，采用经验生命表(2000—2003)，如果投保人在第 5 年退保，求投保人购买交清保险的保额。

解：

1.数据录入

(1)已知数据录入

$x = 50$;

$i_0 = 2.5\%$;

$b = 1\,000$;

$n = \omega - x - m = 40$;

$h = 10$;

$m = 15$;

$t = 5$;

$\omega = 105$;

$K = 90$;

$L_{ijk} = L_{221}$。

(2)需要求解的问题录入:b_5

2.问题解答

$i = i_0 + 2\% = 4.5\%$

$$v_0 = \frac{1}{1+i_0} = \frac{1}{1+2.5\%} = 0.975\,610$$

$$v = \frac{1}{1+i} = \frac{1}{1+4.5\%} = 0.956\,938$$

$$_{10}P({}_{15|}\ddot{a}_{50}) = \frac{{}_{15|}\ddot{a}_{50}}{\ddot{a}_{50:\overline{10|}}} = \frac{\sum_{k=15}^{55} v^k l_{50+k}}{\sum_{k=0}^{9} v^k l_{50+k}} = 0.725\,709$$

$$_{10|}\ddot{a}_{55} = \frac{\sum_{k=10}^{50} v^k l_{55+k}}{l_{55}} = 7.492\,809$$

$$\ddot{a}_{55:\overline{5|}} = \frac{\sum_{k=0}^{4} v^k l_{55+k}}{l_{55}} = 4.550\,413$$

$${}_{5}^{10}V({}_{15|}\ddot{a}_{50}) = {}_{10|}\ddot{a}_{55} - {}_{10}P({}_{15|}\ddot{a}_{55}) \cdot \ddot{a}_{50:\overline{5|}} = 4.190\,533$$

$K = 90$

$r = K\% + t \cdot (100\% - K\%)/\min(20,h) = 90\% + 5 \times (100\% - 90\%)/10 = 95\%$

$b \cdot {}_{5}^{10}CV({}_{15|}\ddot{a}_{50}) = b \cdot r \cdot \max[{}_{5}^{10}V({}_{15|}\ddot{a}_{50}),0] = 1\,000 \times 95\% \times 4.190\,533 = 3\,981.006\,35$

$$_{15|}\ddot{a}_{55|2.5\%} = \frac{\sum_{k=15}^{50} v_0^k l_{55+k}}{l_{55}} = 7.436\,987$$

$$b_5 = \frac{b \cdot {}_{5}^{10}CV({}_{15|}\ddot{a}_{50})}{{}_{15|}\ddot{a}_{55|2.5\%}} = \frac{3\,981.006\,35}{7.436\,987} = 535.298\,280$$

5.4.3 自动垫交保费

[**基本算法示例**] h 年缴费期初付延期终身年金自动垫交保费。

需要求解的问题类型：自动垫交保费的最长时间 s（s 取整数且 $s \leqslant h-t$）。

解：

$i = i_0 + 2\%$

$$v_0 = \frac{1}{1+i_0}$$

$$v = \frac{1}{1+i}$$

$$v' = \frac{1}{1+i'}$$

$$_hP({}_{m|}\ddot{a}_{x|i_0}) = \frac{{}_{m|}\ddot{a}_{x|i_0}}{\ddot{a}_{x:\overline{h}|i_0}} = \frac{\sum_{k=m}^{\omega-x} v_0^k l_{x+k}}{\sum_{k=0}^{h-1} v_0^k l_{x+k}} = \frac{v_0^m l_{x+m} + v_0^{m+1} l_{x+m+1} + \cdots + v_0^{\omega-x-1} l_{\omega-1} + v_0^{\omega-x} l_\omega}{l_x + v_0^1 l_{x+1} + \cdots + v_0^{h-2} l_{x+h-2} + v_0^{h-1} l_{x+h-1}}$$

$$G = b \cdot \frac{_hP({}_{m|}\ddot{a}_{x|i_0})}{1-\theta}$$

$$_hP({}_{m|}\ddot{a}_x) = \frac{{}_{m|}\ddot{a}_x}{\ddot{a}_{x:\overline{h}|}} = \frac{\sum_{k=m}^{\omega-x} v^k l_{x+k}}{\sum_{k=0}^{h-1} v^k l_{x+k}} = \frac{v^m l_{x+m} + v^{m+1} l_{x+m+1} + \cdots + v^{\omega-x-1} l_{\omega-1} + v^{\omega-x} l_\omega}{v^0 l_x + v^1 l_{x+1} + \cdots + v^{h-2} l_{x+h-2} + v^{h-1} l_{x+h-1}}$$

$$\begin{aligned} {}_{m-t-s|}\ddot{a}_{x+t+s} &= \frac{\sum_{k=m-t-s}^{\omega-x-t-s} v^k l_{x+t+s+k}}{l_{x+t+s}} \\ &= \frac{v^{m-t-s} l_{x+m} + v^{m-t-s+1} l_{x+m+1} + \cdots + v^{\omega-x-t-s-1} l_{\omega-1} + v^{\omega-x-t-s} l_\omega}{l_{x+t+s}} \end{aligned}$$

$$\ddot{a}_{x+t+s:\overline{h-t-s}|} = \frac{\sum_{k=0}^{h-t-s-1} v^k l_{x+t+s+k}}{l_{x+t+s}} = \frac{v^0 l_{x+t+s} + v^1 l_{x+t+s+1} + \cdots + v^{h-t-s-2} l_{x+h-2} + v^{h-t-s-1} l_{x+h-1}}{l_{x+t+s}}$$

$${}_{t+s}^{\ h}V({}_{m|}\ddot{a}_x) = {}_{m-t-s|}\ddot{a}_{x+t+s} - {}_hP({}_{m|}\ddot{a}_x) \cdot \ddot{a}_{x+t+s:\overline{h-t-s}|} \quad (t+s \leqslant h)$$

$K = 90$

当 $t+s < \min(20,h)$ 时，$r = K\% + (t+s) \cdot (100\% - K\%)/\min(20,h)$

当 $t+s \geqslant \min(20,h)$ 时，$r = 100\%$

$b \cdot {}_{t+s}^{\ h}CV({}_{m|}\ddot{a}_x) = b \cdot r \cdot \max[{}_{t+s}^{\ h}V({}_{m|}\ddot{a}_x), 0]$

$$G \cdot \ddot{s}_{\overline{s}|i'} = G \cdot \frac{1-v'^s}{i' \cdot v'^{(s+1)}}, s = 1,2,3\cdots$$

当 $G \cdot \ddot{s}_{\overline{s}|i'} \leqslant b \cdot {}_{t+s}^{\ h}CV({}_{m|}\ddot{a}_x)$ 且 $G \cdot \ddot{s}_{\overline{s+1}|i'} > b \cdot {}_{t+s}^{\ h}CV({}_{m|}\ddot{a}_x)$ 时，即得到 s

若 $s > h - t$,则取 $s = h - t$

[**实验 5.4.3**] h 年缴费期初付延期终身年金自动垫交保费期限计算。

一位 50 岁的男性采用期缴方式购买一项延期 15 年的终身生存年金,缴费期限为 10 年,延期 15 年后每年年初能得到的金额为 1 000 元,定价利率为 2.5%,极限年龄为 105 岁,平均附加费用率为 14.95%,采用经验生命表(2000—2003),如果投保人在第 5 个保单年度开始拖欠保费,保单贷款利率为 6%,求该保单自动垫交保费的最长时间。

解:

1.数据录入

(1)已知数据录入

$x = 50$;

$i_0 = 2.5\%$;

$\theta = 14.95\%$;

$i' = 6\%$;

$b = 1\,000$;

$n = \omega - x - m = 40$;

$h = 10$;

$m = 15$;

$t = 5$;

$\omega = 105$;

$K = 90$;

$L_{ijk} = L_{221}$。

(2)需要求解的问题录入:s

2.问题解答

$i = i_0 + 2\% = 4.5\%$

$$v_0 = \frac{1}{1 + i_0} = \frac{1}{1 + 2.5\%} = 0.975\,610$$

$$v = \frac{1}{1 + i} = \frac{1}{1 + 4.5\%} = 0.956\,938$$

$$v' = \frac{1}{1 + i'} = \frac{1}{1 + 6\%} = 0.943\,396$$

$$_{10}P(_{15|}\ddot{a}_{50|2.5\%}) = \frac{_{15|}\ddot{a}_{50|2.5\%}}{\ddot{a}_{50:\overline{10|}2.5\%}} = \frac{\sum\limits_{k=15}^{55} v_0^k l_{50+k}}{\sum\limits_{k=0}^{9} v_0^k l_{50+k}} = 1.064\,813$$

$$G = b \cdot \frac{_{10}P(_{15|}\ddot{a}_{50|2.5\%})}{1 - \theta} = 1\,000 \times \frac{1.064\,813}{1 - 14.95\%} = 1\,252$$

$$ {}_{10}P({}_{15|}\ddot{a}_{50}) = \frac{{}_{15|}\ddot{a}_{50}}{\ddot{a}_{50:\overline{10|}}} = \frac{\sum_{k=15}^{55} v^k l_{50+k}}{\sum_{k=0}^{9} v^k l_{50+k}} = 0.725\ 709 $$

$$ {}_{10-s|}\ddot{a}_{55+s} = \frac{\sum_{k=10-s}^{50-s} v^k l_{55+s+k}}{l_{55+s}} $$

$$ \ddot{a}_{55+s:\overline{5-s|}} = \frac{\sum_{k=0}^{4-s} v^k l_{55+s+k}}{l_{55+s}} $$

$$ {}_{5+s}^{10}V({}_{15|}\ddot{a}_{50}) = {}_{10-s|}\ddot{a}_{55+s} - {}_{10}P({}_{15|}\ddot{a}_{50}) \cdot \ddot{a}_{55+s:\overline{5-s|}} $$

$K = 90$

$$ r = K\% + (t+s) \cdot (100\% - K\%)/\min(20, h) $$
$$ = 90\% + (5+s) \times (100\% - 90\%)/10 = (95+s)\% $$

$$ b \cdot {}_{5+s}^{10}CV({}_{15|}\ddot{a}_{50}) = b \cdot r \cdot \max[{}_{5+s}^{10}V({}_{15|}\ddot{a}_{50}), 0] $$

$$ G \cdot \ddot{s}_{\overline{s}|i'} = G \cdot \frac{1 - v'^s}{i' \cdot v'^{(s+1)}} = 1\ 252 \times \frac{1 - (0.943\ 396)^s}{0.06 \times (0.943\ 396)^{s+1}} $$

当 $G \cdot \ddot{s}_{\overline{s}|0.06} \leqslant b \cdot {}_{5+s}^{10}CV({}_{15|}\ddot{a}_{50})$ 且 $G \cdot \ddot{s}_{\overline{s+1}|0.06} > b \cdot {}_{5+s}^{10}CV({}_{15|}\ddot{a}_{50})$ 时，

$s > h - t$，故取 $s = h - t = 10 - 5 = 5$

6 寿险定价方法

[**教学目的与要求**] 寿险定价是根据保险等价原理,对单位保额的毛保费进行厘订的过程。学生应掌握净保费加成法和资产份额定价法在各种保险责任、保险金支付条件、缴费方式下进行寿险定价的计算方法。

[**内容摘要**] 主要讨论在全离散模型、半连续模型条件下的各险种保单的费率厘订方法,寿险定价方法主要包括净保费加成法和资产份额定价法。对险种的分类主要包括死亡保险、两全保险与年金保险;终身寿险与定期寿险;即期寿险与延期寿险等。

6.1 终身寿险

6.1.1 净保费加成法毛保费

6.1.1.1 死亡年末支付

[**基本算法示例**] h 年缴费死亡年末支付的即期终身死亡保险净保费加成法毛保费。

需要求解的问题类型:年缴毛保费。

解:

$$v = \frac{1}{1+i}$$

$$A_x = \frac{\sum_{k=0}^{\omega-x} v^{k+1} d_{x+k}}{l_x} = \frac{v^1 d_x + v^2 d_{x+1} + \cdots + v^{\omega-x} d_{\omega-1} + v^{\omega-x+1} d_\omega}{l_x}$$

$$\ddot{a}_{x:\overline{h}|} = \frac{\sum_{k=0}^{h-1} v^k l_{x+k}}{l_x} = \frac{v^0 l_x + v^1 l_{x+1} + \cdots + v^{h-2} l_{x+h-2} + v^{h-1} l_{x+h-1}}{l_x}$$

$$a_x = \frac{\sum_{k=1}^{\omega-x} v^k l_{x+k}}{l_x} = \frac{v^1 l_{x+1} + v^2 l_{x+2} + \cdots + v^{\omega-x-1} l_{\omega-1} + v^{\omega-x} l_\omega}{l_x}$$

$$G \cdot \ddot{a}_{x:\overline{h}|} = b \cdot A_x + \theta_1 \cdot G + \theta_2 \cdot G \cdot a_x$$

$$G = \frac{b \cdot A_x}{\ddot{a}_{x:\overline{h}|} - \theta_1 - \theta_2 \cdot a_x}$$

[**实验 6.1.1**] h 年缴费死亡年末支付的即期终身死亡保险净保费加成法毛保费

计算。

一位30岁的男性采用期缴方式购买保险金额为10 000元的终身寿险,缴费期限为20年。假设为全离散模型,定价利率为4.5%,初年度费用率为60%,续年度费用率为25%,极限年龄为105岁,采用经验生命表(2000—2003),用净保费加成法计算年缴毛保费。

解:

1.数据录入

(1)已知数据录入

$b = 10\ 000$;

$x = 30$;

$i = 4.5\%$;

$\theta_1 = 60\%$;

$\theta_2 = 25\%$;

$h = 20$;

$\omega = 105$;

$L_{ijk} = L_{211}$。

(2)需要求解的问题录入:G

2.问题解答

$$v = \frac{1}{1+i} = \frac{1}{1+4.5\%} = 0.956\ 938$$

$$A_{30} = \frac{\sum_{k=0}^{75} v^{k+1} d_{30+k}}{l_{30}} = 0.145\ 998$$

$$\ddot{a}_{30:\overline{20|}} = \frac{\sum_{k=0}^{19} v^{k} l_{30+k}}{l_{30}} = 13.450\ 027$$

$$a_{30} = \frac{\sum_{k=1}^{75} v^{k} l_{30+k}}{l_{30}} = 19.290\ 819$$

$$G \cdot \ddot{a}_{30:\overline{20|}} = b \cdot A_{30} + \theta_1 \cdot G + \theta_2 \cdot G \cdot a_{30}$$

$$G = \frac{b \cdot A_{30}}{\ddot{a}_{30:\overline{20|}} - \theta_1 - \theta_2 \cdot a_{30}} = \frac{10\ 000 \times 0.145\ 998}{13.450\ 027 - 0.6 - 0.25 \times 19.290\ 819} = 181.876\ 341$$

6.1.1.2 死亡时支付(UDD假设)

[**基本算法示例**] h 年缴费死亡时支付的即期终身死亡保险净保费加成法毛保费。

需要求解的问题类型:年缴毛保费。

解:

$$v = \frac{1}{1+i}$$

$$\delta = \ln(1+i)$$

$$\bar{A}_x = \frac{i}{\delta} \cdot \frac{\sum_{k=0}^{\omega-x} v^{k+1} d_{x+k}}{l_x} = \frac{i}{\delta} \cdot \frac{v^1 d_x + v^2 d_{x+1} + \cdots + v^{\omega-x} d_{\omega-1} + v^{\omega-x+1} d_\omega}{l_x}$$

$$\ddot{a}_{x:\overline{h}|} = \frac{\sum_{k=0}^{h-1} v^k l_{x+k}}{l_x} = \frac{v^0 l_x + v^1 l_{x+1} + \cdots + v^{h-2} l_{x+h-2} + v^{h-1} l_{x+h-1}}{l_x}$$

$$a_x = \frac{\sum_{k=1}^{\omega-x} v^k l_{x+k}}{l_x} = \frac{v^1 l_{x+1} + v^2 l_{x+2} + \cdots + v^{\omega-x-1} l_{\omega-1} + v^{\omega-x} l_\omega}{l_x}$$

$$G \cdot \ddot{a}_{x:\overline{h}|} = b \cdot \bar{A}_x + \theta_1 \cdot G + \theta_2 \cdot G \cdot a_x$$

$$G = \frac{b \cdot \bar{A}_x}{\ddot{a}_{x:\overline{h}|} - \theta_1 - \theta_2 \cdot a_x}$$

[**实验 6.1.2**] h 年缴费死亡时支付的即期终身死亡保险净保费加成法毛保费计算。

一位 30 岁的男性采用期缴方式购买保险金额为 10 000 元的终身寿险,缴费期限为 20 年。定价利率为 4.5%,初年度费用率为 60%,续年度费用率为 25%,极限年龄为 105 岁,采用经验生命表(2000—2003),用净保费加成法计算在 UDD 假设下的年缴毛保费。

解:

1.数据录入

(1)已知数据录入

$b = 10\,000$;

$x = 30$;

$i = 4.5\%$;

$\theta_1 = 60\%$;

$\theta_2 = 25\%$;

$h = 20$;

$\omega = 105$;

$L_{ijk} = L_{211}$。

(2)需要求解的问题录入: G

2.问题解答

$$v = \frac{1}{1+i} = \frac{1}{1+4.5\%} = 0.956\,938$$

$$\delta = \ln(1+i) = \ln(1+4.5\%) = 0.044\,017$$

$$\bar{A}_{30} = \frac{i}{\delta} \cdot \frac{\sum_{k=0}^{75} v^{k+1} d_{30+k}}{l_{30}} = \frac{0.045}{0.044\,017} \times 0.145\,998 = 0.149\,258$$

$$\ddot{a}_{30:\overline{20}|} = \frac{\sum_{k=0}^{19} v^k l_{30+k}}{l_{30}} = 13.450\,027$$

$$a_{30} = \frac{\sum_{k=1}^{75} v^k l_{30+k}}{l_{30}} = 19.290\ 819$$

$$G \cdot \ddot{a}_{30:\overline{20}|} = b \cdot \bar{A}_{30} + \theta_1 \cdot G + \theta_2 \cdot G \cdot a_{30}$$

$$G = \frac{b \cdot \bar{A}_{30}}{\ddot{a}_{30:\overline{20}|} - \theta_1 - \theta_2 \cdot a_{30}} = \frac{10\ 000 \times 0.149\ 258}{13.450\ 027 - 0.6 - 0.25 \times 19.290\ 819} = 185.937\ 471$$

6.1.2 资产份额定价法毛保费

[**基本算法示例**] h 年缴费死亡年末支付的即期终身死亡保险资产份额定价法毛保费。

需要求解的问题类型：

①利润现值 $PVPRO_x$；

②获利比率 $PI_x = \dfrac{PVPRO_x}{PVP_x}$；

③投资回报率 ROI；

④临界平衡年 m；

⑤最终资产份额与最终期末准备金的比值 $\dfrac{AS_{x,n}}{V_{x,n}}$。

解：

(1)问题①解答

第一步：(以下分别按 $t=1,2,3,\cdots,n$ 计算)

$$l'_{x,t} = l_{x,t-1}$$

$$d_{x,t} = l'_{x,t} \cdot q^d_{x,t} = l'_{x,t} \cdot \frac{d_{x+t}}{l_{x+t}}\ (d_{x,t}\ 取整数)$$

$$F(t) = 1 - e^{-\lambda t}$$

$$q^w_{x,t} = F(t) - F(t-1)$$

$$w_{x,t} = l'_{x,1} \cdot q^w \cdot q^w_{x,t}\ (w_{x,t}\ 取整数)$$

$$l_{x,t} = l'_{x,t} - d_{x,t} - w_{x,t}$$

第二步：(实际毛保费 G 和附加费用计算)

$$v = \frac{1}{1+i}$$

$$A_x = \frac{\sum_{k=0}^{\omega-x} v^{k+1} d_{x+k}}{l_x} = \frac{v^1 d_x + v^2 d_{x+1} + \cdots + v^{\omega-x} d_{\omega-1} + v^{\omega-x+1} d_\omega}{l_x}$$

$$\ddot{a}_{x:\overline{h}|} = \frac{\sum_{k=0}^{h-1} v^k l_{x+k}}{l_x} = \frac{v^0 l_x + v^1 l_{x+1} + \cdots + v^{h-2} l_{x+h-2} + v^{h-1} l_{x+h-1}}{l_x}$$

$$a_x = \frac{\sum_{k=1}^{\omega-x} v^k l_{x+k}}{l_x} = \frac{v^1 l_{x+1} + v^2 l_{x+2} + \cdots + v^{\omega-x-1} l_{\omega-1} + v^{\omega-x} l_\omega}{l_x}$$

$$G \cdot \ddot{a}_{x:\overline{h}|} = b \cdot A_x + \theta_1 \cdot G + \theta_2 \cdot G \cdot a_x$$

$$G = \frac{b \cdot A_x}{\ddot{a}_{x:\overline{h}|} - \theta_1 - \theta_2 \cdot a_x}$$

$$E_{x,t} = \begin{cases} G \cdot \theta_1, t = 1 \\ G \cdot \theta_2, t > 1 \end{cases}$$

第三步:(现金价值计算,采用净保费加成法)

$$i_1 = i + 2\%$$

$$v_1 = \frac{1}{1 + i_1}$$

$$A_{x|i_1} = \frac{\sum_{k=0}^{\omega-x} v_1^{k+1} d_{x+k}}{l_x} = \frac{v_1^1 d_x + v_1^2 d_{x+1} + \cdots + v_1^{\omega-x} d_{\omega-1} + v_1^{\omega-x+1} d_\omega}{l_x}$$

$$\ddot{a}_{x:\overline{h}|i_1} = \frac{\sum_{k=0}^{h-1} v_1^k l_{x+k}}{l_x} = \frac{l_x + v_1^1 l_{x+1} + \cdots + v_1^{h-2} l_{x+h-2} + v_1^{h-1} l_{x+h-1}}{l_x}$$

$$a_{x|i_1} = \frac{\sum_{k=1}^{\omega-x} v_1^k l_{x+k}}{l_x} = \frac{v_1^1 l_{x+1} + v_1^2 l_{x+2} + \cdots + v_1^{\omega-x-1} l_{\omega-1} + v_1^{\omega-x} l_\omega}{l_x}$$

$$G' \cdot \ddot{a}_{x:\overline{h}|i_1} = b \cdot A_{x|i_1} + \theta_1 \cdot G' + \theta_2 \cdot G' \cdot a_{x|i_1}$$

$$G' = \frac{b \cdot A_{x|i_1}}{\ddot{a}_{x:\overline{h}|i_1} - \theta_1 - \theta_2 \cdot a_{x|i_1}}$$

(以下分别按 $t=1,2,3,\cdots,n$ 计算)

$$A_{x+t|i_1} = \frac{\sum_{k=0}^{\omega-x-t} v_1^{k+1} d_{x+t+k}}{l_{x+t}} = \frac{v_1^1 d_{x+t} + v_1^2 d_{x+t+1} + \cdots + v_1^{\omega-x-t} d_{\omega-1} + v_1^{\omega-x-t+1} d_\omega}{l_{x+t}}$$

$$\ddot{a}_{x+t:\overline{h-t}|i_1} = \frac{\sum_{k=0}^{h-t-1} v_1^k l_{x+t+k}}{l_{x+t}} = \frac{l_{x+t} + v_1^1 l_{x+t+1} + \cdots + v_1^{h-t-2} l_{x+h-2} + v_1^{h-t-1} l_{x+h-1}}{l_{x+t}}$$

$$b \cdot {}_tV'(A_x) = \begin{cases} b \cdot A_{x+t|i_1} - (1-\theta_2) \cdot G' \cdot \ddot{a}_{x+t:\overline{h-t}|i_1}, & t < h \\ b \cdot A_{x+t|i_1}, & h \leqslant t \leqslant n \end{cases}$$

$$K = 80$$

当 $t < \min(20,h)$ 时, $\mathrm{r} = \mathrm{K}\% + \mathrm{t} \cdot (100\% - \mathrm{K}\%)/\min(20,\mathrm{h})$

当 $t \geqslant \min(20,h)$ 时, $r = 100\%$

$$b \cdot {}_tCV(A_x) = r \cdot \max[b \cdot {}_tV'(A_x), 0]$$

第四步:(以下分别按 $t=1,2,3,\cdots,n$ 计算)

$$FA'_{x,t} = FA_{x,t-1} \quad (FA'_{x,1} = 0)$$

$$TG_{x,t} = \begin{cases} G \cdot l'_{x,t}, & t \leqslant h \\ 0, & t > h \end{cases}$$

$$TE_{x,t} = \begin{cases} l'_{x,1} \cdot \theta_1 \cdot G, & t = 1 \\ l'_{x,t} \cdot \theta_2 \cdot G, & t > 1 \end{cases}$$

$$TD_{x,t} = b \cdot d_{x,t} = b \cdot l'_{x,t} \cdot \frac{d_{x+t}}{l_{x+t}}$$

$$TW_{x,t} = w_{x,t} \cdot b \cdot {}_tCV(A_x)$$

$$I_{x,t} = i_3 \cdot (FA'_{x,t} + TG_{x,t} - TE_{x,t})$$

$$FA_{x,t} = FA'_{x,t} + TG_{x,t} - TE_{x,t} - TD_{x,t} - TW_{x,t} + I_{x,t}$$

$$AS_{x,t} = \frac{FA_{x,t}}{l_{x,t}}$$

第五步:(期末准备金计算,一年定期修正法,最优估计假设)

$$v_2 = \frac{1}{1+i_2}$$

$$\beta_x^{Mod} = P_{x+1|i_2} = \frac{A_{x+1|i_2}}{\ddot{a}_{x+1:\overline{h-1}|i_2}} = \frac{\sum_{k=0}^{\omega-x-1} v_2^{k+1} d_{x+k+1}}{\sum_{k=0}^{h-2} v_2^k l_{x+k+1}}$$

$$= \frac{v_2^1 d_{x+1} + v_2^2 d_{x+2} + \cdots + v_2^{\omega-x-1} d_{\omega-1} + v_2^{\omega-x} d_\omega}{l_{x+1} + v_2^1 l_{x+2} + \cdots + v_2^{h-3} l_{x+h-2} + v_2^{h-2} l_{x+h-1}}$$

(以下分别按 $t=1,2,3,\cdots,n$ 计算)

$$A_{x+t|i_2} = \frac{\sum_{k=0}^{\omega-x-t} v_2^{k+1} d_{x+t+k}}{l_{x+t}} = \frac{v_2^1 d_{x+t} + v_2^2 d_{x+t+1} + \cdots + v_2^{\omega-x-t} d_{\omega-1} + v_2^{\omega-x-t+1} d_\omega}{l_{x+t}}$$

$$\ddot{a}_{x+t:\overline{h-t}|i_2} = \frac{\sum_{k=0}^{h-t-1} v_2^k l_{x+t+k}}{l_{x+t}} = \frac{l_{x+t} + v_2^1 l_{x+t+1} + \cdots + v_2^{h-t-2} l_{x+h-2} + v_2^{h-t-1} l_{x+h-1}}{l_{x+t}}$$

$$V_{x,t} = b \cdot {}_tV(A_x) = \begin{cases} 0, & t = 1 \\ b \cdot (A_{x+t|i_2} - \beta_x^{Mod} \cdot \ddot{a}_{x+t:\overline{h-t}|i_2}), & 1 < t < h \\ b \cdot A_{x+t|i_2}, & h \leqslant t \leqslant n \end{cases}$$

第六步:(以下分别按 $t=1,2,3,\cdots,n$ 计算)

$$SUR_{x,t} = AS_{x,t} - V_{x,t}$$

$$GAIN_{x,t} = SUR_{x,t} - \frac{SUR_{x,t-1} \cdot l'_{x,t}}{l_{x,t}}$$

$$PRO_{x,t} = GAIN_{x,t} - \frac{SUR_{x,t-1} \cdot l'_{x,t} \cdot i_3}{l_{x,t}}$$

$${}_tD_x = {}_{t-1}D_x \cdot \frac{l_{x,t}}{(1 + j_t) \cdot l'_{x,t}} \quad ({}_0D_x = 1)$$

$$PVPRO_x = \sum_{t=1}^{n} {}_tD_x \cdot PRO_{x,t}$$

$$= {}_1D_x \cdot PRO_{x,1} + {}_2D_x \cdot PRO_{x,2} + \cdots + {}_{n-1}D_x \cdot PRO_{x,n-1} + {}_nD_x \cdot PRO_{x,n}$$

(2)问题②解答

$$PVP_x = \sum_{t=1}^{h} {}_{t-1}D_x \cdot G = G \cdot (1 + {}_1D_x + \cdots + {}_{h-2}D_x + {}_{h-1}D_x)$$

$$PI_x = \frac{PVPRO_x}{PVP_x}$$

(3)问题③解答

当 $PVPRO_x = \sum_{t=1}^{n} {}_tD'_x \cdot PRO_{x,t} = 0$ 时,所得到的 i_3 值就是 ROI 的值。(ROI 的计算没有直接的计算式,只能用渐近的方法,即如果 $PVPRO_x > 0$,则提高或降低 i_3 的值,直到 $PVPRO_x = 0$ 或者接近0;反之,如果 $PVPRO_x < 0$,则降低或提高 i_3 的值,直到 $PVPRO_x = 0$ 或者接近 0。)

(4)问题④解答

当 $SUR_{x,t-1} < 0, SUR_{x,t} > 0$ 时,所得到的 $m = t$ 值就是临界平衡年。

(5)问题⑤解答

$$AS_{x,n} = \frac{FA_{x,n}}{l_{x,n}}$$

$$V_{x,n} = b \cdot A_{x+n|i_2}$$

$$\frac{AS_{x,n}}{V_{x,n}} = \frac{FA_{x,n}}{l_{x,n} \cdot V_{x,n}}$$

[**实验 6.1.3**] h 年缴费死亡年末支付的即期终身死亡保险资产份额定价法毛保费计算。

一位 50 岁的男性购买保险金额为 1 000 元的终身寿险,缴费期限为 20 年,经验期期限为 40 年。假设为全离散模型,退保人数服从参数为 0. 15 的指数分布,第一年的期初生存人数为 100 000 人。定价利率为 2. 5%,保单初年附加费用率为 60%,续年附加费用率为 25%,准备金评估利率为 2. 5%,预期退保比例为 20%,积累利率为 4%,贴现利率为 4. 5%,极限年龄为 105 岁,采用经验生命表(2000—2003),在资产份额定价法下,求利润现值、获利比率、投资回报率、临界平衡年、资产份额/准备金的值。

解:

1.数据录入

(1)已知数据录入

$b = 1\,000$;

$x = 50$;

$h = 20$;

$n = 40$;

$i = 2.5\%$;

$i_2 = 2.5\%$;

$i_3 = 4\%$;

$j_t = 4.5\%$;

$K = 80$;

$q^w = 20\%$;

$\lambda = 0.15$;

$l'_{x,1} = 100\,000$;

$\theta_1 = 60\%$;

$\theta_2 = 25\%$;

$\omega = 105$;

$L_{ijk} = L_{211}$。

(2)需要求解的问题录入

① $PVPRO_{50}$;

② $\dfrac{PVPRO_{50}}{PVP_{50}}$;

③ ROI;

④ m;

⑤ $\dfrac{AS_{50,40}}{V_{50,40}}$。

2.问题解答(见表6-1)

(1)问题①解答

第一步:(以下分别按 $t=1,2,3,\cdots,40$ 计算)(见表6-1 B、C、D、E栏)

$$l'_{50,t} = l_{50,t-1}$$

$$d_{50,t} = l'_{50,t} \cdot q^d_{50,t} = l'_{50,t} \cdot \frac{d_{50+t}}{l_{50+t}}$$

$$F(t) = 1 - e^{-0.15t}$$

$$q^w_{50,t} = F(t) - F(t-1)$$

$$w_{50,t} = l'_{50,1} \cdot q^w \cdot q^w_{50,t} = 100\,000 \times 20\% \times q^w_{50,t} = 20\,000 \times q^w_{50,t}$$

$$l_{50,t} = l'_{50,t} - d_{50,t} - w_{50,t}$$

第二步:(实际毛保费 G 和附加费用计算)(见表 6-1 F 栏)

$$v=\frac{1}{1+i}=\frac{1}{1+2.5\%}=0.975\ 610$$

$$A_{50}=\frac{\sum_{k=0}^{55}v^{k+1}d_{50+k}}{l_{50}}=0.505\ 927$$

$$\ddot{a}_{50:\overline{20}|}=\frac{\sum_{k=0}^{19}v^{k}l_{50+k}}{l_{50}}=15.090\ 546$$

$$a_{50}=\frac{\sum_{k=1}^{55}v^{k}l_{50+k}}{l_{50}}=19.511\ 511$$

$$G\cdot\ddot{a}_{50:\overline{20}|}=b\cdot A_{50}+\theta_1\cdot G+\theta_2\cdot G\cdot a_{50}$$

$$G=\frac{b\cdot A_{50}}{\ddot{a}_{50:\overline{20}|}-\theta_1-\theta_2\cdot a_{50}}=\frac{1\ 000\times 0.505\ 927}{15.090\ 546-0.6-0.25\times 19.511\ 511}=52.631\ 276$$

$$E_{50,t}=\begin{cases}G\cdot\theta_1=52.631\ 276\times 0.6=31.578\ 766, & t=1\\ G\cdot\theta_2=52.631\ 276\times 0.25=13.157\ 819, & t>1\end{cases}$$

第三步:(现金价值计算,采用净保费加成法)(见表 6-1 G 栏)

$$i_1=i+2\%=4.5\%$$

$$v_1=\frac{1}{1+i_1}=\frac{1}{1+4.5\%}=0.956\ 938$$

$$A_{50|4.5\%}=\frac{\sum_{k=0}^{55}v_1^{k+1}d_{50+k}}{l_{50}}=0.311\ 789$$

$$\ddot{a}_{50:\overline{20}|4.5\%}=\frac{\sum_{k=0}^{19}v_1^{k}l_{50+k}}{l_{50}}=12.908\ 515$$

$$a_{50|4.5\%}=\frac{\sum_{k=1}^{55}v_1^{k}l_{50+k}}{l_{50}}=15.139\ 398$$

$$G'\cdot\ddot{a}_{50:\overline{20}|4.5\%}=b\cdot A_{50|4.5\%}+\theta_1\cdot G'+\theta_2\cdot G'\cdot a_{50|4.5\%}$$

$$G'=\frac{b\cdot A_{50|4.5\%}}{\ddot{a}_{50:\overline{20}|4.5\%}-\theta_1-\theta_2\cdot a_{50|4.5\%}}=\frac{1\ 000\times 0.311\ 789}{12.908\ 515-0.6-0.25\times 15.139\ 398}$$
$$=36.579\ 216$$

(以下分别按 $t=1,2,3,\cdots,40$ 计算)

$$A_{50+t|4.5\%}=\frac{\sum_{k=0}^{55-t}v_1^{k+1}d_{50+t+k}}{l_{50+t}}=\frac{v_1^1d_{50+t}+v_1^2d_{51+t}+\cdots+v_1^{55-t}d_{104}+v_1^{56-t}d_{105}}{l_{50+t}}$$

$$\ddot{a}_{50+t:\overline{20-t}|4.5\%} = \frac{\sum_{k=0}^{19-t} v_1^k l_{50+t+k}}{l_{50+t}} = \frac{l_{50+t} + v_1^1 l_{51+t} + \cdots + v_1^{18-t} l_{68} + v_1^{19-t} l_{69}}{l_{50+t}}$$

$$b \cdot {}_tV'(A_{50}) = \begin{cases} b \cdot A_{50+t|4.5\%} - (1-\theta_2) \cdot G' \cdot \ddot{a}_{50+t:\overline{20-t}|4.5\%}, & t < 20 \\ b \cdot A_{50+t|4.5\%}, & 20 \leqslant t \leqslant 40 \end{cases}$$

$K = 80$

当 $t < \min(20, h)$ 时，

$r = K\% + t \cdot (100\% - K\%)/\min(20, h) = 80\% + t \cdot (100\% - 80\%)/20 = (80 + t)\%$

当 $t \geqslant \min(20, h)$ 时，$r = 100\%$

$b \cdot {}_tCV(A_{50}) = r \cdot \max[b \cdot {}_tV'(A_{50}), 0]$

第四步：（以下分别按 $t=1,2,3,\cdots,40$ 计算）（见表 6-1 H、I、J、K、L、M、N、O 栏）

$FA'_{50,t} = FA_{50,t-1}(FA'_{50,1} = 0)$

$$TG_{50,t} = \begin{cases} G \cdot l'_{50,t} = 52.631\,276 \times l'_{50,t}, & t \leqslant 20 \\ 0, & t > 20 \end{cases}$$

$$TE_{50,t} = \begin{cases} l'_{50,1} \cdot \theta_1 \cdot G = 100\,000 \times 0.6 \times 52.631\,276 = 3\,157\,876.56, & t = 1 \\ l'_{50,t} \cdot \theta_2 \cdot G = l'_{50,t} \times 0.25 \times 52.631\,276 = 13.157819 \cdot l'_{50,t}, & t > 1 \end{cases}$$

$$TD_{50,t} = b \cdot d_{50,t} = 1\,000 \times l'_{50,t} \cdot \frac{d_{50+t}}{l_{50+t}}$$

$TW_{50,t} = w_{50,t} \cdot b \cdot {}_tCV(A_{50}) = 1\,000 \times w_{50,t} \cdot {}_tCV(A_{50})$

$I_{50,t} = i_3 \cdot (FA'_{50,t} + TG_{50,t} - TE_{50,t})$

$FA_{50,t} = FA'_{50,t} + TG_{50,t} - TE_{50,t} - TD_{50,t} - TW_{50,t} + I_{50,t}$

$$AS_{50,t} = \frac{FA_{50,t}}{l_{50,t}}$$

第五步：（期末准备金计算，一年定期修正法，最优估计假设）（见表 6-1 P 栏）

$$v_2 = \frac{1}{1+i_2} = \frac{1}{1+2.5\%} = 0.975\,610$$

$$\beta_{50}^{Mod} = P_{51|2.5\%} = \frac{A_{51|2.5\%}}{\ddot{a}_{51:\overline{19}|2.5\%}} = \frac{\sum_{k=0}^{54} v_2^{k+1} d_{51+k}}{\sum_{k=0}^{18} v_2^k l_{51+k}} = 0.035\,655$$

（以下分别按 $t=1,2,3,\cdots,40$ 计算）

$$A_{50+t|2.5\%} = \frac{\sum_{k=0}^{55-t} v_2^{k+1} d_{50+t+k}}{l_{50+t}} = \frac{v_2^1 d_{50+t} + v_2^2 d_{51+t} + \cdots + v_2^{55-t} d_{104} + v_2^{56-t} d_{105}}{l_{50+t}}$$

$$\ddot{a}_{50+t:\overline{20-t}|2.5\%} = \frac{\sum_{k=0}^{19-t} v_2^k l_{50+t+k}}{l_{50+t}} = \frac{l_{50+t} + v_2^1 l_{51+t} + \cdots + v_2^{18-t} l_{68} + v_2^{19-t} l_{69}}{l_{50+t}}$$

$$V_{50,t}=b\cdot{}_tV(A_{50})=\begin{cases}0, & t=1\\ b\cdot(A_{50+t|2.5\%}-\beta_{50}^{Mod}\cdot\ddot{a}_{50+t:\overline{20-t}|2.5\%}), & 1<t<20\\ b\cdot A_{50+t|2.5\%}, & 20\leqslant t\leqslant 40\end{cases}$$

第六步:(以下分别按 $t=1,2,3,\cdots,40$ 计算)(见表 6-1 Q、R、S、U、V 栏)

$$SUR_{50,t}=AS_{50,t}-V_{50,t}$$

$$GAIN_{50,t}=SUR_{50,t}-\frac{SUR_{50,t-1}\cdot l'_{50,t}}{l_{50,t}}$$

$$PRO_{50,t}=GAIN_{50,t}-\frac{SUR_{50,t-1}\cdot l'_{50,t}\cdot i_3}{l_{50,t}}$$

$${}_tD_{50}={}_{t-1}D_{50}\cdot\frac{l_{50,t}}{(1+j_t)\cdot l'_{50,t}}={}_{t-1}D_{50}\cdot\frac{l_{50,t}}{1.045\times l'_{50,t}}\left({}_0D_{50}=1\right)$$

$$PVPRO_{50}=\sum_{t=1}^{40}{}_tD_{50}\cdot PRO_{50,t}=100.006\ 775$$

(2)问题②解答

$$PVP_{50}=\sum_{t=1}^{20}{}_{t-1}D_{50}\cdot G=11.323\ 181\times 52.631\ 276=595.953\ 468$$

$$PI_{50}=\frac{PVPRO_{50}}{PVP_{50}}=\frac{100.006\ 775}{595.953\ 468}=0.167\ 810$$

(3)问题③解答

当 $PVPRO_{50}=\sum_{t=1}^{40}{}_tD'_{50}\cdot PRO_{50,t}=0$ 时,所得到的 i_3 值就是 ROI 的值。(ROI 的计算没有直接的计算式,只能用渐近的方法,即如果 $PVPRO_{50}>0$,则提高或降低 i_3 的值,直到 $PVPRO_{50}=0$ 或者接近 0;反之,如果 $PVPRO_{50}<0$,则降低或提高 i_3 的值,直到 $PVPRO_{50}=0$ 或者接近 0。)通过不断调整 i_3 的数值进行试验可知,当 $i_3=0.022\ 188$ 时,$PVPRO_{50}=\sum_{t=1}^{40}{}_tD'_{50}\cdot PRO_{50,t}=-0.000\ 873\ 6$ 接近于 0,因此,$ROI=0.022\ 188$。

(4)问题④解答·

当 $SUR_{50,t-1}<0, SUR_{50,t}>0$ 时,所得到的 $m=t$ 值就是临界平衡年。因为对于任意的 t,均有 $SUR_{50,t}>0$,因此,$m=1$。

(5)问题⑤解答

$$AS_{50,40}=\frac{FA_{50,40}}{l_{50,40}}=6\ 871.210\ 083$$

$$V_{50,40}=b\cdot A_{90|2.5\%}=921.546\ 321$$

$$\frac{AS_{50,40}}{V_{50,40}}=\frac{FA_{50,40}}{l_{50,40}\cdot V_{50,40}}=\frac{6\ 871.210\ 083}{921.546\ 321}=7.456\ 174$$

表 6-1 实验 6.1.3 数据计算表

A	B	C	D	E	F
年度	期初生存人数(人)	死亡人数(人)	退保人数(人)	期末生存人数(人)	每 1 000 元费用(元)
1	100 000	385	2 786	96 829	31. 578 766
2	96 829	400	2 398	94 032	13. 157 819
3	94 032	417	2 064	91 551	13. 157 819
4	91 551	437	1 776	89 337	13. 157 819
5	89 337	465	1 529	87 343	13. 157 819
6	87 343	502	1 316	85 526	13. 157 819
7	85 526	550	1 133	83 843	13. 157 819
8	83 843	609	975	82 260	13. 157 819
9	82 260	677	839	80 744	13. 157 819
10	80 744	752	722	79 270	13. 157 819
11	79 270	832	622	77 817	13. 157 819
12	77 817	914	535	76 367	13. 157 819
13	76 367	1 000	460	74 907	13. 157 819
14	74 907	1 089	396	73 422	13. 157 819
15	73 422	1 185	341	71 896	13. 157 819
16	71 896	1 287	294	70 315	13. 157 819
17	70 315	1 398	253	68 664	13. 157 819
18	68 664	1 518	218	66 929	13. 157 819
19	66 929	1 645	187	65 097	13. 157 819
20	65 097	1 778	161	63 158	13. 157 819
21	63 158	1 916	139	61 103	13. 157 819
22	61 103	2 058	119	58 926	13. 157 819
23	58 926	2 202	103	56 621	13. 157 819
24	56 621	2 346	88	54 186	13. 157 819
25	54 186	2 487	76	51 623	13. 157 819
26	51 623	2 624	66	48 934	13. 157 819
27	48 934	2 753	56	46 124	13. 157 819
28	46 124	2 872	49	43 204	13. 157 819
29	43 204	2 976	42	40 187	13. 157 819
30	40 187	3 062	36	37 089	13. 157 819
31	37 089	3 124	31	33 934	13. 157 819
32	33 934	3 158	27	30 749	13. 157 819
33	30 749	3 161	23	27 565	13. 157 819
34	27 565	3 128	20	24 417	13. 157 819
35	24 417	3 058	17	21 343	13. 157 819
36	21 343	2 947	15	18 381	13. 157 819
37	18 381	2 797	13	15 572	13. 157 819
38	15 572	2 609	11	12 952	13. 157 819
39	12 952	2 387	9	10 555	13. 157 819
40	10 555	2 139	8	8 408	13. 157 819

表6-1(续)

A	G	H	I	J	K
年度	现金价值(元)	期初基金数额(元)	保费收入(元)	费用支出(元)	死亡支付(元)
1	0	0	5 263 127.6	3 157 876.6	385 000
2	3.757 590	1 804 461.04	5 096 258.01	1 274 064.5	400 000
3	24.364 125	5 442 710.798	4 949 001.253	1 237 250.31	417 000
4	46.246 741	9 053 357.492	4 818 436.882	1 204 609.22	437 000
5	69.451 975	12 654 723.07	4 701 923.861	1 175 480.97	465 000
6	94.001 882	16 257 227.37	4 596 991.705	1 149 247.93	502 000
7	119.896 123	19 867 469.36	4 501 327.097	1 125 331.77	550 000
8	147.124 487	23 487 404.33	4 412 784.875	1 103 196.22	609 000
9	175.677 122	27 116 445.35	4 329 439.362	1 082 359.84	677 000
10	205.568 932	30 753 658.88	4 249 650.606	1 062 412.65	752 000
11	236.837 344	34 398 070.41	4 172 063.198	1 043 015.8	832 000
12	269.551 137	38 048 983.24	4 095 582.39	1 023 895.6	914 000
13	303.806 741	41 707 281.48	4 019 312.759	1 004 828.19	1 000 000
14	339.708 412	45 370 734.8	3 942 459.433	985 614.858	1 089 000
15	377.371 710	49 037 038.14	3 864 267.623	966 066.906	1 185 000
16	416.920 110	52 698 910.29	3 783 966.66	945 991.665	1 287 000
17	458.483 843	56 348 942.35	3 700 760.874	925 190.219	1 398 000
18	502.214 500	59 975 622.86	3 613 866.285	903 466.571	1 518 000
19	548.303 511	63 566 220.24	3 522 540.468	880 635.117	1 645 000
20	596.984 199	67 108 795.12	3 426 134.292	856 533.573	1 778 000
21	612.663 665	70 591 330.63	0	831 022.186	1 916 000
22	628.281 525	70 549 745.05	0	803 984.002	2 058 000
23	643.805 964	70 402 587.75	0	775 331.835	2 202 000
24	659.208 614	70 144 194.69	0	745 004.932	2 346 000
25	674.465 736	69 770 858.07	0	712 975.728	2 487 000
26	689.544 097	69 281 857.62	0	679 247.149	2 624 000
27	704.415 202	68 677 538.24	0	643 859.632	2 753 000
28	719.057 317	67 962 303.26	0	606 892.824	2 872 000
29	733.436 152	67 142 726.72	0	568 470.867	2 976 000
30	747.521 513	66 230 586.59	0	528 770.039	3 062 000
31	761.272 196	65 241 011.08	0	488 011.534	3 124 000
32	774.678 716	64 195 559.76	0	446 502.041	3 158 000
33	787.707 860	63 120 384.84	0	404 595.162	3 161 000
34	800.346 164	62 045 361.67	0	362 701.107	3 128 000
35	812.569 146	61 006 173.56	0	321 278.877	3 058 000
36	824.345 199	60 040 489.34	0	280 824.533	2 947 000
37	835.667 464	59 191 000.5	0	241 855.929	2 797 000
38	846.568 175	58 499 595.59	0	204 890.302	2 609 000
39	856.949 676	58 008 325.31	0	170 419.872	2 387 000
40	866.883 920	57 756 433.74	0	138 883.209	2 139 000

表6-1(续)

A	L	M	N	O	P
年度	退保支付(元)	利息收入(元)	期末基金数额(元)	期末资产份额(元)	期末准备金(元)
1	0	84 210.04	1 804 461.04	18.635 455 04	0.000 000
2	9 009.931 8	225 066.181 9	5 442 710.798	57.881 742 11	32.780 762
3	50 282.714 3	366 178.469 5	9 053 357.492	98.888 865 53	66.236 892
4	82 149.488	506 687.406 2	12 654 723.07	141.651 426 6	100.395 065
5	106 185.241	647 246.638 7	16 257 227.37	186.130 120 6	135.260 448
6	123 700.635	788 198.845 8	19 867 469.36	232.298 218	170.809 419
7	135 798.93	929 738.587 1	23 487 404.33	280.134 222 5	206.999 465
8	143 427.358	1 071 879.72	27 116 445.35	329.643 863 8	243.781 005
9	147 406.988	1 214 540.995	30 753 658.88	380.879 384 8	281.112 393
10	148 462.296	1 357 635.873	34 398 070.41	433.937 419 4	318.980 470
11	147 219.284	1 501 084.712	38 048 983.24	488.957 698 3	357.400 966
12	144 215.359	1 644 826.801	41 707 281.48	546.139 993 1	396.420 713
13	139 901.89	1 788 870.642	45 370 734.8	605.692 894 5	436.107 778
14	134 644.403	1 933 103.175	49 037 038.14	667.883 837 4	476.541 091
15	128 738.123	2 077 409.554	52 698 910.29	732.990 309 4	517.808 737
16	122 418.345	2 221 475.411	56 348 942.35	801.380 266 9	560.000 454
17	115 870.671	2 364 980.52	59 975 622.86	873.467 170 9	603.220 492
18	109 243.238	2 507 440.903	63 566 220.24	949.760 921 6	647.592 307
19	102 655.487	2 648 325.024	67 108 795.12	1 030.905 743	693.274 457
20	96 201.048 7	2 787 135.834	70 591 330.63	1 117.693 326	740.469 767
21	84 975.733 5	2 790 412.338	70 549 745.05	1 154.601 054	751.866 238
22	75 003.739 1	2 789 830.442	70 402 587.75	1 194.771 664	763.099 041
23	66 151.462 2	2 785 090.236	70 144 194.69	1 238.843 634	774.150 341
24	58 299.275 1	2 775 967.59	69 770 858.07	1 287.606 697	785.005 004
25	51 340.016 1	2 762 315.294	69 281 857.62	1 342.071 357	795.649 899
26	45 176.645 7	2 744 104.419	68 677 538.24	1 403.483 884	806.068 662
27	39 722.491 8	2 721 347.144	67 962 303.26	1 473.465 578	816.248 554
28	34 900.134 6	2 694 216.418	67 142 726.72	1 554.084 645	826.176 629
29	30 639.504 2	2 662 970.234	66 230 586.59	1 648.070 06	835.836 977
30	26 878.123 4	2 628 072.662	65 241 011.08	1 759.035 094	845.217 477
31	23 559.769 8	2 590 119.982	64 195 559.76	1 891.757 437	854.301 220
32	20 635.192 6	2 549 962.309	63 120 384.84	2 052.734 873	863.079 665
33	18 059.591	2 508 631.587	62 045 361.67	2 250.838 563	871.546 639
34	15 793.428 8	2 467 306.423	61 006 173.56	2 498.477 949	879.690 318
35	13 801.132 1	2 427 395.787	60 040 489.34	2 813.151 271	887.505 699
36	12 050.895 7	2 390 386.592	59 191 000.5	3 220.200 034	894.985 944
37	10 514.764 1	2 357 965.783	58 499 595.59	3 756.776 585	902.131 682
38	9 168.194 27	2 331 788.212	58 008 325.31	4 478.720 907	908.942 328
39	7 987.907 3	2 313 516.217	57 756 433.74	5 471.854 418	915.409 144
40	6 954.957 36	2 304 702.021	57 776 297.6	6 871.210 083	921.546 321

表6-1(续)

A	Q	R	S	U	V
年度	期末盈余(元)	本期损益(元)	营运损益(元)	tDx(贴现因子)	tDx * 营运损益(元)
1	18. 635 455	18. 635 455	18. 635 455	0. 926 597 699	17. 267 569 76
2	25. 100 980	5. 911 029 61	5. 143 431 612	0. 861 075 205	4. 428 881 428
3	32. 651 973	6. 870 836 43	5. 839 590 964	0. 802 256 794	4. 684 851 527
4	41. 256 361	7. 795 276 92	6. 456 833 544	0. 749 146 114	4. 837 111 76
5	50. 869 673	8. 671 582 88	6. 983 659 283	0. 700 887 587	4. 894 760 105
6	61. 488 799	9. 538 016 31	7. 459 985 014	0. 656 748 26	4. 899 332 179
7	73. 134 758	10. 412 190 2	7. 903 287 549	0. 616 105 128	4. 869 255 987
8	85. 862 859	11. 320 192 9	8. 338 486 326	0. 578 438 829	4. 823 304 269
9	99. 766 992	12. 292 026 5	8. 793 027 955	0. 543 328 782	4. 777 505 17
10	114. 956 950	13. 334 601 6	9. 269 707 68	0. 510 439 265	4. 731 622 776
11	131. 556 733	14. 453 079 4	9. 768 933 339	0. 479 504 374	4. 684 246 261
12	149. 719 280	15. 666 155	10. 304 029 98	0. 450 310 856	4. 640 016 562
13	169. 585 117	16. 947 245 6	10. 841 730 85	0. 422 679 863	4. 582 581 311
14	191. 342 746	18. 326 146 8	11. 405 482 89	0. 396 456 215	4. 521 774 579
15	215. 181 572	19. 778 270 6	11. 962 138 58	0. 371 500 194	4. 443 936 808
16	241. 379 813	21. 360 221 2	12. 559 437 6	0. 347 685 419	4. 366 733 322
17	270. 246 679	23. 062 943 6	13. 175 594 23	0. 324 901 146	4. 280 765 659
18	302. 168 615	24. 915 487 2	13. 825 362 2	0. 303 053 193	4. 189 820 156
19	337. 631 286	26. 960 109 4	14. 533 262 32	0. 282 066 146	4. 099 341 285
20	377. 223 560	29. 227 396 8	15. 307 550 28	0. 261 880 343	4. 008 746 522
21	402. 734 815	12. 825 132 5	−2. 771 254 8	0. 242 449 56	−0. 671 889 50
22	431. 672 623	14. 054 857 0	−2. 649 853 55	0. 223 740 868	−0. 592 880 53
23	464. 693 293	15. 448 580 6	−2. 521 207 82	0. 205 731 39	−0. 518 691 59
24	502. 601 693	17. 032 855 1	−2. 389 898 34	0. 188 408 229	−0. 450 276 51
25	546. 421 458	18. 862 661 9	−2. 239 689 90	0. 171 765 784	−0. 384 702 09
26	597. 415 222	20. 961 600 2	−2. 096 544 65	0. 155 805 842	−0. 326 653 90
27	657. 217 024	23. 412 288 4	−1. 939 900 99	0. 140 536 215	−0. 272 626 34
28	727. 908 016	26. 270 837 5	−1. 794 649 57	0. 125 970 303	−0. 226 072 54
29	812. 233 083	29. 672 668 7	−1. 629 747 84	0. 112 127 079	−0. 182 738 86
30	913. 817 617	33. 747 189 9	−1. 455 627 14	0. 099 027 876	−0. 144 147 66
31	1 037. 456 21	38. 684 662 3	−1. 266 199 85	0. 086 703 082	−0. 109 783 43
32	1 189. 655 20	44. 742 067 6	−1. 054 457 94	0. 075 182 278	−0. 079 276 55
33	1 379. 291 92	52. 224 726 1	−0. 857 961 75	0. 064 495 199	−0. 055 334 41
34	1 618. 787 63	61. 664 695 9	−0. 620 221 48	0. 054 669 41	−0. 033 907 14
35	1 925. 645 57	73. 662 531 0	−0. 416 790 62	0. 045 727 87	−0. 019 058 94
36	2 325. 214 09	89. 302 320	−0. 134 149 808	0. 037 686 549	−0. 005 055 64
37	2 854. 644 90	109. 923 423	0. 134 564 151	0. 030 551 656	0. 004 111 158
38	3 569. 778 57	137. 731 309	0. 449 418 202	0. 024 317 409	0. 010 928 686
39	4 556. 445 274	176. 065 432	0. 850 238 754	0. 018 964 024	0. 016 123 949
40	5 949. 663 76	229. 933 972	1. 144 780 72	0. 014 456 557	0. 016 549 587

6.2 定期寿险

6.2.1 净保费加成法毛保费

6.2.1.1 死亡年末支付

[**基本算法示例**] h 年缴费死亡年末支付的即期定期死亡保险净保费加成法毛保费。

需要求解的问题类型:年缴毛保费。

解:

$$v = \frac{1}{1+i}$$

$$A^{1}_{x:\overline{n}|} = \sum_{k=0}^{n-1} v^{k+1} \cdot \frac{d_{x+k}}{l_x} = \frac{v^1 d_x + v^2 d_{x+1} + \cdots + v^{n-1} d_{x+n-2} + v^n d_{x+n-1}}{l_x}$$

$$\ddot{a}_{x:\overline{h}|} = \sum_{k=0}^{h-1} v^k \cdot \frac{l_{x+k}}{l_x} = \frac{l_x + v^1 l_{x+1} + \cdots + v^{h-2} l_{x+h-2} + v^{h-1} l_{x+h-1}}{l_x}$$

$$a_{x:\overline{n-1}|} = \sum_{k=1}^{n-1} v^k \cdot \frac{l_{x+k}}{l_x} = \frac{v^1 l_{x+1} + v^2 l_{x+2} + \cdots + v^{n-2} l_{x+n-2} + v^{n-1} l_{x+n-1}}{l_x}$$

$$G \cdot \ddot{a}_{x:\overline{h}|} = b \cdot A^{1}_{x:\overline{n}|} + \theta_1 \cdot G + \theta_2 \cdot G \cdot a_{x:\overline{n-1}|}$$

$$G = \frac{b \cdot A^{1}_{x:\overline{n}|}}{\ddot{a}_{x:\overline{h}|} - \theta_1 - \theta_2 \cdot a_{x:\overline{n-1}|}}$$

[**实验 6.2.1**] h 年缴费死亡年末支付的即期定期死亡保险净保费加成法毛保费计算。

一位 30 岁的男性购买保险金额为 10 000 元的 20 年期定期保险,缴费期限为 15 年,假设为全离散模型,定价利率为 4.5%,保单初年的附加费率为 60%,续年的附加费率为 25%,采用经验生命表(2000—2003),用净保费加成法计算毛保费。

解:

1.数据录入

(1)已知数据录入

$b = 10\ 000$;

$x = 30$;

$i = 4.5\%$;

$\theta_1 = 60\%$;

$\theta_2 = 25\%$;

$n = 20$;

$h = 15$;

$L_{ijk} = L_{211}$。

(2)需要求解的问题录入：G

2.问题解答

$$v=\frac{1}{1+i}=\frac{1}{1+4.5\%}=0.956\ 938$$

$$A_{30:\overline{20|}}^{1}=\sum_{k=0}^{19}v^{k+1}\cdot\frac{d_{30+k}}{l_{30}}=0.021\ 285$$

$$\ddot{a}_{30:\overline{15|}}=\sum_{k=0}^{14}v^{k}\cdot\frac{l_{30+k}}{l_{30}}=11.142\ 202$$

$$a_{30:\overline{19|}}=\sum_{k=1}^{19}v^{k}\cdot\frac{l_{30+k}}{l_{30}}=12.450\ 027$$

$$G\cdot\ddot{a}_{30:\overline{15|}}=b\cdot A_{30:\overline{20|}}^{1}+\theta_1\cdot G+\theta_2\cdot G\cdot a_{30:\overline{19|}}$$

$$G=\frac{b\cdot A_{30:\overline{20|}}^{1}}{\ddot{a}_{30:\overline{15|}}-\theta_1-\theta_2\cdot a_{30:\overline{19|}}}=\frac{10\ 000\times 0.021\ 285}{11.142\ 202-60\%-25\%\times 12.450\ 027}$$
$$=28.648\ 551$$

6.2.1.2　死亡时支付(UDD 假设)

[**基本算法示例**] h 年缴费死亡时支付的即期定期死亡保险净保费加成法毛保费。

需要求解的问题类型:年缴毛保费。

解:

$$\delta=\ln(1+i)$$

$$v=\frac{1}{1+i}$$

$$A_{x:\overline{n|}}^{1}=\sum_{k=0}^{n-1}v^{k+1}\cdot\frac{d_{x+k}}{l_x}=\frac{v^1d_x+v^2d_{x+1}+\cdots+v^{n-1}d_{x+n-2}+v^nd_{x+n-1}}{l_x}$$

$$\bar{A}_{x:\overline{n|}}^{1}=\frac{i}{\delta}\cdot A_{x:\overline{n|}}^{1}$$

$$\ddot{a}_{x:\overline{h|}}=\sum_{k=0}^{h-1}v^{k}\cdot\frac{l_{x+k}}{l_x}=\frac{l_x+v^1l_{x+1}+\cdots+v^{h-2}l_{x+h-2}+v^{h-1}l_{x+h-1}}{l_x}$$

$$a_{x:\overline{n-1|}}=\sum_{k=1}^{n-1}v^{k}\cdot\frac{l_{x+k}}{l_x}=\frac{v^1l_{x+1}+v^2l_{x+2}+\cdots+v^{n-2}l_{x+n-2}+v^{n-1}l_{x+n-1}}{l_x}$$

$$G\cdot\ddot{a}_{x:\overline{h|}}=b\cdot\bar{A}_{x:\overline{n|}}^{1}+\theta_1\cdot G+\theta_2\cdot G\cdot a_{x:\overline{n-1|}}$$

$$G=\frac{b\cdot\bar{A}_{x:\overline{n|}}^{1}}{\ddot{a}_{x:\overline{h|}}-\theta_1-\theta_2\cdot a_{x:\overline{n-1|}}}$$

[**实验 6.2.2**] h 年缴费死亡时支付的即期定期死亡保险净保费加成法毛保费计算。

一位 30 岁的男性购买保险金额为 10 000 元的 20 年期定期保险,缴费期限为 15 年,假设为全离散模型,定价利率为 4.5%,保单初年的附加费率为 60%,续年的附加费率为 25%,采用经验生命表(2000—2003),用净保费加成法计算毛保费。

解:

1.数据录入

(1)已知数据录入

$b = 10\ 000$;

$x = 30$;

$i = 4.5\%$;

$\theta_1 = 60\%$;

$\theta_2 = 25\%$;

$n = 20$;

$h = 15$;

$L_{ijk} = L_{211}$。

(2)需要求解的问题录入:G

2.问题解答

$$\delta = \ln(1 + i) = \ln(1 + 4.5\%) = 0.044\ 017$$

$$v = \frac{1}{1 + i} = \frac{1}{1 + 4.5\%} = 0.956\ 938$$

$$A^{1}_{30:\overline{20|}} = \sum_{k=0}^{19} v^{k+1} \cdot \frac{d_{30+k}}{l_{30}} = 0.021\ 285$$

$$\bar{A}^{1}_{30:\overline{20|}} = \frac{i}{\delta} \cdot A^{1}_{30:\overline{20|}} = \frac{0.045}{0.044\ 017} \times 0.021\ 285 = 0.021\ 760$$

$$\ddot{a}_{30:\overline{15|}} = \sum_{k=0}^{14} v^{k} \cdot \frac{l_{30+k}}{l_{30}} = 11.142\ 202$$

$$a_{30:\overline{19|}} = \sum_{k=1}^{19} v^{k} \cdot \frac{l_{30+k}}{l_{30}} = 12.450\ 027$$

$$G \cdot \ddot{a}_{30:\overline{15|}} = b \cdot \bar{A}^{1}_{30:\overline{20|}} + \theta_1 \cdot G + \theta_2 \cdot G \cdot a_{30:\overline{19|}}$$

$$G = \frac{b \cdot \bar{A}^{1}_{30:\overline{20|}}}{\ddot{a}_{30:\overline{15|}} - \theta_1 - \theta_2 \cdot a_{30:\overline{19|}}} = \frac{10\ 000 \times 0.021\ 760}{11.142\ 202 - 60\% - 25\% \times 12.450\ 027}$$
$$= 29.287\ 877$$

6.2.2 资产份额定价法毛保费

[**基本算法示例**] h 年缴费死亡年末支付的即期定期死亡保险资产份额定价法毛保费。

需要求解的问题类型:

①利润现值 $PVPRO_x$;

②获利比率 $PI_x = \dfrac{PVPRO_x}{PVP_x}$;

③投资回报率 ROI;

④临界平衡年 m。

解:

(1)问题①解答

第一步:(以下分别按 $t=1,2,3,\cdots,n$ 计算)

$$l'_{x,t}=l_{x,t-1}$$

$$d_{x,t}=l'_{x,t}\cdot q_{x,t}^{d}=l'_{x,t}\cdot\frac{d_{x+t}}{l_{x+t}}\text{(}d_{x,t}\text{ 取整数)}$$

$$F(t)=1-e^{-\lambda t}$$

$$q_{x,t}^{w}=F(t)-F(t-1)$$

$$w_{x,t}=l'_{x,1}\cdot q^{w}\cdot q_{x,t}^{w}\text{(}w_{x,t}\text{ 取整数)}$$

$$l_{x,t}=l'_{x,t}-d_{x,t}-w_{x,t}$$

第二步:(实际毛保费 G 和附加费用计算)

$$v=\frac{1}{1+i}$$

$$A_{x:\overline{n|}}^{1}=\frac{\sum_{k=0}^{n-1}v^{k+1}d_{x+k}}{l_x}=\frac{v^1d_x+v^2d_{x+1}+\cdots+v^{n-1}d_{x+n-2}+v^nd_{x+n-1}}{l_x}$$

$$\ddot{a}_{x:\overline{h|}}=\frac{\sum_{k=0}^{h-1}v^{k}l_{x+k}}{l_x}=\frac{v^0l_x+v^1l_{x+1}+\cdots+v^{h-2}l_{x+h-2}+v^{h-1}l_{x+h-1}}{l_x}$$

$$a_{x:\overline{n-1|}}=\frac{\sum_{k=1}^{n-1}v^{k}l_{x+k}}{l_x}=\frac{v^1l_{x+1}+v^2l_{x+2}+\cdots+v^{n-2}l_{x+n-2}+v^{n-1}l_{x+n-1}}{l_x}$$

$$G\cdot\ddot{a}_{x:\overline{h|}}=b\cdot A_{x:\overline{n|}}^{1}+\theta_1\cdot G+\theta_2\cdot G\cdot a_{x:\overline{n-1|}}$$

$$G=\frac{b\cdot A_{x:\overline{n|}}^{1}}{\ddot{a}_{x:\overline{h|}}-\theta_1-\theta_2\cdot a_{x:\overline{n-1|}}}$$

$$E_{x,t}=\begin{cases}G\cdot\theta_1, & t=1\\ G\cdot\theta_2, & t>1\end{cases}$$

第三步:(现金价值计算,采用净保费加成法)

$$i_1=i+2\%$$

$$v_1=\frac{1}{1+i_1}$$

$$A_{x:\overline{n|}i_1}^{1}=\frac{\sum_{k=0}^{n-1}v_1^{k+1}d_{x+k}}{l_x}=\frac{v_1^1d_x+v_1^2d_{x+1}+\cdots+v_1^{n-1}d_{x+n-2}+v_1^nd_{x+n-1}}{l_x}$$

$$\ddot{a}_{x:\overline{h|}i_1}=\frac{\sum_{k=0}^{h-1}v_1^{k}l_{x+k}}{l_x}=\frac{l_x+v_1^1l_{x+1}+\cdots+v_1^{h-2}l_{x+h-2}+v_1^{h-1}l_{x+h-1}}{l_x}$$

$$a_{x:\overline{n-1|}i_1}=\frac{\sum_{k=1}^{n-1}v_1^{k}l_{x+k}}{l_x}=\frac{v_1^1l_{x+1}+v_1^2l_{x+2}+\cdots+v_1^{n-2}l_{x+n-2}+v_1^{n-1}l_{x+n-1}}{l_x}$$

$$G' \cdot \ddot{a}_{x:\overline{h}|i_1} = b \cdot A^1_{x:\overline{n}|i_1} + \theta_1 \cdot G' + \theta_2 \cdot G' \cdot a_{x:\overline{n-1}|i_1}$$

$$G' = \frac{b \cdot A^1_{x:\overline{n}|i_1}}{\ddot{a}_{x:\overline{h}|i_1} - \theta_1 - \theta_2 \cdot a_{x:\overline{n-1}|i_1}}$$

(以下分别按 $t=1,2,3,\cdots,n$ 计算)

当 $t < h$ 时,

$$A^1_{x+t:\overline{n-t}|i_1} = \frac{\sum_{k=0}^{n-t-1} v_1^{k+1} d_{x+t+k}}{l_{x+t}} = \frac{v_1^1 d_{x+t} + v_1^2 d_{x+t+1} + \cdots + v_1^{n-t-1} d_{x+n-2} + v_1^{n-t} d_{x+n-1}}{l_{x+t}}$$

$$\ddot{a}_{x+t:\overline{h-t}|i_1} = \frac{\sum_{k=0}^{h-t-1} v_1^{k} l_{x+t+k}}{l_{x+t}} = \frac{l_{x+t} + v_1^1 l_{x+t+1} + \cdots + v_1^{h-t-2} l_{x+h-2} + v_1^{h-t-1} l_{x+h-1}}{l_{x+t}}$$

$$b \cdot {}_tV'(A^1_{x:\overline{n}|}) = b \cdot A^1_{x+t:\overline{n-t}|i_1} - (1-\theta_2) \cdot G' \cdot \ddot{a}_{x+t:\overline{h-t}|i_1}$$

当 $t \geqslant h$ 时,

$$A^1_{x+t:\overline{n-t}|i_1} = \frac{\sum_{k=0}^{n-t-1} v_1^{k+1} d_{x+t+k}}{l_{x+t}} = \frac{v_1^1 d_{x+t} + v_1^2 d_{x+t+1} + \cdots + v_1^{n-t-1} d_{x+n-2} + v_1^{n-t} d_{x+n-1}}{l_{x+t}}$$

$$b \cdot {}_tV'(A^1_{x:\overline{n}|}) = b \cdot A^1_{x+t:\overline{n-t}|i_1}$$

$K = 80$

当 $t < \min(20,h)$ 时, $r = K\% + t \cdot (100\% - K\%)/\min(20,h)$

当 $t \geqslant \min(20,h)$ 时, $r = 100\%$

$$b \cdot {}_tCV(A^1_{x:\overline{n}|}) = r \cdot \max[b \cdot {}_tV'(A^1_{x:\overline{n}|}), 0]$$

第四步:(以下分别按 $t=1,2,3,\cdots,n$ 计算)

$$FA'_{x,t} = FA_{x,t-1} \quad (FA'_{x,1} = 0)$$

$$TG_{x,t} = \begin{cases} G \cdot l'_{x,t} & ,t \leqslant h \\ 0 & ,t > h \end{cases}$$

$$TE_{x,t} = \begin{cases} l'_{x,1} \cdot \theta_1 \cdot G, t = 1 \\ l'_{x,t} \cdot \theta_2 \cdot G, t > 1 \end{cases}$$

$$TD_{x,t} = b \cdot d_{x,t} = b \cdot l'_{x,t} \cdot \frac{d_{x+t}}{l_{x+t}}$$

$$TW_{x,t} = w_{x,t} \cdot b \cdot {}_tCV(A^1_{x:\overline{n}|})$$

$$I_{x,t} = i_3 \cdot (FA'_{x,t} + TG_{x,t} - TE_{x,t})$$

$$FA_{x,t} = FA'_{x,t} + TG_{x,t} - TE_{x,t} - TD_{x,t} - TW_{x,t} + I_{x,t}$$

$$AS_{x,t} = \frac{FA_{x,t}}{l_{x,t}}$$

第五步:(期末准备金计算,一年定期修正法,最优估计假设)

$$v_2 = \frac{1}{1+i_2}$$

$$\beta_x^{Mod} = P^1_{x+1:\overline{n-1}|i_2} = \frac{A^1_{x+1:\overline{n-1}|i_2}}{\ddot{a}_{x+1:\overline{h-1}|i_2}} = \frac{\sum_{k=0}^{n-2} v_2^{k+1} d_{x+k+1}}{\sum_{k=0}^{h-2} v_2^k l_{x+k+1}}$$

$$= \frac{v_2^1 d_{x+1} + v_2^2 d_{x+2} + \cdots + v_2^{n-2} d_{x+n-2} + v_2^{n-1} d_{x+n-1}}{l_{x+1} + v_2^1 l_{x+2} + \cdots + v_2^{h-3} l_{x+h-2} + v_2^{h-2} l_{x+h-1}}$$

（以下分别按 $t=1,2,3,\cdots,n$ 计算）

$$A^1_{x+t:\overline{n-t}|i_2} = \frac{\sum_{k=0}^{n-t-1} v_2^{k+1} d_{x+t+k}}{l_{x+t}} = \frac{v_2^1 d_{x+t} + v_2^2 d_{x+t+1} + \cdots + v_2^{n-t-1} d_{x+n-2} + v_2^{n-t} d_{x+n-1}}{l_{x+t}}$$

$$\ddot{a}_{x+t:\overline{h-t}|i_2} = \frac{\sum_{k=0}^{h-t-1} v_2^k l_{x+t+k}}{l_{x+t}} = \frac{l_{x+t} + v_2^1 l_{x+t+1} + \cdots + v_2^{h-t-2} l_{x+h-2} + v_2^{h-t-1} l_{x+h-1}}{l_{x+t}}$$

$$V_{x,t} = b \cdot {}_tV(A^1_{x:\overline{n}|}) = \begin{cases} 0, & t=1 \\ b \cdot (A^1_{x+t:\overline{n-t}|i_2} - \beta_x^{Mod} \cdot \ddot{a}_{x+t:\overline{h-t}|i_2}), & 1 < t < h \\ b \cdot A^1_{x+t:\overline{n-t}|i_2}, & h \leqslant t < n \\ 0, & t = n \end{cases}$$

第六步：（以下分别按 $t=1,2,3,\cdots,n$ 计算）

$$SUR_{x,t} = AS_{x,t} - V_{x,t}$$

$$GAIN_{x,t} = SUR_{x,t} - \frac{SUR_{x,t-1} \cdot l'_{x,t}}{l_{x,t}}$$

$$PRO_{x,t} = GAIN_{x,t} - \frac{SUR_{x,t-1} \cdot l'_{x,t} \cdot i_3}{l_{x,t}}$$

$${}_tD_x = {}_{t-1}D_x \cdot \frac{l_{x,t}}{(1+j_t) \cdot l'_{x,t}} \quad ({}_0D_x = 1)$$

$$PVPRO_x = \sum_{t=1}^{n} {}_tD_x \cdot PRO_{x,t}$$

$$= {}_1D_x \cdot PRO_{x,1} + {}_2D_x \cdot PRO_{x,2} + \cdots + {}_{n-1}D_x \cdot PRO_{x,n-1} + {}_tD_x \cdot PRO_{x,n}$$

（2）问题②解答

$$PVP_x = \sum_{t=1}^{h} {}_{t-1}D_x \cdot G = G \cdot (1 + {}_1D_x + \cdots + {}_{h-2}D_x + {}_{h-1}D_x)$$

$$PI_x = \frac{PVPRO_x}{PVP_x}$$

（3）问题③解答

当 $PVPRO_x = \sum_{t=1}^{n} {}_tD'_x \cdot PRO_{x,t} = 0$ 时，所得到的 i_3 值就是 ROI 的值。（ROI 的计算没有直接的计算式，只能用渐近的方法，即如果 $PVPRO_x > 0$，则提高或降低 i_3 的值，直到

$PVPRO_x=0$或者接近0;如果$PVPRO_x<0$,则降低或提高i_3的值,直到$PVPRO_x=0$或者接近0。)

(4)问题④解答

当$SUR_{x,t-1}<0$,$SUR_{x,t}>0$时,所得到的$m=t$值就是临界平衡年。

[**实验6.2.3**] h年缴费死亡年末支付的即期定期死亡保险资产份额定价法毛保费计算。

一位30岁的男性购买保险金额为1 000元的20年定期寿险,缴费期限为10年。假设为全离散模型,退保人数服从参数为0.3的指数分布模型,第一年的期初生存人数为100 000人。定价利率为2.5%,保单初年附加费用率为60%,续年附加费用率为25%,准备金评估利率为2.5%,预期退保比例为20%,积累利率为4%,贴现利率为4.5%,采用经验生命表(2000—2003),在资产份额定价法下,求利润现值、获利比率、投资回报率、临界平衡年的值。

解:

1.数据录入

(1)已知数据录入

$b=1\ 000$;

$x=30$;

$n=20$;

$h=10$;

$i=2.5\%$;

$i_2=2.5\%$;

$i_3=4\%$;

$j_t=4.5\%$;

$K=80$;

$q^w=20\%$;

$\lambda=0.3$;

$l'_{x,1}=100\ 000$;

$\theta_1=60\%$;

$\theta_2=25\%$;

$L_{ijk}=L_{211}$。

(2)需要求解的问题录入

① $PVPRO_{30}$;

② PI_{30};

③ ROI;

④ m。

2.问题解答(如表 6-2 所示)

(1)问题①解答

第一步:(以下分别按 $t=1,2,3,\cdots,20$ 计算)(见表 6-2 B、C、D、E 栏)

$$l'_{30,t} = l_{30,t-1}$$

$$d_{30,t} = l'_{30,t} \cdot q^{d}_{30,t} = l'_{30,t} \cdot \frac{d_{30+t}}{l_{30+t}}$$

$$F(t) = 1 - e^{-0.3t}$$

$$q^{w}_{30,t} = F(t) - F(t-1)$$

$$w_{30,t} = l'_{30,1} \cdot q^{w} \cdot q^{w}_{30,t} = 100\ 000 \times 20\% \times q^{w}_{30,t} = 20\ 000 \times q^{w}_{30,t}$$

$$l_{30,t} = l'_{30,t} - d_{30,t} - w_{30,t}$$

第二步:(实际毛保费 G 和附加费用计算)(见表 6-2 F 栏)

$$v = \frac{1}{1+i} = \frac{1}{1+2.5\%} = 0.975\ 610$$

$$A^{1}_{30:\overline{20|}} = \frac{\sum_{k=0}^{19} v^{k+1} d_{30+k}}{l_{30}} = 0.026\ 388$$

$$\ddot{a}_{30:\overline{10|}} = \frac{\sum_{k=0}^{9} v^{k} l_{30+k}}{l_{30}} = 8.930\ 813$$

$$a_{30:\overline{19|}} = \frac{\sum_{k=1}^{19} v^{k} l_{30+k}}{l_{30}} = 14.794\ 451$$

$$G \cdot \ddot{a}_{30:\overline{10|}} = b \cdot A^{1}_{30:\overline{20|}} + \theta_1 \cdot G + \theta_2 \cdot G \cdot a_{30:\overline{19|}}$$

$$G = \frac{b \cdot A^{1}_{30:\overline{20|}}}{\ddot{a}_{30:\overline{10|}} - \theta_1 - \theta_2 \cdot a_{30:\overline{19|}}} = \frac{1\ 000 \times 0.026\ 388}{8.930\ 813 - 0.6 - 0.25 \times 14.794\ 451} = 5.696\ 645$$

$$E_{30,t} = \begin{cases} G \cdot \theta_1 = 5.696\ 645 \times 0.6 = 3.417\ 987, & t = 1 \\ G \cdot \theta_2 = 5.696\ 645 \times 0.25 = 1.424\ 161, & t > 1 \end{cases}$$

第三步:(现金价值计算,采用净保费加成法)(见表 6-2 G 栏)

$$i_1 = i + 2\% = 4.5\%$$

$$v_1 = \frac{1}{1+i_1} = \frac{1}{1+4.5\%} = 0.956\ 938$$

$$A^{1}_{30:\overline{20|}4.5\%} = \frac{\sum_{k=0}^{19} v_1^{k+1} d_{30+k}}{l_{30}} = 0.021\ 285$$

$$\ddot{a}_{30:\overline{10|}4.5\%} = \frac{\sum_{k=0}^{9} v_1^{k} l_{30+k}}{l_{30}} = 8.233\ 345$$

$$a_{30:\overline{19}|4.5\%} = \frac{\sum_{k=1}^{19} v_1^k l_{30+k}}{l_{30}} = 12.450\ 027$$

$$G' \cdot \ddot{a}_{30:\overline{10}|4.5\%} = b \cdot A^1_{30:\overline{20}|4.5\%} + \theta_1 \cdot G' + \theta_2 \cdot G' \cdot a_{30:\overline{19}|4.5\%}$$

$$G' = \frac{b \cdot A^1_{30:\overline{20}|4.5\%}}{\ddot{a}_{30:\overline{10}|4.5\%} - \theta_1 - \theta_2 \cdot a_{30:\overline{19}|4.5\%}} = \frac{1\ 000 \times 0.021\ 285}{8.233\ 345 - 0.6 - 0.25 \times 12.450\ 027}$$

$$= 4.708\ 198$$

(以下分别按 $t=1,2,3,\cdots,20$ 计算)

当 $t < 10$ 时,

$$A^1_{30+t:\overline{20-t}|4.5\%} = \frac{\sum_{k=0}^{19-t} v_1^{k+1} d_{30+t+k}}{l_{30+t}} = \frac{v_1^1 d_{30+t} + v_1^2 d_{31+t} + \cdots + v_1^{19-t} d_{48} + v_1^{20-t} d_{49}}{l_{30+t}}$$

$$\ddot{a}_{30+t:\overline{10-t}|4.5\%} = \frac{\sum_{k=0}^{9-t} v_1^k l_{30+t+k}}{l_{30+t}} = \frac{l_{30+t} + v_1^1 l_{31+t} + \cdots + v_1^{8-t} l_{38} + v_1^{9-t} l_{39}}{l_{30+t}}$$

$$b \cdot {}_tV'(A^1_{30:\overline{20}|}) = b \cdot A^1_{30+t:\overline{20-t}|4.5\%} - (1-\theta_2) \cdot G' \cdot \ddot{a}_{30+t:\overline{10-t}|4.5\%}$$

$$= 1\ 000 \times A^1_{30+t:\overline{20-t}|4.5\%} - (1-0.25) \times 4.708\ 198 \times \ddot{a}_{30+t:\overline{10-t}|4.5\%}$$

$$= 1\ 000 \times A^1_{30+t:\overline{20-t}|4.5\%} - 3.531\ 149 \times \ddot{a}_{30+t:\overline{10-t}|4.5\%}$$

当 $t \geqslant 10$ 时,

$$A^1_{30+t:\overline{20-t}|4.5\%} = \frac{\sum_{k=0}^{19-t} v_1^{k+1} d_{30+t+k}}{l_{30+t}} = \frac{v_1^1 d_{30+t} + v_1^2 d_{31+t} + \cdots + v_1^{19-t} d_{48} + v_1^{20-t} d_{49}}{l_{30+t}}$$

$$b \cdot {}_tV'(A^1_{30:\overline{20}|}) = b \cdot A^1_{30+t:\overline{20-t}|4.5\%} = 1\ 000 \times A^1_{30+t:\overline{20-t}|4.5\%}$$

$K = 80$

当 $t<min(20,h)$ 时,

$r = K\% + t \cdot (100\% - K\%)/\min(20,h) = 80\% + t \cdot (100\% - 80\%)/10 = (80 + 2t)\%$

当 $t \geqslant \min(20,h)$ 时, $r = 100\%$

$$b \cdot {}_tCV(A^1_{30:\overline{20}|}) = r \cdot \max[b \cdot {}_tV'(A^1_{30:\overline{20}|}), 0]$$

第四步:(以下分别按 $t=1,2,3,\cdots,20$ 计算)(见表 6-2 H、I、J、K、L、M、N、O 栏)

$$FA'_{30,t} = FA_{30,t-1}(FA'_{30,1} = 0)$$

$$TG_{30,t} = \begin{cases} G \cdot l'_{30,t} = 5.696\ 645 \times l'_{30,t}, & t \leqslant 10 \\ 0, & t > 10 \end{cases}$$

$$TE_{30,t} = \begin{cases} l'_{30,1} \cdot \theta_1 \cdot G = 100\ 000 \times 0.6 \times 5.696\ 645 = 341\ 798.7, & t = 1 \\ l'_{30,t} \cdot \theta_2 \cdot G = l'_{30,t} \times 0.25 \times 5.696\ 645 = 1.424161 \cdot l'_{30,t}, & t > 1 \end{cases}$$

$$TD_{30,t} = b \cdot d_{30,t} = 1\ 000 \times l'_{30,t} \cdot \frac{d_{30+t}}{l_{30+t}}$$

$TW_{30,t} = w_{30,t} \cdot b \cdot {}_tCV(A^1_{30:\overline{20|}}) = 1\ 000 \times w_{30,t} \cdot {}_tCV(A^1_{30:\overline{20|}})$

$I_{30,t} = i_3 \cdot (FA'_{30,t} + TG_{30,t} - TE_{30,t}) = 0.04 \times (FA'_{30,t} + TG_{30,t} - TE_{30,t})$

$FA_{30,t} = FA'_{30,t} + TG_{30,t} - TE_{30,t} - TD_{30,t} - TW_{30,t} + I_{30,t}$

$AS_{30,t} = \dfrac{FA_{30,t}}{l_{30,t}}$

第五步:(期末准备金计算,一年定期修正法,最优估计假设)(见表 6-2 P 栏)

$$v_2 = \frac{1}{1+i_2} = \frac{1}{1+2.5\%} = 0.975\ 610$$

$$\beta_{30}^{Mod} = P^1_{31:\overline{19|}2.5\%} = \frac{A^1_{31:\overline{19|}2.5\%}}{\ddot{a}_{31:\overline{9|}2.5\%}} = \frac{\sum_{k=0}^{18} v_2^{k+1} d_{31+k}}{\sum_{k=0}^{8} v_2^k l_{31+k}} = 0.003\ 218$$

(以下分别按 $t=1,2,3,\cdots,20$ 计算)

$$A^1_{30+t:\overline{20-t|}2.5\%} = \frac{\sum_{k=0}^{19-t} v_2^{k+1} d_{30+t+k}}{l_{30+t}} = \frac{v_2^1 d_{30+t} + v_2^2 d_{31+t} + \cdots + v_2^{19-t} d_{48} + v_2^{20-t} d_{49}}{l_{30+t}}$$

$$\ddot{a}_{30+t:\overline{10-t|}2.5\%} = \frac{\sum_{k=0}^{9-t} v_2^k l_{30+t+k}}{l_{30+t}} = \frac{l_{30+t} + v_2^1 l_{31+t} + \cdots + v_2^{8-t} l_{38} + v_2^{9-t} l_{39}}{l_{30+t}}$$

$$V_{30,t} = b \cdot {}_tV(A^1_{30:\overline{20|}}) = \begin{cases} 0, & t=1 \\ b \cdot (A^1_{30+t:\overline{20-t|}2.5\%} - \beta_{30}^{Mod} \cdot \ddot{a}_{30+t:\overline{10-t|}2.5\%}), & 1 < t < 10 \\ b \cdot A^1_{30+t:\overline{20-t|}2.5\%}, & 10 \leqslant t < 20 \\ 0, & t = 20 \end{cases}$$

第六步:(以下分别按 $t=1,2,3,\cdots,20$ 计算)(见表 6-2 Q、R、S、U、V 栏)

$SUR_{30,t} = AS_{30,t} - V_{30,t}$

$GAIN_{30,t} = SUR_{30,t} - \dfrac{SUR_{30,t-1} \cdot l'_{30,t}}{l_{30,t}}$

$PRO_{30,t} = GAIN_{30,t} - \dfrac{SUR_{30,t-1} \cdot l'_{30,t} \cdot i_3}{l_{30,t}}$

$j_t = i_3 + 0.5\%$

$${}_tD_{30} = {}_{t-1}D_{30} \cdot \frac{l_{30,t}}{(1+j_t) \cdot l'_{30,t}} = {}_{t-1}D_{30} \cdot \frac{l_{30,t}}{1.045 \times l'_{30,t}}$$

$({}_0D_{30} = 1)$

$$PVPRO_{30} = \sum_{t=1}^{20} {}_tD_{30} \cdot PRO_{30,t} = 3.353\ 646$$

(2)问题②解答

$$PVP_{30} = \sum_{t=1}^{10} {}_{t-1}D_{30} \cdot G = 5.696\ 645 \times 7.246\ 002 = 41.277\ 898$$

$$PI_{30}=\frac{PVPRO_{30}}{PVP_{30}}=\frac{3.353\ 646}{41.277\ 898}=0.081\ 246$$

(3)问题③解答

当$PVPRO_{30}=\sum_{t=1}^{20}{}_{t}D'_{30}\cdot PRO_{30,t}=0$时，所得到的$i_3$值就是$ROI$的值。（$ROI$的计算没有直接的计算式，只能用渐近的方法，即如果$PVPRO_{30}>0$，则提高或降低$i_3$的值，直到$PVPRO_{30}=0$或者接近0；反之，如果$PVPRO_{30}<0$，则降低或提高$i_3$的值，直到$PVPRO_{30}=0$或者接近0。）通过不断调整$i_3$的数值进行试验可知，当$i_3=0.023\ 279$时，$PVPRO_{30}=\sum_{t=1}^{20}{}_{t}D'_{30}\cdot PRO_{30,t}=-0.000\ 010\ 76$接近于0，因此，$ROI=0.023\ 279$。

(4)问题④解答

当$SUR_{30,t-1}<0$，$SUR_{30,t}>0$时，所得到的m值就是临界平衡年。因为对于任意的t，均有$SUR_{30,t}>0$，因此，$m=1$。

表6-2　实验6.2.3数据计算表

A	B	C	D	E	F
年度	期初生存人数（人）	死亡人数（人）	退保人（人）数	期末生存人数（人）	每1 000元费用（元）
1	100 000	93	5 184	94 723	3.417 987
2	94 723	94	3 840	90 789	1.424 161
3	90 789	96	2 845	87 848	1.424 161
4	87 848	98	2 108	85 642	1.424 161
5	85 642	102	1 561	83 979	1.424 161
6	83 979	107	1 157	82 715	1.424 161
7	82 715	113	857	81 745	1.424 161
8	81 745	120	635	80 990	1.424 161
9	80 990	129	470	80 391	1.424 161
10	80 391	138	348	79 905	1.424 161
11	79 905	147	258	79 499	1.424 161
12	79 499	157	191	79 151	1.424 161
13	79 151	167	142	78 842	1.424 161
14	78 842	178	105	78 559	1.424 161
15	78 559	190	78	78 292	1.424 161
16	78 292	203	58	78 031	1.424 161
17	78 031	219	43	77 770	1.424 161
18	77 770	237	32	77 502	1.424 161
19	77 502	256	23	77 222	1.424 161
20	77 222	276	17	76 929	1.424 161

表6-2(续)

A	G	H	I	J	K
年度	现金价值(元)	期初基金数额(元)	保费收入(元)	费用支出(元)	死亡支付(元)
1	0	0	569 664.5	341 798.7	93 000
2	0	143 980.432	539 604.240 9	134 901	94 000
3	0	476 630.981 8	517 192.007 3	129 298	96 000
4	2.010 846	803 106.010 4	500 440.328 9	125 110.1	98 000
5	4.443 85	1 123 335.855	487 873.604 9	121 968.4	102 000
6	7.027 24	1 439 872.625	478 397.02	119 599.2	107 000
7	9.759 226	1 755 489.343	471 198.179 3	117 799.5	113 000
8	12.633 66	2 071 881.333	465 672.885 7	116 418.2	120 000
9	15.641 61	2 389 961.998	461 371.358 7	115 342.8	129 000
10	18.774 38	2 709 074.712	457 959.399 1	114 489.8	138 000
11	17.897 08	3 030 105.643	0	113 797.3	147 000
12	16.847	2 881 341.786	0	113 219.8	157 000
13	15.614 38	2 718 625.859	0	112 723.6	167 000
14	14.187 22	2 540 926.775	0	112 283.7	178 000
15	12.548 65	2 346 300.164	0	111 881.1	190 000
16	10.671 94	2 132 820.418	0	111 500.4	203 000
17	8.521 517	1 898 558.263	0	111 129.1	219 000
18	6.054 596	1 639 562.846	0	110 756.6	237 000
19	3.227 146	1 352 767.165	0	110 374.7	256 000
20	0	1 036 012.654	0	109 977.2	276 000
A	L	M	N	O	P
年度	退保支付(元)	利息收入(元)	期末基金数额(元)	期末资产份额(元)	期末准备金(元)
1	0	9 114.632	143 980.432	1.520 013	0
2	0	21 947.35	476 630.981 8	5.249 883	2.353 592
3	0	34 581	803 106.010 4	9.141 969	4.709 152
4	4 237.876	47 137.45	1 123 335.855	13.116 605	7.064 580
5	6 938.098	59 569.64	1 439 872.625	17.145 682	9.415 420
6	8 127.885	71 946.82	1 755 489.343	21.223 341	11.754 395
7	8 362.185	84 355.52	2 071 881.333	25.345 630	14.073 854
8	8 019.46	96 845.44	2 389 961.998	29.509 342	16.362 407
9	7 355.447	109 439.6	2 709 074.712	33.698 701	18.607 129
10	6 540.409	122 101.8	3 030 105.643	37.921 432	20.795 044
11	4 618.843	116 652.3	2 881 341.786	36.243 598	19.612 104
12	3 220.959	110 724.9	2 718 625.859	34.347 381	18.268 382
13	2 211.562	104 236.1	2 540 926.775	32.228 082	16.755 573
14	1 488.618	97 145.72	2 346 300.164	29.866 615	15.067 109
15	975.426 7	89 376.76	2 132 820.418	27.241 870	13.190 332
16	614.543 3	80 852.8	1 898 558.263	24.330 744	11.104 023
17	363.528	71 497.17	1 639 562.846	21.082 281	8.777 181
18	191.345 3	61 152.25	1 352 767.165	17.454 716	6.174 099
19	75.554 95	49 695.7	1 036 012.654	13.415 953	3.258 681
20	0	37 041.42	687 076.885 9	8.931 264	0

表6-2(续)

A	Q	R	S	U	V
年度	期末盈余(元)	本期损益(元)	营运损益(元)	tDx(贴现因子)	tDx＊营运损益(元)
1	1.520 013	1.520 013	1.520 013	0.906 442	1.377 803
2	2.896 291	1.310 409	1.246 974	0.831 381	1.036 710
3	4.432 817	1.439 576	1.319 846	0.769 811	1.016 032
4	6.052 025	1.505 028	1.323 148	0.718 163	0.950 236
5	7.730 262	1.558 351	1.311 475	0.673 888	0.883 788
6	9.468 946	1.620 584	1.306 649	0.635 165	0.829 938
7	11.271 776	1.690 479	1.307 227	0.600 686	0.785 233
8	13.146 934	1.770 068	1.314 993	0.569 510	0.748 902
9	15.091 572	1.846 688	1.316 893	0.540 955	0.712 380
10	17.126 387	1.942 980	1.335 644	0.514 529	0.687 228
11	16.631 494	−0.582 250	−1.270 800	0.489 874	−0.622 532
12	16.078 999	−0.625 710	−1.293 898	0.466 724	−0.603 894
13	15.472 509	−0.669 483	−1.315 163	0.444 883	−0.585 094
14	14.799 505	−0.728 686	−1.349 814	0.424 199	−0.572 589
15	14.051 537	−0.798 495	−1.392 496	0.404 551	−0.563 335
16	13.226 721	−0.871 771	−1.435 711	0.385 841	−0.553 956
17	12.305 100	−0.966 103	−1.496 951	0.367 988	−0.550 860
18	11.280 617	−1.067 062	−1.560 969	0.350 927	−0.547 787
19	10.157 272	−1.164 114	−1.616 970	0.334 606	−0.541 048
20	8.931 264	−1.264 698	−1.672 536	0.318 982	−0.533 509

6.3 两全保险

6.3.1 净保费加成法毛保费

6.3.1.1 死亡年末支付

[**基本算法示例**] h 年缴费死亡年末支付的即期两全保险净保费加成法毛保费。

需要求解的问题类型:年缴毛保费。

解:

$$v = \frac{1}{1+i}$$

$$A_{x:\overline{n}|} = \sum_{k=0}^{n-1} \frac{v^{k+1} d_{x+k} + v^n l_{x+n}}{l_x}$$

$$= \frac{v^1 d_x + v^2 d_{x+1} + \cdots + v^{n-1} d_{x+n-2} + v^n d_{x+n-1} + v^n l_{x+n}}{l_x}$$

$$\ddot{a}_{x:\overline{h}|} = \sum_{k=0}^{h-1} v^k \cdot \frac{l_{x+k}}{l_x} = \frac{l_x + v^1 l_{x+1} + \cdots + v^{h-2} l_{x+h-2} + v^{h-1} l_{x+h-1}}{l_x}$$

$$a_{x:\overline{n-1}|} = \sum_{k=1}^{n-1} v^k \cdot \frac{l_{x+k}}{l_x} = \frac{v^1 l_{x+1} + v^2 l_{x+2} + \cdots + v^{n-2} l_{x+n-2} + v^{n-1} l_{x+n-1}}{l_x}$$

$$G \cdot \ddot{a}_{x:\overline{h}|} = b \cdot A_{x:\overline{n}|} + \theta_1 \cdot G + \theta_2 \cdot G \cdot a_{x:\overline{n-1}|}$$

$$G = \frac{b \cdot A_{x:\overline{n}|}}{\ddot{a}_{x:\overline{h}|} - \theta_1 - \theta_2 \cdot a_{x:\overline{n-1}|}}$$

[**实验 6.3.1**] h 年缴费死亡年末支付的即期两全保险净保费加成法毛保费计算。

一位 30 岁的男性购买保险金额为 1 000 元的 20 年期两全保险，缴费期限为 15 年，假设为全离散模型，定价利率为 4.5%，保单初年的附加费率为 40%，续年的附加费率为 15%，采用经验生命表(2000—2003)，用净保费加成法计算毛保费。

解：

1.数据录入

(1)已知数据录入

$b = 1\ 000$;

$x = 30$;

$i = 4.5\%$;

$\theta_1 = 40\%$;

$\theta_2 = 15\%$;

$n = 20$;

$h = 15$;

$L_{ijk} = L_{211}$。

(2)需要求解的问题录入：G

2.问题解答

$$v = \frac{1}{1+i} = \frac{1}{1+4.5\%} = 0.956\ 938$$

$$A_{30:\overline{20}|} = \sum_{k=0}^{19} \frac{v^{k+1} d_{30+k} + v^{20} l_{50}}{l_{30}} = 0.421\ 276$$

$$\ddot{a}_{30:\overline{15}|} = \sum_{k=0}^{14} v^k \cdot \frac{l_{30+k}}{l_{30}} = 11.142\ 202$$

$$a_{30:\overline{19}|} = \sum_{k=1}^{19} v^k \cdot \frac{l_{30+k}}{l_{30}} = 12.450\ 027$$

$$G \cdot \ddot{a}_{30:\overline{15}|} = b \cdot A_{30:\overline{20}|} + \theta_1 \cdot G + \theta_2 \cdot G \cdot a_{30:\overline{19}|}$$

$$G = \frac{b \cdot A_{30:\overline{20}|}}{\ddot{a}_{30:\overline{15}|} - \theta_1 - \theta_2 \cdot a_{30:\overline{19}|}} = \frac{1\ 000 \times 0.421\ 276}{11.142\ 202 - 40\% - 15\% \times 12.450\ 027}$$

$$= 47.469\ 334$$

6.3.1.2 死亡时支付(UDD 假设)

[**基本算法示例**] h 年缴费死亡时支付的即期两全保险净保费加成法毛保费。

需要求解的问题类型:年缴毛保费。

解:

$$\delta = \ln(1+i)$$

$$v = \frac{1}{1+i}$$

$$A_{x:\overline{n}|} = \sum_{k=0}^{n-1} \frac{v^{k+1}d_{x+k} + v^n l_{x+n}}{l_x}$$

$$= \frac{v^1 d_x + v^2 d_{x+1} + \cdots + v^{n-1}d_{x+n-2} + v^n d_{x+n-1} + v^n l_{x+n}}{l_x}$$

$$\bar{A}_{x:\overline{n}|} = \frac{i}{\delta} \cdot \sum_{k=0}^{n-1} \frac{v^{k+1}d_{x+k}}{l_x} + \frac{v^n l_{x+n}}{l_x}$$

$$= \frac{i}{\delta} \cdot \frac{v^1 d_x + v^2 d_{x+1} + \cdots + v^{n-1}d_{x+n-2} + v^n d_{x+n-1}}{l_x} + \frac{v^n l_{x+n}}{l_x}$$

$$\ddot{a}_{x:\overline{h}|} = \sum_{k=0}^{h-1} v^k \cdot \frac{l_{x+k}}{l_x} = \frac{l_x + v^1 l_{x+1} + \cdots + v^{h-2}l_{x+h-2} + v^{h-1}l_{x+h-1}}{l_x}$$

$$a_{x:\overline{n-1}|} = \sum_{k=1}^{n-1} v^k \cdot \frac{l_{x+k}}{l_x} = \frac{v^1 l_{x+1} + v^2 l_{x+2} + \cdots + v^{n-2}l_{x+n-2} + v^{n-1}l_{x+n-1}}{l_x}$$

$$G \cdot \ddot{a}_{x:\overline{h}|} = b \cdot \bar{A}_{x:\overline{n}|} + \theta_1 \cdot G + \theta_2 \cdot G \cdot a_{x:\overline{n-1}|}$$

$$G = \frac{b \cdot \bar{A}_{x:\overline{n}|}}{\ddot{a}_{x:\overline{h}|} - \theta_1 - \theta_2 \cdot a_{x:\overline{n-1}|}}$$

[**实验 6.3.2**] h 年缴费死亡时支付的即期两全保险净保费加成法毛保费计算。

一位 30 岁的男性购买保险金额为 1 000 元的 20 年期两全保险,缴费期限为 15 年,假设为全离散模型,定价利率为 4.5%,保单初年的附加费率为 40%,续年的附加费率为 15%,采用经验生命表(2000—2003),在 UDD 假设下,用净保费加成法计算毛保费。

解:

1.数据录入

(1)已知数据录入

$b = 1\ 000$;

$x = 30$;

$i = 4.5\%$;

$\theta_1 = 40\%$;

$\theta_2 = 15\%$;

$n = 20$;

$h = 15$;

$L_{ijk} = L_{211}$。

(2)需要求解的问题录入：G

2.问题解答

$$\delta = \ln(1+i) = \ln(1+4.5\%) = 0.044\,017$$

$$v = \frac{1}{1+i} = \frac{1}{1+4.5\%} = 0.956\,938$$

$$A_{30:\overline{20|}} = \sum_{k=0}^{19} \frac{v^{k+1}d_{30+k} + v^{20}l_{50}}{l_{30}} = 0.421\,276$$

$$\bar{A}_{30:\overline{20|}} = \frac{i}{\delta} \cdot \sum_{k=0}^{19} \frac{v^{k+1}d_{30+k}}{l_{30}} + \frac{v^{20}l_{50}}{l_{30}} = 0.421\,751$$

$$\ddot{a}_{30:\overline{15|}} = \sum_{k=0}^{14} v^k \cdot \frac{l_{30+k}}{l_{30}} = 11.142\,202$$

$$a_{30:\overline{19|}} = \sum_{k=1}^{19} v^k \cdot \frac{l_{30+k}}{l_{30}} = 12.450\,027$$

$$G \cdot \ddot{a}_{30:\overline{15|}} = b \cdot \bar{A}_{30:\overline{20|}} + \theta_1 \cdot G + \theta_2 \cdot G \cdot a_{30:\overline{19|}}$$

$$G = \frac{b \cdot \bar{A}_{30:\overline{20|}}}{\ddot{a}_{30:\overline{15|}} - \theta_1 - \theta_2 \cdot a_{30:\overline{19|}}} = \frac{1\,000 \times 0.421\,751}{11.142\,202 - 40\% - 15\% \times 12.450\,027}$$
$$= 47.522\,857$$

6.3.2 资产份额定价法毛保费

[**基本算法示例**] h 年缴费死亡年末支付的即期两全保险资产份额定价法毛保费。

需要求解的问题类型：

①利润现值 $PVPRO_x$；

②获利比率 $PI_x = \dfrac{PVPRO_x}{PVP_x}$；

③投资回报率 ROI；

④临界平衡年 m；

⑤最终资产份额与最终期末准备金的比值 $\dfrac{AS_{x,n}}{{}_nV(A_{x,\overline{n|}})}$。

2.问题解答

(1)问题①解答

第一步：(以下分别按 $t=1,2,3,\cdots,n$ 计算)

$d_{x,t}, w_{x,t}$ 取值为整数

$$l'_{x,t} = l_{x,t-1}$$

$$d_{x,t} = l'_{x,t} \cdot q^d_{x,t} = l'_{x,t} \cdot \frac{d_{x+t}}{l_{x+t}}$$

$$F(t) = 1 - e^{-\lambda t}$$

$$q^w_{x,t} = F(t) - F(t-1)$$

$$w_{x,t} = l'_{x,1} \cdot q^{w} \cdot q^{w}_{x,t}$$

$$l_{x,t} = l'_{x,t} - d_{x,t} - w_{x,t}$$

第二步:(实际毛保费 G 和附加费用计算)

$$v = \frac{1}{1+i}$$

$$A_{x:\overline{n}|} = \sum_{k=0}^{n-1} \frac{v^{k+1} d_{x+k} + v^{n} l_{x+n}}{l_x} = \frac{v^1 d_x + v^2 d_{x+1} + \cdots + v^{n-1} d_{x+n-2} + v^n d_{x+n-1} + v^n l_{x+n}}{l_x}$$

$$\ddot{a}_{x:\overline{h}|} = \sum_{k=0}^{h-1} v^k \cdot \frac{l_{x+k}}{l_x} = \frac{l_x + v^1 l_{x+1} + \cdots + v^{h-2} l_{x+h-2} + v^{h-1} l_{x+h-1}}{l_x}$$

$$a_{x:\overline{n-1}|} = \sum_{k=1}^{n-1} v^k \cdot \frac{l_{x+k}}{l_x} = \frac{v^1 l_{x+1} + v^2 l_{x+2} + \cdots + v^{n-2} l_{x+n-2} + v^{n-1} l_{x+n-1}}{l_x}$$

$$G \cdot \ddot{a}_{x:\overline{h}|} = b \cdot A_{x:\overline{n}|} + \theta_1 \cdot G + \theta_2 \cdot G \cdot a_{x:\overline{n-1}|}$$

$$G = \frac{b \cdot A_{x:\overline{n}|}}{\ddot{a}_{x:\overline{h}|} - \theta_1 - \theta_2 \cdot a_{x:\overline{n-1}|}}$$

$$E_{x,t} = \begin{cases} G \cdot \theta_1, & t = 1 \\ G \cdot \theta_2, & t > 1 \end{cases}$$

第三步:(现金价值计算,采用净保费加成法)

$$i_1 = i + 2\%$$

$$v_1 = \frac{1}{1+i_1}$$

$$A_{x:\overline{n}|i_1} = \sum_{k=0}^{n-1} \frac{v_1^{k+1} d_{x+k}}{l_x} + \frac{v_1^n l_{x+n}}{l_x} = \frac{v_1^1 d_x + v_1^2 d_{x+1} + \cdots + v_1^{n-1} d_{x+n-2} + v_1^n d_{x+n-1} + v_1^n l_{x+n}}{l_x}$$

$$\ddot{a}_{x:\overline{h}|i_1} = \sum_{k=0}^{h-1} v_1^k \cdot \frac{l_{x+k}}{l_x} = \frac{l_x + v_1^1 l_{x+1} + \cdots + v_1^{h-2} l_{x+h-2} + v_1^{h-1} l_{x+h-1}}{l_x}$$

$$a_{x:\overline{n-1}|i_1} = \sum_{k=1}^{n-1} v_1^k \cdot \frac{l_{x+k}}{l_x} = \frac{v_1^1 l_{x+1} + v_1^2 l_{x+2} + \cdots + v_1^{n-2} l_{x+n-2} + v_1^{n-1} l_{x+n-1}}{l_x}$$

$$G' \cdot \ddot{a}_{x:\overline{h}|i_1} = b \cdot A_{x:\overline{n}|i_1} + \theta_1 \cdot G' + \theta_2 \cdot G' \cdot a_{x:\overline{n-1}|i_1}$$

$$G' = \frac{b \cdot A_{x:\overline{n}|i_1}}{\ddot{a}_{x:\overline{h}|i_1} - \theta_1 - \theta_2 \cdot a_{x:\overline{n-1}|i_1}}$$

(以下分别按 $t=1,2,3,\cdots,n$ 计算)

当 $t < h$ 时,

$$A_{x+t:\overline{n-t}|i_1} = \sum_{k=0}^{n-t-1} \frac{v_1^{k+1} d_{x+t+k} + v_1^{n-t} l_{x+n}}{l_{x+t}}$$

$$= \frac{v_1^1 d_{x+t} + v_1^2 d_{x+t+1} + \cdots + v_1^{n-t-1} d_{x+n-2} + v_1^{n-t} d_{x+n-1} + v_1^{n-t} l_{x+n}}{l_{x+t}}$$

$$\ddot{a}_{x+t:\overline{h-t}|i_1} = \sum_{k=0}^{h-t-1} v_1^k \cdot \frac{l_{x+t+k}}{l_{x+t}} = \frac{l_{x+t} + v_1^1 l_{x+t+1} + \cdots + v_1^{h-t-2} l_{x+h-2} + v_1^{h-t-1} l_{x+h-1}}{l_{x+t}}$$

$$a_{x+t:\overline{n-t-1}|i_1} = \sum_{k=1}^{n-t-1} v_1^k \cdot \frac{l_{x+t+k}}{l_{x+t}} = \frac{v_1^1 l_{x+t+1} + v_1^2 l_{x+t+2} + \cdots + v_1^{n-t-2} l_{x+n-2} + v_1^{n-t-1} l_{x+n-1}}{l_{x+t}}$$

$b \cdot {}_tV'(A_{x:\overline{n}|}) = b \cdot A_{x+t:\overline{n-t}|i_1} - (1-\theta_2)G' \cdot \ddot{a}_{x+t:\overline{h-t}|i_1}$

当 $h \leqslant t < n$ 时，

$b \cdot {}_tV'(A_{x:\overline{n}|}) = b \cdot A_{x+t:\overline{n-t}|i_1}$

当 $t = n$ 时，

$b \cdot {}_nV'(A_{x:\overline{n}|}) = b$

$K = 90$

当 $t < \min(20,h)$ 时，$\mathrm{r} = \mathrm{K}\% + \mathrm{t} \cdot (100\% - \mathrm{K}\%)/\min(20,\mathrm{h})$

当 $t \geqslant \min(20,h)$ 时，$r = 100\%$

$b \cdot {}_tCV(A_{x:\overline{n}|}) = r \cdot \max[b \cdot {}_tV'(A_{x:\overline{n}|}), 0]$

第四步：（以下分别按 $t=1,2,3,\cdots,n$ 计算）

$FA'_{x,t} = FA_{x,t-1} \quad (FA'_{x,1} = 0)$

$$TG_{x,t} = \begin{cases} G \cdot l'_{x,t}, & t \leqslant h \\ 0, & t > h \end{cases}$$

$$TE_{x,t} = \begin{cases} l'_{x,1} \cdot \theta_1 \cdot G, & t = 1 \\ l'_{x,t} \cdot \theta_2 \cdot G, & t > 1 \end{cases}$$

$$TD_{x,t} = b \cdot d_{x,t} = b \cdot l'_{x,t} \cdot \frac{d_{x+t}}{l_{x+t}}$$

$TW_{x,t} = w_{x,t} \cdot b \cdot {}_tCV(A_{x:\overline{n}|})$

$I_{x,t} = i_3 \cdot (FA'_{x,t} + TG_{x,t} - TE_{x,t})$

$FA_{x,t} = FA'_{x,t} + TG_{x,t} - TE_{x,t} - TD_{x,t} - TW_{x,t} + I_{x,t}$

$$AS_{x,t} = \frac{FA_{x,t}}{l_{x,t}}$$

第五步：（期末准备金计算，一年定期修正法，最优估计假设）

$$v_2 = \frac{1}{1+i_2}$$

$$A_{x+1:\overline{n-1}|i_2} = \sum_{k=0}^{n-2} \frac{v_2^{k+1} d_{x+k+1}}{l_{x+1}} + \frac{v_2^{n-1} l_{x+n}}{l_{x+1}}$$

$$= \frac{v_2^1 d_{x+1} + v_2^2 d_{x+2} + \cdots + v_2^{n-2} d_{x+n-2} + v_2^{n-1} d_{x+n-1} + v_2^{n-1} l_{x+n}}{l_{x+1}}$$

$$\ddot{a}_{x+1:\overline{h-1}|i_2} = \sum_{k=0}^{h-2} v_2^k \cdot \frac{l_{x+k+1}}{l_{x+1}} = \frac{l_{x+1} + v_2^1 l_{x+2} + \cdots + v_2^{h-3} l_{x+h-2} + v_2^{h-2} l_{x+h-1}}{l_{x+1}}$$

$$\beta_x^{Mod} = P_{x+1:\overline{n-1}|i_2} = \frac{A_{x+1:\overline{n-1}|i_2}}{\ddot{a}_{x+1:\overline{h-1}|i_2}}$$

（以下分别按 $t=1,2,3,\cdots,n$ 计算）

$$A_{x+t:\overline{n-t}|i_2} = \sum_{k=0}^{n-t-1} \frac{v_2^{k+1} d_{x+t+k} + v_2^{n-t} l_{x+n}}{l_{x+t}}$$

$$= \frac{v_2^1 d_{x+t} + v_2^2 d_{x+t+1} + \cdots + v_2^{n-t-1} d_{x+n-2} + v_2^{n-t} d_{x+n-1} + v_2^{n-t} l_{x+n}}{l_{x+t}}$$

$$\ddot{a}_{x+t:\overline{h-t}|i_2} = \sum_{k=0}^{h-t-1} v_2^k \cdot \frac{l_{x+t+k}}{l_{x+t}} = \frac{l_{x+t} + v_2^1 l_{x+t+1} + \cdots + v_2^{h-t-2} l_{x+h-2} + v_2^{h-t-1} l_{x+h-1}}{l_{x+t}}$$

$$V_{x,t} = b \cdot {}_tV(A_{x:\overline{n}|}) = \begin{cases} 0, & t = 1 \\ b \cdot (A_{x+t:\overline{n-t}|i_2} - \beta_x^{Mod} \cdot \ddot{a}_{x+t:\overline{h-t}|i_2}), & 1 < t < h \\ b \cdot A_{x+t:\overline{n-t}|i_2}, & t \geqslant h \end{cases}$$

第六步:(以下分别按 $t=1,2,3,\cdots,n$ 计算)

$$SUR_{x,t} = AS_{x,t} - \text{V}_{x,t}$$

$$GAIN_{x,t} = SUR_{x,t} - \frac{SUR_{x,t-1} \cdot l'_{x,t}}{l_{x,t}}$$

$$PRO_{x,t} = GAIN_{x,t} - \frac{SUR_{x,t-1} \cdot l'_{x,t} \cdot i_3}{l_{x,t}}$$

$${}_tD_x = {}_{t-1}D_x \cdot \frac{l_{x,t}}{(1+j_t) \cdot l'_{x,t}} \quad ({}_0D_x = 1)$$

$$PVPRO_x = \sum_{t=1}^{n} {}_tD_x \cdot PRO_{x,t}$$

$$= {}_1D_x \cdot PRO_{x,1} + {}_2D_x \cdot PRO_{x,2} + \cdots + {}_{n-1}D_x \cdot PRO_{x,n-1} + {}_nD_x \cdot PRO_{x,n}$$

(2)问题②解答

$$PVP_x = \sum_{t=1}^{n} {}_{t-1}D_x \cdot G = G \cdot (1 + {}_1D_x + \cdots + {}_{n-2}D_x + {}_{n-1}D_x)$$

$$PI_x = \frac{PVPRO_x}{PVP_x}$$

(3)问题③解答

当 $PVPRO_x = \sum_{t=1}^{n} {}_tD'_x \cdot PRO_{x,t} = 0$ 时,所得到的 i_3 值就是 ROI 的值。(ROI 的计算没有直接的计算式,只能用渐近的方法,即如果 $PVPRO_x > 0$, 则提高或降低 i_3 的值,直到 $PVPRO_x = 0$ 或者接近 0;如果 $PVPRO_x < 0$, 则降低或提高 i_3 的值,直到 $PVPRO_x = 0$ 或者接近 0。)

(4)问题④解答

当 $SUR_{x,t-1} < 0, SUR_{x,t} > 0$ 时,所得到的 $m = t$ 值就是临界平衡年。

(5)问题⑤解答

$$AS_{x,n} = \frac{FA_{x,n}}{l_{x,n}}$$

$$V_{x,n} = b$$

$$\frac{AS_{x,n}}{V_{x,n}} = \frac{FA_{x,n}}{l_{x,n} \cdot b}$$

[实验6.3.3] h 年缴费死亡年末支付的即期两全保险资产份额定价法毛保费计算。

一位30岁的男性购买保险金额为1 000元的20年期两全保险,缴费期限为20年。假设为全离散模型,第一年的期初生存人数为100 000人,预期退保比例是20%,退保人数服从参数为0.3的指数分布模型,定价利率为2.5%,准备金评估利率为2.5%,积累利率是4%,贴现利率为4.5%,保单初年的附加费率为50%,续年的附加费率为15%。采用经验生命表(2000—2003),在资产份额定价法下,求利润现值、获利比率、投资回报率、临界平衡年、资产份额/准备金的值。

解:

1.数据录入

(1)已知数据录入

$b = 1\ 000$;

$x = 30$;

$n = 20$;

$h = 20$;

$i = 2.5\%$;

$i_2 = 2.5\%$;

$i_3 = 4\%$;

$K = 90$;

$q^w = 20\%$;

$\lambda = 0.3$;

$l'_{x,1} = 100\ 000$;

$j_t = 4.5\%$;

$\theta_1 = 50\%$;

$\theta_2 = 15\%$;

$L_{ijk} = L_{211}$。

(2)需要求解的问题录入

① $PVPRO_{30}$;

② PI_{30};

③ ROI;

④ m;

⑤ $\dfrac{AS_{30,20}}{{}_{20}V(A_{30:\overline{20}|})}$。

2.问题解答(如表6-3所示)

(1)问题①解答

第一步:(以下分别按 $t=1,2,3,\cdots,20$ 计算)(见表6-3 B、C、D、E栏)

$$l'_{30,t} = l_{30,t-1}$$

$$d_{30,t} = l'_{30,t} \cdot q^d_{30,t} = l'_{30,t} \cdot \frac{d_{30+t}}{l_{30+t}}$$

$F(t) = 1 - e^{-\lambda t}$

$q_{30,t}^{w} = F(t) - F(t-1)$

$w_{30,t} = l'_{30,1} \cdot q^{w} \cdot q_{30,t}^{w} = 100\ 000 \times 20\% \times q_{30,t}^{w} = 20\ 000 \times q_{30,t}^{w}$

$l_{30,t} = l'_{30,t} - d_{30,t} - w_{30,t}$

第二步:(实际毛保费 G 和附加费用计算)(见表 6-3 F 栏)

$$v = \frac{1}{1+i} = \frac{1}{1+2.5\%} = 0.975\ 610$$

$$A_{30:\overline{20}|} = \sum_{k=0}^{19} \frac{v^{k+1} d_{30+k} + v^{20} l_{50}}{l_{30}} = 0.615\ 093$$

$$\ddot{a}_{30:\overline{20}|} = \sum_{k=0}^{19} v^{k} \cdot \frac{l_{30+k}}{l_{30}} = 15.794\ 451$$

$$a_{30:\overline{19}|} = \sum_{k=1}^{19} v^{k} \cdot \frac{l_{30+k}}{l_{30}} = 14.794\ 451$$

$$G \cdot \ddot{a}_{30:\overline{20}|} = b \cdot A_{30:\overline{20}|} + \theta_1 \cdot G + \theta_2 \cdot G \cdot a_{30:\overline{19}|}$$

$$G = \frac{b \cdot A_{30:\overline{20}|}}{\ddot{a}_{30:\overline{20}|} - \theta_1 - \theta_2 \cdot a_{30:\overline{19}|}} = \frac{1\ 000 \times 0.615\ 093}{15.794\ 451 - 50\% - 15\% \times 14.794\ 451}$$
$$= 47.042\ 422$$

$$E_{30,t} = \begin{cases} G \cdot \theta_1 = 47.042\ 422 \times 50\% = 23.521\ 211, & t = 1 \\ G \cdot \theta_2 = 47.042\ 422 \times 15\% = 7.056\ 363, & t > 1 \end{cases}$$

第三步:(现金价值计算,采用净保费加成法)(见表 6-3 G 栏)

$i_1 = i + 2\% = 4.5\%$

$$v_1 = \frac{1}{1+i_1} = \frac{1}{1+4.5\%} = 0.956\ 938$$

$$A_{30:\overline{20}|0.045} = \sum_{k=0}^{19} \frac{v_1^{k+1} d_{30+k} + v_1^{20} l_{50}}{l_{30}} = 0.421\ 276$$

$$\ddot{a}_{30:\overline{20}|0.045} = \sum_{k=0}^{19} v_1^{k} \cdot \frac{l_{30+k}}{l_{30}} = 13.450\ 027$$

$$a_{30:\overline{19}|0.045} = \sum_{k=1}^{19} v_1^{k} \cdot \frac{l_{30+k}}{l_{30}} = 12.450\ 027$$

$$G' \cdot \ddot{a}_{30:\overline{20}|0.045} = b \cdot A_{30:\overline{20}|0.045} + \theta_1 \cdot G' + \theta_2 \cdot G' \cdot a_{30:\overline{19}|0.045}$$

$$G' = \frac{b \cdot A_{30:\overline{20}|0.045}}{\ddot{a}_{30:\overline{20}|0.045} - \theta_1 - \theta_2 \cdot a_{30:\overline{19}|0.045}} = \frac{1\ 000 \times 0.421\ 276}{13.450\ 027 - 50\% - 15\% \times 12.450\ 027}$$
$$= 38.012\ 644$$

(以下分别按 $t=1,2,3,\cdots,20$ 计算)

当 $t < 20$ 时,

$$A_{30+t:\overline{20-t}|0.045} = \sum_{k=0}^{19-t} \frac{v_1^{k+1} d_{30+t+k} + v_1^{20-t} l_{50}}{l_{30+t}}$$

$$= \frac{v_1^1 d_{30+t} + v_1^2 d_{31+t} + \cdots + v_1^{19-t} d_{48} + v_1^{20-t} d_{49} + v_1^{20-t} l_{50}}{l_{30+t}}$$

$$\ddot{a}_{30+t:\overline{20-t}|0.045} = \sum_{k=0}^{19-t} v_1^k \cdot \frac{l_{30+t+k}}{l_{30+t}} = \frac{l_{30+t} + v_1^1 l_{31+t} + \cdots + v_1^{18-t} l_{48} + v_1^{19-t} l_{49}}{l_{30+t}}$$

$$b \cdot {}_tV'(A_{30:\overline{20}|}) = b \cdot A_{30+t:\overline{20-t}|0.045} - (1-\theta_2)G' \cdot \ddot{a}_{30+t:\overline{20-t}|0.045}$$

$$= 1\ 000 \times A_{30+t:\overline{20-t}|0.045} - 0.85 \times 38.012\ 644 \times \ddot{a}_{30+t:\overline{20-t}|0.045}$$

$$= 1\ 000 \times A_{30+t:\overline{20-t}|0.045} - 32.310\ 747 \times \ddot{a}_{30+t:\overline{20-t}|0.045}$$

当 $t = 20$ 时,

$b \cdot {}_{20}V'(A_{30:\overline{20}|}) = b = 1\ 000$

$K = 90$

当 $t < \min(20,h)$ 时,

$r = K\% + t \cdot (100\% - K\%)/\min(20,h) = 90\% + t \cdot (100\% - 90\%)/20$

$= 90\% + (0.5t)\%$

当 $t \geqslant \min(20,h)$ 时, $r = 100\%$

$b \cdot {}_tCV(A_{30:\overline{20}|}) = r \cdot \max[b \cdot {}_tV'(A_{30:\overline{20}|}), 0]$

第四步:(以下分别按 $t=1,2,3,\cdots,20$ 计算)(见表 6-3 H、I、J、K、L、M、N、O 栏)

$FA'_{30,t} = FA_{30,t-1}$

$(FA'_{30,1} = 0)$

$TG_{30,t} = G \cdot l'_{30,t} = 47.042\ 422 \times l'_{30,t}$

$$TE_{30,t} = \begin{cases} l'_{30,t} \cdot \theta_1 \cdot G = l'_{30,t} \times 50\% \times 47.042\ 422 = 23.521\ 211 \times l'_{30,t}, & t = 1 \\ l'_{30,t} \cdot \theta_2 \cdot G = l'_{30,t} \times 15\% \times 47.042\ 422 = 7.056\ 363 \times l'_{30,t}, & t > 1 \end{cases}$$

$$TD_{30,t} = b \cdot d_{30,t} = b \cdot l'_{30,t} \cdot \frac{d_{30+t}}{l_{30+t}}$$

$TW_{30,t} = w_{30,t} \cdot b \cdot {}_tCV(A_{30:\overline{20}|})$

$I_{30,t} = i_3 \cdot (FA'_{30,t} + TG_{30,t} - TE_{30,t}) = 0.04 \times (FA'_{30,t} + TG_{30,t} - TE_{30,t})$

$FA_{30,t} = FA'_{30,t} + TG_{30,t} - TE_{30,t} - TD_{30,t} - TW_{30,t} + I_{30,t}$

$$AS_{30,t} = \frac{FA_{30,t}}{l_{30,t}}$$

第五步:(期末准备金计算,一年定期修正法,最优估计假设)(见表 6-3 P 栏)

$$v_2 = \frac{1}{1+i_2} = \frac{1}{1+2.5\%} = 0.975\ 610$$

$$A_{31:\overline{19}|0.025} = \sum_{k=0}^{18} \frac{v_2^{k+1} d_{31+k} + v_2^{19} l_{50}}{l_{31}} = 0.630\ 134$$

$$\ddot{a}_{31:\overline{19}|0.025} = \sum_{k=0}^{18} v_2^k \cdot \frac{l_{31+k}}{l_{31}} = 15.177\ 685$$

$$\beta_{30}^{Mod} = P_{31:\overline{19}|0.025} = \frac{A_{31:\overline{19}|0.025}}{\ddot{a}_{31:\overline{19}|0.025}} = \frac{0.630\ 134}{15.177\ 685} = 0.041\ 517$$

(以下分别按 $t=1,2,3,\cdots,20$ 计算)

$$A_{30+t:\overline{20-t}|0.025}=\sum_{k=0}^{19-t}\frac{v_2^{k+1}d_{30+t+k}+v_2^{20-t}l_{50}}{l_{30+t}}$$

$$=\frac{v_2^1 d_{30+t}+v_2^2 d_{31+t}+\cdots+v_2^{19-t}d_{48}+v_2^{20-t}d_{49}+v_2^{20-t}l_{50}}{l_{30+t}}$$

$$\ddot{a}_{30+t:\overline{20-t}|0.025}=\sum_{k=0}^{19-t}v_2^k\cdot\frac{l_{30+t+k}}{l_{30+t}}=\frac{l_{30+t}+v_2^1 l_{31+t}+\cdots+v_2^{18-t}l_{48}+v_2^{19-t}l_{49}}{l_{30+t}}$$

$$V_{30,t}=b\cdot{}_tV(A_{30:\overline{20}|})=\begin{cases}0, & t=1\\ b\cdot(A_{30+t:\overline{20-t}|0.025}-\beta_{30}^{Mod}\cdot\ddot{a}_{30+t:\overline{20-t}|0.025}), & 1<t<20\\ b\cdot A_{30+t:\overline{20-t}|0.025}=1\,000, & t=20\end{cases}$$

第六步:(以下分别按 $t=1,2,3,\cdots,20$ 计算)(见表 6-3 Q、R、S、U、V 栏)

$$SUR_{30,t}=AS_{30,t}-V_{30,t}$$

$$GAIN_{30,t}=SUR_{30,t}-\frac{SUR_{30,t-1}\cdot l'_{30,t}}{l_{30,t}}$$

$$PRO_{30,t}=GAIN_{30,t}-\frac{SUR_{30,t-1}\cdot l'_{30,t}\cdot i_3}{l_{30,t}}$$

$${}_tD_{30}={}_{t-1}D_{30}\cdot\frac{l_{30,t}}{(1+j_t)\cdot l'_{30,t}}={}_{t-1}D_{30}\cdot\frac{l_{30,t}}{1.045\times l'_{30,t}}\quad({}_0D_{30}=1)$$

$$PVPRO_{30}=\sum_{t=1}^{20}{}_tD_{30}\cdot PRO_{30,t}$$

$$={}_1D_{30}\cdot PRO_{30,1}+{}_2D_{30}\cdot PRO_{30,2}+\cdots+{}_{19}D_{30}\cdot PRO_{30,19}+{}_{20}D_{30}\cdot PRO_{30,20}$$

$$=67.409\,099$$

(2)问题②解答

$$PVP_{30}=\sum_{t=1}^{20}{}_{t-1}D_{30}\cdot G$$

$$=47.042\,422\times(1+{}_1D_{30}+\cdots+{}_{18}D_{30}+{}_{19}D_{30})=537.695\,226$$

$$PI_{30}=\frac{PVPRO_{30}}{PVP_{30}}=\frac{67.409\,099}{537.695\,226}=0.125\,367$$

(3)问题③解答

当 $PVPRO_{30}=\sum_{t=1}^{20}{}_tD'_{30}\cdot PRO_{30,t}=0$ 时,所得到的 i_3 值就是 ROI 的值。(ROI 的计算没有直接的计算式,只能用渐近的方法,即如果 $PVPRO_{30}>0$,则提高或降低 i_3 的值,直到 $PVPRO_{30}=0$ 或者接近 0;如果 $PVPRO_{30}<0$,则降低或提高 i_3 的值,直到 $PVPRO_{30}=0$ 或者接近 0。)通过不断调整 i_3 的数值进行试验可知,当 $i_3=0.023\,679$ 时,$PVPRO_{30}=\sum_{t=1}^{20}{}_tD'_{30}\cdot PRO_{30,t}=-0.002\,363$ 接近于 0,因此,$ROI=0.023\,679$。

(4)问题④解答

当 $SUR_{30,t-1} < 0$,$SUR_{30,t} > 0$ 时,所得到的 $m = t$ 值就是临界平衡年。因为对于任意的 t,均有 $SUR_{30,t} > 0$,因此,$m = 1$。

(5)问题⑤解答

$$AS_{30,20} = \frac{FA_{30,20}}{l_{30,20}} = \frac{92\ 418\ 497.96}{76\ 928} = 1\ 201.365\ 436$$

$$V_{30,20} = b = 1\ 000$$

$$\frac{AS_{30,20}}{V_{30,20}} = \frac{FA_{30,20}}{b \cdot l_{30,20}} = \frac{92\ 418\ 497.96}{1\ 000 \times 76\ 928} = 1.201\ 365$$

表 6-3 实验 6.3.3 数据计算表

A	B	C	D	E	F
年度	期初生存人数(人)	死亡人数(人)	退保人数(人)	期末生存人数(人)	每 1 000 元费用(元)
1	100 000	93	5 184	94 723	23.521 211
2	94 723	94	3 840	90 789	7.056 363
3	90 789	96	2 845	87 848	7.056 363
4	87 848	98	2 108	85 641	7.056 363
5	85 641	102	1 561	83 978	7.056 363
6	83 978	107	1 157	82 714	7.056 363
7	82 714	113	857	81 744	7.056 363
8	81 744	120	635	80 989	7.056 363
9	80 989	129	470	80 390	7.056 363
10	80 390	138	348	79 904	7.056 363
11	79 904	147	258	79 499	7.056 363
12	79 499	157	191	79 150	7.056 363
13	79 150	167	142	78 841	7.056 363
14	78 841	178	105	78 558	7.056 363
15	78 558	190	78	78 291	7.056 363
16	78 291	203	58	78 030	7.056 363
17	78 030	219	43	77 768	7.056 363
18	77 768	237	32	77 499	7.056 363
19	77 499	256	23	77 221	7.056 363
20	77 221	276	17	76 928	7.056 363

表6-3(续)

A	G	H	I	J
年度	现金价值(元)	期初基金数额(元)	保费收入(元)	费用支出(元)
1	0	0	4 704 242.2	2 352 121.1
2	42.761 478 907	2 353 205.944	4 455 989.930 6	668 398.461 18
3	75.210 843 441	6 128 225.231	4 270 917.776 2	640 637.639 19
4	109.453 183 78	9 838 870.733 1	4 132 576.267 3	619 886.413 74
5	145.579 127 81	13 556 895.699	4 028 778.223 7	604 316.707 87
6	183.682 703 2	17 331 362.485	3 950 534.641 8	592 580.171 08
7	223.864 176 07	21 197 368.746	3 891 069.627 9	583 660.419 37
8	266.226 888 05	25 180 117.474	3 845 435.18	576 815.252 48
9	310.880 407 37	29 297 632.823	3 809 902.761 5	571 485.389 93
10	357.943 175 6	33 562 378.411	3 781 738.887 7	567 260.809 03
11	407.544 082 92	37 985 366.524	3 758 882.442 6	563 832.342 42
12	459.821 061 83	42 575 486.916	3 739 810.359 6	560 971.530 09
13	514.924 679 81	47 339 672.953	3 723 427.912 1	558 514.163 07
14	573.012 584 62	52 284 650.865	3 708 880.285	556 332.019 1
15	634.250 726 75	57 416 520.775	3 695 577.305 7	554 336.572 28
16	698.813 678 63	62 740 600.412	3 682 990.568 7	552 448.561 82
17	766.888 790 97	68 262 456.923	3 670 704.747 7	550 605.688 75
18	838.677 324 46	73 985 882.003	3 658 385.596 8	548 757.816 18
19	914.400 075 84	79 915 492.5	3 645 751.430 3	546 862.691 29
20	1 000	86 057 925.287	3 632 642.120 6	544 896.294 92

A	K	L	M	N
年度	死亡支付(元)	退保支付(元)	利息收入(元)	期末基金数额(元)
1	93 000	0	94 084.844	2 353 205.944
2	94 000	164 204.079	245 631.896 54	6 128 225.231
3	96 000	213 974.849 59	390 340.214 72	9 838 870.733 1
4	98 000	230 727.311 4	534 062.423 47	13 556 895.699
5	102 000	227 249.018 52	679 254.288 58	17 331 362.485
6	107 000	212 520.887 6	827 572.678 21	21 197 368.746
7	113 000	191 851.598 89	980 191.118 18	25 180 117.474
8	120 000	169 054.073 91	1 137 949.496 1	29 297 632.823
9	129 000	146 113.791 46	1 301 442.007 8	33 562 378.411
10	138 000	124 564.225 11	1 471 074.259 6	37 985 366.524
11	147 000	105 146.373 39	1 647 216.665	42 575 486.916
12	157 000	87 825.822 809	1 830 173.029 8	47 339 672.953
13	167 000	73 119.304 533	2 020 183.468 1	52 284 650.865
14	178 000	60 166.321 385	2 217 487.965 3	57 416 520.775
15	190 000	49 471.556 687	2 422 310.460 3	62 740 600.412
16	203 000	40 531.193 36	2 634 845.696 8	68 262 456.923
17	219 000	32 976.218 012	2 855 302.239 3	73 985 882.003
18	237 000	26 837.674 383	3 083 820.391 3	79 915 492.5
19	256 000	21 031.201 744	3 320 575.249 6	86 057 925.287
20	276 000	17 000	3 565 826.844 5	92 418 497.957

表6-3(续)

A	O	P	Q	R
年度	期末资产份额(元)	期末准备金(元)	期末盈余(元)	本期损益(元)
1	24.843 078 372	0	24.843 078 372	24.843 078 372
2	67.499 908 108	41.650 335 835	25.849 572 273	-0.070 033 973 925
3	111.998 975 72	84.324 050 375	27.674 925 346	0.960 016 634 49
4	158.298 415 31	128.054 094 93	30.244 320 382	1.856 374 127 5
5	206.379 475 63	172.869 500 42	33.509 975 209	2.666 641 232
6	256.272 866 13	218.798 637 8	37.474 228 33	3.452 139 143 4
7	308.036 322 74	265.871 846 03	42.164 476 711	4.245 535 198 6
8	361.749 811 78	314.119 043 03	47.630 768 757	5.073 052 131 3
9	417.494 601 15	363.572 018 05	53.922 583 097	5.937 092 081 1
10	475.386 945 23	414.265 853 53	61.121 091 702	6.870 624 300 1
11	535.549 621 44	466.240 800 41	69.308 821 038	7.876 027 291 9
12	598.097 485 69	519.542 666 66	78.554 819 028	8.941 051 003 8
13	663.164 195 42	574.219 374 55	88.944 820 866	10.081 880 215
14	730.876 931 17	630.322 550 31	100.554 380 87	11.289 385 094
15	801.378 593 31	687.903 879 16	113.474 714 15	12.576 685 503
16	874.826 913 63	747.016 105 72	127.810 807 91	13.956 294 753
17	951.369 119 29	807.715 302 96	143.653 816 34	15.412 621 687
18	1 031.177 905 1	870.064 077 8	161.113 827 35	16.962 186 001
19	1 114.443 180 3	934.132 667 2	180.310 513 11	18.615 265 687
20	1 201.365 436 1	1 000	201.365 436 11	20.368 919 303

A	S	U	V
年度	营运损益(元)	tDx(贴现因子)	tDx＊营运损益(元)
1	24.843 078 372	0.906 438 277 51	22.518 717 167
2	-1.106 818 223 8	0.831 378 819 5	-0.920 185 228 31
3	-0.108 579 713 98	0.769 807 844 72	-0.083 585 515 603
4	0.720 856 277 29	0.718 155 557 62	0.517 686 941 78
5	1.432 907 872 9	0.673 883 384 99	0.965 612 807 74
6	2.091 255 575 9	0.635 157 727 34	1.328 277 138 9
7	2.728 777 538 1	0.600 678 086 36	1.639 116 869 7
8	3.370 743 466 3	0.569 500 217 71	1.919 639 137 9
9	4.017 672 440 5	0.540 947 666 77	2.173 350 532 5
10	4.700 605 604 1	0.514 524 625 94	2.418 577 340 1
11	5.418 715 542 1	0.489 869 851 28	2.654 465 376 7
12	6.156 500 282 9	0.466 721 482 41	2.873 370 938 5
13	6.927 362 588 5	0.444 878 447 11	3.081 834 310 9
14	7.718 785 262 8	0.424 194 029 66	3.274 262 624 7
15	8.540 764 357 1	0.404 544 756 58	3.455 121 437 9
16	9.402 114 227 1	0.385 832 789 55	3.627 643 959 9
17	10.282 973 901	0.367 978 858 15	3.783 916 994 5
18	11.196 120 347	0.350 916 794 28	3.928 906 660 7
19	12.147 455 79	0.334 598 062 86	4.064 515 176 1
20	13.129 058 631	0.318 975 967 92	4.187 854 184 5

6.4 年金保险

6.4.1 净保费加成法毛保费

6.4.1.1 期初付年金

[**基本算法示例**] h 年缴费期初付延期终身生存年金净保费加成法毛保费。

需要求解的问题类型:年缴毛保费。

解:

$$v = \frac{1}{1+i}$$

$$_{m|}\ddot{a}_x = \frac{\sum_{k=m}^{\omega-x} v^k l_{x+k}}{l_x} = \frac{v^m l_{x+m} + v^{m+1} l_{x+m+1} + \cdots + v^{\omega-x-1} l_{\omega-1} + v^{\omega-x} l_\omega}{l_x}$$

$$\ddot{a}_{x:\overline{h|}} = \frac{\sum_{k=0}^{h-1} v^k l_{x+k}}{l_x} = \frac{v^0 l_x + v^1 l_{x+1} + \cdots + v^{h-2} l_{x+h-2} + v^{h-1} l_{x+h-1}}{l_x}$$

$$a_{x:\overline{m-1|}} = \frac{\sum_{k=1}^{m-1} v^k l_{x+k}}{l_x} = \frac{v^1 l_{x+1} + v^2 l_{x+2} + \cdots + v^{m-2} l_{x+m-2} + v^{m-1} l_{x+m-1}}{l_x}$$

$$G \cdot \ddot{a}_{x:\overline{h|}} = b \cdot {}_{m|}\ddot{a}_x + \theta_1 \cdot G + \theta_2 \cdot G \cdot a_{x:\overline{m-1|}} + \theta_3 \cdot G \cdot {}_{m|}\ddot{a}_x$$

$$G = \frac{b \cdot {}_{m|}\ddot{a}_x}{\ddot{a}_{x:\overline{h|}} - \theta_1 - \theta_2 \cdot a_{x:\overline{m-1|}} - \theta_3 \cdot {}_{m|}\ddot{a}_x}$$

[**实验 6.4.1**] h 年缴费期初付延期终身生存年金净保费加成法毛保费计算。

一位 50 岁的男性采用期缴方式购买一项延期 20 年的终身生存年金,缴费期限为 15 年,延期 20 年后每年年初能得到的金额为 1 000 元。定价利率为 4. 5%,初年度费用率为 35%,第 2 年至第 20 年各年的费用率为 10%,以后各年度费用率为 15%,采用经验生命表(2000—2003),用净保费加成法计算年缴毛保费。

解:

1.数据录入

(1)已知数据录入

$x = 50$;

$i = 4.5\%$;

$\theta_1 = 35\%$;

$\theta_2 = 10\%$;

$\theta_3 = 15\%$;

$b = 1\ 000$;

$h = 15$；

$m = 20$；

$\omega = 105$；

$L_{ijk} = L_{221}$。

(2)需要求解的问题录入:G

2.问题解答

$$v = \frac{1}{1+i} = \frac{1}{1+4.5\%} = 0.956\,938$$

$$_{20|}\ddot{a}_{50} = \frac{\sum_{k=20}^{55} v^k l_{50+k}}{l_{50}} = 3.794\,742$$

$$\ddot{a}_{50:\overline{15|}} = \frac{\sum_{k=0}^{14} v^k l_{50+k}}{l_{50}} = 10.954\,809$$

$$a_{50:\overline{19|}} = \frac{\sum_{k=1}^{19} v^k l_{50+k}}{l_{50}} = 12.080\,198$$

$$G \cdot \ddot{a}_{50:\overline{15|}} = b \cdot {}_{20|}\ddot{a}_{50} + \theta_1 \cdot G + \theta_2 \cdot G \cdot a_{50:\overline{19|}} + \theta_3 \cdot G \cdot {}_{20|}\ddot{a}_{50}$$

$$G = \frac{b \cdot {}_{20|}\ddot{a}_{50}}{\ddot{a}_{50:\overline{15|}} - \theta_1 - \theta_2 \cdot a_{50:\overline{19|}} - \theta_3 \cdot {}_{20|}\ddot{a}_{50}}$$

$$= \frac{1\,000 \times 3.794\,742}{10.954\,809 - 0.35 - 0.1 \times 12.080\,198 - 0.15 \times 3.794\,742}$$

$$= 429.873\,522$$

6.4.1.2　期末付年金

[**基本算法示例**] h 年缴费期末付延期终身生存年金净保费加成法毛保费。

需要求解的问题类型:年缴毛保费。

解:

$$v = \frac{1}{1+i}$$

$$_{m|}\ddot{a}_x = \frac{\sum_{k=m}^{\omega-x} v^k l_{x+k}}{l_x} = \frac{v^m l_{x+m} + v^{m+1} l_{x+m+1} + \cdots + v^{\omega-x-1} l_{\omega-1} + v^{\omega-x} l_{\omega}}{l_x}$$

$$_{m|}a_x = \frac{\sum_{k=m+1}^{\omega-x} v^k l_{x+k}}{l_x} = \frac{v^{m+1} l_{x+m+1} + v^{m+2} l_{x+m+2} + \cdots + v^{\omega-x-1} l_{\omega-1} + v^{\omega-x} l_{\omega}}{l_x}$$

$$\ddot{a}_{x:\overline{h|}} = \frac{\sum_{k=0}^{h-1} v^k l_{x+k}}{l_x} = \frac{v^0 l_x + v^1 l_{x+1} + \cdots + v^{h-2} l_{x+h-2} + v^{h-1} l_{x+h-1}}{l_x}$$

$$a_{x:\overline{m-1}|} = \frac{\sum_{k=1}^{m-1} v^k l_{x+k}}{l_x} = \frac{v^1 l_{x+1} + v^2 l_{x+2} + \cdots + v^{m-2} l_{x+m-2} + v^{m-1} l_{x+m-1}}{l_x}$$

$$G \cdot \ddot{a}_{x:\overline{h}|} = b \cdot {}_{m|}a_x + \theta_1 \cdot G + \theta_2 \cdot G \cdot a_{x:\overline{m-1}|} + \theta_3 \cdot G \cdot {}_{m|}\ddot{a}_x$$

$$G = \frac{b \cdot {}_{m|}a_x}{\ddot{a}_{x:\overline{h}|} - \theta_1 - \theta_2 \cdot a_{x:\overline{m-1}|} - \theta_3 \cdot {}_{m|}\ddot{a}_x}$$

［**实验 6.4.2**］h 年缴费期末付延期终身生存年金净保费加成法毛保费计算。

一位 50 岁的男性采用期缴方式购买一项延期 20 年的终身生存年金，缴费期限为 15 年，延期 20 年后每年年末能得到的金额为 1 000 元。定价利率为 4.5%，初年度费用率为 35%，第 2 年至第 20 年各年的费用率为 10%，以后各年度费用率为 15%，采用经验生命表（2000—2003），用净保费加成法计算年缴毛保费。

解：

1.数据录入

（1）已知数据录入

$x = 50$；

$i = 4.5\%$；

$\theta_1 = 35\%$；

$\theta_2 = 10\%$；

$\theta_3 = 15\%$；

$b = 1\ 000$；

$h = 15$；

$m = 20$；

$\omega = 105$；

$L_{ijk} = L_{221}$。

（2）需要求解的问题录入：G

2.问题解答

$$v = \frac{1}{1+i} = \frac{1}{1+4.5\%} = 0.956\ 938$$

$$_{20|}\ddot{a}_{50} = \frac{\sum_{k=20}^{55} v^k l_{50+k}}{l_{50}} = 3.794\ 742$$

$$_{20|}a_{50} = \frac{\sum_{k=21}^{55} v^k l_{50+k}}{l_{50}} = 3.440\ 946$$

$$\ddot{a}_{50:\overline{15}|} = \frac{\sum_{k=0}^{14} v^k l_{50+k}}{l_{50}} = 10.954\ 809$$

$$a_{50:\overline{19}|}=\frac{\sum_{k=1}^{19}v^k l_{50+k}}{l_{50}}=12.080\ 198$$

$$G\cdot\ddot{a}_{50:\overline{15}|}=b\cdot{}_{20|}a_{50}+\theta_1\cdot G+\theta_2\cdot G\cdot a_{50:\overline{19}|}+\theta_3\cdot G\cdot{}_{20|}\ddot{a}_{50}$$

$$G=\frac{b\cdot{}_{20|}a_{50}}{\ddot{a}_{50:\overline{15}|}-\theta_1-\theta_2\cdot a_{50:\overline{19}|}-\theta_3\cdot{}_{20|}\ddot{a}_{50}}$$

$$=\frac{1\ 000\times 3.440\ 946}{10.954\ 809-0.35-0.1\times 12.080\ 198-0.15\times 3.794\ 742}$$

$$=389.795\ 031$$

6.4.2 资产份额定价法毛保费

［基本算法示例］h 年缴费期初付延期终身生存年金资产份额定价法毛保费。

1.需要求解的问题类型

①利润现值 $PVPRO_x$；

②获利比率 $PI_x=\frac{PVPRO_x}{PVP_x}$；

③投资回报率 ROI；

④临界平衡年 m'；

⑤最终资产份额与最终期末准备金的比值 $\frac{AS_{x,n}}{V_{x,n}}$。

2.问题解答

(1)问题①求解

第一步:(以下分别按 $t=1,2,3,\cdots,n$ 计算)

$d_{x,t}$，$w_{x,t}$ 取值为整数

$$l'_{x,t}=l_{x,t-1}$$

$$d_{x,t}=l'_{x,t}\cdot q^d_{x,t}=l'_{x,t}\cdot\frac{d_{x+t}}{l_{x+t}}$$

$$F(t)=1-e^{-\lambda t}$$

$$q^w_{x,t}=F(t)-F(t-1)$$

$$w_{x,t}=l'_{x,1}\cdot q^w\cdot q^w_{x,t}$$

$$l_{x,t}=l'_{x,t}-d_{x,t}-w_{x,t}$$

第二步:(实际毛保费 G 和附加费用计算)

$$v=\frac{1}{1+i}$$

$$_{m|}\ddot{a}_x=\frac{\sum_{k=m}^{\omega-x}v^k l_{x+k}}{l_x}=\frac{v^m l_{x+m}+v^{m+1}l_{x+m+1}+\cdots+v^{\omega-x-1}l_{\omega-1}+v^{\omega-x}l_\omega}{l_x}$$

$$\ddot{a}_{x:\overline{h}|} = \frac{\sum_{k=0}^{h-1} v^k l_{x+k}}{l_x} = \frac{v^0 l_x + v^1 l_{x+1} + \cdots + v^{h-2} l_{x+h-2} + v^{h-1} l_{x+h-1}}{l_x}$$

$$a_{x:\overline{m-1}|} = \frac{\sum_{k=1}^{m-1} v^k l_{x+k}}{l_x} = \frac{v^1 l_{x+1} + v^2 l_{x+2} + \cdots + v^{m-2} l_{x+m-2} + v^{m-1} l_{x+m-1}}{l_x}$$

$$G \cdot \ddot{a}_{x:\overline{h}|} = b \cdot {}_{m|}\ddot{a}_x + \theta_1 \cdot G + \theta_2 \cdot G \cdot a_{x:\overline{m-1}|} + \theta_3 \cdot G \cdot {}_{m|}\ddot{a}_x$$

$$G = \frac{b \cdot {}_{m|}\ddot{a}_x}{\ddot{a}_{x:\overline{h}|} - \theta_1 - \theta_2 \cdot a_{x:\overline{m-1}|} - \theta_3 \cdot {}_{m|}\ddot{a}_x}$$

$$E_{x,t} = \begin{cases} G \cdot \theta_1, & t = 1 \\ G \cdot \theta_2, & 1 < t \leqslant m \\ G \cdot \theta_3, & t > m \end{cases}$$

第三步:(现金价值计算,采用净保费加成法)

$$i_1 = i + 2\%$$

$$v_1 = \frac{1}{1 + i_1}$$

$$\ddot{a}_{x:\overline{h}|i_1} = \frac{\sum_{k=0}^{h-1} v_1^k l_{x+k}}{l_x} = \frac{l_x + v_1^1 l_{x+1} + \cdots + v_1^{h-2} l_{x+h-2} + v_1^{h-1} l_{x+h-1}}{l_x}$$

$$a_{x:\overline{m-1}|i_1} = \frac{\sum_{k=1}^{m-1} v_1^k l_{x+k}}{l_x} = \frac{v_1^1 l_{x+1} + v_1^2 l_{x+2} + \cdots + v_1^{m-2} l_{x+m-2} + v_1^{m-1} l_{x+m-1}}{l_x}$$

$${}_{m|}\ddot{a}_{x|i_1} = \frac{\sum_{k=m}^{\omega-x} v_1^k l_{x+k}}{l_x} = \frac{v_1^m l_{x+m} + v_1^{m+1} l_{x+m+1} + \cdots + v_1^{\omega-x-1} l_{\omega-1} + v_1^{\omega-x} l_\omega}{l_x}$$

$$G' \cdot \ddot{a}_{x:\overline{h}|i_1} = b \cdot {}_{m|}\ddot{a}_{x|i_1} + \theta_1 \cdot G' + \theta_2 \cdot G' \cdot a_{x:\overline{m-1}|i_1} + \theta_3 \cdot G' \cdot {}_{m|}\ddot{a}_{x|i_1}$$

$$G' = \frac{b \cdot {}_{m|}\ddot{a}_{x|i_1}}{\ddot{a}_{x:\overline{h}|i_1} - \theta_1 - \theta_2 \cdot a_{x:\overline{m-1}|i_1} - \theta_3 \cdot {}_{m|}\ddot{a}_{x|i_1}}$$

(以下分别按 $t=1,2,3,\cdots,n$ 计算)

当 $t < h$ 时,

$${}_{m-t|}\ddot{a}_{x+t|i_1} = \frac{\sum_{k=m-t}^{\omega-x-t} v_1^k l_{x+t+k}}{l_{x+t}} = \frac{v_1^{m-t} l_{x+m} + v_1^{m-t+1} l_{x+m+1} + \cdots + v_1^{\omega-x-t+1} l_{\omega-1} + v_1^{\omega-x-t} l_\omega}{l_{x+t}}$$

$$\ddot{a}_{x+t:\overline{h-t}|i_1} = \frac{\sum_{k=0}^{h-t-1} v_1^k l_{x+t+k}}{l_{x+t}} = \frac{l_{x+t} + v_1^1 l_{x+t+1} + \cdots + v_1^{h-t-2} l_{x+h-2} + v_1^{h-t-1} l_{x+h-1}}{l_{x+t}}$$

$$b \cdot {}_t^h V'({}_{m|}\ddot{a}_x) = b \cdot {}_{m-t|}\ddot{a}_{x+t|i_1} - (1 - \theta_2) \cdot G' \cdot \ddot{a}_{x+t:\overline{h-t}|i_1}$$

当 $h \leqslant t < m$ 时，

$$_{m-t|}\ddot{a}_{x+t|i_1} = \frac{\sum_{k=m-t}^{\omega-x-t} v_1^k l_{x+t+k}}{l_{x+t}} = \frac{v_1^{m-t} l_{x+m} + v_1^{m-t+1} l_{x+m+1} + \cdots + v_1^{\omega-x-t+1} l_{\omega-1} + v_1^{\omega-x-t} l_\omega}{l_{x+t}}$$

$b \cdot {}_t^h V'({}_{m|}\ddot{a}_x) = b \cdot {}_{m-t|}\ddot{a}_{x+t|i_1}$

当 $t \geqslant m$ 时，

$$\ddot{a}_{x+t|i_1} = \frac{\sum_{k=0}^{\omega-x-t} v_1^k l_{x+t+k}}{l_{x+t}} = \frac{l_{x+t} + v_1^1 l_{x+t+1} + \cdots + v_1^{\omega-x-t-1} l_{\omega-1} + v_1^{\omega-x-t} l_\omega}{l_{x+t}}$$

$b \cdot {}_t^h V'({}_{m|}\ddot{a}_x) = b \cdot \ddot{a}_{x+t|i_1}$

$K = 90$

当 $t < \min(20,h)$ 时，$r = K\% + t \cdot (100\% - K\%)/\min(20,h)$

当 $t \geqslant \min(20,h)$ 时，$r = 100\%$

$b \cdot {}_t^h CV({}_{m|}\ddot{a}_x) = r \cdot \max[b \cdot {}_t^h V'({}_{m|}\ddot{a}_x), 0]$

第四步：（以下分别按 $t=1,2,3,\cdots,n$ 计算）

$FA'_{x,t} = FA_{x,t-1} \quad (FA'_{x,1} = 0)$

$$TG_{x,t} = \begin{cases} G \cdot l'_{x,t}, & t \leqslant h \\ 0, & t > h \end{cases}$$

$$TE_{x,t} = \begin{cases} l'_{x,1} \cdot G \cdot \theta_1, & t = 1 \\ l'_{x,t} \cdot G \cdot \theta_2, & 1 < t \leqslant m \\ l'_{x,t} \cdot G \cdot \theta_3, & t > m \end{cases}$$

$$TL_{x,t} = \begin{cases} 0, & t \leqslant m \\ b \cdot l'_{x,t}, & t > m \end{cases}$$

$TW_{x,t} = w_{x,t} \cdot b \cdot {}_t^h CV({}_{m|}\ddot{a}_x)$

$I_{x,t} = i_3 \cdot (FA'_{x,t} + TG_{x,t} - TE_{x,t} - TL_{x,t})$

$FA_{x,t} = FA'_{x,t} + TG_{x,t} - TE_{x,t} - TL_{x,t} - TW_{x,t} + I_{x,t}$

$$AS_{x,t} = \frac{FA_{x,t}}{l_{x,t}}$$

第五步：（期末准备金计算，修正均衡净保费法，最优估计假设）

$$v_2 = \frac{1}{1 + i_2}$$

$$_{m|}\ddot{a}_{x|i_2} = \frac{\sum_{k=m}^{\omega-x} v_2^k l_{x+k}}{l_x} = \frac{v_2^m l_{x+m} + v_2^{m+1} l_{x+m+1} + \cdots + v_2^{\omega-x-1} l_{\omega-1} + v_2^{\omega-x} l_\omega}{l_x}$$

$$\ddot{a}_{x:\overline{h}|i_2} = \frac{\sum_{k=0}^{h-1} v_2^k l_{x+k}}{l_x} = \frac{l_x + v_2^1 l_{x+1} + \cdots + v_2^{h-2} l_{x+h-2} + v_2^{h-1} l_{x+h-1}}{l_x}$$

$${}_hP({}_{m|}\ddot{a}_{x|i_2}) = \frac{{}_{m|}\ddot{a}_{x|i_2}}{\ddot{a}_{x:\overline{h}|i_2}}$$

$$a_{x:\overline{h-1}|i_2} = \frac{\sum_{k=1}^{h-1} v_2^k l_{x+k}}{l_x} = \frac{v_2^1 l_{x+1} + v_2^2 l_{x+2} + \cdots + v_2^{h-2} l_{x+h-2} + v_2^{h-1} l_{x+h-1}}{l_x}$$

$$G_1 = \frac{{}_hP({}_{m|}\ddot{a}_{x|i_2})}{1-\theta_1}$$

$$r' = 0.35$$

$$\alpha = \{1 - \min(\theta_1, r')\} \cdot G_1$$

$$\alpha + \beta \cdot a_{x:\overline{h-1}|i_2} = {}_hP({}_{m|}\ddot{a}_{x|i_2}) \cdot \ddot{a}_{x:\overline{h}|i_2}$$

$$\beta = \frac{{}_hP({}_{m|}\ddot{a}_{x|i_2}) \cdot \ddot{a}_{x:\overline{h}|i_2} - \alpha}{a_{x:\overline{h-1}|i_2}}$$

（以下分别按 $t=1,2,3,\cdots,n$ 计算）

当 $t < h$ 时，

$${}_{m-t|}\ddot{a}_{x+t|i_2} = \frac{\sum_{k=m-t}^{\omega-x-t} v_2^k l_{x+t+k}}{l_{x+t}} = \frac{v_2^{m-t} l_{x+m} + v_2^{m-t+1} l_{x+m+1} + \cdots + v_2^{\omega-x-t+1} l_{\omega-1} + v_2^{\omega-x-t} l_\omega}{l_{x+t}}$$

$$\ddot{a}_{x+t:\overline{h-t}|i_2} = \frac{\sum_{k=0}^{h-t-1} v_2^k l_{x+t+k}}{l_{x+t}} = \frac{l_{x+t} + v_2^1 l_{x+t+1} + \cdots + v_2^{h-t-2} l_{x+h-2} + v_2^{h-t-1} l_{x+h-1}}{l_{x+t}}$$

$$V_{x,t} = b \cdot {}_t^hV({}_{m|}\ddot{a}_x) = b \cdot ({}_{m-t|}\ddot{a}_{x+t|i_2} - \beta \cdot \ddot{a}_{x+t:\overline{h-t}|i_2})$$

当 $h \leqslant t < m$ 时，

$${}_{m-t|}\ddot{a}_{x+t|i_2} = \frac{\sum_{k=m-t}^{\omega-x-t} v_2^k l_{x+t+k}}{l_{x+t}} = \frac{v_2^{m-t} l_{x+m} + v_2^{m-t+1} l_{x+m+1} + \cdots + v_2^{\omega-x-t+1} l_{\omega-1} + v_2^{\omega-x-t} l_\omega}{l_{x+t}}$$

$$V_{x,t} = b \cdot {}_t^hV({}_{m|}\ddot{a}_x) = b \cdot {}_{m-t|}\ddot{a}_{x+t|i_2}$$

当 $t \geqslant m$ 时，

$$\ddot{a}_{x+t|i_2} = \frac{\sum_{k=0}^{\omega-x-t} v_2^k l_{x+t+k}}{l_{x+t}} = \frac{l_{x+t} + v_2^1 l_{x+t+1} + \cdots + v_2^{\omega-x-t-1} l_{\omega-1} + v_2^{\omega-x-t} l_\omega}{l_{x+t}}$$

$$V_{x,t} = b \cdot {}_t^hV({}_{m|}\ddot{a}_x) = b \cdot \ddot{a}_{x+t|i_2}$$

第六步：（以下分别按 $t=1,2,3,\cdots,n$ 计算）

$$SUR_{x,t} = AS_{x,t} - V_{x,t}$$

$$GAIN_{x,t} = SUR_{x,t} - \frac{SUR_{x,t-1} \cdot l'_{x,t}}{l_{x,t}}$$

$$PRO_{x,t} = GAIN_{x,t} - \frac{SUR_{x,t-1} \cdot l'_{x,t} \cdot i_3}{l_{x,t}}$$

$$j_t = i_3 + 0.5\%$$

$${}_tD_x = {}_{t-1}D_x \cdot \frac{l_{x,t}}{(1+j_t)\cdot l'_{x,t}} \quad ({}_0D_x = 1)$$

$$PVPRO_x = \sum_{t=1}^{n} {}_tD_x \cdot PRO_{x,t} = {}_1D_x \cdot PRO_{x,1} + {}_2D_x \cdot PRO_{x,2} + \cdots + {}_{n-1}D_x \cdot PRO_{x,n-1} + {}_nD_x \cdot PRO_{x,n}$$

(2)问题②求解

$$PVP_x = \sum_{t=1}^{h} {}_{t-1}D_x \cdot G = G \cdot (1 + {}_1D_x + \cdots + {}_{h-2}D_x + {}_{h-1}D_x)$$

$$PI_x = \frac{PVPRO_x}{PVP_x}$$

(3)问题③求解

当 $PVPRO_x = \sum_{t=1}^{n} {}_tD'_x \cdot PRO_{x,t} = 0$ 时，所得到的 i_3 值就是 ROI 的值。（ROI 的计算没有直接的计算式，只能用渐近的方法，即如果 $PVPRO_x > 0$，则提高或降低 i_3 的值，直到 $PVPRO_x = 0$ 或者接近 0；反之，如果 $PVPRO_x < 0$，则降低或提高 i_3 的值，直到 $PVPRO_x = 0$ 或者接近 0。）

(4)问题④求解

当 $SUR_{x,t-1} < 0, SUR_{x,t} > 0$ 时，所得到的 $m' = t$ 值就是临界平衡年。

(5)问题⑤求解

$$AS_{x,n} = \frac{FA_{x,n}}{l_{x,n}}$$

$$V_{x,n} = b \cdot \ddot{a}_{x+n|i_2}$$

$$\frac{AS_{x,n}}{V_{x,n}} = \frac{FA_{x,n}}{l_{x,n} \cdot V_{x,n}}$$

[实验 6.4.3] h 年缴费期初付延期终身生存年金资产份额定价法毛保费计算。

一位 50 岁的男性采用期缴方式购买一项延期 20 年的终身生存年金，缴费期限为 15 年，延期 20 年后每年年初能得到的金额为 1 000 元，经验期期限为 50 年。保单初年度附加费用率为 35%，第 2 年至第 20 年各年的附加费用率为 10%，以后各年度附加费用率为 15%，定价利率为 2.5%，准备金评估利率为 2.5%，积累利率为 4%，贴现利率为 4.5%，预期退保比例为 20%，服从参数为 0.15 的指数分布，第一年的期初生存人数为 100 000 人，采用经验生命表(2000—2003)。在资产份额定价法下，求利润现值、获利比率、投资回报率、临界平衡年、资产份额/准备金的值。

解：

1.数据录入

(1)已知数据录入

$x = 50$;

$b = 1\ 000$;

$h = 15$;

$m = 20$;

$n = 50$;

$i = 2.5\%$;

$i_2 = 2.5\%$;

$i_3 = 4\%$;

$j_t = 4.5\%$;

$K = 90$;

$q^w = 20\%$;

$\lambda = 0.15$;

$l'_{x,1} = 100\,000$;

$\theta_1 = 35\%$;

$\theta_2 = 10\%$;

$\theta_3 = 15\%$;

$\omega = 105$;

$L_{ijk} = L_{221}$。

(2)需要求解的问题

① $PVPRO_{50}$;

② $\dfrac{PVPRO_{50}}{PVP_{50}}$;

③ ROI;

④ m';

⑤ $\dfrac{AS_{50,50}}{V_{50,50}}$。

2.问题解答(如表 6-4 所示)

(1)问题①求解

第一步:(以下分别按 $t=1,2,3,\cdots,50$ 计算)(见表 6-4 B、C、D、E 栏)

$$l'_{50,t} = l_{50,t-1}$$

$$d_{50,t} = l'_{50,t} \cdot q^d_{50,t} = l'_{50,t} \cdot \frac{d_{50+t}}{l_{50+t}}$$

$$F(t) = 1 - e^{-0.15t}$$

$$q^w_{50,t} = F(t) - F(t-1)$$

$$w_{50,t} = l'_{50,1} \cdot q^w \cdot q^w_{50,t} = 100\,000 \times 20\% \times q^w_{50,t} = 20\,000 \times q^w_{50,t}$$

$$l_{50,t} = l'_{50,t} - d_{50,t} - w_{50,t}$$

第二步:(实际毛保费 G 和附加费用计算)(见表 6-4 F 栏)

$$v = \frac{1}{1+i} = \frac{1}{1+2.5\%} = 0.975\,610$$

$$_{20|}\ddot{a}_{50} = \frac{\sum_{k=20}^{55} v^k l_{50+k}}{l_{50}} = 6.472\,112$$

$$\ddot{a}_{50:\overline{15}|}=\frac{\sum_{k=0}^{14}v^k l_{50+k}}{l_{50}}=12.366\,538$$

$$a_{50:\overline{19}|}=\frac{\sum_{k=1}^{19}v^k l_{50+k}}{l_{50}}=14.312\,978$$

$$G\cdot\ddot{a}_{50:\overline{15}|}=b\cdot{}_{20|}\ddot{a}_{50}+\theta_1\cdot G+\theta_2\cdot G\cdot a_{50:\overline{19}|}+\theta_3\cdot G\cdot{}_{20|}\ddot{a}_{50}$$

$$\begin{aligned}G&=\frac{b\cdot{}_{20|}\ddot{a}_{50}}{\ddot{a}_{50:\overline{15}|}-\theta_1-\theta_2\cdot a_{50:\overline{19}|}-\theta_3\cdot{}_{20|}\ddot{a}_{50}}\\&=\frac{1\,000\times 6.472\,112}{12.366\,538-0.35-0.1\times 14.312\,978-0.15\times 6.472\,112}\\&=673.166\,942\end{aligned}$$

$$E_{50,t}=\begin{cases}G\cdot\theta_1=673.166\,942\times 0.35=235.608\,430, & t=1\\ G\cdot\theta_2=673.166\,942\times 0.1=67.316\,694, & 1<t\leqslant 20\\ G\cdot\theta_3=673.166\,942\times 0.15=100.975\,041, & t>20\end{cases}$$

第三步:(现金价值计算,采用净保费加成法)(见表 6-4 G 栏)

$i_1=i+2\%=4.5\%$

$$v_1=\frac{1}{1+i_1}=\frac{1}{1+4.5\%}=0.956\,938$$

$$\ddot{a}_{50:\overline{15}|4.5\%}=\frac{\sum_{k=0}^{14}v_1^k l_{50+k}}{l_{50}}=10.954\,809$$

$$a_{50:\overline{19}|4.5\%}=\frac{\sum_{k=1}^{19}v_1^k l_{50+k}}{l_{50}}=12.080\,198$$

$${}_{20|}\ddot{a}_{50|4.5\%}=\frac{\sum_{k=20}^{55}v_1^k l_{50+k}}{l_{50}}=3.794\,742$$

$$G'\cdot\ddot{a}_{50:\overline{15}|4.5\%}=b\cdot{}_{20|}\ddot{a}_{50|4.5\%}+\theta_1\cdot G'+\theta_2\cdot G'\cdot a_{50:\overline{19}|4.5\%}+\theta_3\cdot G'\cdot{}_{20|}\ddot{a}_{50|4.5\%}$$

$$\begin{aligned}G'&=\frac{b\cdot{}_{20|}\ddot{a}_{50|4.5\%}}{\ddot{a}_{50:\overline{15}|4.5\%}-\theta_1-\theta_2\cdot a_{50:\overline{19}|4.5\%}-\theta_3\cdot{}_{20|}\ddot{a}_{50|4.5\%}}\\&=\frac{1\,000\times 3.794\,742}{10.954\,809-0.35-0.1\times 12.080\,198-0.15\times 3.794\,742}\\&=429.873\,522\end{aligned}$$

(以下分别按 $t=1,2,3,\cdots,50$ 计算)

当 $t<15$ 时,

$${}_{20-t|}\ddot{a}_{50+t|4.5\%}=\frac{\sum_{k=20-t}^{55-t}v_1^k l_{50+t+k}}{l_{50+t}}=\frac{v_1^{20-t}l_{70}+v_1^{21-t}l_{71}+\cdots+v_1^{54-t}l_{104}+v_1^{55-t}l_{105}}{l_{50+t}}$$

$$\ddot{a}_{50+t:\overline{15-t}|4.5\%}=\frac{\sum_{k=0}^{14-t}v_1^k l_{50+t+k}}{l_{50+t}}=\frac{l_{50+t}+v_1^1 l_{51+t}+\cdots+v_1^{13-t}l_{63}+v_1^{14-t}l_{64}}{l_{50+t}}$$

$$\begin{aligned}b\cdot{}_t^{15}V'({}_{20|}\ddot{a}_{50})&=b\cdot{}_{20-t|}\ddot{a}_{50+t|4.5\%}-(1-\theta_2)\cdot G'\cdot\ddot{a}_{50+t:\overline{15-t}|4.5\%}\\&=1\ 000\times{}_{20-t|}\ddot{a}_{50+t|4.5\%}-(1-0.1)\times 429.873\ 522\times\ddot{a}_{50+t:\overline{15-t}|4.5\%}\\&=1\ 000\times{}_{20-t|}\ddot{a}_{50+t|4.5\%}-386.886\ 170\times\ddot{a}_{50+t:\overline{15-t}|4.5\%}\end{aligned}$$

当 $15\leqslant t<20$ 时，

$$_{20-t|}\ddot{a}_{50+t|4.5\%}=\frac{\sum_{k=20-t}^{55-t}v_1^k l_{50+t+k}}{l_{50+t}}=\frac{v_1^{20-t}l_{70}+v_1^{21-t}l_{71}+\cdots+v_1^{54-t}l_{104}+v_1^{55-t}l_{105}}{l_{50+t}}$$

$$b\cdot{}_t^{15}V'({}_{20|}\ddot{a}_{50})=b\cdot{}_{20-t|}\ddot{a}_{50+t|4.5\%}=1\ 000\times{}_{20-t|}\ddot{a}_{50+t|4.5\%}$$

当 $t\geqslant 20$ 时，

$$\ddot{a}_{50+t|4.5\%}=\frac{\sum_{k=0}^{55-t}v_1^k l_{50+t+k}}{l_{50+t}}=\frac{l_{50+t}+v_1^1 l_{51+t}+\cdots+v_1^{54-t}l_{104}+v_1^{55-t}l_{105}}{l_{50+t}}$$

$$b\cdot{}_t^{15}V'({}_{20|}\ddot{a}_{50})=b\cdot\ddot{a}_{50+t|4.5\%}=1\ 000\times\ddot{a}_{50+t|4.5\%}$$

$K=90$

当 $t<\min(20,h)$ 时，$r=90\%+t\cdot(100\%-90\%)/\min(20,h)=(90+\frac{2}{3}\times t)\%$

当 $t\geqslant\min(20,h)=15$ 时，$r=100\%$

$$b\cdot{}_t^{15}CV({}_{20|}\ddot{a}_{50})=r\cdot\max[b\cdot{}_t^{15}V'({}_{20|}\ddot{a}_{50}),0]$$

第四步：（以下分别按 $t=1,2,3,\cdots,50$ 计算）（见表 6-4 H、I、J、K、L、M、N、O 栏）

$FA'_{50,t}=FA_{50,t-1}$

$(FA'_{50,1}=0)$

$$TG_{50,t}=\begin{cases}G\cdot l'_{50,t}=673.166\ 942\times l'_{50,t}, & t\leqslant 15\\0, & t>15\end{cases}$$

$$TE_{50,t}=\begin{cases}l'_{x,1}\cdot G\cdot\theta_1=100\ 000\times 673.166\ 942\times 0.35=23\ 560\ 842.97, & t=1\\l'_{x,t}\cdot G\cdot\theta_2=673.166\ 942\times 0.1\times l'_{x,t}=67.316\ 694\times l'_{x,t}, & 1<t\leqslant 20\\l'_{x,t}\cdot G\cdot\theta_3=673.166\ 942\times 0.15\times l'_{x,t}=100.975\ 041\times l'_{x,t}, & t>20\end{cases}$$

$$TL_{50,t}=\begin{cases}0, & t\leqslant 20\\b\cdot l'_{50,t}=1\ 000\times l'_{50,t}, & t>20\end{cases}$$

$TW_{50,t}=w_{50,t}\cdot b\cdot{}_t^{15}CV({}_{20|}\ddot{a}_{50})$

$I_{50,t}=i_3\cdot(FA'_{50,t}+TG_{50,t}-TE_{50,t}-TL_{50,t})$

$FA_{50,t}=FA'_{50,t}+TG_{50,t}-TE_{50,t}-TL_{50,t}-TW_{50,t}+I_{50,t}$

$$AS_{50,t}=\frac{FA_{50,t}}{l_{50,t}}$$

第五步：(期末准备金计算，修正均衡净保费法，最优估计假设)(见表6-4 P栏)

$$v_2 = \frac{1}{1+i_2} = \frac{1}{1+2.5\%} = 0.975\ 610$$

$$_{20|}\ddot{a}_{50|2.5\%} = \frac{\sum_{k=20}^{55} v_2^k l_{50+k}}{l_{50}} = 6.472\ 112$$

$$\ddot{a}_{50:\overline{15}|2.5\%} = \frac{\sum_{k=0}^{14} v_2^k l_{50+k}}{l_{50}} = 12.366\ 538$$

$$_{15}P(_{20|}\ddot{a}_{50|2.5\%}) = \frac{_{20|}\ddot{a}_{50|2.5\%}}{\ddot{a}_{50:\overline{15}|2.5\%}} = \frac{6.472112}{12.366\ 538} = 0.523\ 357$$

$$a_{50:\overline{14}|2.5\%} = \frac{\sum_{k=1}^{14} v_2^k l_{50+k}}{l_{50}} = 11.366\ 538$$

$$G_1 = \frac{_{15}P(_{20|}\ddot{a}_{50|2.5\%})}{1-\theta_1} = \frac{0.523\ 357}{1-0.35} = 0.805\ 165$$

$$r' = 0.35$$

$$\alpha = \{1-\min(\theta_1, r')\} \cdot G_1 = (1-0.35) \times 0.805\ 165 = 0.523\ 357$$

$$\alpha + \beta \cdot a_{50:\overline{14}|2.5\%} = {_{15}P}(_{20|}\ddot{a}_{50|2.5\%}) \cdot \ddot{a}_{50:\overline{15}|2.5\%}$$

$$\beta = \frac{_{50}P(_{20|}\ddot{a}_{50|2.5\%}) \cdot \ddot{a}_{50:\overline{15}|2.5\%} - \alpha}{a_{50:\overline{14}|2.5\%}} = \frac{0.523\ 357 \times 12.366\ 538 - 0.523\ 357}{11.366\ 538}$$

$$= 0.523\ 357$$

(以下分别按$t=1,2,3,\cdots,50$计算)

当$t<15$时，

$$_{20-t|}\ddot{a}_{50+t|2.5\%} = \frac{\sum_{k=20-t}^{55-t} v_2^k l_{50+t+k}}{l_{50+t}} = \frac{v_2^{20-t} l_{70} + v_2^{21-t} l_{71} + \cdots + v_2^{54-t} l_{104} + v_2^{55-t} l_{105}}{l_{50+t}}$$

$$\ddot{a}_{50+t:\overline{15-t}|2.5\%} = \frac{\sum_{k=0}^{14-t} v_2^k l_{50+t+k}}{l_{50+t}} = \frac{l_{50+t} + v_2^1 l_{51+t} + \cdots + v_2^{13-t} l_{63} + v_2^{14-t} l_{64}}{l_{50+t}}$$

$$V_{50,t} = b \cdot {_t^{15}V}(_{20|}\ddot{a}_{50}) = b \cdot (_{20-t|}\ddot{a}_{50+t|2.5\%} - \beta \cdot \ddot{a}_{50+t:\overline{15-t}|2.5\%})$$

$$= 1\ 000 \times (_{20-t|}\ddot{a}_{50+t|2.5\%} - 0.523\ 357 \times \ddot{a}_{50+t:\overline{15-t}|2.5\%})$$

当$15 \leqslant t < 20$时，

$$_{20-t|}\ddot{a}_{50+t|2.5\%} = \frac{\sum_{k=20-t}^{55-t} v_2^k l_{50+t+k}}{l_{50+t}} = \frac{v_2^{20-t} l_{70} + v_2^{21-t} l_{71} + \cdots + v_2^{54-t} l_{104} + v_2^{55-t} l_{105}}{l_{50+t}}$$

$$V_{50,t} = b \cdot {_t^{15}V}(_{20|}\ddot{a}_{50}) = b \cdot {_{20-t|}\ddot{a}_{50+t|2.5\%}} = 1\ 000 \times {_{20-t|}\ddot{a}_{50+t|2.5\%}}$$

当$t \geqslant 20$时，

$$\ddot{a}_{50+t|2.5\%}=\frac{\sum_{k=0}^{55-t}v_2^k l_{50+t+k}}{l_{50+t}}=\frac{l_{50+t}+v_2^1 l_{51+t}+\cdots+v_2^{54-t}l_{104}+v_2^{55-t}l_{105}}{l_{50+t}}$$

$$V_{50,t}=b\cdot{}_t^{15}V({}_{20|}\ddot{a}_{50})=b\cdot\ddot{a}_{50+t|2.5\%}=1000\times\ddot{a}_{50+t|2.5\%}$$

第六步:(以下分别按 t=1,2,3,…,50 计算)(见表 6-4 Q、R、S、U、V 栏)

$$SUR_{50,t}=AS_{50,t}-V_{50,t}$$

$$GAIN_{50,t}=SUR_{50,t}-\frac{SUR_{50,t-1}\cdot l'_{50,t}}{l_{50,t}}$$

$$PRO_{50,t}=GAIN_{50,t}-\frac{SUR_{50,t-1}\cdot l'_{50,t}\cdot i_3}{l_{50,t}}$$

$$j_t=i_3+0.5\%$$

$${}_tD_{50}={}_{t-1}D_{50}\cdot\frac{l_{50,t}}{(1+j_t)\cdot l'_{50,t}}={}_{t-1}D_{50}\cdot\frac{l_{50,t}}{1.045\times l'_{50,t}}\left({}_0D_{50}=1\right)$$

$$PVPRO_{50}=\sum_{t=1}^{50}{}_tD_{50}\cdot PRO_{50,t}=1\,769.472\,038$$

(2)问题②求解

$$PVP_{50}=\sum_{t=1}^{15}{}_{t-1}D_{50}\cdot G=6586.687\,206$$

$$PI_{50}=\frac{PVPRO_{50}}{PVP_{50}}=\frac{1\,769.475\,028}{6586.687\,206}=0.268\,644$$

(3)问题③求解

当 $PVPRO_{50}=\sum_{t=1}^{50}{}_tD'_{50}\cdot PRO_{50,t}=0$ 时,所得到的 i_3 值就是 ROI 的值。(ROI 的计算没有直接的计算式,只能用渐进的方法,即如果 $PVPRO_{50}>0$,则提高或降低 i_3 的值,直到 $PVPRO_{50}=0$ 或者接近 0;反之,如果 $PVPRO_{50}<0$,则降低或提高 i_3 的值,直到 $PVPRO_{50}=0$ 或者接近 0。)。通过不断调整 i_3 的数值进行试验可知,当 $i_3=0.019838$ 时,$PVPRO_{50}=\sum_{t=1}^{50}{}_tD'_{50}\cdot PRO_{50,t}=-0.0595\,035$ 接近于 0,因此,$ROI=0.019\,838$。

(4)问题④求解

当 $SUR_{50,t-1}<0, SUR_{50,t}>0$ 时,$m'=t=2$。

(5)问题⑤求解

$$AS_{50,50}=\frac{FA_{50,50}}{l_{50,50}}=\frac{1\,330\,517\,603}{809}=1\,644\,923.957$$

$$V_{50,50}=b\cdot\ddot{a}_{100|2.5\%}=2\,390.419\,345$$

$$\frac{AS_{50,50}}{V_{50,50}}=\frac{FA_{50,50}}{l_{50,50}\cdot V_{50,50}}=\frac{1\,644\,923.957}{2\,390.419\,345}=688.131\,963$$

表 6-4　实验 6.4.3 数据计算表

A	B	C	D	E	F
年度	期初生存人数(人)	死亡人数(人)	退保人数(人)	期末生存人数(人)	每 1 000 元费用(元)
1	100 000	288	2 786	96 926	235.60
2	96 926	299	2 398	94 229	67.31
3	94 229	311	2 064	91 855	67.31
4	91 855	326	1 776	89 753	67.31
5	89 753	344	1 529	87 879	67.31
6	87 879	370	1 316	86 194	67.31
7	86 194	403	1 133	84 658	67.31
8	84 658	447	975	83 236	67.31
9	83 236	503	839	81 895	67.31
10	81 895	572	722	80 600	67.31
11	80 600	634	622	79 344	67.31
12	79 344	692	535	78 117	67.31
13	78 117	756	460	76 901	67.31
14	76 901	825	396	75 679	67.31
15	75 679	901	341	74 437	67.31
16	74 437	985	294	73 159	67.31
17	73 159	1 076	253	71 831	67.31
18	71 831	1 174	218	70 439	67.31
19	70 439	1 279	187	68 972	67.31
20	68 972	1 392	161	67 419	67.31
21	67 419	1 512	139	65 769	100.97
22	65 769	1 638	119	64 011	100.97
23	64 011	1 771	103	62 137	100.97
24	62 137	1 904	88	60 144	100.97
25	60 144	2 041	76	58 027	100.97
26	58 027	2 180	66	55 781	100.97
27	55 781	2 320	56	53 404	100.97
28	53 404	2 458	49	50 898	100.97
29	50 898	2 592	42	48 264	100.97
30	48 264	2 718	36	45 510	100.97
31	45 510	2 833	31	42 646	100.97
32	42 646	2 934	27	39 686	100.97
33	39 686	3 015	23	36 648	100.97
34	36 648	3 074	20	33 554	100.97
35	33 554	3 106	17	30 431	100.97
36	30 431	3 106	15	27 311	100.97
37	27 311	3 071	13	24 227	100.97
38	24 227	3 000	11	21 216	100.97
39	21 216	2 891	9	18 316	100.97
40	18 316	2 743	8	15 565	100.97
41	15 565	2 560	7	12 998	100.97

表6-4(续)

A	B	C	D	E	F
年度	期初生存人数(人)	死亡人数(人)	退保人数(人)	期末生存人数(人)	每1 000元费用(元)
42	12 998	2 345	6	10 647	100.97
43	10 647	2 104	5	8 538	100.97
44	8 538	1 846	4	6 688	100.97
45	6 688	1 580	4	5 104	100.97
46	5 104	1 315	3	3 786	100.97
47	3 786	1 062	3	2 721	100.97
48	2 721	830	2	1 889	100.97
49	1 889	625	2	1 262	100.97
50	1 262	452	2	809	100.97

A	G	H	I	J	K
年度	现金价值(元)	期初基金数额(元)	保费收入(元)	费用支出(元)	生存给付(元)
1	0	0	67 316 694	23 560 843	0
2	313.52	45 506 085	65 247 486	6 524 748	0
3	704.14	107 646 216	63 432 081	6 343 208	0
4	1 119.50	169 871 275	61 833 472	6 183 347	0
5	1 561.17	232 553 643	60 418 506	6 041 850	0
6	2 030.91	296 020 622	59 157 414	5 915 741	0
7	2 530.74	360 560 225	58 022 692	5 802 269	0
8	3 062.99	426 425 459	56 988 924	5 698 892	0
9	3 630.49	493 838 083	56 032 056	5 603 205	0
10	4 236.61	562 991 339	55 128 839	5 512 883	0
11	4 885.45	634 051 892	54 257 381	5 425 738	0
12	5 580.38	707 162 050	53 412 094	5 341 209	0
13	6 325.26	782 456 634	52 585 915	5 258 591	0
14	7 125.10	860 062 556	51 767 050	5 176 705	0
15	7 985.70	940 094 961	50 944 727	5 094 472	0
16	8 445.55	1 022 658 749	0	5 010 883	0
17	8 943.93	1 055 873 952	0	4 924 828	0
18	9 485.89	1 090 726 725	0	4 835 396	0
19	10 077.46	1 127 263 580	0	4 741 723	0
20	10 725.78	1 165 535 988	0	4 642 992	0
21	10 372.79	1 205 600 309	0	6 807 645	67 419 000
22	10 019.24	1 175 189 824	0	6 640 978	65 769 000
23	9 665.90	1 145 695 453	0	6 463 490	64 011 000
24	9 313.56	1 117 236 855	0	6 274 283	62 137 000
25	8 962.35	1 089 954 942	0	6 073 065	60 144 000
26	8 612.95	1 064 004 945	0	5 859 265	58 027 000
27	8 266.16	1 039 559 267	0	5 632 476	55 781 000
28	7 922.69	1 016 805 611	0	5 392 505	53 404 000
29	7 583.22	995 944 582	0	5 139 398	50 898 000
30	7 248.60	977 186 982	0	4 873 481	48 264 000

表6-4(续)

A	G	H	I	J	K
年度	现金价值(元)	期初基金数额(元)	保费收入(元)	费用支出(元)	生存给付(元)
31	6 919.43	960 750 616	0	4 595 415	45 510 000
32	6 596.44	946 856 439	0	4 306 212	42 646 000
33	6 280.29	935 724 369	0	4 007 293	39 686 000
34	5 971.68	927 568 347	0	3 700 492	36 648 000
35	5 671.12	922 591 225	0	3 388 091	33 554 000
36	5 379.17	920 979 033	0	3 072 795	30 431 000
37	5 096.39	922 895 365	0	2 757 712	27 311 000
38	4 823.15	928 475 765	0	2 446 298	24 227 000
39	4 559.86	937 822 572	0	2 142 265	21 216 000
40	4 306.77	951 000 592	0	1 849 449	18 316 000
41	4 064.29	968 034 096	0	1 571 659	15 565 000
42	3 832.48	988 905 439	0	1 312 493	12 998 000
43	3 611.40	1 013 555 757	0	1 075 130	10 647 000
44	3 401.00	1 041 887 994	0	862 134	8 538 000
45	3 201.28	1 073 772 300	0	675 272	6 688 000
46	3 011.89	1 109 053 759	0	515 370	5 104 000
47	2 832.11	1 147 562 001	0	382 247	3 786 000
48	2 661.33	1 189 122 002	0	274 723	2 721 000
49	2 497.63	1 233 565 203	0	190 719	1 889 000
50	2 338.26	1 280 739 933	0	127 450	1 262 000

A	L	M	N	O	P
年度	退保给付(元)	利息收入(元)	期末基金数额(元)	期末资产份额(元)	期末准备金(元)
1	0	1 750 234	45 506 085	469.49	537.87
2	751 759	4 169 152	107 646 216	1 142.38	1 090.90
3	1 453 217	6 589 403	169 871 275	1 849.34	1 659.73
4	1 988 613	9 020 856	232 553 643	2 591.05	2 245.07
5	2 386 889	11 477 212	296 020 622	3 368.49	2 847.74
6	2 672 561	13 970 491	360 560 225	4 183.14	3 468.68
7	2 866 415	16 511 226	426 425 459	5 037.04	4 109.13
8	2 986 027	19 108 619	493 838 083	5 932.95	4 770.61
9	3 046 272	21 770 677	562 991 339	6 874.57	5 455.09
10	3 059 694	24 504 291	634 051 892	7 866.63	6 165.14
11	3 036 825	27 315 341	707 162 050	8 912.55	6 903.96
12	2 985 619	30 209 317	782 456 634	10 016.44	7 673.37
13	2 912 760	33 191 358	860 062 556	11 184.05	8 475.59
14	2 824 057	36 266 116	940 094 961	12 422.10	9 314.06
15	2 724 274	39 437 808	1 022 658 749	13 738.49	10 192.72
16	2 479 828	40 705 914	1 055 873 952	14 432.57	10 573.36
17	2 260 362	42 037 964	1 090 726 725	15 184.71	10 983.00
18	2 063 401	43 435 653	1 127 263 580	16 003.38	11 425.58
19	1 886 742	44 900 874	1 165 535 988	16 898.59	11 905.81

表6-4(续)

A	L	M	N	O	P
年度	退保给付(元)	利息收入(元)	期末基金数额(元)	期末资产份额(元)	期末准备金(元)
20	1 728 406	46 435 719	1 205 600 309	17 882.18	12 429.22
21	1 438 695	45 254 946	1 175 189 915	17 868.57	11 956.28
22	1 196 089	44 111 197	1 145 695 044	17 898.47	11 487.80
23	993 177	43 008 822	1 117 236 198	17 980.21	11 024.63
24	823 675	41 952 996	1 089 954 235	18 122.34	10 567.63
25	682 210	40 949 486	1 064 004 446	18 336.40	10 116.87
26	564 292	40 004 727	1 039 558 615	18 636.46	9 673.09
27	466 135	39 125 805	1 016 804 808	19 039.74	9 237.01
28	384 535	38 320 332	995 944 099	19 567.56	8 809.36
29	316 791	37 596 268	977 186 178	20 246.59	8 390.80
30	260 633	36 961 947	960 750 010	21 110.55	7 982.02
31	214 142	36 425 783	946 856 237	22 202.53	7 583.62
32	175 710	35 996 161	935 724 475	23 578.20	7 196.19
33	143 986	35 681 247	927 568 442	25 310.48	6 820.27
34	117 840	35 488 798	922 590 906	27 495.90	6 456.35
35	96 321	35 425 952	920 978 445	30 264.24	6 104.85
36	78 636	35 498 986	922 894 999	33 792.26	5 766.16
37	64 125	35 713 051	928 475 213	38 324.35	5 440.57
38	52 234	36 072 076	937 821 757	44 203.94	5 128.34
39	42 503	36 578 539	950 999 527	51 922.06	4 829.64
40	34 552	37 233 363	968 032 888	62 193.58	4 544.55
41	28 065	38 035 849	988 904 012	76 080.07	4 273.12
42	22 778	38 983 740	1 013 554 480	95 191.92	4 015.29
43	18 474	40 073 294	1 041 887 170	122 028.06	3 770.91
44	14 974	41 299 481	1 073 771 542	160 563.56	3 539.75
45	12 132	42 656 330	1 109 052 468	217 293.33	3 321.43
46	9 824	44 137 323	1 147 560 597	303 141.00	3 115.40
47	7 951	45 735 694	1 189 120 092	437 062.79	2 920.93
48	6 431	47 444 974	1 233 562 912	653 099.34	2 736.72
49	5 194	49 259 327	1 280 737 325	1 014 686.76	2 560.96
50	4 185	51 173 915	1 330 517 603	1 644 923.95	2 390.41

A	Q	R	S	U	V
年度	期末盈余(元)	本期损益(元)	营运损益(元)	tDx(贴现因子)	tDx * 营运损益(元)
1	-68.38	-68.38	-68.38	0.927 523	-63.42
2	51.48	121.82	124.63	0.862 886	107.54
3	189.61	136.79	134.68	0.804 919	108.41
4	345.97	151.91	144.15	0.752 631	108.49
5	520.75	167.40	153.26	0.705 188	108.08
6	714.45	183.51	162.28	0.661 877	107.41
7	927.90	200.49	171.39	0.622 091	106.62
8	1 162.34	218.58	180.83	0.585 307	105.84

表6-4(续)

A	Q	R	S	U	V
年度	期末盈余(元)	本期损益(元)	营运损益(元)	tDx(贴现因子)	tDx＊营运损益(元)
9	1 419.47	238.09	190.83	0.551 073	105.16
10	1 701.48	259.21	201.51	0.519 007	104.59
11	2 008.58	280.17	211.03	0.488 920	103.17
12	2 343.07	302.93	221.32	0.460 629	101.94
13	2 708.46	328.32	233.11	0.433 929	101.15
14	3 108.04	355.86	245.77	0.408 647	100.43
15	3 545.76	385.87	259.47	0.384 634	99.80
16	3 859.20	251.47	107.16	0.361 749	38.76
17	4 201.71	271.13	113.91	0.339 885	38.71
18	4 577.80	293.08	121.69	0.318 948	38.81
19	4 992.77	317.62	130.61	0.298 859	39.03
20	5 452.95	345.15	140.83	0.279 548	39.37
21	5 912.29	322.49	98.89	0.260 961	25.80
22	6 410.66	336.01	93.02	0.243 049	22.61
23	6 955.58	351.59	87.43	0.225 775	19.74
24	7 554.71	368.66	81.22	0.209 124	16.98
25	8 219.53	389.15	75.93	0.193 073	14.66
26	8 963.37	412.88	70.86	0.177 608	12.58
27	9 802.72	440.46	65.97	0.162 718	10.73
28	10 758.19	472.70	61.28	0.148 403	9.09
29	11 855.79	510.58	56.77	0.134 664	7.64
30	13 128.53	555.35	52.42	0.121 513	6.37
31	14 618.91	608.67	48.26	0.108 962	5.25
32	16 382.01	672.62	44.24	0.097 032	4.29
33	18 490.21	749.99	40.38	0.085 745	3.46
34	21 039.55	844.43	36.63	0.075 125	2.75
35	24 159.39	960.99	33.05	0.065 200	2.15
36	28 026.09	1 106.37	29.58	0.055 995	1.65
37	32 883.77	1 289.95	26.20	0.047 533	1.24
38	39 075.59	1 524.90	22.87	0.039 833	0.91
39	47 092.42	1 830.13	19.64	0.032 907	0.64
40	57 649.02	2 233.07	16.43	0.026 760	0.43
41	71 806.94	2 774.48	13.19	0.021 385	0.28
42	91 176.62	3 516.38	9.97	0.016 763	0.16
43	118 257.14	4 554.76	6.67	0.012 864	0.08
44	157 023.80	6 042.38	3.13	0.009 642	0.03
45	213 971.90	8 229.07	−0.64	0.007 042	−0.004
46	300 025.60	11 535.12	−4.49	0.004 998	−0.022
47	434 141.85	16 689.05	−9.05	0.003 437	−0.031
48	650 362.61	25 000.62	−13.85	0.002 283	−0.031
49	1 012 125.80	38 909.09	−19.57	0.001 460	−0.028
50	1 642 533.53	63 149.41	−25.95	0.000 895	−0.023

7 法定责任准备金

[**教学目的与要求**] 法定责任准备金是以均衡纯保费责任准备金为基础,根据有关保险监管规定,采用修正净保费法和保单保费评估法计算法定责任准备金。学生应掌握各种保险责任、保险金支付条件、缴费方式下法定责任准备金的计算方法。

[**内容摘要**] 运用修正净保费法和保单保费评估法计算各险种在全离散模型、半连续模型条件下的法定责任准备金。对险种的分类主要包括死亡保险、两全保险与年金保险;终身寿险与定期寿险;即期寿险与延期寿险;趸缴保费与期缴保费等。

7.1 终身寿险

7.1.1 趸缴保费

7.1.1.1 修正净保费法(一年定期修正法)

1. 死亡年末支付

[**基本算法示例**] 全离散模型趸缴保费即期终身死亡保险修正净保费法法定责任准备金。

需要求解的问题类型:第 t 个保单年度末的法定未到期责任准备金。

解:

$$v = \frac{1}{1+i}$$

$$A_{x+t} = \frac{\sum_{k=0}^{\omega-x-t} v^{k+1} d_{x+t+k}}{l_{x+t}} = \frac{v^1 d_{x+t} + v^2 d_{x+t+1} + \cdots + v^{\omega-x-t} d_{\omega-1} + v^{\omega-x-t+1} d_{\omega}}{l_{x+t}}$$

$$b \cdot {}_tV_x^F = b \cdot A_{x+t}$$

[**实验 7.1.1**] 全离散模型趸缴保费即期终身死亡保险修正净保费法法定责任准备金计算。

一位 30 岁的男性采用趸缴方式购买保险金额为 10 000 元的终身寿险,假设为全离散模型,准备金评估利率为 4.5%,极限年龄为 105 岁,采用经验生命表(2000—2003),用一年定期修正法计算第 10 年年末的法定责任准备金。

解:

1.数据录入

(1)已知数据录入

$b = 10\ 000$;

$x = 30$;

$i = 4.5\%$;

$t = 10$;

$\omega = 105$;

$L_{ijk} = L_{211}$。

(2)需要求解的问题录入:$b \cdot {}_{10}V_{30}^{F}$

2.问题解答

$$v = \frac{1}{1+i} = \frac{1}{1+4.5\%} = 0.956\ 938$$

$$A_{40} = \frac{\sum_{k=0}^{65} v^{k+1} d_{40+k}}{l_{40}} = \frac{v^1 d_{40} + v^2 d_{41} + \cdots + v^{65} d_{104} + v^{66} d_{105}}{l_{40}} = 0.214\ 765$$

$$b \cdot {}_{10}V_{30}^{F} = b \cdot A_{40} = 10\ 000 \times 0.214\ 765 = 2\ 147.65$$

2. 死亡时支付(UDD 假设)

[**基本算法示例**] 半连续模型趸缴保费即期终身死亡保险修正净保费法法定责任准备金。

需要求解的问题类型:第 t 个保单年度末的法定未到期责任准备金。

解:

$$v = \frac{1}{1+i}$$

$$\delta = \ln(1+i)$$

$$A_{x+t} = \frac{\sum_{k=0}^{\omega-x-t} v^{k+1} d_{x+t+k}}{l_{x+t}} = \frac{v^1 d_{x+t} + v^2 d_{x+t+1} + \cdots + v^{\omega-x-t} d_{\omega-1} + v^{\omega-x-t+1} d_{\omega}}{l_{x+t}}$$

$$\bar{A}_{x+t} = \frac{i}{\delta} \cdot A_{x+t}$$

$$b \cdot {}_{t}V^{F}(\bar{A}_x) = b \cdot \bar{A}_{x+t}$$

[**实验 7.1.2**] 半连续模型趸缴保费即期终身死亡保险修正净保费法法定责任准备金计算。

一位 30 岁的男性采用趸缴方式购买保险金额为 10 000 元的终身寿险,准备金评估利率为 4.5%,极限年龄为 105 岁,采用经验生命表(2000—2003),用一年定期修正法计算在 UDD 假设下第 10 年年末的法定责任准备金。

解:

1.数据录入

(1)已知数据录入

$b = 10\ 000$;

$x = 30$;

$i = 4.5\%$;

$t = 10$;

$\omega = 105$;

$L_{ijk} = L_{211}$。

(2)需要求解的问题录入:$b \cdot {}_{10}V^F(\bar{A}_{30})$

2.问题解答

$$v = \frac{1}{1+i} = \frac{1}{1+4.5\%} = 0.956\ 938$$

$$\delta = \ln(1+i) = \ln(1+4.5\%) = 0.044\ 017$$

$$A_{40} = \frac{\sum_{k=0}^{65} v^{k+1} d_{40+k}}{l_{40}} = \frac{v^1 d_{40} + v^2 d_{41} + \cdots + v^{65} d_{104} + v^{66} d_{105}}{l_{40}} = 0.214\ 765$$

$$\bar{A}_{40} = \frac{i}{\delta} \cdot A_{40} = \frac{0.045}{0.044\ 017} \times 0.214\ 765 = 0.219\ 561$$

$$b \cdot {}_{10}V^F(\bar{A}_{30}) = b \cdot \bar{A}_{40} = 10\ 000 \times 0.219\ 561 = 2\ 195.61$$

7.1.1.2 保单保费评估法

1. 死亡年末支付

[**基本算法示例**] 全离散模型趸缴保费即期终身死亡保险保单保费评估法法定责任准备金。

需要求解的问题类型:第 t 个保单年度末的法定未到期责任准备金。

解:

$$v = \frac{1}{1+i}$$

$$A_x = \frac{\sum_{k=0}^{\omega-x} v^{k+1} d_{x+k}}{l_x} = \frac{v^1 d_x + v^2 d_{x+1} + \cdots + v^{\omega-x} d_{\omega-1} + v^{\omega-x+1} d_\omega}{l_x}$$

$$\ddot{a}_x = \frac{\sum_{k=0}^{\omega-x} v^k l_{x+k}}{l_x} = \frac{v^0 l_x + v^1 l_{x+1} + \cdots + v^{\omega-x-1} l_{\omega-1} + v^{\omega-x} l_\omega}{l_x}$$

$$a_x = \frac{\sum_{k=0}^{\omega-x} v^{k+1} l_{x+k}}{l_x} = \frac{v^1 l_x + v^2 l_{x+1} + \cdots + v^{\omega-x} l_{\omega-1} + v^{\omega-x+1} l_\omega}{l_x}$$

$$G \cdot \ddot{a}_x = b \cdot A_x + \theta_1 \cdot G + \theta_2 \cdot G \cdot a_x$$

$$G=\frac{b\cdot A_x}{\ddot{a}_x-\theta_1-\theta_2\cdot a_x}$$

$$A_{x+t}=\frac{\sum_{k=0}^{\omega-x-t}v^{k+1}d_{x+t+k}}{l_{x+t}}=\frac{v^1d_{x+t}+v^2d_{x+t+1}+\cdots+v^{\omega-x-t}d_{\omega-1}+v^{\omega-x-t+1}d_{\omega}}{l_{x+t}}$$

$$\ddot{a}_{x+t}=\frac{\sum_{k=0}^{\omega-x-t}v^{k}l_{x+t+k}}{l_{x+t}}=\frac{l_{x+t}+v^1l_{x+t+1}+\cdots+v^{\omega-x-t-1}l_{\omega-1}+v^{\omega-x-t}l_{\omega}}{l_{x+t}}$$

$$b\cdot {}_tV_x^P=b\cdot A_{x+t}+\theta_2\cdot G\cdot\ddot{a}_{x+t}$$

[**实验 7.1.3**] 全离散模型趸缴保费即期终身死亡保险保单保费评估法法定责任准备金计算。

一位 30 岁的男性采用趸缴方式购买保险金额为 10 000 元的终身寿险,假设为全离散模型,准备金评估利率为 4.5%,初年度费用率为 15%,续年度费用率为 10%,极限年龄为 105 岁,采用经验生命表(2000—2003),用保单保费评估法计算第 10 年年末的法定责任准备金。

解:

1.数据录入

(1)已知数据录入

$b=10\ 000$;

$x=30$;

$i=4.5\%$;

$\theta_1=15\%$;

$\theta_2=10\%$;

$t=10$;

$\omega=105$;

$L_{ijk}=L_{211}$。

(2)需要求解的问题录入:$b\cdot{}_{10}V_{30}^P$

2.问题解答

$$v=\frac{1}{1+i}=\frac{1}{1+4.5\%}=0.956\ 938$$

$$A_{30}=\frac{\sum_{k=0}^{75}v^{k+1}d_{30+k}}{l_{30}}=0.145\ 998$$

$$\ddot{a}_{30}=\frac{\sum_{k=0}^{75}v^{k}l_{30+k}}{l_{30}}=19.905\ 627$$

$$a_{30}=\frac{\sum_{k=0}^{75}v^{k+1}l_{30+k}}{l_{30}}=18.905\ 627$$

$$G \cdot \ddot{a}_{30} = b \cdot A_{30} + \theta_1 \cdot G + \theta_2 \cdot G \cdot a_{30}$$

$$G = \frac{b \cdot A_{30}}{\ddot{a}_{30} - \theta_1 - \theta_2 \cdot a_{30}} = \frac{10\ 000 \times 0.145\ 998}{19.905\ 627 - 0.15 - 0.1 \times 18.905\ 627} = 81.722\ 628$$

$$A_{40} = \frac{\sum_{k=0}^{65} v^{k+1} d_{40+k}}{l_{40}} = 0.214\ 765$$

$$\ddot{a}_{40} = \frac{\sum_{k=0}^{65} v^{k} l_{40+k}}{l_{40}} = 18.343\ 463$$

$$\begin{aligned} b \cdot {}_{10}V_{30}^{P} &= b \cdot A_{40} + \theta_2 \cdot G \cdot \ddot{a}_{40} \\ &= 10\ 000 \times 0.214\ 765 + 0.1 \times 81.722\ 628 \times 18.343\ 463 \\ &= 2\ 297.557\ 6 \end{aligned}$$

2. 死亡时支付(UDD 假设)

[**基本算法示例**] 半连续模型趸缴保费即期终身死亡保险保单保费评估法法定责任准备金。

需要求解的问题类型:第 t 个保单年度末的法定未到期责任准备金。

解:

$$v = \frac{1}{1+i}$$

$$\delta = \ln(1+i)$$

$$\bar{A}_x = \frac{i}{\delta} \cdot \frac{\sum_{k=0}^{\omega-x} v^{k+1} d_{x+k}}{l_x} = \frac{i}{\delta} \cdot \frac{v^1 d_x + v^2 d_{x+1} + \cdots + v^{\omega-x} d_{\omega-1} + v^{\omega-x+1} d_{\omega}}{l_x}$$

$$\ddot{a}_x = \frac{\sum_{k=0}^{\omega-x} v^{k} l_{x+k}}{l_x} = \frac{v^0 l_x + v^1 l_{x+1} + \cdots + v^{\omega-x-1} l_{\omega-1} + v^{\omega-x} l_{\omega}}{l_x}$$

$$a_x = \frac{\sum_{k=0}^{\omega-x} v^{k+1} l_{x+k}}{l_x} = \frac{v^1 l_x + v^2 l_{x+1} + \cdots + v^{\omega-x} l_{\omega-1} + v^{\omega-x+1} l_{\omega}}{l_x}$$

$$G \cdot \ddot{a}_x = b \cdot \bar{A}_x + \theta_1 \cdot G + \theta_2 \cdot G \cdot a_x$$

$$G = \frac{b \cdot \bar{A}_x}{\ddot{a}_x - \theta_1 - \theta_2 \cdot a_x}$$

$$\bar{A}_{x+t} = \frac{i}{\delta} \cdot \frac{\sum_{k=0}^{\omega-x-t} v^{k+1} d_{x+t+k}}{l_{x+t}} = \frac{i}{\delta} \cdot \frac{v^1 d_{x+t} + v^2 d_{x+t+1} + \cdots + v^{\omega-x-t} d_{\omega-1} + v^{\omega-x-t+1} d_{\omega}}{l_{x+t}}$$

$$\ddot{a}_{x+t} = \frac{\sum_{k=0}^{\omega-x-t} v^{k} l_{x+t+k}}{l_{x+t}} = \frac{l_{x+t} + v^1 l_{x+t+1} + \cdots + v^{\omega-x-t-1} l_{\omega-1} + v^{\omega-x-t} l_{\omega}}{l_{x+t}}$$

$b\cdot {}_tV^P(\bar{A}_x)=b\cdot\bar{A}_{x+t}+\theta_2\cdot G\cdot\ddot{a}_{x+t}$

[**实验 7.1.4**] 半连续模型趸缴保费即期终身死亡保险保单保费评估法法定责任准备金计算。

一位 30 岁的男性采用趸缴方式购买保险金额为 10 000 元的终身寿险，准备金评估利率为 4.5%，初年度费用率为 15%，续年度费用率为 10%，极限年龄为 105 岁，采用经验生命表(2000—2003)，用保单保费评估法计算在 UDD 假设下第 10 年年末的法定未到期责任准备金。

解:

1.数据录入

(1)已知数据录入

$b=10\ 000$;

$x=30$;

$i=4.5\%$;

$\theta_1=15\%$;

$\theta_2=10\%$;

$t=10$;

$\omega=105$;

$L_{ijk}=L_{211}$。

(2)需要求解的问题录入：$b\cdot{}_{10}V^P(\bar{A}_{30})$

2.问题解答

$$v=\frac{1}{1+i}=\frac{1}{1+4.5\%}=0.956\ 938$$

$$\delta=\ln(1+i)=\ln(1+4.5\%)=0.044\ 017$$

$$\bar{A}_{30}=\frac{i}{\delta}\cdot\frac{\sum_{k=0}^{75}v^{k+1}d_{30+k}}{l_{30}}=\frac{0.045}{0.044\ 017}\times0.145\ 998=0.149\ 258$$

$$\ddot{a}_{30}=\frac{\sum_{k=0}^{75}v^{k}l_{30+k}}{l_{30}}=19.905\ 627$$

$$a_{30}=\frac{\sum_{k=0}^{75}v^{k+1}l_{30+k}}{l_{30}}=18.905\ 627$$

$$G\cdot\ddot{a}_{30}=b\cdot\bar{A}_{30}+\theta_1\cdot G+\theta_2\cdot G\cdot a_{30}$$

$$G=\frac{b\cdot\bar{A}_{30}}{\ddot{a}_{30}-\theta_1-\theta_2\cdot a_{30}}=\frac{10\ 000\times0.149\ 258}{19.905\ 627-0.15-0.1\times18.905\ 627}=83.547\ 418$$

$$\bar{A}_{40}=\frac{i}{\delta}\cdot\frac{\sum_{k=0}^{65}v^{k+1}d_{40+k}}{l_{40}}=\frac{0.045}{0.044\ 017}\times0.214\ 765=0.219\ 561$$

$$\ddot{a}_{40}=\frac{\sum_{k=0}^{65}v^{k}l_{40+k}}{l_{40}}=18.343\ 463$$

$$\begin{aligned}b\cdot {}_{10}V^{P}(\bar{A}_{30})&=b\cdot\bar{A}_{40}+\theta_2\cdot G\cdot\ddot{a}_{40}\\&=10\ 000\times0.219\ 561+0.1\times83.547\ 418\times18.343\ 463\\&=2\ 348.864\ 897\end{aligned}$$

7.1.2 h 年缴费

7.1.2.1 修正净保费法(一年定期修正法)

1. 死亡年末支付

[**基本算法示例**] 全离散模型 h 年缴费即期终身死亡保险修正净保费法法定责任准备金。

需要求解的问题类型:第 t 个保单年度末的法定未到期责任准备金。

解:

$$v=\frac{1}{1+i}$$

$$\alpha_x^{Mod}=A_{x:\overline{1}|}^{1}=\frac{vd_x}{l_x}$$

$$\beta_x^{Mod}=P_{x+1}=\frac{A_{x+1}}{\ddot{a}_{x+1:\overline{h-1}|}}=\frac{\sum_{k=0}^{\omega-x-1}v^{k+1}d_{x+k+1}}{\sum_{k=0}^{h-2}v^{k}l_{x+k+1}}=\frac{v^1d_{x+1}+v^2d_{x+2}+\cdots+v^{\omega-x-1}d_{\omega-1}+v^{\omega-x}d_{\omega}}{l_{x+1}+v^1l_{x+2}+\cdots+v^{h-3}l_{x+h-2}+v^{h-2}l_{x+h-1}}$$

$$EA=\beta_x^{Mod}-\alpha_x^{Mod}$$

$$A_{x+t}=\frac{\sum_{k=0}^{\omega-x-t}v^{k+1}d_{x+t+k}}{l_{x+t}}=\frac{v^1d_{x+t}+v^2d_{x+t+1}+\cdots+v^{\omega-x-t}d_{\omega-1}+v^{\omega-x-t+1}d_{\omega}}{l_{x+t}}$$

$$\ddot{a}_{x+t:\overline{h-t}|}=\frac{\sum_{k=0}^{h-t-1}v^{k}l_{x+t+k}}{l_{x+t}}=\frac{l_{x+t}+v^1l_{x+t+1}+\cdots+v^{h-t-2}l_{x+h-2}+v^{h-t-1}l_{x+h-1}}{l_{x+t}}$$

$$b\cdot{}_{t}^{h}V_x^{F}=\begin{cases}0, & t=1\\ b\cdot(A_{x+t}-\beta_x^{Mod}\cdot\ddot{a}_{x+t:\overline{h-t}|}), & 1<t\leqslant h\\ b\cdot A_{x+t}, & t>h\end{cases}$$

[**实验 7.1.5**] 全离散模型 h 年缴费即期终身死亡保险修正净保费法法定责任准备金计算。

一位年龄为 30 岁的男性,采用期缴方式购买保险金额为 1 000 元的终身寿险保单,缴费期限为 20 年。假设为全离散模型,准备金评估利率为 4.5%,极限年龄为 105 岁,采用经验生命表(2000—2003),用一年定期修正法计算第 10 年年末的法定未到期责任准备金。

解:

1.数据录入

(1)已知数据录入

$b = 1\ 000$;

$x = 30$;

$h = 20$;

$i = 4.5\%$;

$t = 10$;

$\omega = 105$;

$L_{ijk} = L_{211}$。

(2)需要求解的问题录入:$b \cdot {}_{10}^{20}V_{30}^{F}$

2.问题解答

$$v = \frac{1}{1+i} = \frac{1}{1+4.5\%} = 0.956\ 938$$

$$\alpha_{30}^{Mod} = A_{30:\overline{1}|}^{1} = \frac{vd_{30}}{l_{30}} = \frac{0.956\ 938 \times 867.463\ 2}{984\ 634.7} = 0.000\ 843$$

$$\beta_{30}^{Mod} = P_{31} = \frac{A_{31}}{\ddot{a}_{31:\overline{19}|}} = \frac{\sum_{k=0}^{74} v^{k+1} d_{31+k}}{\sum_{k=0}^{18} v^{k} l_{31+k}} = 0.011\ 657$$

$$EA = \beta_{30}^{Mod} - \alpha_{30}^{Mod} = 0.011\ 657 - 0.000\ 843 = 0.006\ 834$$

$$A_{40} = \frac{\sum_{k=0}^{65} v^{k+1} d_{40+k}}{l_{40}} = 0.214\ 765$$

$$\ddot{a}_{40:\overline{10}|} = \frac{\sum_{k=0}^{9} v^{k} l_{40+k}}{l_{40}} = 8.198\ 226$$

$$b \cdot {}_{10}^{20}V_{30}^{F} = b \cdot (A_{40} - \beta_{30}^{Mod} \cdot \ddot{a}_{40:\overline{10}|}) = 119.198\ 280$$

2. 死亡时支付(UDD 假设)

[**基本算法示例**] 半连续模型 h 年缴费即期终身死亡保险修正净保费法法定责任准备金。

需要求解的问题类型:第 t 个保单年度末的法定未到期责任准备金。

解:

$$v = \frac{1}{1+i}$$

$$\delta = \ln(1+i)$$

$$\alpha_{x}^{Mod} = \frac{i}{\delta} \cdot A_{x:\overline{1}|}^{1} = \frac{i}{\delta} \cdot \frac{vd_{x}}{l_{x}}$$

$$P_{x+1}=\frac{A_{x+1}}{\ddot{a}_{x+1:\overline{h-1|}}}=\frac{\sum_{k=0}^{\omega-x-1}v^{k+1}d_{x+k+1}}{\sum_{k=0}^{h-2}v^{k}l_{x+k+1}}=\frac{v^{1}d_{x+1}+v^{2}d_{x+2}+\cdots+v^{\omega-x-1}d_{\omega-1}+v^{\omega-x}d_{\omega}}{l_{x+1}+v^{1}l_{x+2}+\cdots+v^{h-3}l_{x+h-2}+v^{h-2}l_{x+h-1}}$$

$$\beta_x^{Mod}=P(\bar{A}_{x+1})=\frac{i}{\delta}\cdot P_{x+1}$$

$$EA=\beta_x^{Mod}-\alpha_x^{Mod}$$

$$\bar{A}_{x+t}=\frac{i}{\delta}\cdot\frac{\sum_{k=0}^{\omega-x-t}v^{k+1}d_{x+t+k}}{l_{x+t}}=\frac{i}{\delta}\cdot\frac{v^{1}d_{x+t}+v^{2}d_{x+t+1}+\cdots+v^{\omega-x-t}d_{\omega-1}+v^{\omega-x-t+1}d_{\omega}}{l_{x+t}}$$

$$\ddot{a}_{x+t:\overline{h-t|}}=\frac{\sum_{k=0}^{h-t-1}v^{k}l_{x+t+k}}{l_{x+t}}=\frac{l_{x+t}+v^{1}l_{x+t+1}+\cdots+v^{h-t-2}l_{x+h-2}+v^{h-t-1}l_{x+h-1}}{l_{x+t}}$$

$$b\cdot{}_t^hV^F(\bar{A}_x)=\begin{cases}0, & t=1\\ b\cdot(\bar{A}_{x+t}-\beta_x^{Mod}\cdot\ddot{a}_{x+t:\overline{h-t|}}), & 1<t<h\\ b\cdot\bar{A}_{x+t}, & t\geqslant h\end{cases}$$

[**实验 7.1.6**] 半连续模型 h 年缴费即期终身死亡保险修正净保费法法定责任准备金计算。

一位年龄为 30 岁的男性，采用期缴方式购买保险金额为 1 000 元的终身寿险保单，缴费期限为 20 年。准备金评估利率为 4.5%，极限年龄为 105 岁，采用经验生命表（2000—2003），用一年定期修正法计算在 UDD 假设下第 10 年年末的法定未到期责任准备金。

解：

1.数据录入

（1）已知数据录入

$b=1\ 000$；

$x=30$；

$h=20$；

$i=4.5\%$；

$t=10$；

$\omega=105$；

$L_{ijk}=L_{211}$。

（2）需要求解的问题录入：$b\cdot{}_{10}^{20}V^F(\bar{A}_{30})$

2.问题解答

$$v=\frac{1}{1+i}=\frac{1}{1+4.5\%}=0.956\ 938$$

$$\delta=\ln(1+i)=\ln(1+4.5\%)=0.044\ 017$$

$$\alpha_{30}^{Mod} = \frac{i}{\delta} \cdot A_{30:\overline{1}|}^{1} = \frac{i}{\delta} \cdot \frac{vd_{30}}{l_{30}} = \frac{0.045}{0.044\,017} \times \frac{0.956\,938 \times 867.463\,2}{984\,634.7} = 0.000\,862$$

$$P_{31} = \frac{A_{31}}{\ddot{a}_{31:\overline{19}|}} = \frac{\sum_{k=0}^{74} v^{k+1} d_{31+k}}{\sum_{k=0}^{18} v^{k} l_{31+k}} = 0.011\,657$$

$$\beta_{30}^{Mod} = P(\bar{A}_{31}) = \frac{i}{\delta} \cdot P_{31} = \frac{0.045}{0.044\,017} \times 0.011\,657 = 0.011\,917$$

$$EA = \beta_{30}^{Mod} - \alpha_{30}^{Mod} = 0.011\,917 - 0.000\,862 = 0.011\,055$$

$$\bar{A}_{40} = \frac{i}{\delta} \cdot \frac{\sum_{k=0}^{65} v^{k+1} d_{40+k}}{l_{40}} = \frac{0.045}{0.044\,017} \times 0.214\,765 = 0.219\,561$$

$$\ddot{a}_{40:\overline{10}|} = \frac{\sum_{k=0}^{9} v^{k} l_{40+k}}{l_{40}} = 8.198\,226$$

$$\begin{aligned} b \cdot {}_{10}^{20}V^{F}(\bar{A}_{30}) &= b \cdot (\bar{A}_{40} - \beta_{30}^{Mod} \cdot \ddot{a}_{40:\overline{10}|}) \\ &= 1\,000 \times (0.219\,561 - 0.011\,917 \times 8.198\,226) \\ &= 121.862\,741 \end{aligned}$$

7.1.2.2　保单保费评估法

1. 死亡年末支付

[**基本算法示例**] 全离散模型 h 年缴费即期终身死亡保险保单保费评估法法定责任准备金。

需要求解的问题类型:第 t 个保单年度末的法定未到期责任准备金。

解:

$$v = \frac{1}{1+i}$$

$$A_x = \frac{\sum_{k=0}^{\omega-x} v^{k+1} d_{x+k}}{l_x} = \frac{v^1 d_x + v^2 d_{x+1} + \cdots + v^{\omega-x} d_{\omega-1} + v^{\omega-x+1} d_{\omega}}{l_x}$$

$$\ddot{a}_{x:\overline{h}|} = \frac{\sum_{k=0}^{h-1} v^{k} l_{x+k}}{l_x} = \frac{v^0 l_x + v^1 l_{x+1} + \cdots + v^{h-2} l_{x+h-2} + v^{h-1} l_{x+h-1}}{l_x}$$

$$a_x = \frac{\sum_{k=1}^{\omega-x} v^{k} l_{x+k}}{l_x} = \frac{v^1 l_{x+1} + v^2 l_{x+2} + \cdots + v^{\omega-x-1} l_{\omega-1} + v^{\omega-x} l_{\omega}}{l_x}$$

$$G \cdot \ddot{a}_{x:\overline{h}|} = b \cdot A_x + \theta_1 \cdot G + \theta_2 \cdot G \cdot a_x$$

$$G = \frac{b \cdot A_x}{\ddot{a}_{x:\overline{h}|} - \theta_1 - \theta_2 \cdot a_x}$$

$$A_{x+t}=\frac{\sum_{k=0}^{\omega-x-t}v^{k+1}d_{x+t+k}}{l_{x+t}}=\frac{v^1d_{x+t}+v^2d_{x+t+1}+\cdots+v^{\omega-x-t}d_{\omega-1}+v^{\omega-x-t+1}d_{\omega}}{l_{x+t}}$$

$$\ddot{a}_{x+t}=\frac{\sum_{k=0}^{\omega-x-t}v^{k}l_{x+t+k}}{l_{x+t}}=\frac{l_{x+t}+v^1l_{x+t+1}+\cdots+v^{\omega-x-1-t}l_{\omega-1}+v^{\omega-x-t}l_{\omega}}{l_{x+t}}$$

$$\ddot{a}_{x+t:\overline{h-t}|}=\frac{\sum_{k=0}^{h-t-1}v^{k}l_{x+t+k}}{l_{x+t}}=\frac{l_{x+t}+v^1l_{x+t+1}+\cdots+v^{h-t-2}l_{x+h-2}+v^{h-t-1}l_{x+h-1}}{l_{x+t}}$$

$$b\cdot{}_{t}^{h}V_{x}^{P}=\begin{cases}b\cdot A_{x+t}+\theta_2\cdot G\cdot\ddot{a}_{x+t}-G\cdot\ddot{a}_{x+t:\overline{h-t}|}, & 1<t\leqslant h\\ b\cdot A_{x+t}, & t>h\end{cases}$$

[**实验 7.1.7**] 全离散模型 h 年缴费即期终身死亡保险保单保费评估法法定责任准备金计算。

一位 30 岁的男性采用期缴方式购买保险金额为 10 000 元的终身寿险，缴费期限为 20 年。假设为全离散模型，准备金评估利率为 4.5%，初年度费用率为 60%，续年度费用率为 25%，极限年龄为 105 岁，采用经验生命表(2000—2003)，用保单保费评估法计算第 10 年年末的法定未到期责任准备金。

解：

1.数据录入

(1)已知数据录入

$b=10\ 000$；

$x=30$；

$i=4.5\%$；

$\theta_1=60\%$；

$\theta_2=25\%$；

$h=20$；

$t=10$；

$\omega=105$；

$L_{ijk}=L_{211}$。

(2)需要求解的问题录入：$b\cdot{}_{10}^{20}V_{30}^{P}$

2.问题解答

$$v=\frac{1}{1+i}=\frac{1}{1+4.5\%}=0.956\ 938$$

$$A_{30}=\frac{\sum_{k=0}^{75}v^{k+1}d_{30+k}}{l_{30}}=0.145\ 998$$

$$\ddot{a}_{30:\overline{20}|}=\frac{\sum_{k=0}^{19}v^{k}l_{30+k}}{l_{30}}=13.450\ 027$$

$$a_{30}=\frac{\sum_{k=1}^{75}v^k l_{30+k}}{l_{30}}=19.290\,819$$

$$G\cdot\ddot{a}_{30:\overline{20}|}=b\cdot A_{30}+\theta_1\cdot G+\theta_2\cdot G\cdot a_{30}$$

$$G=\frac{b\cdot A_{30}}{\ddot{a}_{30:\overline{20}|}-\theta_1-\theta_2\cdot a_{30}}=\frac{10\,000\times 0.145\,998}{13.450\,027-0.6-0.25\times 19.290\,819}=181.876\,341$$

$$A_{40}=\frac{\sum_{k=0}^{65}v^{k+1}d_{40+k}}{l_{40}}=0.214\,765$$

$$\ddot{a}_{40}=\frac{\sum_{k=0}^{65}v^k l_{40+k}}{l_{40}}=18.891\,250$$

$$\ddot{a}_{40:\overline{10}|}=\frac{\sum_{k=0}^{9}v^k l_{40+k}}{l_{40}}=8.198\,226$$

$$\begin{aligned}b\cdot{}^{20}_{10}V^P_{30}&=b\cdot A_{40}+\theta_2\cdot G\cdot\ddot{a}_{40}-G\cdot\ddot{a}_{40:\overline{10}|}\\&=10\,000\times 0.214\,765+0.25\times 181.876\,341\times 18.891\,250-\\&\quad 181.876\,341\times 8.198\,226\\&=1\,515.554\,509\end{aligned}$$

2. 死亡时支付(UDD 假设)

[**基本算法示例**] 半连续模型 h 年缴费即期终身死亡保险保单保费评估法法定责任准备金。

需要求解的问题类型:第 t 个保单年度末的法定未到期责任准备金。

解:

$$v=\frac{1}{1+i}$$

$$\delta=\ln(1+i)$$

$$\bar{A}_x=\frac{i}{\delta}\cdot\frac{\sum_{k=0}^{\omega-x}v^{k+1}d_{x+k}}{l_x}=\frac{i}{\delta}\cdot\frac{v^1d_x+v^2d_{x+1}+\cdots+v^{\omega-x}d_{\omega-1}+v^{\omega-x+1}d_\omega}{l_x}$$

$$\ddot{a}_{x:\overline{h}|}=\frac{\sum_{k=0}^{h-1}v^k l_{x+k}}{l_x}=\frac{v^0l_x+v^1l_{x+1}+\cdots+v^{h-2}l_{x+h-2}+v^{h-1}l_{x+h-1}}{l_x}$$

$$a_x=\frac{\sum_{k=1}^{\omega-x}v^k l_{x+k}}{l_x}=\frac{v^1l_{x+1}+v^2l_{x+2}+\cdots+v^{\omega-x-1}l_{\omega-1}+v^{\omega-x}l_\omega}{l_x}$$

$$G\cdot\ddot{a}_{x:\overline{h}|}=b\cdot\bar{A}_x+\theta_1\cdot G+\theta_2\cdot G\cdot a_x$$

$$G=\frac{b\cdot\bar{A}_x}{\ddot{a}_{x:\overline{h}|}-\theta_1-\theta_2\cdot a_x}$$

$$\bar{A}_{x+t}=\frac{i}{\delta}\cdot\frac{\sum_{k=0}^{\omega-x-t}v^{k+1}d_{x+t+k}}{l_{x+t}}=\frac{i}{\delta}\cdot\frac{v^1d_{x+t}+v^2d_{x+t+1}+\cdots+v^{\omega-x-t}d_{\omega-1}+v^{\omega-x-t+1}d_{\omega}}{l_{x+t}}$$

$$\ddot{a}_{x+t}=\frac{\sum_{k=0}^{\omega-x-t}v^k l_{x+t+k}}{l_{x+t}}=\frac{l_{x+t}+v^1l_{x+t+1}+\cdots+v^{\omega-x-1-t}l_{\omega-1}+v^{\omega-x-t}l_{\omega}}{l_{x+t}}$$

$$\ddot{a}_{x+t:\overline{h-t}|}=\frac{\sum_{k=0}^{h-t-1}v^k l_{x+t+k}}{l_{x+t}}=\frac{l_{x+t}+v^1l_{x+t+1}+\cdots+v^{h-t-2}l_{x+h-2}+v^{h-t-1}l_{x+h-1}}{l_{x+t}}$$

$$b\cdot{}_t^hV^P(\bar{A}_x)=\begin{cases}b\cdot\bar{A}_{x+t}+\theta_2\cdot G\cdot\ddot{a}_{x+t}-G\cdot\ddot{a}_{x+t:\overline{h-t}|}, & 1<t\leqslant h\\ b\cdot\bar{A}_{x+t}, & t>h\end{cases}$$

[**实验 7.1.8**] 半连续模型 h 年缴费即期终身死亡保险保单保费评估法法定责任准备金计算。

一位 30 岁的男性采用期缴方式购买保险金额为 10 000 元的终身寿险,缴费期限为 20 年。准备金评估利率为 4.5%,初年度费用率为 60%,续年度费用率为 25%,极限年龄为 105 岁,采用经验生命表(2000—2003),用保单保费评估法计算在 UDD 假设下第 10 年年末的法定未到期责任准备金。

解:

1.数据录入

(1)已知数据录入

$b=10\ 000$;

$x=30$;

$i=4.5\%$;

$\theta_1=60\%$;

$\theta_2=25\%$;

$h=20$;

$t=10$;

$\omega=105$;

$L_{ijk}=L_{211}$。

(2)需要求解的问题录入:$b\cdot{}_{10}^{20}V^P(\bar{A}_{30})$

2.问题解答

$$v=\frac{1}{1+i}=\frac{1}{1+4.5\%}=0.956\ 938$$

$$\delta=\ln(1+i)=\ln(1+4.5\%)=0.044\ 017$$

$$\bar{A}_{30}=\frac{i}{\delta}\cdot\frac{\sum_{k=0}^{75}v^{k+1}d_{30+k}}{l_{30}}=\frac{0.045}{0.044\ 017}\times0.145\ 998=0.149\ 258$$

$$\ddot{a}_{30:\overline{20}|} = \frac{\sum_{k=0}^{19} v^k l_{30+k}}{l_{30}} = 13.450\,027$$

$$a_{30} = \frac{\sum_{k=1}^{75} v^k l_{30+k}}{l_{30}} = 19.290\,819$$

$$G \cdot \ddot{a}_{30:\overline{20}|} = b \cdot \bar{A}_{30} + \theta_1 \cdot G + \theta_2 \cdot G \cdot a_{30}$$

$$G = \frac{b \cdot \bar{A}_{30}}{\ddot{a}_{30:\overline{20}|} - \theta_1 - \theta_2 \cdot a_{30}} = \frac{10\,000 \times 0.149\,258}{13.450\,027 - 0.6 - 0.25 \times 19.290\,819} = 185.937\,471$$

$$\bar{A}_{40} = \frac{i}{\delta} \cdot \frac{\sum_{k=0}^{65} v^{k+1} d_{40+k}}{l_{40}} = \frac{0.045}{0.044\,017} \times 0.214\,765 = 0.219\,561$$

$$\ddot{a}_{40} = \frac{\sum_{k=0}^{65} v^k l_{40+k}}{l_{40}} = 18.891\,250$$

$$\ddot{a}_{40:\overline{10}|} = \frac{\sum_{k=0}^{9} v^k l_{40+k}}{l_{40}} = 8.198\,226$$

$$\begin{aligned} b \cdot {}^{20}_{10}V^P(\bar{A}_{30}) &= b \cdot \bar{A}_{40} + \theta_2 \cdot G \cdot \ddot{a}_{40} - G \cdot \ddot{a}_{40:\overline{10}|} \\ &= 10\,000 \times 0.219\,561 + 0.25 \times 185.937\,471 \times 18.891\,250 - \\ &\quad 185.937\,471 \times 8.198\,226 \\ &= 1\,549.400\,403 \end{aligned}$$

7.2 定期寿险

7.2.1 修正净保费法(一年定期修正法)

7.2.1.1 死亡年末支付

[**基本算法示例**] 全离散模型 h 年缴费即期定期死亡保险修正净保费法法定责任准备金。

需要求解的问题类型:第 t 个保单年度末的法定未到期责任准备金。

解:

$$v = \frac{1}{1+i}$$

$$A^{1}_{x+1:\overline{n-1}|} = \sum_{k=0}^{n-2} v^{k+1} \cdot \frac{d_{x+k+1}}{l_{x+1}} = \frac{v^1 d_{x+1} + v^2 d_{x+2} + \cdots + v^{n-2} d_{x+n-2} + v^{n-1} d_{x+n-1}}{l_{x+1}}$$

$$\ddot{a}_{x+1:\overline{h-1}|} = \sum_{k=0}^{h-2} v^k \cdot \frac{l_{x+k+1}}{l_{x+1}} = \frac{l_{x+1} + v^1 l_{x+2} + \cdots + v^{h-3} l_{x+h-2} + v^{h-2} l_{x+h-1}}{l_{x+1}}$$

$$\beta_x^{Mod} = {}_{h-1}P^1_{x+1:\overline{n-1}|} = \frac{A^1_{x+1:\overline{n-1}|}}{\ddot{a}_{x+1:\overline{h-1}|}}$$

$$A^1_{x+t:\overline{n-t}|} = \sum_{k=0}^{n-t-1} v^{k+1} \cdot \frac{d_{x+t+k}}{l_{x+t}} = \frac{v^1 d_{x+t} + v^2 d_{x+t+1} + \cdots + v^{n-t-1} d_{x+n-2} + v^{n-t} d_{x+n-1}}{l_{x+t}}$$

$$\ddot{a}_{x+t:\overline{h-t}|} = \sum_{k=0}^{h-t-1} v^k \cdot \frac{l_{x+t+k}}{l_{x+t}} = \frac{l_{x+t} + v^1 l_{x+t+1} + \cdots + v^{h-t-2} l_{x+h-2} + v^{h-t-1} l_{x+h-1}}{l_{x+t}}$$

$$b \cdot {}^h_t V^F(A^1_{x:\overline{n}|}) = b \cdot (A^1_{x+T:\overline{n-t}|} - \beta_x^{Mod} \cdot \ddot{a}_{x+t:\overline{h-t}|})$$

$$b \cdot {}^h_t V^F(A^1_{x:\overline{n}|}) = \begin{cases} 0, & t = 1 \\ b \cdot (A^1_{x+t:\overline{n-t}|} - \beta_x^{Mod} \cdot \ddot{a}_{x+t:\overline{h-t}|}), & 1 < t < h \\ b \cdot A^1_{x+t:\overline{n-t}|}, & t \geqslant h \end{cases}$$

[实验 7.2.1] 全离散模型 h 年缴费即期定期死亡保险修正净保费法法定责任准备金计算。

被保险人投保时的年龄为 30 岁，购买保险金额为 10 000 元的 20 年期的死亡保险，缴费期限为 15 年。假设为全离散模型，准备金评估利率为 4.5%，采用经验生命表（2000—2003），用一年定期修正法计算第 5 年年末的法定未到期责任准备金。

解：

1.数据录入

(1)已知数据录入

$b = 10\ 000$；

$x = 30$；

$i = 4.5\%$；

$t = 5$；

$n = 20$；

$h = 15$；

$L_{ijk} = L_{211}$。

(2)需要求解的问题录入：$b \cdot {}^{15}_{5} V^F(A^1_{30:\overline{20}|})$

2.问题解答

$$v = \frac{1}{1+i} = \frac{1}{1+4.5\%} = 0.956\ 938$$

$$A^1_{31:\overline{19}|} = \sum_{k=0}^{18} v^{k+1} \cdot \frac{d_{31+k}}{l_{31}} = 0.021\ 361$$

$$\ddot{a}_{31:\overline{14}|} = \sum_{k=0}^{13} v^k \cdot \frac{l_{31+k}}{l_{31}} = 10.607\ 948$$

$$\beta_{30}^{Mod} = {}_{14}P^1_{31:\overline{19}|} = \frac{A^1_{31:\overline{19}|}}{\ddot{a}_{31:\overline{14}|}} = \frac{0.021\ 361}{10.607\ 948} = 0.002\ 014$$

$$A^1_{35:\overline{15}|} = \sum_{k=0}^{14} v^{k+1} \cdot \frac{d_{35+k}}{l_{35}} = 0.021\ 097$$

$$\ddot{a}_{35:\overline{10}|} = \sum_{k=0}^{9} v^{k} \cdot \frac{l_{35+k}}{l_{35}} = 8.219\ 408$$

$$\begin{aligned} b \cdot {}^{15}_{5}V^F(A^1_{30:\overline{20}|}) &= b \cdot (A^1_{35:\overline{15}|} - \beta^{Mod}_{30} \cdot \ddot{a}_{35:\overline{10}|}) \\ &= 10\ 000 \times (0.021\ 097 - 0.002\ 014 \times 8.219\ 408) = 45.431\ 123 \end{aligned}$$

7.2.1.2　死亡时支付(UDD假设)

[**基本算法示例**] 半连续模型 h 年缴费即期定期死亡保险修正净保费法法定责任准备金。

需要求解的问题类型:第 t 个保单年度末的法定未到期责任准备金。

解:

$$\delta = \ln(1+i)$$

$$v = \frac{1}{1+i}$$

$$A^1_{x+1:\overline{n-1}|} = \sum_{k=0}^{n-2} v^{k+1} \cdot \frac{d_{x+k+1}}{l_{x+1}} = \frac{v^1 d_{x+1} + v^2 d_{x+2} + \cdots + v^{n-2} d_{x+n-2} + v^{n-1} d_{x+n-1}}{l_{x+1}}$$

$$\bar{A}^1_{x+1:\overline{n-1}|} = \frac{i}{\delta} \cdot A^1_{x+1:\overline{n-1}|}$$

$$\ddot{a}_{x+1:\overline{h-1}|} = \sum_{k=0}^{h-2} v^{k} \cdot \frac{l_{x+k+1}}{l_{x+1}} = \frac{l_{x+1} + v^1 l_{x+2} + \cdots + v^{h-3} l_{x+h-2} + v^{h-2} l_{x+h-1}}{l_{x+1}}$$

$$\beta^{Mod}_x = {}_{h-1}\bar{P}^1_{x+1:\overline{n-1}|} = \frac{\bar{A}^1_{x+1:\overline{n-1}|}}{\ddot{a}_{x+1:\overline{h-1}|}}$$

$$A^1_{x+t:\overline{n-t}|} = \sum_{k=0}^{n-t-1} v^{k+1} \cdot \frac{d_{x+t+k}}{l_{x+t}} = \frac{v^1 d_{x+t} + v^2 d_{x+t+1} + \cdots + v^{n-t-1} d_{x+n-2} + v^{n-t} d_{x+n-1}}{l_{x+t}}$$

$$\bar{A}^1_{x+t:\overline{n-t}|} = \frac{i}{\delta} \cdot A^1_{x+t:\overline{n-t}|}$$

$$\ddot{a}_{x+t:\overline{h-t}|} = \sum_{k=0}^{h-t-1} v^{k} \cdot \frac{l_{x+t+k}}{l_{x+t}} = \frac{l_{x+t} + v^1 l_{x+t+1} + \cdots + v^{h-t-2} l_{x+h-2} + v^{h-t-1} l_{x+h-1}}{l_{x+t}}$$

$$b \cdot {}^{h}_{t}V^F(\bar{A}^1_{x:\overline{n}|}) = b \cdot (\bar{A}^1_{x+t:\overline{n-t}|} - \beta^{Mod}_x \cdot \ddot{a}_{x+t:\overline{h-t}|})$$

$$b \cdot {}^{h}_{t}V^F(\bar{A}^1_{x:\overline{n}|}) = \begin{cases} 0, & t = 1 \\ b \cdot (\bar{A}^1_{x+t:\overline{n-t}|} - \beta^{Mod}_x \cdot \ddot{a}_{x+t:\overline{h-t}|}), & 1 < t < h \\ b \cdot \bar{A}^1_{x+t:\overline{n-t}|}, & t \geqslant h \end{cases}$$

[**实验7.2.2**] 半连续模型 h 年缴费即期定期死亡保险修正净保费法法定责任准备金计算。

被保险人投保时的年龄为30岁,购买保险金额为10 000元的20年期的死亡保险,缴费期限为15年。准备金评估利率为4.5%,采用经验生命表(2000—2003),在UDD假设下,用一年定期修正法计算第5年年末的法定未到期责任准备金。

解:

1.数据录入

(1)已知数据录入

$b = 10\ 000$;

$x = 30$;

$i = 4.5\%$;

$t = 5$;

$n = 20$;

$h = 15$;

$L_{ijk} = L_{211}$。

(2)需要求解的问题录入:$b \cdot {}_{5}^{15}V^{F}(\bar{A}_{30:\overline{20}|}^{1})$

2.问题解答

$\delta = \ln(1 + i) = \ln(1 + 4.5\%) = 0.044\ 017$

$$v = \frac{1}{1 + i} = \frac{1}{1 + 4.5\%} = 0.956\ 938$$

$$A_{31:\overline{19}|}^{1} = \sum_{k=0}^{18} v^{k+1} \cdot \frac{d_{31+k}}{l_{31}} = 0.021\ 361$$

$$\bar{A}_{31:\overline{19}|}^{1} = \frac{i}{\delta} \cdot A_{31:\overline{19}|}^{1} = \frac{0.045}{0.044\ 017} \times 0.021\ 361 = 0.021\ 838$$

$$\ddot{a}_{31:\overline{14}|} = \sum_{k=0}^{13} v^{k} \cdot \frac{l_{31+k}}{l_{31}} = 10.607\ 948$$

$$\beta_{30}^{Mod} = {}_{14}\bar{P}_{31:\overline{19}|}^{1} = \frac{\bar{A}_{31:\overline{19}|}^{1}}{\ddot{a}_{31:\overline{14}|}} = \frac{0.021\ 838}{10.607\ 948} = 0.002\ 059$$

$$A_{35:\overline{15}|}^{1} = \sum_{k=0}^{14} v^{k+1} \cdot \frac{d_{35+k}}{l_{35}} = 0.021\ 097$$

$$\bar{A}_{35:\overline{15}|}^{1} = \frac{i}{\delta} \cdot A_{35:\overline{15}|}^{1} = \frac{0.045}{0.044\ 017} \times 0.021\ 097 = 0.021\ 568$$

$$\ddot{a}_{35:\overline{10}|} = \sum_{k=0}^{9} v^{k} \cdot \frac{l_{35+k}}{l_{35}} = 8.219\ 408$$

$$\begin{aligned} b \cdot {}_{5}^{15}V^{F}(\bar{A}_{30:\overline{20}|}^{1}) &= b \cdot (\bar{A}_{35:\overline{15}|}^{1} - \beta_{30}^{Mod} \cdot \ddot{a}_{35:\overline{10}|}) \\ &= 10\ 000 \times (0.021\ 568 - 0.002\ 059 \times 8.219\ 408) = 46.442\ 389 \end{aligned}$$

7.2.2 保单保费评估法

7.2.2.1 死亡年末支付

[**基本算法示例**] 全离散模型 h 年缴费即期定期死亡保险保单保费评估法法定责任准备金。

需要求解的问题类型:第 t 个保单年度末的法定未到期责任准备金。

解:

$$v = \frac{1}{1+i}$$

$$A_{x:\overline{n}|}^{1} = \sum_{k=0}^{n-1} v^{k+1} \cdot \frac{d_{x+k}}{l_x} = \frac{v^1 d_x + v^2 d_{x+1} + \cdots + v^{n-1} d_{x+n-2} + v^n d_{x+n-1}}{l_x}$$

$$\ddot{a}_{x:\overline{h}|} = \sum_{k=0}^{h-1} v^k \cdot \frac{l_{x+k}}{l_x} = \frac{l_x + v^1 l_{x+1} + \cdots + v^{h-2} l_{x+h-2} + v^{h-1} l_{x+h-1}}{l_x}$$

$$a_{x:\overline{n-1}|} = \sum_{k=1}^{n-1} v^k \cdot \frac{l_{x+k}}{l_x} = \frac{v^1 l_{x+1} + v^2 l_{x+2} + \cdots + v^{n-2} l_{x+n-2} + v^{n-1} l_{x+n-1}}{l_x}$$

$$G \cdot \ddot{a}_{x:\overline{h}|} = b \cdot A_{x:\overline{n}|}^{1} + \theta_1 \cdot G + \theta_2 \cdot G \cdot a_{x:\overline{n-1}|}$$

$$G = \frac{b \cdot A_{x:\overline{n}|}^{1}}{\ddot{a}_{x:\overline{h}|} - \theta_1 - \theta_2 \cdot a_{x:\overline{n-1}|}}$$

当 $t < h$ 时，

$$A_{x+t:\overline{n-t}|}^{1} = \sum_{k=0}^{n-t-1} v^{k+1} \cdot \frac{d_{x+t+k}}{l_{x+t}} = \frac{v^1 d_{x+t} + v^2 d_{x+t+1} + \cdots + v^{n-t-1} d_{x+n-2} + v^{n-t} d_{x+n-1}}{l_{x+t}}$$

$$\ddot{a}_{x+t:\overline{n-t}|} = \sum_{k=0}^{n-t-1} v^k \cdot \frac{l_{x+t+k}}{l_{x+t}} = \frac{l_{x+t} + v^1 l_{x+t+1} + \cdots + v^{n-t-2} l_{x+n-2} + v^{n-t-1} l_{x+n-1}}{l_{x+t}}$$

$$\ddot{a}_{x+t:\overline{h-t}|} = \sum_{k=0}^{h-t-1} v^k \cdot \frac{l_{x+t+k}}{l_{x+t}} = \frac{l_{x+t} + v^1 l_{x+t+1} + \cdots + v^{h-t-2} l_{x+h-2} + v^{h-t-1} l_{x+h-1}}{l_{x+t}}$$

$$b \cdot {}_t^h V^P(A_{x:\overline{n}|}^{1}) = b \cdot A_{x+t:\overline{n-t}|}^{1} + \theta_2 \cdot G \cdot \ddot{a}_{x+t:\overline{n-t}|} - G \cdot \ddot{a}_{x+t:\overline{h-t}|}$$

当 $t \geqslant h$ 时，

$$A_{x+t:\overline{n-t}|}^{1} = \sum_{k=0}^{n-t-1} v^{k+1} \cdot \frac{d_{x+t+k}}{l_{x+t}} = \frac{v^1 d_{x+t} + v^2 d_{x+t+1} + \cdots + v^{n-t-1} d_{x+n-2} + v^{n-t} d_{x+n-1}}{l_{x+t}}$$

$$\ddot{a}_{x+t:\overline{n-t}|} = \sum_{k=0}^{n-t-1} v^k \cdot \frac{l_{x+t+k}}{l_{x+t}} = \frac{l_{x+t} + v^1 l_{x+t+1} + \cdots + v^{n-t-2} l_{x+n-2} + v^{n-t-1} l_{x+n-1}}{l_{x+t}}$$

$$b \cdot {}_t^h V^P(A_{x:\overline{n}|}^{1}) = b \cdot A_{x+t:\overline{n-t}|}^{1} + \theta_2 \cdot G \cdot \ddot{a}_{x+t:\overline{n-t}|}$$

［**实验 7.2.3**］全离散模型 h 年缴费即期定期死亡保险保单保费评估法法定责任准备金计算。

一位 30 岁的男性购买保险金额为 10 000 元的 20 年期定期保险，缴费期限为 15 年，假设为全离散模型，准备金评估利率为 4.5%，保单初年的附加费率为 60%，续年的附加费率为 25%，采用经验生命表（2000—2003），用保单保费评估法计算第 5 年年末的法定未到期责任准备金。

解：

1.数据录入

(1)已知数据录入

$b = 10\ 000$；

$x = 30$；

$i = 4.5\%$；

$\theta_1 = 60\%$；

$\theta_2 = 25\%$；

$t = 5$；

$n = 20$；

$h = 15$；

$L_{ijk} = L_{211}$。

(2)需要求解的问题录入：$b \cdot {}_5^{15}V^P(A_{30:\overline{20}|}^1)$

2.问题解答

$$v = \frac{1}{1+i} = \frac{1}{1+4.5\%} = 0.956\,938$$

$$A_{30:\overline{20}|}^1 = \sum_{k=0}^{19} v^{k+1} \cdot \frac{d_{30+k}}{l_{30}} = 0.021\,285$$

$$\ddot{a}_{30:\overline{15}|} = \sum_{k=0}^{14} v^k \cdot \frac{l_{30+k}}{l_{30}} = 11.142\,202$$

$$a_{30:\overline{19}|} = \sum_{k=1}^{19} v^k \cdot \frac{l_{30+k}}{l_{30}} = 12.850\,017$$

$$G \cdot \ddot{a}_{30:\overline{15}|} = b \cdot A_{30:\overline{20}|}^1 + \theta_1 \cdot G + \theta_2 \cdot G \cdot a_{30:\overline{19}|}$$

$$G = \frac{b \cdot A_{30:\overline{20}|}^1}{\ddot{a}_{30:\overline{15}|} - \theta_1 - \theta_2 \cdot a_{30:\overline{19}|}} = \frac{10\,000 \times 0.021\,285}{11.142\,202 - 60\% - 25\% \times 12.850\,017} = 29.039\,397$$

$$A_{35:\overline{15}|}^1 = \sum_{k=0}^{14} v^{k+1} \cdot \frac{d_{35+k}}{l_{35}} = 0.021\,097$$

$$\ddot{a}_{35:\overline{15}|} = \sum_{k=0}^{14} v^k \cdot \frac{l_{35+k}}{l_{35}} = 11.109\,752$$

$$\ddot{a}_{35:\overline{10}|} = \sum_{k=0}^{9} v^k \cdot \frac{l_{35+k}}{l_{35}} = 8.219\,408$$

$$b \cdot {}_5^{15}V^P(A_{30:\overline{20}|}^1) = b \cdot A_{35:\overline{15}|}^1 + \theta_2 \cdot G \cdot \ddot{a}_{35:\overline{15}|} - G \cdot \ddot{a}_{35:\overline{10}|} = 52.938\,473$$

7.2.2.2 死亡时支付(UDD 假设)

[**基本算法示例**] 半连续模型 h 年缴费即期定期死亡保险保单保费评估法法定责任准备金。

需要求解的问题类型:第 t 个保单年度末的法定未到期责任准备金。

解:

$$\delta = \ln(1+i)$$

$$v = \frac{1}{1+i}$$

$$A_{x:\overline{n}|}^1 = \sum_{k=0}^{n-1} v^{k+1} \cdot \frac{d_{x+k}}{l_x} = \frac{v^1 d_x + v^2 d_{x+1} + \cdots + v^{n-1} d_{x+n-2} + v^n d_{x+n-1}}{l_x}$$

$$\bar{A}_{x:\overline{n}|}^1 = \frac{i}{\delta} \cdot A_{x:\overline{n}|}^1$$

$$\ddot{a}_{x:\overline{h}|} = \sum_{k=0}^{h-1} v^k \cdot \frac{l_{x+k}}{l_x} = \frac{l_x + v^1 l_{x+1} + \cdots + v^{h-2} l_{x+h-2} + v^{h-1} l_{x+h-1}}{l_x}$$

$$a_{x:\overline{n-1}|} = \sum_{k=1}^{n-1} v^k \cdot \frac{l_{x+k}}{l_x} = \frac{v^1 l_{x+1} + v^2 l_{x+2} + \cdots + v^{n-2} l_{x+n-2} + v^{n-1} l_{x+n-1}}{l_x}$$

$$G \cdot \ddot{a}_{x:\overline{h}|} = b \cdot \bar{A}^1_{x:\overline{n}|} + \theta_1 \cdot G + \theta_2 \cdot G \cdot a_{x:\overline{n-1}|}$$

$$G = \frac{b \cdot \bar{A}^1_{x:\overline{n}|}}{\ddot{a}_{x:\overline{h}|} - \theta_1 - \theta_2 \cdot a_{x:\overline{n-1}|}}$$

当 $t < h$ 时,

$$A^1_{x+t:\overline{n-t}|} = \sum_{k=0}^{n-t-1} v^{k+1} \cdot \frac{d_{x+t+k}}{l_{x+t}} = \frac{v^1 d_{x+t} + v^2 d_{x+t+1} + \cdots + v^{n-t-1} d_{x+n-2} + v^{n-t} d_{x+n-1}}{l_{x+t}}$$

$$\bar{A}^1_{x+t:\overline{n-t}|} = \frac{i}{\delta} \cdot A^1_{x+t:\overline{n-t}|}$$

$$\ddot{a}_{x+t:\overline{n-t}|} = \sum_{k=0}^{n-t-1} v^k \cdot \frac{l_{x+t+k}}{l_{x+t}} = \frac{l_{x+t} + v^1 l_{x+t+1} + \cdots + v^{n-t-2} l_{x+n-2} + v^{n-t-1} l_{x+n-1}}{l_{x+t}}$$

$$\ddot{a}_{x+t:\overline{h-t}|} = \sum_{k=0}^{h-t-1} v^k \cdot \frac{l_{x+t+k}}{l_{x+t}} = \frac{l_{x+t} + v^1 l_{x+t+1} + \cdots + v^{h-t-2} l_{x+h-2} + v^{h-t-1} l_{x+h-1}}{l_{x+t}}$$

$$b \cdot {}^h_t V^P(\bar{A}^1_{x:\overline{n}|}) = b \cdot \bar{A}^1_{x+t:\overline{n-t}|} + \theta_2 \cdot G \cdot \ddot{a}_{x+t:\overline{n-t}|} - G \cdot \ddot{a}_{x+t:\overline{h-t}|}$$

当 $t \geqslant h$ 时,

$$b \cdot {}^h_t V^P(\bar{A}^1_{x:\overline{n}|}) = b \cdot \bar{A}^1_{x+t:\overline{n-t}|} + \theta_2 \cdot G \cdot \ddot{a}_{x+t:\overline{n-t}|}$$

[**实验 7.2.4**] 半连续模型 h 年缴费即期定期死亡保险保单保费评估法法定责任准备金计算。

一位 30 岁的男性购买保险金额为 10 000 元的 20 年期定期保险,缴费期限为 15 年,准备金评估利率为 4.5%,保单初年的附加费率为 60%,续年的附加费率为 25%,采用经验生命表(2000—2003),在 UDD 假设下,用保单保费评估法计算第 5 年年末的法定未到期责任准备金。

解:

1.数据录入

(1)已知数据录入

$b = 10\,000$;

$x = 30$;

$i = 4.5\%$;

$\theta_1 = 60\%$;

$\theta_2 = 25\%$;

$t = 5$;

$n = 20$;

$h = 15$;

$L_{ijk} = L_{211}$。

(2)需要求解的问题录入：$b \cdot {}_{5}^{15}V^{P}(\bar{A}_{30:\overline{20|}}^{1})$

2.问题解答

$$\delta = \ln(1+i) = \ln(1+4.5\%) = 0.044\,017$$

$$v = \frac{1}{1+i} = \frac{1}{1+4.5\%} = 0.956\,938$$

$$A_{30:\overline{20|}}^{1} = \sum_{k=0}^{19} v^{k+1} \cdot \frac{d_{30+k}}{l_{30}} = 0.021\,285$$

$$\bar{A}_{30:\overline{20|}}^{1} = \frac{i}{\delta} \cdot A_{30:\overline{20|}}^{1} = \frac{0.045}{0.044\,017} \times 0.021\,285 = 0.021\,760$$

$$\ddot{a}_{30:\overline{15|}} = \sum_{k=0}^{14} v^{k} \cdot \frac{l_{30+k}}{l_{30}} = 11.142\,202$$

$$a_{30:\overline{19|}} = \sum_{k=1}^{19} v^{k} \cdot \frac{l_{30+k}}{l_{30}} = 12.850\,017$$

$$G \cdot \ddot{a}_{30:\overline{15|}} = b \cdot \bar{A}_{30:\overline{20|}}^{1} + \theta_1 \cdot G + \theta_2 \cdot G \cdot a_{30:\overline{19|}}$$

$$G = \frac{b \cdot \bar{A}_{30:\overline{20|}}^{1}}{\ddot{a}_{30:\overline{15|}} - \theta_1 - \theta_2 \cdot a_{30:\overline{19|}}} = \frac{10\,000 \times 0.021\,760}{11.142\,202 - 60\% - 25\% \times 12.850\,017} = 29.687\,445$$

$$A_{35:\overline{15|}}^{1} = \sum_{k=0}^{14} v^{k+1} \cdot \frac{d_{35+k}}{l_{35}} = 0.021\,097$$

$$\bar{A}_{35:\overline{15|}}^{1} = \frac{i}{\delta} \cdot A_{35:\overline{15|}}^{1} = \frac{0.045}{0.044\,017} \times 0.021\,097 = 0.021\,568$$

$$\ddot{a}_{35:\overline{15|}} = \sum_{k=0}^{14} v^{k} \cdot \frac{l_{35+k}}{l_{35}} = 11.109\,752$$

$$\ddot{a}_{35:\overline{10|}} = \sum_{k=0}^{9} v^{k} \cdot \frac{l_{35+k}}{l_{35}} = 8.219\,408$$

$$b \cdot {}_{5}^{15}V^{P}(\bar{A}_{30:\overline{20|}}^{1}) = b \cdot \bar{A}_{35:\overline{15|}}^{1} + \theta_2 \cdot G \cdot \ddot{a}_{35:\overline{15|}} - G \cdot \ddot{a}_{35:\overline{10|}} = 49.411\,815$$

7.3 两全保险

7.3.1 修正净保费法(一年定期修正法)

7.3.1.1 死亡年末支付

[**基本算法示例**] 全离散模型 h 年缴费即期两全保险修正净保费法法定责任准备金。

需要求解的问题类型:第 t 个保单年度末的法定未到期责任准备金。

解:

$$v = \frac{1}{1+i}$$

$$A_{x+1:\overline{n-1|}} = \sum_{k=0}^{n-2} \frac{v^{k+1} d_{x+k+1}}{l_{x+1}} + \frac{v^{n-1} l_{x+n}}{l_{x+1}}$$

$$= \frac{v^1 d_{x+1} + v^2 d_{x+2} + \cdots + v^{n-2} d_{x+n-2} + v^{n-1} d_{x+n-1} + v^{n-1} l_{x+n}}{l_{x+1}}$$

$$\ddot{a}_{x+1:\overline{h-1|}} = \sum_{k=0}^{h-2} v^k \cdot \frac{l_{x+k+1}}{l_{x+1}} = \frac{l_{x+1} + v^1 l_{x+2} + \cdots + v^{h-3} l_{x+h-2} + v^{h-2} l_{x+h-1}}{l_{x+1}}$$

$$\beta_x^{Mod} = {}_{h-1}P_{x+1:\overline{n-1|}} = \frac{A_{x+1:\overline{n-1|}}}{\ddot{a}_{x+1:\overline{h-1|}}}$$

$$A_{x+t:\overline{n-t|}} = \sum_{k=0}^{n-t-1} \frac{v^{k+1} d_{x+t+k}}{l_{x+t}} + \frac{v^{n-t} l_{x+n}}{l_{x+t}}$$

$$= \frac{v^1 d_{x+t} + v^2 d_{x+t+1} + \cdots + v^{n-t-1} d_{x+n-2} + v^{n-t} d_{x+n-1} + v^{n-t} l_{x+n}}{l_{x+t}}$$

$$\ddot{a}_{x+t:\overline{h-t|}} = \sum_{k=0}^{h-t-1} v^k \cdot \frac{l_{x+t+k}}{l_{x+t}} = \frac{l_{x+t} + v^1 l_{x+t+1} + \cdots + v^{h-t-2} l_{x+h-2} + v^{h-t-1} l_{x+h-1}}{l_{x+t}}$$

$$b \cdot {}_t^h V^F(A_{x:\overline{n|}}) = \begin{cases} 0, & t = 1 \\ b \cdot (A_{x+t:\overline{n-t|}} - \beta_x^{Mod} \cdot \ddot{a}_{x+t:\overline{h-t|}}), & 1 < t < h \\ b \cdot A^1_{x+t:\overline{n-t|}}, & t \geqslant h \end{cases}$$

[**实验 7.3.1**] 全离散模型 h 年缴费即期两全保险修正净保费法法定责任准备金计算。

一位 30 岁的男性购买保险金额为 1 000 元的 20 年期两全保险，缴费期限为 15 年，假设为全离散模型，准备金评估利率为 4.5%，采用经验生命表（2000—2003），用一年定期修正法计算第 5 年年末的法定未到期责任准备金。

解：

1. 数据录入

（1）已知数据录入

$b = 1\ 000$；

$x = 30$；

$i = 4.5\%$；

$t = 5$；

$n = 20$；

$h = 15$；

$L_{ijk} = L_{211}$。

（2）需要求解的问题录入：$b \cdot {}_5^{15} V^F(A_{30:\overline{20|}})$

2. 问题解答

$$v = \frac{1}{1+i} = \frac{1}{1+4.5\%} = 0.956\ 938$$

$$A_{31:\overline{19}|} = \sum_{k=0}^{18} \frac{v^{k+1} d_{31+k}}{l_{31}} + \frac{v^{19} l_{50}}{l_{31}} = 0.439\ 720$$

$$\ddot{a}_{31:\overline{14}|} = \sum_{k=0}^{13} v^k \cdot \frac{l_{31+k}}{l_{31}} = 10.607\ 948$$

$$\beta_{30}^{Mod} = {}_{14}P_{31:\overline{19}|} = \frac{A_{31:\overline{19}|}}{\ddot{a}_{31:\overline{14}|}} = \frac{0.439\ 720}{10.607\ 948} = 0.041\ 452$$

$$A_{35:\overline{15}|} = \sum_{k=0}^{14} \frac{v^{k+1} d_{35+k}}{l_{35}} + \frac{v^{15} l_{50}}{l_{35}} = 0.522\ 049$$

$$\ddot{a}_{35:\overline{10}|} = \sum_{k=0}^{9} v^k \cdot \frac{l_{35+k}}{l_{35}} = 8.219\ 408$$

$$\begin{aligned} b \cdot {}_5^{15}V^F(A_{30:\overline{20}|}) &= b \cdot (A_{35:\overline{15}|} - \beta_{30}^{Mod} \cdot \ddot{a}_{35:\overline{10}|}) \\ &= 1\ 000 \times (0.522\ 049 - 0.041\ 452 \times 8.219\ 408) = 181.338\ 100 \end{aligned}$$

7.3.1.2 死亡时支付(UDD 假设)

[**基本算法示例**] 半连续模型 h 年缴费即期两全保险修正净保费法法定责任准备金。

需要求解的问题类型:第 t 个保单年度末的法定未到期责任准备金。

解:

$$\delta = \ln(1 + i)$$

$$v = \frac{1}{1 + i}$$

$$\begin{aligned} A_{x+1:\overline{n-1}|} &= \sum_{k=0}^{n-2} \frac{v^{k+1} d_{x+k+1}}{l_{x+1}} + \frac{v^{n-1} l_{x+n}}{l_{x+1}} \\ &= \frac{v^1 d_{x+1} + v^2 d_{x+2} + \cdots + v^{n-2} d_{x+n-2} + v^{n-1} d_{x+n-1} + v^{n-1} l_{x+n}}{l_{x+1}} \end{aligned}$$

$$\begin{aligned} \bar{A}_{x+1:\overline{n-1}|} &= \frac{i}{\delta} \cdot \sum_{k=0}^{n-2} \frac{v^{k+1} d_{x+k+1}}{l_{x+1}} + \frac{v^{n-1} l_{x+n}}{l_{x+1}} \\ &= \frac{i}{\delta} \cdot \frac{v^1 d_{x+1} + v^2 d_{x+2} + \cdots + v^{n-2} d_{x+n-2} + v^{n-1} d_{x+n-1}}{l_{x+1}} + \frac{v^{n-1} l_{x+n}}{l_{x+1}} \end{aligned}$$

$$\ddot{a}_{x+1:\overline{h-1}|} = \sum_{k=0}^{h-2} v^k \cdot \frac{l_{x+k+1}}{l_{x+1}} = \frac{l_{x+1} + v^1 l_{x+2} + \cdots + v^{h-3} l_{x+h-2} + v^{h-2} l_{x+h-1}}{l_{x+1}}$$

$$\beta_x^{Mod} = {}_{h-1}\bar{P}_{x+1:\overline{n-1}|} = \frac{\bar{A}_{x+1:\overline{n-1}|}}{\ddot{a}_{x+1:\overline{h-1}|}}$$

$$\begin{aligned} A_{x+t:\overline{n-t}|} &= \sum_{k=0}^{n-t-1} \frac{v^{k+1} d_{x+t+k}}{l_{x+t}} + \frac{v^{n-t} l_{x+n}}{l_{x+t}} \\ &= \frac{v^1 d_{x+t} + v^2 d_{x+t+1} + \cdots + v^{n-t-1} d_{x+n-2} + v^{n-t} d_{x+n-1} + v^{n-t} l_{x+n}}{l_{x+t}} \end{aligned}$$

$$\bar{A}_{x+t:\overline{n-t|}} = \frac{i}{\delta} \cdot \sum_{k=0}^{n-t-1} \frac{v^{k+1} d_{x+t+k}}{l_{x+t}} + \frac{v^{n-t} l_{x+n}}{l_{x+t}}$$

$$= \frac{i}{\delta} \cdot \frac{v^1 d_{x+t} + v^2 d_{x+t+1} + \cdots + v^{n-t-1} d_{x+n-2} + v^{n-t} d_{x+n-1}}{l_{x+t}} + \frac{v^{n-t} l_{x+n}}{l_{x+t}}$$

$$\ddot{a}_{x+t:\overline{h-t|}} = \sum_{k=0}^{h-t-1} v^k \cdot \frac{l_{x+t+k}}{l_{x+t}} = \frac{l_{x+t} + v^1 l_{x+t+1} + \cdots + v^{h-t-2} l_{x+h-2} + v^{h-t-1} l_{x+h-1}}{l_{x+t}}$$

$$b \cdot {}_t^h V^F(\bar{A}_{x:\overline{n|}}) = b \cdot (\bar{A}_{x+t:\overline{n-t|}} - \beta_x^{Mod} \cdot \ddot{a}_{x+t:\overline{h-t|}})$$

$$b \cdot {}_t^h V^F(\bar{A}_{x:\overline{n|}}) = \begin{cases} 0, & t = 1 \\ b \cdot (\bar{A}_{x+t:\overline{n-t|}} - \beta_x^{Mod} \cdot \ddot{a}_{x+t:\overline{h-t|}}), & 1 < t < h \\ b \cdot \bar{A}_{x+t:\overline{n-t|}}, & t \geqslant h \end{cases}$$

[**实验 7.3.2**] 半连续模型 h 年缴费即期两全保险修正净保费法法定责任准备金计算。

一位 30 岁的男性购买保险金额为 1 000 元的 20 年期两全保险,缴费期限为 15 年,准备金评估利率为 4.5%,采用经验生命表(2000—2003),在 UDD 假设下,用一年定期修正法计算第 5 年年末的法定未到期责任准备金。

解:

1.数据录入

(1)已知数据录入

$b = 1\ 000$;

$x = 30$;

$i = 4.5\%$;

$t = 5$;

$n = 20$;

$h = 15$;

$L_{ijk} = L_{211}$。

(2)需要求解的问题录入:$b \cdot {}_5^{15} V^F(\bar{A}_{30:\overline{20|}})$

2.问题解答

$$\delta = \ln(1 + i) = \ln(1 + 4.5\%) = 0.044\ 017$$

$$v = \frac{1}{1 + i} = \frac{1}{1 + 4.5\%} = 0.956\ 938$$

$$A_{31:\overline{19|}} = \sum_{k=0}^{18} \frac{v^{k+1} d_{31+k}}{l_{31}} + \frac{v^{19} l_{50}}{l_{31}} = 0.439\ 720$$

$$\bar{A}_{31:\overline{19|}} = \frac{i}{\delta} \cdot \sum_{k=0}^{18} \frac{v^{k+1} d_{31+k}}{l_{31}} + \frac{v^{19} l_{50}}{l_{31}} = 0.440\ 197$$

$$\ddot{a}_{31:\overline{14|}} = \sum_{k=0}^{13} v^k \cdot \frac{l_{31+k}}{l_{31}} = 10.607\ 948$$

$$\beta_{30}^{Mod} = {}_{14}\bar{P}_{31:\overline{19}|} = \frac{\bar{A}_{31:\overline{19}|}}{\ddot{a}_{31:\overline{14}|}} = \frac{0.440\ 197}{10.607\ 948} = 0.041\ 497$$

$$A_{35:\overline{15}|} = \sum_{k=0}^{14} \frac{v^{k+1} d_{35+k}}{l_{35}} + \frac{v^{15} l_{50}}{l_{35}} = 0.522\ 049$$

$$\bar{A}_{35:\overline{15}|} = \frac{i}{\delta} \cdot \sum_{k=0}^{14} \frac{v^{k+1} d_{35+k}}{l_{35}} + \frac{v^{15} l_{50}}{l_{35}} = 0.522\ 520$$

$$\ddot{a}_{35:\overline{10}|} = \sum_{k=0}^{9} v^k \cdot \frac{l_{35+k}}{l_{35}} = 8.219\ 408$$

$$\begin{aligned} b \cdot {}_{5}^{15}V^F(\bar{A}_{30:\overline{20}|}) &= b \cdot (\bar{A}_{35:\overline{15}|} - \beta_{30}^{Mod} \cdot \ddot{a}_{35:\overline{10}|}) \\ &= 1\ 000 \times (0.522\ 520 - 0.041\ 497 \times 8.219\ 408) = 181.439\ 226 \end{aligned}$$

7.3.2 保单保费评估法

7.3.2.1 死亡年末支付

［**基本算法示例**］全离散模型 h 年缴费即期两全保险保单保费评估法法定责任准备金。

需要求解的问题类型：第 t 个保单年度末的法定未到期责任准备金。

解：

$$v = \frac{1}{1+i}$$

$$A_{x:\overline{n}|} = \sum_{k=0}^{n-1} \frac{v^{k+1} d_{x+k}}{l_x} + \frac{v^n l_{x+n}}{l_x} = \frac{v^1 d_x + v^2 d_{x+1} + \cdots + v^{n-1} d_{x+n-2} + v^n d_{x+n-1} + v^n l_{x+n}}{l_x}$$

$$\ddot{a}_{x:\overline{h}|} = \sum_{k=0}^{h-1} v^k \cdot \frac{l_{x+k}}{l_x} = \frac{l_x + v^1 l_{x+1} + \cdots + v^{h-2} l_{x+h-2} + v^{h-1} l_{x+h-1}}{l_x}$$

$$a_{x:\overline{n-1}|} = \sum_{k=1}^{n-1} v^k \cdot \frac{l_{x+k}}{l_x} = \frac{v^1 l_{x+1} + v^2 l_{x+2} + \cdots + v^{n-2} l_{x+n-2} + v^{n-1} l_{x+n-1}}{l_x}$$

$$G \cdot \ddot{a}_{x:\overline{h}|} = b \cdot A_{x:\overline{n}|} + \theta_1 \cdot G + \theta_2 \cdot G \cdot a_{x:\overline{n-1}|}$$

$$G = \frac{b \cdot A_{x:\overline{n}|}}{\ddot{a}_{x:\overline{h}|} - \theta_1 - \theta_2 \cdot a_{x:\overline{n-1}|}}$$

当 $t < h$ 时，

$$\begin{aligned} A_{x+t:\overline{n-t}|} &= \sum_{k=0}^{n-t-1} \frac{v^{k+1} d_{x+t+k}}{l_{x+t}} + \frac{v^{n-t} l_{x+n}}{l_{x+t}} \\ &= \frac{v^1 d_{x+t} + v^2 d_{x+t+1} + \cdots + v^{n-t-1} d_{x+n-2} + v^{n-t} d_{x+n-1} + v^{n-t} l_{x+n}}{l_{x+t}} \end{aligned}$$

$$\ddot{a}_{x+t:\overline{n-t}|} = \sum_{k=0}^{n-t-1} v^k \cdot \frac{l_{x+t+k}}{l_{x+t}} = \frac{l_{x+t} + v^1 l_{x+t+1} + \cdots + v^{n-t-2} l_{x+n-2} + v^{n-t-1} l_{x+n-1}}{l_{x+t}}$$

$$\ddot{a}_{x+t:\overline{h-t}|} = \sum_{k=0}^{h-t-1} v^k \cdot \frac{l_{x+t+k}}{l_{x+t}} = \frac{l_{x+t} + v^1 l_{x+t+1} + \cdots + v^{h-t-2} l_{x+h-2} + v^{h-t-1} l_{x+h-1}}{l_{x+t}}$$

$$b \cdot {}_t^h V^P(A_{x:\overline{n}|}) = b \cdot A_{x+t:\overline{n-t}|} + \theta_2 \cdot G \cdot \ddot{a}_{x+t:\overline{n-t}|} - G \cdot \ddot{a}_{x+t:\overline{h-t}|}$$

当 $t \geq h$ 时,

$$A_{x+t:\overline{n-t}|} = \sum_{k=0}^{n-t-1} \frac{v^{k+1} d_{x+t+k}}{l_{x+t}} + \frac{v^{n-t} l_{x+n}}{l_{x+t}}$$

$$= \frac{v^1 d_{x+t} + v^2 d_{x+t+1} + \cdots + v^{n-t-1} d_{x+n-2} + v^{n-t} d_{x+n-1} + v^{n-t} l_{x+n}}{l_{x+t}}$$

$$\ddot{a}_{x+t:\overline{n-t}|} = \sum_{k=0}^{n-t-1} v^k \cdot \frac{l_{x+t+k}}{l_{x+t}} = \frac{l_{x+t} + v^1 l_{x+t+1} + \cdots + v^{n-t-2} l_{x+n-2} + v^{n-t-1} l_{x+n-1}}{l_{x+t}}$$

$$b \cdot {}_t^h V^P(A_{x:\overline{n}|}) = b \cdot A_{x+t:\overline{n-t}|} + \theta_2 \cdot G \cdot \ddot{a}_{x+t:\overline{n-t}|}$$

[**实验 7.3.3**] 全离散模型 h 年缴费即期两全保险保单保费评估法法定责任准备金计算。

一位 30 岁的男性购买保险金额为 1 000 元的 20 年期两全保险,缴费期限为 15 年,假设为全离散模型,准备金评估利率为 4.5%,保单初年的附加费率为 40%,续年的附加费率为 15%,采用经验生命表(2000—2003),用保单保费评估法计算第 5 年年末的法定未到期责任准备金。

解:

1.数据录入

(1)已知数据录入

$b = 1\ 000$;

$x = 30$;

$i = 4.5\%$;

$\theta_1 = 40\%$;

$\theta_2 = 15\%$;

$t = 5$;

$n = 20$;

$h = 15$;

$L_{ijk} = L_{211}$。

(2)需要求解的问题录入:$b \cdot {}_5^{15} V^P(A_{30:\overline{20}|})$

2.问题解答

$$v = \frac{1}{1+i} = \frac{1}{1+4.5\%} = 0.956\ 938$$

$$A_{30:\overline{20}|} = \sum_{k=0}^{19} \frac{v^{k+1} d_{30+k}}{l_{30}} + \frac{v^{20} l_{50}}{l_{30}} = 0.421\ 276$$

$$\ddot{a}_{30:\overline{15}|} = \sum_{k=0}^{14} v^k \cdot \frac{l_{30+k}}{l_{30}} = 11.142\ 202$$

$$a_{30:\overline{19}|} = \sum_{k=1}^{19} v^k \cdot \frac{l_{30+k}}{l_{30}} = 12.850\ 017$$

$$G \cdot \ddot{a}_{30:\overline{15}|} = b \cdot A_{30:\overline{20}|} + \theta_1 \cdot G + \theta_2 \cdot G \cdot a_{30:\overline{19}|}$$

$$G = \frac{b \cdot A_{30:\overline{20}|}}{\ddot{a}_{30:\overline{15}|} - \theta_1 - \theta_2 \cdot a_{30:\overline{19}|}} = \frac{1\,000 \times 0.421\,276}{11.142\,202 - 40\% - 15\% \times 12.850\,017} = 47.792\,441$$

$$A_{35:\overline{15}|} = \sum_{k=0}^{14} \frac{v^{k+1} d_{35+k}}{l_{35}} + \frac{v^{15} l_{50}}{l_{35}} = 0.522\,049$$

$$\ddot{a}_{35:\overline{15}|} = \sum_{k=0}^{14} v^k \cdot \frac{l_{35+k}}{l_{35}} = 11.109\,752$$

$$\ddot{a}_{35:\overline{10}|} = \sum_{k=0}^{9} v^k \cdot \frac{l_{35+k}}{l_{35}} = 8.219\,408$$

$$b \cdot {}_5^{15}V^P(A_{30:\overline{20}|}) = b \cdot A_{35:\overline{15}|} + \theta_2 \cdot G \cdot \ddot{a}_{35:\overline{15}|} - G \cdot \ddot{a}_{35:\overline{10}|} = 208.867\,753$$

7.3.2.2 死亡时支付(UDD 假设)

［**基本算法示例**］半连续模型 h 年缴费即期两全保险保单保费评估法法定责任准备金。

需要求解的问题类型:第 t 个保单年度末的法定未到期责任准备金。

解:

$$\delta = \ln(1+i)$$

$$v = \frac{1}{1+i}$$

$$A_{x:\overline{n}|} = \sum_{k=0}^{n-1} \frac{v^{k+1} d_{x+k}}{l_x} + \frac{v^n l_{x+n}}{l_x} = \frac{v^1 d_x + v^2 d_{x+1} + \cdots + v^{n-1} d_{x+n-2} + v^n d_{x+n-1} + v^n l_{x+n}}{l_x}$$

$$\bar{A}_{x:\overline{n}|} = \frac{i}{\delta} \cdot \sum_{k=0}^{n-1} \frac{v^{k+1} d_{x+k}}{l_x} + \frac{v^n l_{x+n}}{l_x}$$

$$= \frac{i}{\delta} \cdot \frac{v^1 d_x + v^2 d_{x+1} + \cdots + v^{n-1} d_{x+n-2} + v^n d_{x+n-1}}{l_x} + \frac{v^n l_{x+n}}{l_x}$$

$$\ddot{a}_{x:\overline{h}|} = \sum_{k=0}^{h-1} v^k \cdot \frac{l_{x+k}}{l_x} = \frac{l_x + v^1 l_{x+1} + \cdots + v^{h-2} l_{x+h-2} + v^{h-1} l_{x+h-1}}{l_x}$$

$$a_{x:\overline{n-1}|} = \sum_{k=1}^{n-1} v^k \cdot \frac{l_{x+k}}{l_x} = \frac{v^1 l_{x+1} + v^2 l_{x+2} + \cdots + v^{n-2} l_{x+n-2} + v^{n-1} l_{x+n-1}}{l_x}$$

$$G \cdot \ddot{a}_{x:\overline{h}|} = b \cdot \bar{A}_{x:\overline{n}|} + \theta_1 \cdot G + \theta_2 \cdot G \cdot a_{x:\overline{n-1}|}$$

$$G = \frac{b \cdot \bar{A}_{x:\overline{n}|}}{\ddot{a}_{x:\overline{h}|} - \theta_1 - \theta_2 \cdot a_{x:\overline{n-1}|}}$$

当 $t < h$ 时,

$$A_{x+t:\overline{n-t}|} = \sum_{k=0}^{n-t-1} \frac{v^{k+1} d_{x+t+k}}{l_{x+t}} + \frac{v^{n-t} l_{x+n}}{l_{x+t}}$$

$$= \frac{v^1 d_{x+t} + v^2 d_{x+t+1} + \cdots + v^{n-t-1} d_{x+n-2} + v^{n-t} d_{x+n-1} + v^{n-t} l_{x+n}}{l_{x+t}}$$

$$\bar{A}_{x+t:\overline{n-t|}} = \frac{i}{\delta} \cdot \sum_{k=0}^{n-t-1} \frac{v^{k+1} d_{x+t+k}}{l_{x+t}} + \frac{v^{n-t} l_{x+n}}{l_{x+t}}$$

$$= \frac{i}{\delta} \cdot \frac{v^1 d_{x+t} + v^2 d_{x+t+1} + \cdots + v^{n-t-1} d_{x+n-2} + v^{n-t} d_{x+n-1}}{l_{x+t}} + \frac{v^{n-t} l_{x+n}}{l_{x+t}}$$

$$\ddot{a}_{x+t:\overline{n-t|}} = \sum_{k=0}^{n-t-1} v^k \cdot \frac{l_{x+t+k}}{l_{x+t}} = \frac{l_{x+t} + v^1 l_{x+t+1} + \cdots + v^{n-t-2} l_{x+n-2} + v^{n-t-1} l_{x+n-1}}{l_{x+t}}$$

$$\ddot{a}_{x+t:\overline{h-t|}} = \sum_{k=0}^{h-t-1} v^k \cdot \frac{l_{x+t+k}}{l_{x+t}} = \frac{l_{x+t} + v^1 l_{x+t+1} + \cdots + v^{h-t-2} l_{x+h-2} + v^{h-t-1} l_{x+h-1}}{l_{x+t}}$$

$$b \cdot {}_t^h V^P(\bar{A}_{x:\overline{n|}}) = b \cdot \bar{A}_{x+t:\overline{n-t|}} + \theta_2 \cdot G \cdot \ddot{a}_{x+t:\overline{n-t|}} - G \cdot \ddot{a}_{x+t:\overline{h-t|}}$$

当 $t \geqslant h$ 时，

$$\bar{A}_{x+t:\overline{n-t|}} = \frac{i}{\delta} \cdot \sum_{k=0}^{n-t-1} \frac{v^{k+1} d_{x+t+k}}{l_{x+t}} + \frac{v^{n-t} l_{x+n}}{l_{x+t}}$$

$$= \frac{i}{\delta} \cdot \frac{v^1 d_{x+t} + v^2 d_{x+t+1} + \cdots + v^{n-t-1} d_{x+n-2} + v^{n-t} d_{x+n-1}}{l_{x+t}} + \frac{v^{n-t} l_{x+n}}{l_{x+t}}$$

$$\ddot{a}_{x+t:\overline{n-t|}} = \sum_{k=0}^{n-t-1} v^k \cdot \frac{l_{x+t+k}}{l_{x+t}} = \frac{l_{x+t} + v^1 l_{x+t+1} + \cdots + v^{n-t-2} l_{x+n-2} + v^{n-t-1} l_{x+n-1}}{l_{x+t}}$$

$$b \cdot {}_t^h V^P(\bar{A}_{x:\overline{n|}}) = b \cdot \bar{A}_{x+t:\overline{n-t|}} + \theta_2 \cdot G \cdot \ddot{a}_{x+t:\overline{n-t|}}$$

[**实验 7.3.4**] 半连续模型 h 年缴费即期两全保险保单保费评估法法定责任准备金计算。

一位 30 岁的男性购买保险金额为 1 000 元的 20 年期两全保险，缴费期限为 15 年，准备金评估利率为 4.5%，保单初年的附加费率为 40%，续年的附加费率为 15%，采用经验生命表（2000—2003），在 UDD 假设下，用保单保费评估法计算第 5 年年末的法定未到期责任准备金。

解：

1.数据录入

(1)已知数据录入

$b = 1\ 000$；

$x = 30$；

$i = 4.5\%$；

$\theta_1 = 40\%$；

$\theta_2 = 15\%$；

$t = 5$；

$n = 20$；

$h = 15$；

$L_{ijk} = L_{211}$。

(2)需要求解的问题录入：$b \cdot {}_5^{15} V^P(\bar{A}_{30:\overline{20|}})$

2.问题解答

$$\delta = \ln(1+i) = \ln(1+4.5\%) = 0.044\ 017$$

$$v = \frac{1}{1+i} = \frac{1}{1+4.5\%} = 0.956\ 938$$

$$A_{30:\overline{20|}} = \sum_{k=0}^{19} \frac{v^{k+1} d_{30+k}}{l_{30}} + \frac{v^{20} l_{50}}{l_{30}} = 0.421\ 276$$

$$\bar{A}_{30:\overline{20|}} = \frac{i}{\delta} \cdot \sum_{k=0}^{19} \frac{v^{k+1} d_{30+k}}{l_{30}} + \frac{v^{20} l_{50}}{l_{30}} = 0.421\ 751$$

$$\ddot{a}_{30:\overline{15|}} = \sum_{k=0}^{14} v^k \cdot \frac{l_{30+k}}{l_{30}} = 11.142\ 202$$

$$a_{30:\overline{19|}} = \sum_{k=1}^{19} v^k \cdot \frac{l_{30+k}}{l_{30}} = 12.850\ 017$$

$$G \cdot \ddot{a}_{30:\overline{15|}} = b \cdot \bar{A}_{30:\overline{20|}} + \theta_1 \cdot G + \theta_2 \cdot G \cdot a_{30:\overline{19|}}$$

$$G = \frac{b \cdot \bar{A}_{30:\overline{20|}}}{\ddot{a}_{30:\overline{15|}} - \theta_1 - \theta_2 \cdot a_{30:\overline{19|}}} = \frac{1\ 000 \times 0.421\ 751}{11.142\ 202 - 40\% - 15\% \times 12.850\ 017} = 47.846\ 328$$

$$A_{35:\overline{15|}} = \sum_{k=0}^{14} \frac{v^{k+1} d_{35+k}}{l_{35}} + \frac{v^{15} l_{50}}{l_{35}} = 0.522\ 049$$

$$\bar{A}_{35:\overline{15|}} = \frac{i}{\delta} \cdot \sum_{k=0}^{14} \frac{v^{k+1} d_{35+k}}{l_{35}} + \frac{v^{15} l_{50}}{l_{35}} = 0.522\ 520$$

$$\ddot{a}_{35:\overline{15|}} = \sum_{k=0}^{14} v^k \cdot \frac{l_{35+k}}{l_{35}} = 11.109\ 752$$

$$\ddot{a}_{35:\overline{10|}} = \sum_{k=0}^{9} v^k \cdot \frac{l_{35+k}}{l_{35}} = 8.219\ 408$$

$$b \cdot {}_{5}^{15}V^P(\bar{A}_{30:\overline{20|}}) = b \cdot \bar{A}_{35:\overline{15|}} + \theta_2 \cdot G \cdot \ddot{a}_{35:\overline{15|}} - G \cdot \ddot{a}_{35:\overline{10|}} = 208.985\ 635$$

7.4 年金保险

7.4.1 修正净保费法(修正均衡净保费法)

7.4.1.1 期初付年金

［**基本算法示例**］全离散模型 h 年缴费延期终身期初付年金修正净保费法法定责任准备金。

需要求解的问题类型:第 t 个保单年度末的法定未到期责任准备金。

解:

$$v = \frac{1}{1+i}$$

$$_{m|}\ddot{a}_x = \frac{\sum_{k=m}^{\omega-x} v^k l_{x+k}}{l_x} = \frac{v^m l_{x+m} + v^{m+1} l_{x+m+1} + \cdots + v^{\omega-x-1} l_{\omega-1} + v^{\omega-x} l_\omega}{l_x}$$

$$\ddot{a}_{x:\overline{h}|} = \frac{\sum_{k=0}^{h-1} v^k l_{x+k}}{l_x} = \frac{v^0 l_x + v^1 l_{x+1} + \cdots + v^{h-2} l_{x+h-2} + v^{h-1} l_{x+h-1}}{l_x}$$

$$_hP(_{m|}\ddot{a}_x) = \frac{_{m|}\ddot{a}_x}{\ddot{a}_{x:\overline{h}|}}$$

$$a_{x:\overline{h-1}|} = \frac{\sum_{k=0}^{h-2} v^{k+1} l_{x+k}}{l_x} = \frac{v^1 l_x + v^2 l_{x+1} + \cdots + v^{h-2} l_{x+h-3} + v^{h-1} l_{x+h-2}}{l_x}$$

$$G_1 = \frac{_hP(_{m|}\ddot{a}_x)}{1-\theta}$$

$$r = 0.35$$

$$\alpha = [1 - \min(\theta, r)] \cdot G_1$$

$$\alpha + \beta \cdot a_{x:\overline{h-1}|} = {}_hP(_{m|}\ddot{a}_x) \cdot \ddot{a}_{x:\overline{h}|}$$

$$\beta = \frac{_hP(_{m|}\ddot{a}_x) \cdot \ddot{a}_{x:\overline{h}|} - \alpha}{a_{x:\overline{h-1}|}}$$

当 $t \leqslant h$ 时，

$$_{m-t|}\ddot{a}_{x+t} = \frac{\sum_{k=m-t}^{\omega-x-t} v^k l_{x+t+k}}{l_{x+t}} = \frac{v^{m-t} l_{x+m} + v^{m-t+1} l_{x+m+1} + \cdots + v^{\omega-x-t-1} l_{\omega-1} + v^{\omega-x-t} l_\omega}{l_{x+t}}$$

$$\ddot{a}_{x+t:\overline{h-t}|} = \frac{\sum_{k=0}^{h-t-1} v^k l_{x+t+k}}{l_{x+t}} = \frac{v^0 l_{x+t} + v^1 l_{x+t+1} + \cdots + v^{h-t-2} l_{x+h-2} + v^{h-t-1} l_{x+h-1}}{l_{x+t}}$$

$$b \cdot {}_t^hV^F(_{m|}\ddot{a}_x) = b \cdot (_{m-t|}\ddot{a}_{x+t} - \beta \cdot \ddot{a}_{x+t:\overline{h-t}|})$$

当 $h < t \leqslant \mathrm{m}$ 时，

$$_{m-t|}\ddot{a}_{x+t} = \frac{\sum_{k=m-t}^{\omega-x-t} v^k l_{x+t+k}}{l_{x+t}} = \frac{v^{m-t} l_{x+m} + v^{m-t+1} l_{x+m+1} + \cdots + v^{\omega-x-t-1} l_{\omega-1} + v^{\omega-x-t} l_\omega}{l_{x+t}}$$

$$b \cdot {}_t^hV^F(_{m|}\ddot{a}_x) = b \cdot {}_{m-t|}\ddot{a}_{x+t}$$

当 $t > \mathrm{m}$ 时，

$$\ddot{a}_{x+t} = \frac{\sum_{k=0}^{\omega-x-t} v^k l_{x+t+k}}{l_{x+t}} = \frac{v^0 l_{x+t} + v^1 l_{x+t+1} + \cdots + v^{\omega-x-t-1} l_{\omega-1} + v^{\omega-x-t} l_\omega}{l_{x+t}}$$

$$b \cdot {}_tV^F(_{m|}\ddot{a}_x) = b \cdot \ddot{a}_{x+t}$$

[实验 7.4.1] 全离散模型 h 年缴费延期终身期初付年金修正净保费法法定责任准备金计算。

一位50岁的男性采用期缴方式购买一项延期20年的终身生存年金，缴费期限为15年，延期20年后每年年初能得到的金额为1 000元。准备金评估利率为4.5%，首年预定费用率为40%，极限年龄为105岁，采用经验生命表（2000—2003），用修正均衡净保费法计算第5年年末的法定未到期责任准备金。

解：

1.数据录入

（1）已知数据录入

$x = 50$；

$i = 4.5\%$；

$\theta = 40\%$；

$b = 1\ 000$；

$n = \omega - x - m = 35$；

$h = 15$；

$m = 20$；

$t = 5$；

$\omega = 105$；

$r = 0.35$；

$L_{ijk} = L_{221}$。

（2）需要求解的问题录入：$b \cdot {}_5V^F({}_{20|}\ddot{a}_{50})$

2.问题解答

$$v = \frac{1}{1+i} = \frac{1}{1+4.5\%} = 0.956\ 938$$

$${}_{20|}\ddot{a}_{50} = \frac{\sum_{k=20}^{55} v^k l_{50+k}}{l_{50}} = 3.794\ 742$$

$$\ddot{a}_{50:\overline{15|}} = \frac{\sum_{k=0}^{14} v^k l_{50+k}}{l_{50}} = 10.954\ 809$$

$${}_{15}P({}_{20|}\ddot{a}_{50}) = \frac{{}_{20|}\ddot{a}_{50}}{\ddot{a}_{50:\overline{15|}}} = \frac{3.794\ 742}{10.954\ 809} = 0.346\ 4$$

$$a_{50:\overline{14|}} = \frac{\sum_{k=0}^{13} v^{k+1} l_{50+k}}{l_{50}} = 9.954\ 809$$

$$G_1 = \frac{{}_{15}P({}_{20|}\ddot{a}_{50})}{1-\theta} = \frac{0.346\ 4}{1-0.4} = 0.577\ 333$$

$r = 0.35$

$$\alpha = [1 - \min(\theta, r)] \cdot G_1 = [1 - \min(0.4, 0.35)] \cdot G_1 = (1-0.35) \times 0.577\ 3 = 0.375\ 2$$

$$\alpha + \beta \cdot a_{50:\overline{14}|} = {}_{15}P({}_{20|}\ddot{a}_{50}) \cdot \ddot{a}_{50:\overline{15}|}$$

$$\beta = \frac{{}_{15}P({}_{20|}\ddot{a}_{50}) \cdot \ddot{a}_{50:\overline{15}|} - \alpha}{a_{50:\overline{14}|}} = \frac{3.794\ 742 - 0.375\ 266}{9.954\ 809} = 0.343\ 5$$

当 $t = 5 < h = 15$ 时,

$$ {}_{15|}\ddot{a}_{55} = \frac{\sum_{k=15}^{50} v^k l_{55+k}}{l_{55}} = 4.802\ 813$$

$$\ddot{a}_{55:\overline{10}|} = \frac{\sum_{k=0}^{9} v^k l_{55+k}}{l_{55}} = 8.090\ 548$$

$$b \cdot {}_5^{15}V^F({}_{20|}\ddot{a}_{50}) = b \cdot ({}_{15|}\ddot{a}_{55} - \beta \cdot \ddot{a}_{55:\overline{10}|})$$

$$= 1\ 000 \times (4.802\ 813 - 0.343\ 5 \times 8.090\ 548) = 2\ 023.709\ 762$$

7.4.1.2　期末付年金

[**基本算法示例**] 全离散模型 h 年缴费延期终身期末付年金修正净保费法法定责任准备金。

需要求解的问题类型:第 t 个保单年度末的法定未到期责任准备金。

解:

$$v = \frac{1}{1+i}$$

$$ {}_{m|}a_x = \frac{\sum_{k=m+1}^{\omega-x} v^k l_{x+k}}{l_x} = \frac{v^{m+1} l_{x+m+1} + v^{m+2} l_{x+m+2} + \cdots + v^{\omega-x-1} l_{\omega-1} + v^{\omega-x} l_{\omega}}{l_x}$$

$$\ddot{a}_{x:\overline{h}|} = \frac{\sum_{k=0}^{h-1} v^k l_{x+k}}{l_x} = \frac{v^0 l_x + v^1 l_{x+1} + \cdots + v^{h-2} l_{x+h-2} + v^{h-1} l_{x+h-1}}{l_x}$$

$$ {}_hP({}_{m|}a_x) = \frac{{}_{m|}a_x}{\ddot{a}_{x:\overline{h}|}}$$

$$a_{x:\overline{h-1}|} = \frac{\sum_{k=1}^{h-1} v^k l_{x+k}}{l_x} = \frac{v^1 l_{x+1} + v^2 l_{x+2} + \cdots + v^{h-2} l_{x+h-2} + v^{h-1} l_{x+h-1}}{l_x}$$

$$G_1 = \frac{{}_hP({}_{m|}a_x)}{1-\theta}$$

$$r = 0.35$$

$$\alpha = [1 - \min(\theta, r)] \cdot G_1$$

$$\alpha + \beta \cdot a_{x:\overline{h-1}|} = {}_hP({}_{m|}a_x) \cdot \ddot{a}_{x:\overline{h}|}$$

$$\beta = \frac{{}_hP({}_{m|}a_x) \cdot \ddot{a}_{x:\overline{h}|} - \alpha}{a_{x:\overline{h-1}|}}$$

当 t < h 时,

$$ {}_{m-t|}a_{x+t} = \frac{\sum_{k=m-t+1}^{\omega-x-t} v^k l_{x+t+k}}{l_{x+t}} = \frac{v^{m-t+1} l_{x+m+1} + v^{m-t+2} l_{x+m+2} + \cdots + v^{\omega-x-t-1} l_{\omega-1} + v^{\omega-x-t} l_{\omega}}{l_{x+t}} $$

$$ \ddot{a}_{x+t:\overline{h-t|}} = \frac{\sum_{k=0}^{h-t-1} v^k l_{x+t+k}}{l_{x+t}} = \frac{v^0 l_{x+t} + v^1 l_{x+t+1} + \cdots + v^{h-t-2} l_{x+h-2} + v^{h-t-1} l_{x+h-1}}{l_{x+t}} $$

$$ b \cdot {}_t^h V^F({}_{m|}a_x) = b \cdot ({}_{m-t|}a_{x+t} - \beta \cdot \ddot{a}_{x+t:\overline{h-t|}}) $$

当 $h \leqslant$ t < m 时,

$$ {}_{m-t|}a_{x+t} = \frac{\sum_{k=m-t+1}^{\omega-x-t} v^k l_{x+t+k}}{l_{x+t}} = \frac{v^{m-t+1} l_{x+m+1} + v^{m-t+2} l_{x+m+2} + \cdots + v^{\omega-x-t-1} l_{\omega-1} + v^{\omega-x-t} l_{\omega}}{l_{x+t}} $$

$$ b \cdot {}_t^h V^F({}_{m|}a_x) = b \cdot {}_{m-t|}a_{x+t} $$

当 $t \geqslant$ m 时,

$$ a_{x+t} = \frac{\sum_{k=1}^{\omega-x-t} v^k l_{x+t+k}}{l_{x+t}} = \frac{v^1 l_{x+t+1} + v^2 l_{x+t+2} + \cdots + v^{\omega-x-t-1} l_{\omega-1} + v^{\omega-x-t} l_{\omega}}{l_{x+t}} $$

$$ b \cdot {}_t^h V^F({}_{m|}a_x) = b \cdot a_{x+t} $$

[**实验 7.4.2**] 全离散模型 h 年缴费延期终身期末付年金修正净保费法法定责任准备金计算。

一位 50 岁的男性采用期缴方式购买一项延期 20 年的终身生存年金,缴费期限为 15 年,延期 20 年后每年年末能得到的金额为 1 000 元。准备金评估利率为 4.5%,首年预定费用率为 40%,极限年龄为 105 岁,采用经验生命表(2000—2003),用修正均衡净保费法计算第 5 年年末的法定未到期责任准备金。

解:

1.数据录入

(1)已知数据录入

$x = 50$;

$i = 4.5\%$;

$\theta = 40\%$;

$b = 1\,000$;

$n = \omega - x - m = 35$;

$h = 15$;

$m = 20$;

$t = 5$;

$\omega = 105$;

$r = 0.35$;

$L_{ijk} = L_{221}$。

(2)需要求解的问题录入：$b \cdot {}_{5}^{15}V^{F}({}_{20|}a_{50})$

2.问题解答

$$v = \frac{1}{1+i} = \frac{1}{1+4.5\%} = 0.956\ 938$$

$$_{20|}a_{50} = \frac{\sum_{k=21}^{55} v^k l_{50+k}}{l_{50}} = 3.440\ 946$$

$$\ddot{a}_{50:\overline{15}|} = \frac{\sum_{k=0}^{14} v^k l_{50+k}}{l_{50}} = 10.954\ 809$$

$$_{15}P({}_{20|}a_{50}) = \frac{_{20|}a_{50}}{\ddot{a}_{50:\overline{15}|}} = \frac{3.440\ 946}{10.954\ 809} = 0.314\ 104$$

$$a_{50:\overline{14}|} = \frac{\sum_{k=1}^{14} v^k l_{50+k}}{l_{50}} = 9.954\ 809$$

$$G_1 = \frac{_{15}P({}_{20|}a_{50})}{1-\theta} = \frac{0.314\ 104}{1-0.4} = 0.523\ 507$$

$r = 0.35$

$$\alpha = [1-\min(\theta,r)] \cdot G_1 = [1-\min(0.4,0.35)] \cdot G_1 = (1-0.35) \times 0.523\ 507$$
$$= 0.340\ 280$$

$$\alpha + \beta \cdot a_{50:\overline{14}|} = {}_{15}P({}_{20|}a_{50}) \cdot \ddot{a}_{50:\overline{15}|}$$

$$\beta = \frac{_{15}P({}_{20|}a_{50}) \cdot \ddot{a}_{50:\overline{15}|} - \alpha}{a_{50:\overline{14}|}} = \frac{3.440\ 946 - 0.340\ 280}{9.954\ 809} = 0.311\ 474$$

当 $t = 5 < h = 15$ 时，

$$_{15|}a_{55} = \frac{\sum_{k=16}^{50} v^k l_{55+k}}{l_{55}} = 4.355\ 031$$

$$\ddot{a}_{55:\overline{10}|} = \frac{\sum_{k=0}^{9} v^k l_{55+k}}{l_{55}} = 8.090\ 548$$

$$b \cdot {}_{5}^{15}V^{F}({}_{20|}a_{50}) = b \cdot ({}_{15|}a_{55} - \beta \cdot \ddot{a}_{55:\overline{10}|})$$
$$= 1\ 000 \times (4.355\ 031 - 0.311\ 474 \times 8.090\ 548) = 1\ 835.035\ 652$$

7.4.2 保单保费评估法

7.4.2.1 期初付年金

［**基本算法示例**］全离散模型 h 年缴费延期终身期初付年金保单保费评估法法定责任准备金。

需要求解的问题类型：第 t 个保单年度末的法定未到期责任准备金。

解:

$$v = \frac{1}{1+i}$$

$$_{m|}\ddot{a}_x = \frac{\sum_{k=m}^{\omega-x} v^k l_{x+k}}{l_x} = \frac{v^m l_{x+m} + v^{m+1} l_{x+m+1} + \cdots + v^{\omega-x-1} l_{\omega-1} + v^{\omega-x} l_\omega}{l_x}$$

$$\ddot{a}_{x:\overline{h}|} = \frac{\sum_{k=0}^{h-1} v^k l_{x+k}}{l_x} = \frac{v^0 l_x + v^1 l_{x+1} + \cdots + v^{h-2} l_{x+h-2} + v^{h-1} l_{x+h-1}}{l_x}$$

$$a_{x:\overline{m-1}|} = \frac{\sum_{k=1}^{m-1} v^k l_{x+k}}{l_x} = \frac{v^1 l_{x+1} + v^2 l_{x+2} + \cdots + v^{m-2} l_{x+m-2} + v^{m-1} l_{x+m-1}}{l_x}$$

$$G \cdot \ddot{a}_{x:\overline{h}|} = b \cdot {}_{m|}\ddot{a}_x + \theta_1 \cdot G + \theta_2 \cdot G \cdot a_{x:\overline{m-1}|} + \theta_3 \cdot G \cdot {}_{m|}\ddot{a}_x$$

$$G = \frac{b \cdot {}_{m|}\ddot{a}_x}{\ddot{a}_{x:\overline{h}|} - \theta_1 - \theta_2 \cdot a_{x:\overline{m-1}|} - \theta_3 \cdot {}_{m|}\ddot{a}_x}$$

当 t < h 时,

$$_{m-t|}\ddot{a}_{x+t} = \frac{\sum_{k=m-t}^{\omega-x-t} v^k l_{x+t+k}}{l_{x+t}} = \frac{v^{m-t} l_{x+m} + v^{m-t+1} l_{x+m+1} + \cdots + v^{\omega-x-t-1} l_{\omega-1} + v^{\omega-x-t} l_\omega}{l_{x+t}}$$

$$\ddot{a}_{x+t:\overline{m-t}|} = \frac{\sum_{k=0}^{m-t-1} v^k l_{x+t+k}}{l_{x+t}} = \frac{v^0 l_{x+t} + v^1 l_{x+t+1} + \cdots + v^{m-t-2} l_{x+m-2} + v^{m-t-1} l_{x+m-1}}{l_{x+t}}$$

$$\ddot{a}_{x+t:\overline{h-t}|} = \frac{\sum_{k=0}^{h-t-1} v^k l_{x+t+k}}{l_{x+t}} = \frac{v^0 l_{x+t} + v^1 l_{x+t+1} + \cdots + v^{h-t-2} l_{x+h-2} + v^{h-t-1} l_{x+h-1}}{l_{x+t}}$$

$$b \cdot {}_t^h V^P({}_{m|}\ddot{a}_x) = b \cdot {}_{m-t|}\ddot{a}_{x+t} + \theta_2 \cdot G \cdot \ddot{a}_{x+t:\overline{m-t}|} + \theta_3 \cdot G \cdot {}_{m-t|}\ddot{a}_{x+t} - G \cdot \ddot{a}_{x+t:\overline{h-t}|}$$

当 h ≤ t < m 时,

$$_{m-t|}\ddot{a}_{x+t} = \frac{\sum_{k=m-t}^{\omega-x-t} v^k l_{x+t+k}}{l_{x+t}} = \frac{v^{m-t} l_{x+m} + v^{m-t+1} l_{x+m+1} + \cdots + v^{\omega-x-t-1} l_{\omega-1} + v^{\omega-x-t} l_\omega}{l_{x+t}}$$

$$\ddot{a}_{x+t:\overline{m-t}|} = \frac{\sum_{k=0}^{m-t-1} v^k l_{x+t+k}}{l_{x+t}} = \frac{v^0 l_{x+t} + v^1 l_{x+t+1} + \cdots + v^{m-t-2} l_{x+m-2} + v^{m-t-1} l_{x+m-1}}{l_{x+t}}$$

$$b \cdot {}_t^h V^P({}_{m|}\ddot{a}_x) = b \cdot {}_{m-t|}\ddot{a}_{x+t} + \theta_2 \cdot G \cdot \ddot{a}_{x+t:\overline{m-t}|} + \theta_3 \cdot G \cdot {}_{m-t|}\ddot{a}_{x+t}$$

当 t ≥ m 时,

$$\ddot{a}_{x+t} = \frac{\sum_{k=0}^{\omega-x-t} v^k l_{x+t+k}}{l_{x+t}} = \frac{v^0 l_{x+t} + v^1 l_{x+t+1} + \cdots + v^{\omega-x-t-1} l_{\omega-1} + v^{\omega-x-t} l_\omega}{l_{x+t}}$$

$b \cdot {}_{t}^{h}V^{P}({}_{m|}\ddot{a}_{x}) = b \cdot \ddot{a}_{x+t} + \theta_{3} \cdot G \cdot \ddot{a}_{x+t}$

[**实验 7.4.3**] 全离散模型 h 年缴费延期终身期初付年金保单保费评估法法定责任准备金计算。

一位 50 岁的男性采用期缴方式购买一项延期 20 年的终身生存年金，缴费期限为 15 年，延期 20 年后每年年初能得到的金额为 1 000 元，准备金评估利率为 4.5%，初年度费用率为 35%，第 2 年至第 20 年各年的费用率为 10%，以后各年度费用率为 15%，极限年龄为 105 岁，采用经验生命表（2000—2003），用保单保费评估法计算第 11 年年末的法定未到期责任准备金。

解：

1.数据录入

（1）已知数据录入

$x = 50$；

$i = 4.5\%$；

$\theta_{1} = 35\%$；

$\theta_{2} = 10\%$；

$\theta_{3} = 15\%$；

$b = 1\ 000$；

$n = \omega - x - m = 35$；

$h = 15$；

$m = 20$；

$t = 11$；

$\omega = 105$；

$L_{ijk} = L_{221}$。

（2）需要求解的问题录入：$b \cdot {}_{11}^{15}V^{P}({}_{20|}\ddot{a}_{50})$

2.问题解答

$$v = \frac{1}{1+i} = \frac{1}{1+4.5\%} = 0.956\ 938$$

$$_{20|}\ddot{a}_{50} = \frac{\sum_{k=20}^{55} v^{k} l_{50+k}}{l_{50}} = 3.794\ 742$$

$$\ddot{a}_{50:\overline{15}|} = \frac{\sum_{k=0}^{14} v^{k} l_{50+k}}{l_{50}} = 10.954\ 809$$

$$a_{50:\overline{19}|} = \frac{\sum_{k=1}^{19} v^{k} l_{50+k}}{l_{50}} = 12.080\ 198$$

$$G \cdot \ddot{a}_{50:\overline{15}|} = b \cdot {}_{20|}\ddot{a}_{50} + \theta_{1} \cdot G + \theta_{2} \cdot G \cdot a_{50:\overline{19}|} + \theta_{3} \cdot G \cdot {}_{20|}\ddot{a}_{50}$$

$$G = \frac{b \cdot {}_{20|}\ddot{a}_{50}}{\ddot{a}_{50:\overline{15|}} - \theta_1 - \theta_2 \cdot a_{50:\overline{19|}} - \theta_3 \cdot {}_{20|}\ddot{a}_{50}}$$

$$= \frac{1\,000 \times 3.794\,742}{10.954\,809 - 0.35 - 0.1 \times 12.080\,198 - 0.15 \times 3.794\,742} = 429.873\,522$$

当 $t = 11 < h = 15$ 时,

$${}_{9|}\ddot{a}_{61} = \frac{\sum_{k=9}^{44} v^k l_{61+k}}{l_{61}} = 6.452\,135$$

$$\ddot{a}_{61:\overline{9|}} = \frac{\sum_{k=0}^{8} v^k l_{61+k}}{l_{61}} = 7.317\,249$$

$$\ddot{a}_{61:\overline{4|}} = \frac{\sum_{k=0}^{3} v^k l_{61+k}}{l_{61}} = 3.703\,488$$

$$\begin{aligned} b \cdot {}^{15}_{11}V^P({}_{20|}\ddot{a}_{50}) &= b \cdot {}_{9|}\ddot{a}_{61} + \theta_2 \cdot G \cdot \ddot{a}_{61:\overline{9|}} + \theta_3 \cdot G \cdot {}_{9|}\ddot{a}_{61} - G \cdot \ddot{a}_{61:\overline{4|}} \\ &= 1\,000 \times 6.452\,1 + 0.1 \times 429.873\,5 \times 7.317\,2 + 0.15 \times 6.452\,1 - \\ &\quad 429.873\,5 \times 3.703\,4 \\ &= 5\,175.620\,55 \end{aligned}$$

7.4.2.2 期末付年金

[**基本算法示例**] 全离散模型 h 年缴费延期终身期末付年金保单保费评估法法定责任准备金。

需要求解的问题类型:第 t 个保单年度末的法定未到期责任准备金。

解:

$$v = \frac{1}{1+i}$$

$${}_{m|}\ddot{a}_x = \frac{\sum_{k=m}^{\omega-x} v^k l_{x+k}}{l_x} = \frac{v^m l_{x+m} + v^{m+1} l_{x+m+1} + \cdots + v^{\omega-x-1} l_{\omega-1} + v^{\omega-x} l_\omega}{l_x}$$

$${}_{m|}a_x = \frac{\sum_{k=m+1}^{\omega-x} v^k l_{x+k}}{l_x} = \frac{v^{m+1} l_{x+m+1} + v^{m+2} l_{x+m+2} + \cdots + v^{\omega-x-1} l_{\omega-1} + v^{\omega-x} l_\omega}{l_x}$$

$$\ddot{a}_{x:\overline{h|}} = \frac{\sum_{k=0}^{h-1} v^k l_{x+k}}{l_x} = \frac{v^0 l_x + v^1 l_{x+1} + \cdots + v^{h-2} l_{x+h-2} + v^{h-1} l_{x+h-1}}{l_x}$$

$$a_{x:\overline{m-1|}} = \frac{\sum_{k=1}^{m-1} v^k l_{x+k}}{l_x} = \frac{v^1 l_{x+1} + v^2 l_{x+2} + \cdots + v^{m-2} l_{x+m-2} + v^{m-1} l_{x+m-1}}{l_x}$$

$$G \cdot \ddot{a}_{x:\overline{h|}} = b \cdot {}_{m|}a_x + \theta_1 \cdot G + \theta_2 \cdot G \cdot a_{x:\overline{m-1|}} + \theta_3 \cdot G \cdot {}_{m|}\ddot{a}_x$$

$$G=\frac{b\cdot{}_{m|}a_x}{\ddot{a}_{x:\overline{h|}}-\theta_1-\theta_2\cdot a_{x:\overline{m-1|}}-\theta_3\cdot{}_{m|}\ddot{a}_x}$$

当 $t\leqslant h$ 时，

$${}_{m-t|}a_{x+t}=\frac{\sum_{k=m-t+1}^{\omega-x-t}v^k l_{x+t+k}}{l_{x+t}}=\frac{v^{m-t+1}l_{x+m+1}+v^{m-t+2}l_{x+m+2}+\cdots+v^{\omega-x-t-1}l_{\omega-1}+v^{\omega-x-t}l_\omega}{l_{x+t}}$$

$${}_{m-t|}\ddot{a}_{x+t}=\frac{\sum_{k=m-t}^{\omega-x-t}v^k l_{x+t+k}}{l_{x+t}}=\frac{v^{m-t}l_{x+m}+v^{m-t+1}l_{x+m+1}+\cdots+v^{\omega-x-t-1}l_{\omega-1}+v^{\omega-x-t}l_\omega}{l_{x+t}}$$

$$\ddot{a}_{x+t:\overline{m-t|}}=\frac{\sum_{k=0}^{m-t-1}v^k l_{x+t+k}}{l_{x+t}}=\frac{v^0 l_{x+t}+v^1 l_{x+t+1}+\cdots+v^{m-t-2}l_{x+m-2}+v^{m-t-1}l_{x+m-1}}{l_{x+t}}$$

$$\ddot{a}_{x+t:\overline{h-t|}}=\frac{\sum_{k=0}^{h-t-1}v^k l_{x+t+k}}{l_{x+t}}=\frac{v^0 l_{x+t}+v^1 l_{x+t+1}+\cdots+v^{h-t-2}l_{x+h-2}+v^{h-t-1}l_{x+h-1}}{l_{x+t}}$$

$$b\cdot{}_t^hV^P({}_{m|}a_x)=b\cdot{}_{m-t|}a_{x+t}+\theta_2\cdot G\cdot\ddot{a}_{x+t:\overline{m-t|}}+\theta_3\cdot G\cdot{}_{m-t|}\ddot{a}_{x+t}-G\cdot\ddot{a}_{x+t:\overline{h-t|}}$$

当 $h<t\leqslant \mathrm{m}$ 时，

$${}_{m-t|}a_{x+t}=\frac{\sum_{k=m-t+1}^{\omega-x-t}v^k l_{x+t+k}}{l_{x+t}}=\frac{v^{m-t+1}l_{x+m+1}+v^{m-t+2}l_{x+m+2}+\cdots+v^{\omega-x-t-1}l_{\omega-1}+v^{\omega-x-t}l_\omega}{l_{x+t}}$$

$${}_{m-t|}\ddot{a}_{x+t}=\frac{\sum_{k=m-t}^{\omega-x-t}v^k l_{x+t+k}}{l_{x+t}}=\frac{v^{m-t}l_{x+m}+v^{m-t+1}l_{x+m+1}+\cdots+v^{\omega-x-t-1}l_{\omega-1}+v^{\omega-x-t}l_\omega}{l_{x+t}}$$

$$\ddot{a}_{x+t:\overline{m-t|}}=\frac{\sum_{k=0}^{m-t-1}v^k l_{x+t+k}}{l_{x+t}}=\frac{v^0 l_{x+t}+v^1 l_{x+t+1}+\cdots+v^{m-t-2}l_{x+m-2}+v^{m-t-1}l_{x+m-1}}{l_{x+t}}$$

$$b\cdot{}_t^hV^P({}_{m|}a_x)=b\cdot{}_{m-t|}a_{x+t}+\theta_2\cdot G\cdot\ddot{a}_{x+t:\overline{m-t|}}+\theta_3\cdot G\cdot{}_{m-t|}\ddot{a}_{x+t}$$

当 $t>\mathrm{m}$ 时，

$$a_{x+t}=\frac{\sum_{k=1}^{\omega-x-t}v^k l_{x+t+k}}{l_{x+t}}=\frac{v^1 l_{x+t+1}+v^2 l_{x+t+2}+\cdots+v^{\omega-x-t-1}l_{\omega-1}+v^{\omega-x-t}l_\omega}{l_{x+t}}$$

$$\ddot{a}_{x+t}=\frac{\sum_{k=0}^{\omega-x-t}v^k l_{x+t+k}}{l_{x+t}}=\frac{v^0 l_{x+t}+v^1 l_{x+t+1}+\cdots+v^{\omega-x-t-1}l_{\omega-1}+v^{\omega-x-t}l_\omega}{l_{x+t}}$$

$$b\cdot{}_t^hV^P({}_{m|}a_x)=b\cdot a_{x+t}+\theta_3\cdot G\cdot\ddot{a}_{x+t}$$

[**实验 7.4.4**] 全离散模型 h 年缴费延期终身期末付年金保单保费评估法法定责任准备金计算。

一位 50 岁的男性采用期缴方式购买一项延期 20 年的终身生存年金，缴费期限为 15

年，延期 20 年后每年年末能得到的金额为 1 000 元，准备金评估利率为 4.5%，初年度费用率为 35%，第 2 年至第 20 年各年的费用率为 10%，以后各年度费用率为 15%，极限年龄为 105 岁，采用经验生命表（2000—2003），用保单保费评估法计算第 11 年年末的法定未到期责任准备金。

解：

1.数据录入

（1）已知数据录入

$x = 50$；

$i = 4.5\%$；

$\theta_1 = 35\%$；

$\theta_2 = 10\%$；

$\theta_3 = 15\%$；

$b = 1\ 000$；

$n = \omega - x - m = 35$；

$h = 15$；

$m = 20$；

$t = 11$；

$\omega = 105$；

$L_{ijk} = L_{221}$。

（2）需要求解的问题录入：$b \cdot {}_{11}^{15}V^{P}({}_{20|}a_{50})$

2.问题解答

$$v = \frac{1}{1+i} = \frac{1}{1+4.5\%} = 0.956\ 938$$

$${}_{20|}\ddot{a}_{50} = \frac{\sum_{k=20}^{55} v^k l_{50+k}}{l_{50}} = 3.794\ 742$$

$${}_{20|}a_{50} = \frac{\sum_{k=21}^{55} v^k l_{50+k}}{l_{50}} = 3.440\ 946$$

$$\ddot{a}_{50:\overline{15}|} = \frac{\sum_{k=0}^{14} v^k l_{50+k}}{l_{50}} = 10.954\ 809$$

$$a_{50:\overline{19}|} = \frac{\sum_{k=1}^{19} v^k l_{50+k}}{l_{50}} = 12.080\ 198$$

$$G \cdot \ddot{a}_{50:\overline{15}|} = b \cdot {}_{20|}a_{50} + \theta_1 \cdot G + \theta_2 \cdot G \cdot a_{50:\overline{19}|} + \theta_3 \cdot G \cdot {}_{20|}\ddot{a}_{50}$$

$$G = \frac{b \cdot {}_{20|}a_{50}}{\ddot{a}_{50:\overline{15}|} - \theta_1 - \theta_2 \cdot a_{50:\overline{19}|} - \theta_3 \cdot {}_{20|}\ddot{a}_{50}}$$

$$= \frac{1\,000 \times 3.440\,946}{10.954\,809 - 0.35 - 0.1 \times 12.080\,198 - 0.15 \times 3.794\,742} = 389.795\,031$$

当 $t = 11 < h = 15$ 时，

$${}_{9|}a_{61} = \frac{\sum_{k=10}^{44} v^k l_{61+k}}{l_{61}} = 5.850\,581$$

$${}_{9|}\ddot{a}_{61} = \frac{\sum_{k=9}^{44} v^k l_{61+k}}{l_{61}} = 6.452\,135$$

$$\ddot{a}_{61:\overline{9}|} = \frac{\sum_{k=0}^{8} v^k l_{61+k}}{l_{61}} = 7.317\,249$$

$$\ddot{a}_{61:\overline{4}|} = \frac{\sum_{k=0}^{3} v^k l_{61+k}}{l_{61}} = 3.703\,488$$

$$b \cdot {}_{11}^{15}V^P({}_{20|}a_{50}) = b \cdot {}_{9|}a_{61} + \theta_2 \cdot G \cdot \ddot{a}_{61:\overline{9}|} + \theta_3 \cdot G \cdot {}_{9|}\ddot{a}_{61} - G \cdot \ddot{a}_{61:\overline{4}|} = 5\,069.461\,1$$